크리스챤과 술

사무엘레 바키오키 박사
안교신

크리스챤과 술
Wine in the Bible

Samuele Bacchiocchi

값. 4,500원

초판 인쇄 • 1993년 3월 26일
초판 발행 • 1993년 4월 11일
펴낸이 • 김세권
지은이 • 사무엘레 바키오키
옮긴이 • 안교신
펴낸곳 • 빛과 소리
등록번호 • 제2-782
등록일 • 1989년 3월 20일
주소 • 서울특별시 서대문구 연희 3동 171-10
전화 • (02)325-3325~7, 325-3225
팩시 • (02)333-1333

*잘못된 책은 바꿔 드립니다.

ISBN 89-7651-002-X

우리 말로 펴내면서

크리스찬은 술을 마실 수 있는가? 마실 수 있다면 어느 정도까지 마실 수 있을까? 또한 마실 수 없다면 왜 그런가? 예수님도 가나의 혼인 잔치에서 좋은 술을 직접 만드시어 마시라고 주지 않았는가? 또 마지막 만찬에서 포도주를 마시지 않았는가? 마셨을 뿐만 아니라 크리스챤들이 계속하여 지킬 종교 의식의 일부분으로까지 정하시지 않았는가? 성경을 읽다보면 '포도주'란 단어가 계속하여 나오는데, 이것은 이스라엘 백성들 사이에 음주가 보편적으로 행하여지고 있었다는 말이 아닌가? 또 일부 목사님과 신부님들도 마시지 않는가? 오늘날 성만찬 예식을 집행할 때 포도주를 마시지 않는가? 우리 나라에 기독교를 소개한 선교사들의 신학의 일부분이 금주이기에 이제는 선교사 신학을 청산하여야 되지 않겠는가?

하나님께서는 믿는 자들이 술을 마시는 것을 승인하셨는가? 하나님께서는 음주에 관한 자신의 입장을 표명하시기를 유보하여 크리스챤이 술을 마시도록 허용하셨는가? 아니면 하나님께서 모든 주정 음료를 마시는 것을 아예 불허하셨는가?

이런 질문들을 크리스챤이라면 대부분 한 번쯤은 마음속으로 혹은 공개적으로 제기하여 보았을 질문들이다. 그렇지만, 대답을 해 주는 이의 지식이 극히 피상적이거나 주관적인 편견이 섞인 경우가 대부분이기에 이 질문에 대한 대답이 거의 다르고 확실한 해석의 틀마저 없는 것처럼 보인다. 혼란스러운 사회의 가치관에 매일 직접 접하는 평범한 크리스챤들은 더욱 갈피를 못잡을 뿐이다. 그래서 대부분 '관례, 풍습, 먹고 마시는 것 같은 부차적인 문제'라는 꼬리표를 이 문제에 달아 얼버무려 버리든지 무시하기 일쑤였다. 이 책은 이런 질문들 하나하나에 답하면서 크리스챤이 추구하여야 할 진정한 신앙적인 삶의 일부분이 무엇인지를 밝혀 주고 있다.

특히 금주를 성경이 명령하는 원칙으로 생각하기 보다는 미덕으로 삼고 있는 우리 나라의 교계 상황으로 인하여 음주 관습이 사회적 풍토라는 명목으로 보이지 않게 잠입할 수 있는 여지가 크기에, 이 문제에 관하여 확실한 결론이 내려져야 한다. 이 책이 크리스챤들의 신앙의 규범적인 면에 관하여 확실하고 설득력 있는 주장과 결론을 내렸다고 생각한다. 적어도 한국 기독교회에 있어서 "음주냐 금주냐" 라는 문제에 관한 논란의 종지부를 찍었다고 감히 주장하고 싶다. 물론 어떻게 실천하는가는 각 개인의 문제이다.

이런 규범적인 신앙 면에서 뿐만 아니라 실제 음주로 인하여 발생되는 문제들, 즉 음주로 인한 각종 사고, 불구, 정신 박약아, 가정에서의 폭력, 자녀와 배우자 학대, 이혼, 강간, 절도, 살인, 질병, 사망과 같은 문제들은 주정(酒精) 음료가 현대 사회의 최대 적이라는 것을 분명히 말한다. 그러하기에 크리스챤들은 성경의 절대 금주 명령에 근거하여 사회 개혁 운동에 강력하게 매진하여야만 한다. 크리스챤들이 공공의 안녕의 최대의 적인 술과 싸우기 위해서는 술에 대한 새로운 태도가 필요하다. 즉 그것을 위험한 마약으로 인식하는 태도가 필요하다. 이 새로운 태도는 성경의 절대 금주 명령을 회복함으로 더 잘 개발되어 질 수 있다. 크리스챤들은 이 성경의 명령을 받아들임으로써만 취하게 하는 물질을 멀리할 수 있고 다른 이들도 그리하도록 도와줄 수 있다.

이 책으로 인하여 많은 크리스챤들이 알코올 음료를 마시는 것은 신체적으로 해로울 뿐만 아니라 성경적으로, 그리고 도덕적으로도 그릇된다는 것, 즉 인간의 육체적, 정신적, 영적 안녕을 보장하기 위하여 하나님께서 주신 원칙을 위배하는 것이라는 것을 더 잘 깨닫기를 바란다.

용암리에서 역자가

목 차

우리 말로 펴내면서 ……………………………………………………

제 1 장 음주 문제에 관한 고찰

음주 문제에 관한 고찰 ……………………………………11

1. 크리스찬의 책임 ……………………………………………12
2. 세 가지 주요 입장 …………………………………………18
   (1) 적당론자의 입장 ………………………………………18
   (2) 자제론자의 입장 ………………………………………19
   (3) 절대 금주론자의 입장 ………………………………21
3. 결 론……………………………………………………………22

제 2 장 "포도 음료"와 관련된 단어 연구

"포도 음료"와 관련된 단어 연구 ………………………29

1. 포도 음료를 칭하는 단어의 비종교적인 용례 ……………32
   (1) 영어에서의 "와인"의 의미 ……………………………32
   (2) 라틴 어 비눔(vinum)의 의미 …………………………33
   (3) 희랍 어 오이노스(oinos)의 비종교적인 용례 …………36
   (4) 히브리 어 야인(yayin)의 비종교적인 용례 ……………40
2. 야인과 오이노스의 성경상 용례 ……………………………43
   (1) 발효된 포도주로서의 야인………………………………43
   (2) 발효되지 않은 포도즙으로서의 야인 …………………45
   (3) 발효된 포도주로서의 오이노스…………………………49
   (4) 발효되지 않은 포도즙으로서의 오이노스 ……………50
3. 결 론……………………………………………………………55

제 3 장 성경적 관점에서 본 "포도 음료"
성경적 관점에서 본 "포도 음료" 61
1. 발효되지 않은 포도즙에 대한 성경의 승인 62
(1) 하나님의 축복으로서의 "포도즙" 62
(2) 메시야가 주는 축복의 상징으로서의 "포도즙" 66
(3) 건강에 좋은 음료로서의 "포도즙" 68
(4) 십일금 혹은 현물로서의 "포도즙" 71
(5) 헌수로서의 "포도즙" 72
2. 발효된 포도 음료에 대한 성경의 불허 75
(1) 취하게 하는 포도주를 금함 75
(2) 취하게 하는 포도주를 마신 결과 81
3. 결 론 88

제 4 장 포도즙 보존 기법
포도즙 보존 기법 93
1. 고대의 보존 기법 94
(1) 과실 보존 94
(2) 발효된 포도주 보존 98
2. 포도즙 보존 104
(1) 끓여서 포도즙을 보존하는 방법 104
(2) 여과작용을 통한 포도즙 보존 111
(3) 저온 저장을 통한 포도즙 보존 115
(4) 유황 훈증을 통한 포도즙 보존 117
3. 결 론 119

제 5 장 예수와 포도 음료
예수와 포도 음료 127
1. 가나의 혼인잔치 129

2. 새 술은 새 부대에 ……………………………………………138
3. 묵은 포도주가 더 좋은가? ……………………………………142
4. 예수는 먹기를 탐하고 포도주를 즐기는 사람이었는가?………146
5. 성만찬 포도 음료 …………………………………………………151
(1) "포도나무에서 난 것"이 포도주인가? ……………………151
(2) 유월절 포도 음료는 포도주인가? …………………………154
(3) "포도나무에서 난" 발효되지 않은 것을 사용하신 예수…159
6. 결 론 ……………………………………………………………167

제 6 장 사도교회와 포도 음료
사도교회와 포도 음료 ……………………………………………175
1. 사도행전 2:13 : "새 술이 취하였다"…………………………177
2. 고린도전서 11:21 : "어떤 이는 시장하고 어떤 이는 취함이라"…181
(1) 절기의 성격 ……………………………………………………181
(2) 동사 메투오(methuo)의 의미 ………………………………183
(3) 바울의 훈계가 시사하는 바…………………………………185
3. 에베소서 5:18 : "술 취하지 말라" …………………………187
(1) 이 귀절의 구조 ………………………………………………188
(2) 관계절……………………………………………………………189
(3) 아소티아(asotia)의 의미……………………………………193
(4) 랍비들의 증언 …………………………………………………194
4. 근신하라는 훈계 …………………………………………………197
(1) 정신적으로 근심함 ……………………………………………197
(2) 신체적인 금주 …………………………………………………201
(3) 신체적인 금주로서의 네포(Nepho) ………………………205
(4) 신체적인 금주로서의 네팔리오스(Nephalios)……………210
(5) 신체적인 금주로서의 엔크라테이아(Enkrateia)…………215
5. 결 론 ……………………………………………………………220

제7장 주정 음료와 관련하여 잘못 이해된 성경 귀절

주정 음료와 관련하여 잘못 이해된 성경 귀절 ……………231
1. 신명기 14:26 : "포도주나 독주"를 마시고 ……………233
2. 잠언 31:6 : "독주를…줄지어다" ……………243
3. 호세아 4:11 : "묵은 포도주와 새 포도주가 마음을 빼앗느니라" 246
4. 디모데전서 5:23 : "네 비위와 자주 나는 병을 인하여 포도주를 조금씩 쓰라" ……………252
5. 디모데전서 3:8 : "집사들도…술에 인박이지 아니하고" ……258
6. 결 론 ……………266

제8장 한국과 술

한국과 술 ……………273
1. 통계로 본 술 ……………274
2. 술과 가정, 그리고 사회 ……………278
3. 술과 건강 ……………281
4. 술과 신체, 정신 질환 ……………285
5. 결 론 ……………294

부 록

구약성경에 나오는 포도 음료 관련 단어 도표 ……………299
신약성경에 나오는 포도 음료 관련 단어 도표 ……………300
구약성경에 나오는 야인의 의미 구별 목록 ……………301
신약성경에 나오는 오이노스의 의미 구별 목록 ……………313
참고 문헌 ……………317
성경 귀절 색인 ……………322

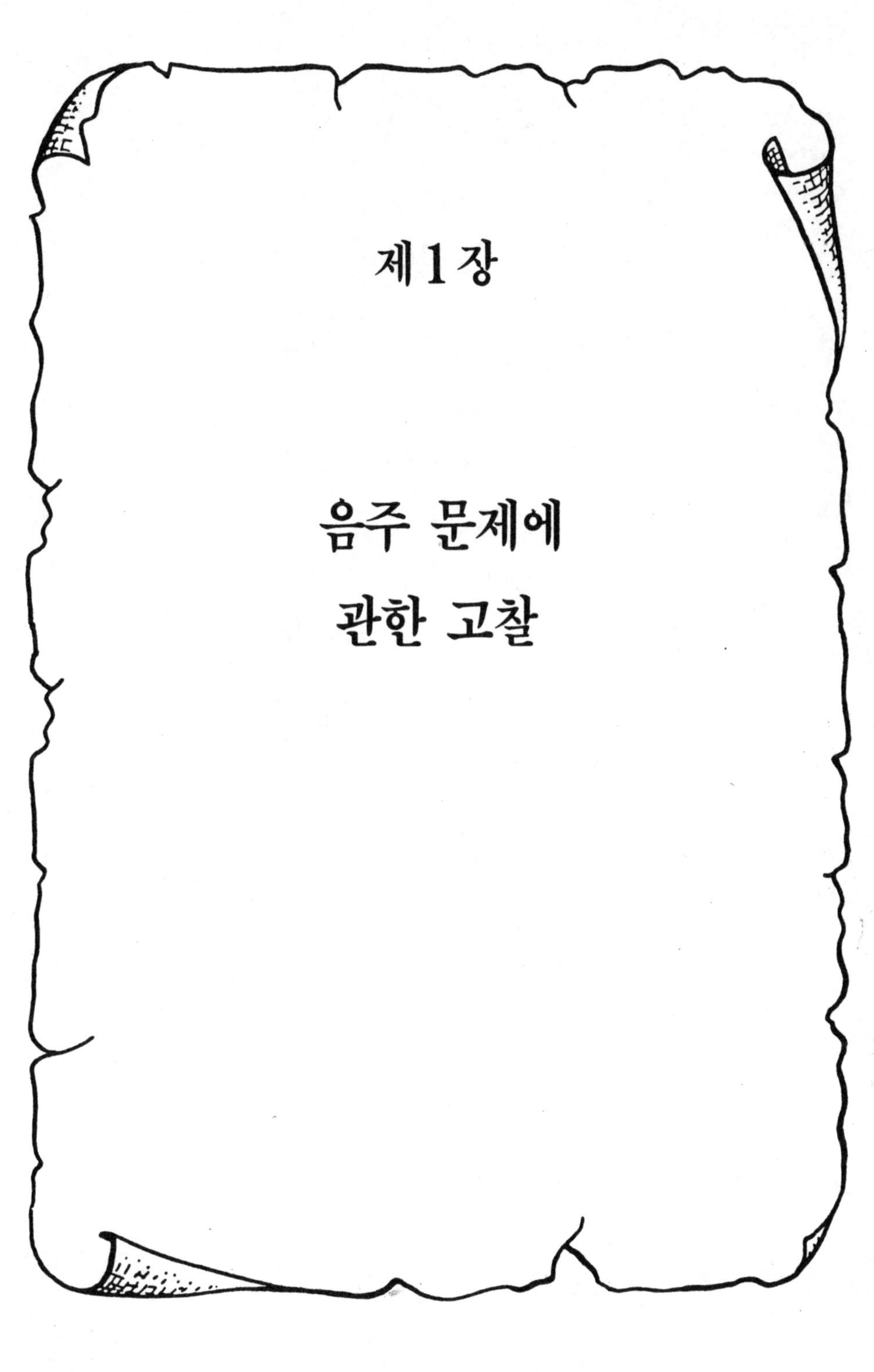

제1장

음주 문제에 관한 고찰

음주 문제에 관한 고찰

음주 문제만큼이나 사회 전반에 악영향을 끼치는 것은 없다. 음주로 인하여 파생되는 문제들은 건강, 경제, 사회 등 여러 면에 걸쳐서 가장 큰 악영향을 미치고 있다.[1] 또 술은 교회의 분열을 야기시킬 수 있는 잠재적인 위협 요소이다. 우리 나라 기독교회에서는 아직 그렇지 않지만 미국사를 살펴보면 '크리스챤이 알코올 음료를 마실 수 있는가?' 라는 문제로 거의 모든 교회들이 논란을 벌인 것을 알 수 있다.[2] 우리 사회가 보수와 진보의 구획정리 시작 단계에 와 있는 것을 염두에 둘 때, 한국 기독교계가 단순한 미덕으로 여기고 있는 금주 관습이 언젠가는 큰 논란의 초첨이 될 수 있다. 그러므로, 이 문제에 관한 확실한 성경적 이해가 필요하다.

이 장에서는 서구 기독교계에서 절대 금주 원칙을 포기한 이유들과 상황, 그리고 음주에 관하여 취하는 세 가지 주요 입장들을 살펴보고자 한다.

1. 크리스챤의 책임

급증하는 음주 문제에 대한 일말의 책임이 기독교회에 있다. 왜냐하면, 다른 어떤 기관이나 제도보다도 더 강력하게 그들이 믿고, 가르치는 바, 그리고 설교하는 바로 사회의 도덕적 가치와 행태에 영향을 끼칠 수 있기 때문이다. 목회자가 강단에서 설교하는 내용과, 주일 학교 교사가 음주에 관하여 가르치는 내용이, 신자들이 알코올 음료를 마시는 것에 관한 입장의 상당 부분을 결정짓기 때문이다.

적당한 음주가 성경이 승인한 크리스챤의 자유라고 가르치는 사람들은, 적당한 음주가 과도한 음주의 첫번째 발걸음인 것을 인식하지 못한다. 그것은 첫째로, 알코올은 습관적이 되어 버리는 마약이고 두번째로, 적당한 음주도 인간의 판단력과 자제력을 감소케 하기 때문이다.

많은 알코올 중독자들은 '성경이 술을 마셔도 괜찮다고 말하지 않는가? 신부님들도 마시지 않습니까? 성만찬에서 조금이지만 실제로 마시지 않습니까? 성경에서 술 마시지 말라고 한 곳을 찾아보라!' 고 큰소리까지 친다.

절제 운동 미국 절제 운동사를 살펴보면 절대 금주를 침례교, 감리교, 회중교, 구세군, 신파 장로교, 성결 운동파들, 그리고 재림교회가 강력하게 후원하고 증진시켰다는 것을 알 수 있다. 이들의 열심은 성경이 취하게 하는 음료를 적당히 마시라는 것이 아니라, 금하라고 가르친다는 확신에서 우러나왔다. 이와는 다른 견해를 취하였던 성공회, 루터교, 독일 개혁교회, 구파 장로교는 "절제 운동"에 덜 열심이었다.[3]

금주령이 실시되었던 당시 매해 1인당 평균 1.5갈론의 술 소비량이 오늘날에는 3갈론으로 증가한 것은[4] 역으로 절제 운동의 쇠퇴와 연관된 현상이다. 이러한 쇠퇴는 절대 금주가 성경의 가르침이라는 믿음을 많은 교회가 서서히 포기한 경향에 영향을 받았다.

성경 비판 많은 교회들이 성경의 절대 금주 원칙을 포기한 중요한 한가지 요인은 성경 비판으로 인하여 확장되어신 충격이다. 성경 비판은 성경의 권위와 그리스도의 인격에 내재된 권위를 약화시켰다. 성경은 "성경이 집필된 당시의 문화적 환경의 소산물"이라고 여겨지게 되었고, 결과적으로 음주에 관한 성경의 가르침은 현대의 도덕적 진전과 인식보다 덜 중요하게 여겨지게 되었다.[5]

그리스도의 인격 그리스도도 인간이었기에 그의 지식이 제한적인 것이였다고 여겨지게 되면서, 그의 인격에 관한 개념도 약화되게 되었다. 그리스도께서 발효된 술의 해로운 영향을 알지 못했기 때문에 발효된 술을 마셨다는 것이다. 이 견해를 가진 한 저작자는 "그리스도께서 인간으로 알았던 지식에 한계가 있었기에 알코올 성분이 내포된 모든 음료가 절대적으로 또 극도로 해악한 것(우리가 알고 있는 바)을 알지 못했다. 이러하기에 우리는 예수를 정신적으로 따르지, 문자적으로 따르지 않는다"고 말하였다.[6]

그리스도께서 알코올 음료가 위험한지를 몰랐다고 여기면서 그 분을 하나님의 거룩한 아들로서 경배를 드릴 수 있겠는가? 더구나 이 이론은 그리스도께서 구약성경에 분명하게 알코올 음료에 대하여 경고한 것(잠 20:1 ; 31:4, 5 ; 레 10:8~11 ; 합 2:5 ; 2:15 ; 사 5:11, 12 ; 28:7)을 몰랐다고 하는 말인데, 정말 그럴까?

절대 금주가 아니고 적당한 음주 성경 비판이 끼친 충격은 절대 금주 개념을 포기하고 적당한 음주로 옮기어 간, 사회의 조류에서 볼 수 있다. 이 흐름은 한 때 절대 금주를 가장 강력하게 옹호하였던 교회까지 영향을 미쳤다. 예를 들자면, 감리교는 절제 개혁에 있어서 단연 최고의 지도적인 교단이었다. 그렇지만, 오늘날의 감리교회는 목회자들이 적당히 음주하도록 허용하고 있기까지 한다.

빌리 그래함 같은 영향력 있는 지도자들도 성경적인 이유가 아니라 사회적인 이유를 들어 음주를 자제하여 줄 것을 당부하고 있을 정도이다.

생명 윤리인가? 성경 윤리인가? 빌리 그래함 같은 많은 교회 지도자들은 절대 금주를 옹호하고 있지만, 그들이 성경적으로 그리고 도덕적으로 음주가 옳지 않다고 믿어서가 아니라 술이 개인과 공중의 건강에 미치는 해로운 영향을 들어서 반대한다. 성경 윤리가 아니라 생명 윤리가 이들의 사고를 지배한다. 생명 윤리란 성경이 알코올 음료를 불허한다는 확신이 아니라, 알코올이 인간의 생명(생물학[Bio-logy]이란 생명에 관한 연구이다)에 끼치는 위협으로 인하여 갖게 되는 염려로 이 생명 윤리가 그들의 생각을 지배한다.

많은 크리스챤들이 이런 영향을 받아서 알코올 중독을 근본적으로 죄의 문제가 아니라 질병의 문제로 여기어 다룬다. 알코올 중독이 본질적으로 "고의(故意)의 죄" 즉, 도덕의 문제가 아니라 의학의 문제라고 여긴다는 말이다.

도덕적인 문제인가? 의학적인 이슈인가? 알코올 중독을 사람들이 걸리기 쉬운 질병으로 축소화 한 작업은 1930년경에 시작되었고, 널리 받아들여졌다. 심리학자인 폴 굳(Paul Good)이 말한 대로, 그 이유는 "만일 알코올 중독을 도덕적 문제로 간주한다면 치료 산업이 없을 것"이기 때문이었다.[7] 그는 "십억불대의 산업이 질병으로서의 알코올 중독을 도와준다"고 덧붙여 말한다.[8]

알코올 중독을 질병 형태로 간주한 것은 알코올 남용의 도덕적 측면을 대부분 제거하여, 유전적인 질환 또는 생리학적 질환으로 축소시켜 버렸다. 하지만 중독 전문가인 남가주 주립 대학교의 허버트 핀가레트(Herbert Fingarette)는 이 일반적인 견해를 반박하였다. 그는 자신의 근저(近著)인 「과음 : 질병으로서의 알코올 중독」[9]에서 거의 대부분 간과되었던 의학적 연구 결과에 근거하여 과음이 대부분의 경우 의학적인 문제이기보다는 행동적인 문제라고 설득력 있게 논증하고 있다.

당사자 무과실 사회 알코올 중독이 각 개인에게는 책임이 없는 질병 상태로 축소된 것은 놀라운 일이 아니다. 이것은 현 사회가 "당사자 무

과실 사회(no fault society)"—어느 누구도 그가 행한 일에 대하여 책임을 지고자 하거나 비난하지 않는 사회—가 되어 가고 있다는 한 실례일 뿐이다. 보험에도 가입자 무과실 보험이 있고 결혼 관계에도 당사자 무과실 이혼이 있으니, 당사자 무과실 알코올 중독도 성립되지 말란 법이 없지 않는가?

랄프 부에너(Ralph Woerner)는 다음과 같이 통찰력 있게 관찰하였다. "알코올 중독자들은 더 이상 자신들이 처한 상태에 대하여 비난을 받지 않는다. 그들은 천연두나 홍역, 혹은 이하선염(耳下腺炎)과 같은 질병에 걸렸다. 가엾은 이 친구는 목이 말랐다. 그래서 어느날 질병의 원인이 된 음료를 준 술집에 들어갔다. 이 음료가 그의 뇌를 파괴하였고, 그의 결혼을 파탄에 빠뜨렸으며, 가정에 말할 수 없는 고뇌를 안겨주었다. 하지만 모든 것은 결백하게 행하여졌다. 어느 누구도 발생한 일에 책임이 없다."

"우리는 절대로 회사가 홍역이나 천연두, 혹은 소아마비를 걸리게 하는 음료를 팔도록 허용하지 않는다. 하지만, 알코올 경우는 다르다. 그것은 우리가 알코올에 질병을 야기케 하는 매개체가 포함되어 있다고 실제로 믿지 않고 있기 때문이다. 알코올을 팔 때에는 사람의 갈증을 해소하고 기분을 즐겁게 해주는 음료수를 팔 뿐이다. 소비자가 중독자가 되면 그는 질병에 걸린 것이다. 이러한 '정신 분열병'적 추론은 제조자로 책임을 지거나 혹은 비난당하는 일 없이 물품을 팔도록 허용한다. 또 소비자로 죄책감이나 수치감 없이 자신을 파괴하도록 허용한다. 소비자는 지진이나 홍수, 혹은 토네이도에 의하여 희생을 당한 어떤 사람과 같은 '피해자'일 뿐이다. 소비자가 어떻게 자신이 처한 상태에 대하여 책임을 질 수 있는가? 알코올 중독을 질병으로 간주함으로 우리는 알코올 중독자들을 모든 책임이나 죄책으로부터 면제하여 준다. 이것은 '당사자 무책임 사회'가 되기 위해서는 필수 불가결하다."

"알코올이 양조되었을 때에 그것은 '살아 있는 시내'와 같이 맑다. 소비자가 중독되었을 때에, 단지 무서운 질병의 피해자일 뿐이다. 그러므로, 생산자와 소비자는 그들이 야기한 고통의 모든 죄책과 책임으로부터 면제함을 받는다."[10]

도덕적 확신의 필요성 크리스챤들에게 알코올 음료가 그들의 건강과 자아상, 그리고 가정과 사회에 미치는 해악적인 영향을 알려주는 일이 긴급히 필요하다. 하지만 알려만 주면 그들이 절대 금주자로 계속하여 잔류하거나, 또는 절대 금주자가 되는가? 필자의 견해로는 교육만으로는 충분하지 않다. 그 이상의 조치가 필요하다. 단순히 생명 윤리가 필요한 것이 아니라, 근본적으로 성경 윤리가 필요하다. 크리스챤이 음주가 건강을 해칠 수 있는 나쁜 습관일 뿐만 아니라 하나님께서 인간의 건강과 성결을 보장하기 위하여 주신 원칙을 범하는 것임을 인식하게 될 때에만 취하게 하는 물질을 금하고자 할 것이다.

미국 내에서 전국적으로 흡연의 위험에 관하여 실시하고 있는 교육은 흡연자의 수를 급진적으로 감소시키지 못했다. 흡연 습관을 버리기보다 흡연하기를 원하는 4천만의 미국인들이 있다. 이 통계는 생명 윤리만으로는 충분하지 않다는 것을 확실히 드러내 보여준다. 마찬가지로 사람들에게 알코올의 생리적, 사회적 영향에 관하여 교육하는 것은 실질적으로 교회 내부나 또는 사회 전체의 음주 문제를 감소시키지 못한다.

이런 실태의 이유는 타락한 인간의 본성 때문이다. "나의 행하는 것을 내가 알지 못하노니 곧 원하는 이것은 행하지 아니하고 도리어 미워하는 그것을 함이라… 오호라 나는 곤고한 사람이로다. 이 사망의 몸에서 누가 나를 건져 내랴"(롬 7:15, 24). 인류의 길고 긴 비참한 역사는 인간의 순간적 쾌락과 만족을 위하여 자신들의 행복 뿐만 아니라 결국은 사회의 안녕까지 파괴할 일을 고집스럽게 행하였다는 것을 보여준다.

크리스챤의 자유란? 크리스챤이 자유로와지는 길은 자기 자신을 섬기는 것이 아니라 하나님을 섬기고자 하는 것, 자기 자신을 만족시켜 주는 것을 찾는 대신 하나님의 뜻을 알고 행하고자 함에 있다. 하나님에게서 삶의 의미와 성취를 맛보기 전에는 인생에는 아무런 의미가 없다. 성경의 복된 소식은 하나님께서 그것을 맛보는 방법을 제시하여 주셨다는 것이다. 우리들의 과거 죄악을 용서 받고, 우리가 그분의 말씀을 따라 현 세상의 삶을 살아가도록 도와 주는 능력을 받아들이므로 그것을 맛볼 수 있다. 이것이 바로 바울이 설명한 그리스도께서 이 세상에 오신 목적이다(롬 8:3, 4).

이상은 음주에 관한 크리스챤의 입장이 단순하게 생명 윤리에 의거하는 것이 아니라 근본적으로 **성경 윤리**에 근거하여야 한다는 것을 뜻한다. 이 논제에 관한 크리스챤의 확신은 음주가 삶의 신체와 사회에 미치는 부정적인 영향 뿐만 아니라 하나님께서 주신 적극적인 원칙과 훈계에 근거하여야만 한다. 크리스챤의 음주관은 먼저 하나님께서 하신 말씀에 청종하고, 그 다음에 알코올의 영향에 관한 과학적인 연구 결과를 살펴 봄으로써 형성되어야 한다.

2. 세 가지 주요 입장

성경은 음주에 관하여 어떻게 가르치는가? 하나님께서는 주정 음료를 적당히 마시는 것을 **승인**하셨는가? 하나님께서는 주정 음료를 불허하셨지만 과거에 인간의 실패로 인하여(마 19:8) 이혼, 일부다처제, 노예제도를 허용하셨던 것과 같이 술마시는 것을 **허용**하셨는가? 하나님께서는 모든 주정 음료를 마시는 것을 **절대적으로 금하셨는가?** 이 세 가지 질문들은 음주 문제에 관하여 분명하게 표명된 세 가지 다른 입장을 나타내어 준다. 이 세 가지 입장을 **적당론자**(moderationist), **자제론자**(abstentionist), **절대 금주론자**(prohibitionist)라고 칭하고자 한다.

(1) 적당론자의 입장

정의와 지지자들 적당론자들은 성경이 주정 음료를 **부적당하게** 마시는 것(남용)을 정죄하기는 하지만 **적당히 마시는 것**은 승인한다고 주장한다. 이 견해를 지지하는 이들은 G. I. 윌리암슨(Williamson), 케네스 젠트리(Kenneth L. Gentry) 놀만 가이슬러(Norman L. Geisler) 등이다.[11]

적당론자들의 입장은, 성경에 나오는 **포도 음료는 오직 발효된 포도주**뿐이라는 것이며, 성경은 포도주를 적당히 자유롭게 즐길 수 있는 하나님의 축복으로 간주한다는 것이다. 그렇지만, 최근의 연구는 우리말 성경에 대부분 "포도주(wine)"로 일관되게 번역된 히브리 어와 희랍 어 단어(**야인과 오이노스**)는 **발효되지 않은 포도 음료** 혹은 **발효된 포도 음료** 둘 중의 하나를 **칭할 수 있음을 입증함으로 이 한 가지 "포도 음료 이론"**이 도전장을 내어 놓았다.

적당론자들은 "한 가지 포도 음료 이론" 입장을 지지하면서 다음과 같이 주장한다. 멜기세덱이 가지고 나온 것은 발효된 포도 음료였다(창 14:18~20). 하나님께 바친 것은 포도주였다(출 29:38, 40 ; 레 23:13). 이스라엘이 성전에 십일조를 가지고 나와 여호와 앞에서 마신 것은 포도주였다(신 14:26). 예수께서 '포도주를 즐기는 사람'이라고 비난을 받았기 때문에 그가 마신 것도 포도주였다(요 2:1~11). 예수께서 성만찬을 제정하면서 사용하신 것(마 26:29 ; 막 14:25 ; 눅 22:18)은, 그리고 원시 기독교의 크리스챤들이 성만찬 예식에 사용한 것(고전 11:21, 22)도 발효된 포도 음료였다.

이 견해의 취약점 위의 주장들을 하나씩 후에 다룰 것이다. 이 시점에서는 두 가지 일반적인 관찰을 제시하면 족할 것이다. 첫째로, 적당론자들은 술을 과도하게 마시는 것 뿐만 아니라 술을 마시는 것조차 거리낌 없이 정죄한 성경절들(레 10:8~11 ; 삿 13:3, 4 ; 잠 31:4, 5 ; 23:31 ; 20:1 ; 딤전 3:2, 3)을 설득력 있게 설명하는데 실패하였다. 성경이 발효된 포도 음료를 "거만케 하는 것"(잠 20:1)이고 "뱀같이 물 것이고 독사같이 쏠 것"(잠 23:32)이라고 정죄를 하는데 어떻게 적당히 마시는 것을 승인할 수 있겠는가? 성경이 똑같은 술이 좋기도 하고 약하기도 한 것으로 동시에 정죄하기도 하고 또 권할 수도 있는가? 이 질문에 대한 해결책이 마신 술의 **종류**가 아니라 **양**이라면 성경은 최소한 안전한 음주의 한계선을 그었어야만 한다.

두번째 취약점은 포도주나 또는 그 외의 모든 알코올 성분 음료의 성격에 관한 것이다. 주정 음료의 해로운 영향을 알고 있는 하나님께서 그것을 적당히 마실 것을 권한다고 생각할 수 있겠는가? 적당히 마시는 것은 알코올의 나쁜 영향을 감할 수는 있어도 제거할 수는 없다. 흡연의 경우도 마찬가지이다. 하루에 담배 두 갑을 피우지 않고 반 갑만 피움으로 담배의 해로운 영향을 감할 수는 있어도 제거할 수는 없다. 하나님께서 마신 술의 양에 관계 없이 인간의 유기적 조직체를 취하게 하는 물질을 적당히 사용하라고 승인하고 권하였다는 상상은 터무니 없고 위험한 것이다.

(2) 자제론자의 입장

정의와 지지자들 많은 보수적인 크리스챤들은 적당론자들의 견해에 내재한 문제점들을 인식하고 "자제론자의 견해"라고 칭할 수 있는 입장을 개진하였다. 이 견해는 비록 하나님께서 성경 시대에 주정 음료를 적당히 마시는 것을 승인하셨지만 오늘날 알코올과 연관된 많은 심각한 사회적, 보건적 문제들로 인하여 크리스챤들이 알코올을 삼가하는 것이 오히려 더 낫다는 것이다.

이 자제론을 지지하는 이는 앞에서 말했듯이 빌리 그래함과 헤롤드 린젤(Harold Linsell),[12] 아놀드 컴(Arnold B. Come),[13] 등이고 (전) 개혁 장로교의 복음주의 시노드[14] 교단이 이에 동의한다. 이 견해에 의하면 자제는 성경이 명확하게 가르치는 문제가 아니라 현 사회에서 알코올이 끼치는 파괴적인 영향의 견지에서 신중하여야 하는 문제라는 것이다.

재림교회는 이와는 약간 다른 자제론자의 견해를 가지고 있다. 이들은 하나님께서 과거에 백성들의 무지와 왜곡으로 인하여 허용하시었다고(비록 승인하시지는 않았어도) 보면서[15] 건강을 자신들의 자제 입장의 이유로 들고 있다.[16]

이 견해의 취약점 이들의 입장은 신명기 14:26에 나오는 "포도주나 독주"를 예루살렘의 여호와 앞에서 마시라고 한 귀절이 주정 음료를 가리킨다는 추정에 근거한다. 즉 하나님께서 인간의 왜곡으로 인하여 양보하시었다는 것이다. 이 점에 관하여서는 본서 7장에서 논할 것이다. 결론은 "독주"로 번역되는 히브리 어 단어 **쉐카르**의 파생어와 신명기 14장의 문맥은 이 단어가 발효되지 않은 포도즙을 뜻함을 보여 준다는 것이다. "포도즙"을 하나님의 양보가 아니라 하나님의 축복으로 묘사한 시편 104: 14, 15와 "포도 음료와 젖"을 좋고 만족시켜 주는 영적 이익으로 묘사한 이사야 55:1은 이 견해가 근거가 없다는 것을 만천하에 드러낸다.

명백한 패러독스 바로 위에 언급한 실례들은 포도 음료가 하나님께서 백성이 즐겨 마시도록 주신 축복이라고 확실하게 표현하는 반면, 성경에는 포도 음료를 정죄하는 수많은 절들(잠 20:1 ; 23:32 ; 합 2:5)도 있다. 이 패러독스를 어떻게 해결할 수 있는가? 영감으로 기록된 성경이 왜 한입으로 두 가지 다른 이야기들을 하는가? 좋으면 좋은 것이고, 나쁘면 나쁜 것이 아닌가?

이 패러독스를 해결하는 방법은 적당론자들이 주장하는 바와 같이 마신 양에 있는 것이 아니다. 성경은 마신 양에 관계 없이 술을 정죄하고 있다. 또 하나님의 양보로 간주해도 안 된다는 것을 이미 언급하였다. 해답은 우리 말 성경에 포도주로 거의 일관되게 번역된 히브리 어와 희랍 어 단어(**야인과 오이노스**)가 **발효되지 않은 포도즙과 발효된 포도음료**, 둘 중의 하나를 칭할 수 있다는 것이다.[17] 이 점에 관하여 상세하게 후에 논할 것이다.

(3) 절대 금주론자의 입장

정의 절대 금주론자들은 우리말 성경상에 있어서 포도주를 마시는 것을 승인하기도 하고 또 정죄하는 모순은 포도 음료를 뜻하는 히브리 어와 희랍 어 단어(**야인과 오이노스**)가 포도즙과 포도주 둘 중의 하나를 칭하는데 사용된다는 것을 인식함으로 가장 잘 해결되어질 수 있다고 주장한다. 결국, 하나님께서 승인하시는 것은 발효되지 않은 포도즙이고, 불허하시는 것은 발효되었고, 취하게 하는 포도주라는 것이다. 이 견해에 의하면 성경은 주정 음료가 인간에게 합당하지 않기 때문에 금지한다는 것이다. 그것을 마시는 것은 건강에 좋지 않을 뿐만 아니라 부도덕한 행위라는 것이다. 그 이유는 인간의 건강과 성결을 보장하기 위하여 고안된 성경의 원칙들을 범하는 것이기 때문이다. 필자와 편역자는 이 견해를 지지한다.

절대 금주론 입장을 지지하는 이들 절대 금주론자의 견해를 가장 종합적으로 제시한 이는 로버트 티치아우트(Robert P. Teachout),[18] 스테판 레이놀드(Stephen M. Reynold),[19] 어니스트 골든(Earnest Gordon),[20] 프레드릭 리즈(Frederic Richard Lees)와 도슨 번즈(Dawson Burns),[21] 레온 필드(Leon C. Field),[22] 윌리암 패톤(William Patton),[23] 엘렌 화잇(Ellen G. White)[24] 등이다. 필자는 본서를 집필하면서 이들이 쓴 책들에 실린 성경 귀절 분석, 주석 등에 상당히 의존하였다.

3. 결 론

우리는 크리스챤들이 우리 시대의 음주 문제에 상당한 책임이 있다는 것을 이제 느낄 수 있다. 취하게 하는 물질의 도덕적, 신체적인 악영향에 관하여 확실하게 가르쳐 주지 않은 것이 한 가지 이유이고, 또 한 가지는 성경에 고등 비평 방법이 적용되고 나서 성경의 권위가 급격히 하락된 결과로 인해서 생긴 현상이다.

갈수록 많은 교회들이 절대 금주의 원칙을 버리고 적당론자들의 대열에 합류하고 있다. 그렇지만, 적당론은 수백만의 사람들을 부적당한 음주로 인도하는 첫번째 계단인 것이다. 그것은 알코올이 사람의 자제력을 감소시켜서 습관을 형성하여 주는 마약이기 때문이다.

적당론 견해를 견고히 하기 위하여 성경이 오직 한 가지 포도 음료만을 알고 있었다는 "한 가지 포도 음료 이론"을 주장하여, 술은 적당히 즐겁게 마시도록 주어진 하나님의 축복이라고 여기게 되었다. 결과적으로 성경에서 포도 음료를 정죄하는 것은 술의 종류가 아니라(즉 알코올 성분인지) 마신 양과 관련이 있다는 것이다.

적당론자들의 이 입장이 전 세계 수 백만 크리스챤들에게 잠재적으로 미치는 영향을 염두에 둘 때, 성경이 주정 음료에 관하여 가르치는 바가 매우 면밀하게 연구되어야만 한다. 성경과 역사상에 있어서 관련된 단어들의 의미를 살펴보고, 구약성경, 예수의 교훈과 생애, 그리고 사도들의 훈계에 나오는 주정 음료에 관한 귀절들을 차례로 검토할 것이다.

주

1. 본서 8장에 나오는 통계를 참조하라.
2. 이 논란의 중요한 결과로 1826년 미국 절제 협회(American Temperance Society), 1869년 전미 금주당(National Prohibition Party), 1874년 여성 크리스챤 절제 연합(Women's Christian Temperance Union), 그리고 1893년 정치성을 띤 반(反) 술집 동맹(Anti-Saloon League)이 결성되었다. 몇몇 복음주의적 교회들이 힘껏 후원한, 이 절제 운동은 1919년 1월 16일 미국 헌법의 제 8수정안을 통과시킴으로써 금주를 입법화하였다. 이 수정안은 알코올 음료를 "제조하거나 판매 혹은 이송하는 것"을 불법화 하였다.

   그런데, 1933년 12월 5일 헌법 제 21번 수정안 채택으로 금주령이 철폐됨에 따라 미국인들의 음주는 다시 급속히 늘기 시작하였다. 음주의 증가는 질병, 빈곤, 범죄, 사망의 증가로 연결되었다. 오늘날 미국의 알코올 소비량은 가히 전염병적이라고 표현되어질 수 있다. 약 1,800만에 달하는 성인들이 문제성 있는 음주자들이고 이들 중 1,000만 명이 알코올 중독으로 고통을 겪고 있다. "알코올은 미국에서 발생하는 살인과 자살, 그리고 예기치 않은 사망 원인의 거의 절반을 차지하는 요인이다.", "Coming to Grips with Alcoholism", *U.S. News and World Report*(November 30, 1987):56.
3. John L. Merrill, "The Bible and the American Temperance Movement: Text, Context and Pretext," *Harvard Theological Review* 81, 2 (April 1988): 165.
4. 각 개인당 알콜 소모량에 관한 통계는 스티브 올슨(Steve Olson)이 출판한 *Alcohol in America* (Washington, D. C., National Academy Press, 1985)에 실린 러커스 대학교의 알코올 연구소(Rutgers University Center for Alcohol Studies)가 발표한 내용에 의한 것이다.
5. John L. Merrill (n. 4), p. 166.
6. John Cole McKim, "Prohibitoin Versus Christianity," *North America Review* 208 (Spring 1918); 127. 예수님에게는 현 세대의 더 나은 지식이 없었기 때문에 술을 마셨다고 주장한 게릿 스미스(Gerrit Smith)도 이와 동일한 주장을 하였다(Ian R. Tyrrell, *Sobering Up: From Temperance to Prohibition in Antebellum America,* 1800~1900[Westport, CT, 1979], p. 145).
7. "Coming to Grips with Alcoholism"(n. 1), p. 59에 인용되어 있음.
8. Ibid.

9. Herbert Fingarette, *Heavy Drinking: The Myth of Alcoholism as a Disease* (Berkeley, University of California Press, 1988).
10. Ralph Woerner, "A No Fault Society", *Church of God Churchlight* (December 1988):1, 2.
11. G. I. Williamson, *Wine in the Bible and the Church*(Phillipsburg, New Jersey, 1976). J. G. Vos, *The Seperated Life* (Philadelphia, n. d.). Kenneth L. Gentry, *The Christian and Alcoholic Beverages* (Grand Rapids, 1986). Norman L. Geisler, "A Christian Perspective on Wine-Drinking", *Bibliotheca Sacra* (January-March 1982) : 46~55. Robert H. Stein, "Wine-Drinking in New Testament Times", *Christianity Today* (June 20, 1975): 9~11.
12. Harold Linsell, *The World, The Flesh and the Devil* (Washington, D. C., 1973), 8 장.
13. Arnold B. Come, *Drinking : A Christian Position* (Philadelphia, 1964). 또 Adrian Jeffers, "Wine in the Bible : Weal or Woe?" *The Western Commentary* 5 (July~August 1975) : 7 도 보라.
14. Paul R. Gilchrist, ed., "Study Committee on Beverage Use of Alcohol Report," in *Documents of Synod* (Lookout Mountain, TN : Reformed Evangelical Church, Evangelical Synod, 1982), pp. 19~23.
15. *Seventh-day Adventists Believe⋯A Biblical Exposition of the 27 Fundamental Doctrines* (Washington, D. C. : Ministerial Association, General Conference of Seventh-Day Adventists, 1988), p. 282 ; *The Seventh-day Adventist Bible Commentary* (Washington, D. C., 1953), vol. 1, p. 1002.
16. *Seventh-day Adventist Believe⋯* (n. 18), p. 278.
17. Lael Othniel Caesar, "The Meaning of *Yayin* in the Old Testament" (M. A. Thesis, Andrews University), p. 152.
18. Robert P. Teachout, *Wine: The Biblical Imperative : Total Abstinence* (Published by the author, 1986). 또 그의 학위 논문인 "The Use of 'Wine' in the Old Testament", (Th. D. Dissertation, Dallas Theological Seminary, 1979).
19. Stephen M. Reynold, *Alcohol and the Bible* (Little Rock, AR : The Challenge Press, 1983).
20. Ernest Gordon, *Christ, the Apostles and Wine* (Philadelphia, 1944).
21. Frederic Richard Lees and Dawson Burns, *The Temperance Bible-Commentary* (London, 1894).
22. Leon C. Field, *Oinos : A Discussion of the Bible-Wine Question* (New

York, 1883).

23. William Patton, *Bible Wines, Laws of Fermentation* (Oklahoma City, n. d.). 이 책은 현재도 Sane Press에서 나오고 있다(최근 판은 1988년).
24. Ellen G. White, *Temperance, as Set Forth in the Writings of Ellen G. White* (Mountain View, CA, 1949).

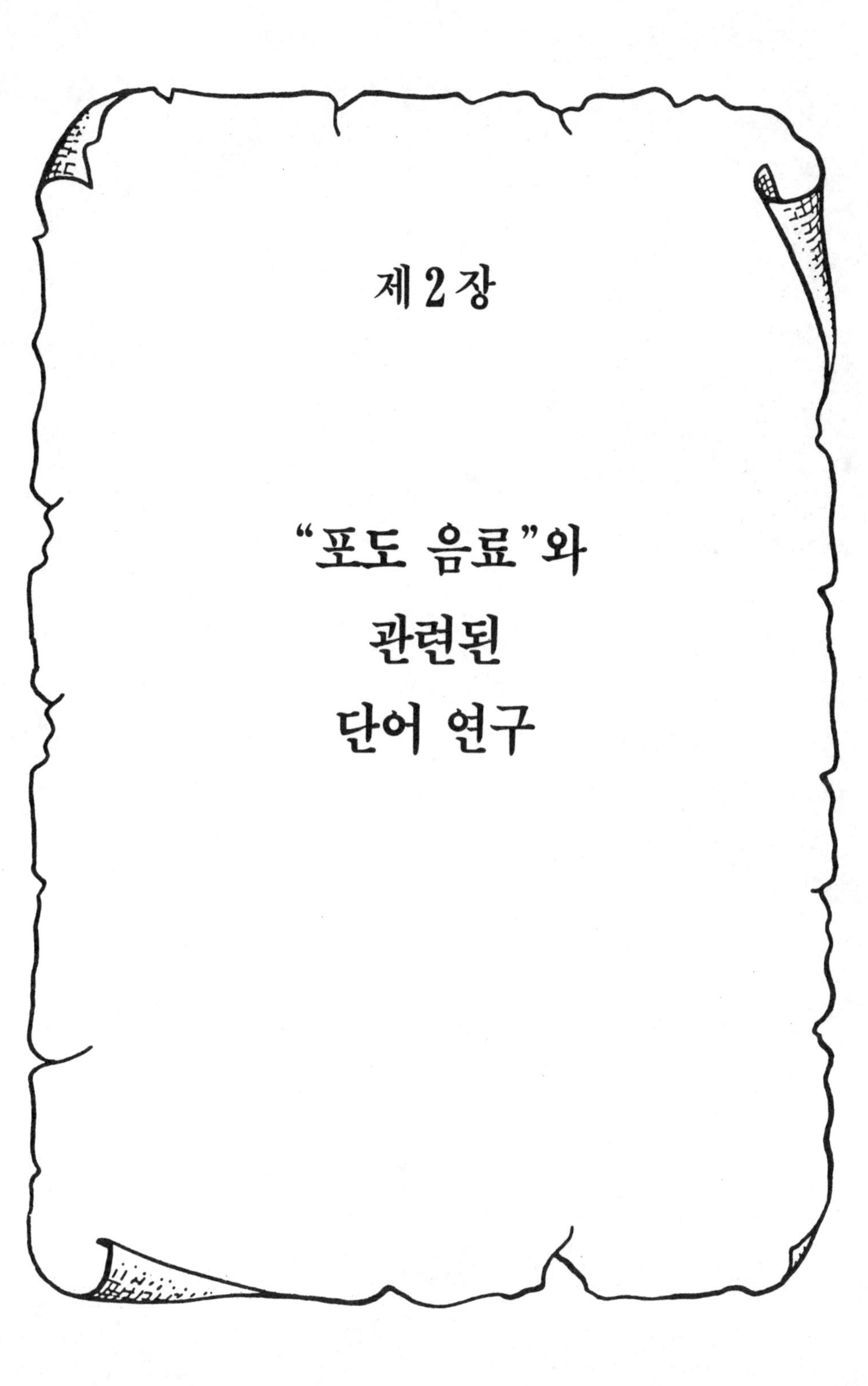

제 2 장

"포도 음료"와 관련된 단어 연구

"포도 음료"와 관련된 단어 연구

우리말로는 "포도즙"과 "포도주"와는 확연히 구분된다. "포도즙"은 발효되지 않은 즙이고, "포도주"는 발효된 술이다. 하지만 영어, 라틴 어, 희랍어, 히브리 어에서 해당 단어들의 의미를 연구하는 것도 중요하다. 왜냐하면, 이 언어권에서 이 단어들의 원래 의미와 그 의미가 어떻게 변하였는지를 살펴보면 이 논제에 관한 서방 기독교계의 흐름과 그 원인, 그리고 더 나아가 오늘날의 한국 교회에 끼친 영향의 한 근원을 가늠하여 볼 수 있기 때문이다.

영어로 **와인**이 "발효된 포도주"라고 일반적으로 알고 있는데, 굳이 정의를 내릴 필요가 없다는 생각이 먼저 든다. 대부분의 사전들도 이렇게 정의를 내림으로써 "발효되지 않은 포도즙"이 **와인**의 의미에 포함되지 못하도록 한다.

"와인"을 발효된 포도 음료로 정의하는 현실은 성경을 믿는 많은 크리스챤들로 하여금 성경에 나오는 **포도 음료**가 모두 다 알코올 성분을 함유한 것이라고 믿게끔 하는 이유이다. 성경에는 한 가지 종류의 포도 음료밖에 나와 있지 않다는 주장으로 인하여 한 가지 포도 음료 이론(one wine theory)으로 알려진 이 추정은 많은 신실한 크리스챤들로 하나님께서 발효된, 취하게 하는 포도주를 적당히 마셔도 된다고 승인하셨다고 믿게 함으로써 주정 음료에 관한 성경의 가르침에 편견이 섞이게 하였다. 이 추론을 다음과 같이 삼단 논법식으로 가장 잘 설명할 수 있다.

1. 성경은 오직 알코올 성분이 함유된 포도주만을 알고 있다.
2. 포도주는 성경에서 은혜로운 하나님의 축복으로 높여지고 있다.
3. 그러므로 성경은 주정 음료를 적당히 마시는 것을 승인한다.

이 삼단 논법에 내포된 문제는 그 첫번째, 가정이 틀렸다는 것이다. 본 장에서 입증할 점은 성경이 두 가지 뚜렷하게 다른 포도 음료를 알고 있다는 것이다. 첫번째는, 신선하고 합법적인 **발효되지 않은 포도 음료**이다. 두 번째는, 취하게 하는 위법적인 **발효된 음료**이다. 많은 학자들은 성경에, 이 두 가지 종류의 포도주가 나온다는 견해를 딱 잘라 부인한다. 즉, 이 견해는 현대에 창출된 가정으로, 성경이나 히브리 문화사, 혹은 고대사에 그 근거가 없다는 말이다.[1] 말하자면, 포도주는 발효된 것이어야 하고, 발효되지 않은 것이라면 그것은 포도주가 아니라 시럽(syrup)이라는 말이다.[2]

본 장의 목적 본 장은 '두 가지 포도음료 이론'이 성경적으로, 역사적으로 토대가 있는 지 검토하여 볼 것이다. 성경이 주정 음료에 관하여 가르치는 바에 관한 연구와 본 장이 직접적으로 관련이 없는 것처럼 보일 수 있지만, "포도주"란 단어가 일반 사회에서 그리고 성경에서 사용된 용례에 관한 연구 결과는 포도주를 권하기도 하고, 정죄하기도 하는 성경 귀절 간의 모순을 해결하여 줄 것이다.

절차 "포도 음료를 칭하는 단어가 현대 영어, 라틴 어, 희랍 어, 히브리 어에서 사용된 용례"를 살펴볼 것이다. 이 4개 언어권에 관한 역사적인 개관은 **와인**(wine)이란 영어 단어가 라틴 어 **비눔**(vinum), 희랍 어 **오이노스**(oinos), 히브리 어 **야인**(yayin)과 직접적으로 관련되었기에 합당한 작업이다. 이 단어가 그 소리와 양태에서 관련되었다는 것은 격(格) 표시 어미를 각 단어에서 떼어내면(라틴 어 vin[um], 희랍 어 oin[os], 히브리 어에서는 접두사 ya를 떼어 내면 [ya]yin) 좀더 명확하여 진다. 격 어미나 접두사 없이는 wine, vin, oin, yin이다(아래 도표를 참조하라). 이 단어들 간에 존재하는 언어적인 관계성은 자명하다. 모두 공통적인 어간을 가지고 있다. 이것은 같은 단어를 자국의 언어로 **음역(音譯)**하였다는 말이다.

동일한 의미를 지닌, 언어적으로 관련된 단어

영어	Wine
라틴 어	Vin(um)
희랍 어	Oin(os)
히브리 어	(ya)Yin

이 연관된 단어들이 각기 다른 언어에서 실제로 뜻하였던 바를 소리와 모양의 유사성 견지에서 확인하여야 한다. 본 장의 전반부에서는 이 관련된 포도주란 단어들(wine, vinum, oinos, yayin)이 비종교적으로 사용된 용례를 살펴보고, 후반부에서는 희랍 어 단어인 **오이노스**와 히브리 어 단어인 **야인**이 성경에서 어떻게 사용되었는지를 검토하여 보고자 한다.

1. 포도 음료를 칭하는 단어의 비종교적인 용례

(1) 영어에서의 "와인(wine)"의 의미

"와인"의 현대적 용례 오늘날 대부분의 사람들은 "와인"이 발효된, 취하게 하는 포도즙, 혹은 과실의 발효된 즙(음료로서 마실 수 있는 것)이라고 추정한다. 그 근거는 대부분의 현대 사전들이 그렇게 정의를 내리기 때문이다. 한 예를 들자면 **메리암 웹스터 대학생 사전**(Merriam Webster's Collegiate Dictionary)은 다음과 같이 **와인**을 정의하고 있다.

1. 다양한 퍼센트의 알코올을 함유한, 향기와 맛을 주는 에틸과 에스테를과 함께 발효된 주스.
2. 식물의 산물(과실로서)로써, 음료로써 사용되는 발효된 즙.
3. 기운을 돋구거나, 취하게 하는 그 무엇.

발효되지 않은 포도즙이 **와인**이라는 단어의 의미에 포함되지 않았음에 주목하라. 이와 같은 정의를 읽는 사람들은 **와인**이 오직 발효된 주스만을 뜻한다고 자연스럽게 추정한다.

"와인"의 과거 용례 그렇지만 위와 같이 **와인**이란 단어가 제한적인 의미를 지녔다고 하는 것은 발효된 포도즙과 발효되지 않은 포도즙을 칭하는 이 단어의 고전적인 이중적 의미에서부터 벗어난 것이다. 이 사실을 입증하기 위해서는 과거 사전들을 찾아 볼 필요가 있다. 예를 들자면, 1955년에 출판된 **펑크와 와그날 새 "표준" 영어 사전**(Funk & Wagnalls New "Standard" Dictionary of the English Language)은 다음과 같이 와인을 "치밀하지 않은 언어 사용에서는 발효된 포도 음료 혹은 발효되지 않은 포도 음료를 뜻한다"고 정의를 내린다. 이 정의는 40년 전에 **와인**이란 단어가 "치밀하지 않은 언어 사용에서 발효된 포도즙, 혹은 발효되지 않은 포도즙을 뜻한다"는 것을 드러내 보여준다.

1896년에 출판된 **웹스터 국제 영어 사전**(Webster's International Dictionary of the English Language)은 **와인**을 포도를 짠 즙, 특히 발효되었을 때에 포도에서 즙을 짜내 (통상) 발효되도록 하는 음료라고 정의를 내린다. 이 정의는 역사적으로 정확하다. 왜냐하면, **와인**의 기본적인 의미가 "포도를 짠 즙"이라고 정의를 내리면서 항상이 아니라 통상 발효되도록 하는 것이라고 했기 때문이다.

로버트 티치아우트가 지적했듯이 "사람들이 이 단어(히브리 어, 그리스어, 라틴 어, 영어든지 간에)를 그 통상적인 의미(취하게 하는 음료)로 이해하여 이 단어의 유일한 정의로 만들어 버리는 것이 문제이다. 이것은 부정확한 학문이다. 그것은 성경적인 면에서 또 비종교적인 면에서 부정확하고, 영어에 있어서는 역사적으로 부정확하다."[3]

고대 영어 사전들 이 단어가 영어에서 부정확하게 사용된 것은 오래된 사전들을 살펴보면 자명하게 드러난다. 예를 들자면, 1828년에 출판된 **웹스터 사전**(Webster's Dictionary)은 포도액(must)을 **새 와인**, 포도로부터 짜냈으나 발효되지 않은 **와인**(wine)이라고 정의를 내린다.[4] 발효되지 않은 포도즙이 여기서 명확하게 **새 와인**이라고 칭하여졌음에 주목하라.

1759년에 출판된 나단 베일리(Nathan Bailey)의 **신 세계 영어 사전**(New Universal English Dictionary of Words and of Arts and Sciences)은 **와인**을 다음과 같이 정의한다. "천연적인 **와인**은 포도로부터 나온 것으로서, 어떤 혼합물이나 혹은 섞은 것이 없는 것이다."[5] 베일리가 비록 그가 묘사한 몇몇 와인에서 암시는 했지만, 여기서는 "발효된"이란 단어를 사용하지 않은 것에 주목하라.

18세기의 다른 사전 편찬자들도 "**와인**"이란 단어를 이와 비슷하게 정의하였다. 1703년 런던에서 출판된 **존 커얼시**(John Kersey)의 **일반 영어 사전**(Dictionarium Anglo-Britannicum)도 "**와인**, 포도나 다른 과실로부터 만든 액체(liquor), 어느 것이든지 액체인 것, 즉 드링크, 주스 등등. 포도

액(must), 단 와인(sweet wine), 포도로부터 새로 짠 것"이라고 정의를 내린다.[6]

1748년에 출판된 벤자민 마린(Benjamin Marin)의 신영어 사전(Lingua Britannica Reformata)은 "술"을 다음과 같이 정의한다.

1. 포도즙.
2. 포도 이외의 다른 과실로부터 추출하여 낸 독한 증류주(liquor).
3. 술이 이성을 혼란스럽게 할 때의 포도주 기체.[7]

와인이 발효되지 않은 포도즙을 칭함에 사용된 뚜렷한 용례는 윌리암 휘트슨(William Whitson)이 번역하여 1737년 초판된 요세푸스의 유대 고대사(Antiquities of the Jews)에 나온다. 요세푸스는 요셉이 술 맡은 관원장의 꿈을 해석한 사건을 다음과 같이 기록하였다. "그래서 그는 자기가 잠을 잘 때 포도나무의 세 가지에 달려 있는 세 포도 송이를 보았는데, 그 포도 송이는 이미 커져 수확할 만큼 익어서, 그가 그 포도 송이를 따서 왕의 잔에 짜 넣고 포도즙을 걸러내어 왕이 마시게 바치었다"고 말하였다. 당신은 당신의 손으로 포도 세 송이로부터 이 포도즙을 짜내었고 왕이 그것을 받았다고 말하였습니다. 그러므로, 이 이상은 당신에게 유익한 것이로다.[8]

윌리암 휘트슨은 와인이란 영어 단어를 새로 짠, 발효되지 않은 포도즙(글류코스[Gleukos])을 번역함에 사용하였다. 그 이유는 당시에 와인은 발효된 포도즙이나 혹은 발효되지 않은 포도즙을 의미하였기 때문에 명백하다. 요세푸스의 기록은 이 외에 또 다른 중요한 면을 알려 준다. 그것은 즉 이스라엘이 국가가 되기 오래 전에 포도에서 즙을 짜서 신선하고, 발효되지 않은 상태에서 그것을 마시는 것이 관례였다는 것이다. 요세푸스가 글류코스라고 부른 사도행전 2:13을 영어 성경에서는 새 와인(new wine)으로 번역하고 있다. 이 사실들은 과거에 발효되지 않은 포도즙이 와인으로 칭하여졌다는 결론을 지지하여 주고 있다.

성경의 번역 사전들이 와인에 관하여 내린 정의들에 관하여 전술해

놓은 실례들은 흠정역(KJV) 성경이 번역되었을 때(1604~1611)에 그 번역자들은 **와인**의 의미에 발효된 술과 발효되지 않은 술, 둘 다 포함된 것으로 이해하였다는 것을 밝혀 주고 있다. 그러므로, 흠정역 성경에서 **히브리어 야인**과 희랍 어 **오이노스**를 **와인**으로 일관되게 번역한 것은, 당시에는 받아들일 수 있는 번역이었다. 그렇지만, 와인이란 단어가 포도주만을 뜻하게 되어버린 현대에 성경 번역자들은 성경 본문이 포도주를 가리키는지 혹은 발효되지 않은 포도즙을 가리키는지 표기하여야만 한다. 이렇게 명확하게 표기하여 놓지 않았기에 이 점에 대하여 잘 알지 못하는 성경 독자들은 영어 성경에 **와인**이란 단어가 나올 때에는 항상 포도주를 칭한다고 믿게끔 오도(誤導)되었다.

우리말 성경에 있어서도 번역자들은 (초기 선교사들의 번역부터) 이러한 잘못된 이해 위에서 특별하게 엄밀한 생각 없이 번역한 것처럼 보인다. 처음에 음주를 도적적인 명령의 차원에서 강조하였던 한국 교회가 성경 번역에 있어서 만큼은 특별한 연구 없이 잘못된 해석을 답습하였다는 것은 아이러니칼 하기까지 하다.

(2) 라틴 어 비눔(vinum)의 의미

라틴 어 비눔(vinum)의 용례 영어의 **와인**이란 단어의 근원어인 라틴 어 단어 **비눔**도 발효된 포도주나 혹은 발효되지 않은 포도즙을 언급하는데 사용되었다. 1740년에 출판된 4권으로 된 라틴 어 사전(Thesaurus Linguae Latinae)에는 **비눔**(vinum)에 대한 몇가지 정의가 나온다. 이 정의는 고대 로마의 저술가들 모두가 지지하는 정의이다. 그 중 두 가지 정의가 특히 본 연구와 관련있다. 그것은 **아이글류케스 비눔**(aigleuces vinum[단 비눔])과 **데프루툼 비눔**(Defrutum Vinum[끓인 비눔]이다. 둘 다 발효되지 않은 포도즙을 뜻한다.[9] 이 사전은 "포도 그 자체도 와인(wine)이라고 칭하여진다"고 한발 더 나아가 설명한다. 이 설명은 마르꾸스 카토(Marcus Cato)가 "포도즙을 포도에 달려 있는 **와인**"이라고 칭한 것에서 지지를 받는다.[10]

1640년에 출판된 Theatrum Botanicum에서 파킨슨(Parkinson)은 "익은 포도들로부터 짜낸 즙, 혹은 액체는 비눔이라고 칭하여진다. 이것들로부터 사파(sapa)와 데프루툼(defrutum)을 만든다. 영어로는 cute로, 즉 끓인 와인이고, 둘 다 새 무스툼(mustum), 즉 새 와인이다. 후자는 반 정도 끓였고, 전자는 삼분의 일쯤 끓였다." 이 설명은 익은 포도에서 짜낸 즙을 비눔(vinum)이라고 불렀고, 끓였을 때에 끓인 정도에 따라 사파(sapa) 혹은 데프루툼(defrutum)이 되었다는 점을 증명하여 주기에 중요하다.[11]

로마의 저명한 학자이고 유명한 자연사(Natural History)의 저자인 플리니(A.D. 24~79)는 끓인 포도 음료 사파와 데프루툼을 비눔 둘체(단 포도 음료)의 범주에 넣고 있다. 이 단 포도 음료(sweet wine)에 그는 발효되지 않은 단 포도 음료의 다른 종류들, 즉 셈페르 무스툼(새 포도 음료, permanent wine[semper mustum]), 파숨(건포도 포도 음료[passum]), 밀리띠떼스(militites : 벌꿀 포도 음료)을 포함시켰다. 밀리티테스는 마른 포도액 30 핀트와 6 핀트의 꿀, 그리고 한 컵의 소금이 넣어지는 비율로 섞어진 이 혼합물을 끓인 포도액으로부터 만든 것이다.[12]

로버트슨(W. Robertson)은 1693년 출판된 그의 Phraseologia Generalis에서 라틴 어 무스툼(mustum)을 새 포도 음료로, 비눔 펜덴스(vinum pendens)를 "아직도 나무에 있는 포도 음료"로 정의하였다.[13] 로마 카톨릭 교회의 천사 박사인 토마스 아퀴나스(Thomas Aquinas)는 포도즙(mustum)에는 이미 "포도 음료의 특별한 질(speciem vini)이 내포되어 있기 때문에 성찬식에 사용될 수 있다고 말하였다."[14]

전술한 문헌적 실례들은 라틴 어 단어인 비눔이 그 파생어인 영어 단어 와인과 마찬가지로 역사적으로 발효된 포도주나 발효되지 않은 포도즙 둘 중의 하나를 칭하는데 사용되어졌다는 것을 보여준다. 이 결론을 지지하여 주는 고대 로마 저술가들에 대한 문헌 자료는 고대의 포도주 보존 방법을 논할 4 장에서 더 언급할 것이다.

(3) 희랍 어 오이노스(oinos)의 비종교적인 용례

오이노스는 오직 발효된 포도주만을 뜻하는가? 라틴 어 **비눔**과 영어의 **와인**의 근원어인 **오이노스**란 단어가 비종교적 희랍 어와 성경 희랍 어에서 오로지 발효된 포도즙을 뜻한다고 대부분 인식하여 왔다. 예를 들자면, 케네스 젠트리는 그의 책 **크리스챤과 주정 음료**에서 다음과 같이 말했다. 고전 희랍 어(신약성경 **코이네** 희랍어의 역사적 전주자)는 이 용어를 발효된 음료로 사용한다. 리델과 스코트(Liddell and Scott)가 편찬한 "고전 희랍 어에 관한 희랍 어, 영어 사전에서는 **오이노스**를 '발효된 포도즙'으로 정의한다. 흥미로운 사실은 리델과 스코트가 주목하였듯이, 고전 희랍 어가 **오이노스**를 '발효된 즙'과 기능적으로 동등한 단어로 분명하게 사용하였다는 것이다."[15] 젠트리는 계속하여 신약성경 사전 편찬자료들을 인용하면서 "이름 있는 신약성경 사전들은 **오이노스**의 발효된 특성에 관하여 논란을 벌이지 않는다"고 말한다.[16] 젠트리는 몇몇 신약성경 귀절들을 검토한 후 "사실은 뚜렷하다. 오이노스는 주정 음료이다. 하지만, 그 어떤 곳에서도 포도주가 그 자체로서 금하여진 곳이 없다"고 결론을 내린다.

이러한 무조건적인 주장 때문에, 우리는 고전 희랍 어에서 **오이노스**가 오직 발효된 포도즙만을 실제로 뜻하는지 확인하여 볼 필요가 있다. **오이노스**가 발효되지 않은 포도즙도 칭하는 문헌적 실례들을 제시함으로써 이 주장이 사실이 아니라는 것을 밝힌다면, 신약성경과 칠십인역(구약성경의 희랍 어 번역판)에서도 **오이노스**가 이중적인 의미를 내포하고 있을 수 있는 가능성이 있다.

발효되지 않은 포도즙　**오이노스**가 오직 발효된 포도주만을 뜻하는 희랍 문헌상의 실례들이 많다. 아리스토텔레스(주전 384~322년)는 그의 책(Meterelogica)에서 "포도즙"이나 "포도액(**글류코스**)"을 포도 음료의 한 종류라고 명확하게 언급하였다. "포도액(**글류코스**)과 같은 몇몇 **오이노스** 종류는 끓였을 때에 굳어진다."[17] 같은 책의 다른 귀절에서는 단 포도 음료(**글류코스**)가 비록 **오이노스**라고 불리우지만 포도주의 영향을 가지고 있지 않다. 맛은 포도주 맛하고 같으나 보통 포도주처럼 취하게 하지 않기 때문이라고 말한다.[18] 아리스토텔레스는 이 귀절에서 발효되지 않은 포도즙이 비록 보통 포도주의 맛이나 취하게 하는 효능은 가지고 있지 않지만 **오이노스**라고 불리웠다는 것을 확실하게 알려준다.

문법학자인 아테나에우스(Athenaeus, 주후 200년경)는 그의 저서 연회(Banquet)에서 "미틸레네 사람들은 **글루콘 오이논**(Glukon oinon : 단 포도 음료)이 있었다. 그들은 그것을 **프로드로모스**(Prodromos)라고 불렀고, 다른 이들은 그것을 **프로트로포스**(Protropos)라고 불렀다"고 말한다.[19] 후에 같은 책에서 그는 이 달고 발효되지 않은 **프로트로포스**를 소화 불량증 환자에게 권하였다. 물에 섞은 것이든지 또는 데운 것이든지 단 포도 음료, 특히 **프로트로포스**라고 불리우는 종류, 단 **레스보스(Lesbian)**의 **글류코스**는 위(胃)에 좋다. 단 오이노스는 머리를 무겁게 하지 않는다.[20]

이것을 행한 방법은 고대세계가 포도 음료를 보존한 방법을 논할 때에 언급할 것이다. 이 시점에서는 위(胃)에 문제가 생겼을 때에 발효되지 않은 포도즙을 권하였다는 것에 주목하는 것이 중요하다. 이 점에 관하여서는 바울이 디모데에게 소량의 포도 음료에 비위를 위하여, 그리고 자주 나는 질병을 위하여 사용하라고 권고 한 말(딤전 5:23)이 무엇을 의미하는 지에 관하여 살펴볼 때, 다시 언급할 것이다.

또 다른 귀절에서 아타나에우스는 축제 때, 그(**드리마쿠스 장군**)는 나가서 들판에서 **오이논**(ek ton agron oinon)과 희생물로 좋은 상태의 동물들을 가지고 왔다고 말한다.[21] 우리는 발효되었고 통에 담은 포도주를 "들판에서 가져왔다."고 이 귀절을 이해할 수 없다.[22]

짜낸 포도즙으로서의 오이노스 몇몇 본문에서는 막 짠 포도즙을 **오이노스**라고 명명하기도 하였다. 예를 들어 본다면, 사도 시대가 끝날 무렵의 인물이었던 히에라폴리스의 그리스도교 감독이었던 파피아스(Papias)는 천년기에 대한 당시의 터무니없는 견해를 서술하면서, 그 천년기는 "포도나무에… 각 잔 가지마다 만 개의 포도송이가 열릴 것이며, 또 각 송이에는 만 개의 포도가 열릴 것이며, 포도 하나를 으깨면 **오이노스** 25 항아리가 나오는 때"라고 말하였다.[23]

5세기 인물인 플라톤주의 철학자 프로클루스(Proclus)는 헤시오드의 노

동의 나날(Works and Days)의 61번째 줄을 주석하면서 포도를 먼저 10일 동한 햇볕에 말린 다음, 10일은 그늘에 놔두고, 그리고 나서 "밟아서 오이논을 짜냈다고 말한다.[24] 여기서 막 짜낸 포도즙은 분명히 **오이노스**-포도주"로 칭하였다.

로버트 티치아우트는 자신의 박사학위 논문에서 몇몇 희랍 어 파피루스에는 **오이노스**가 발효되지 않은 포도즙을 칭할 때에 사용된 것을 지적하여 주었다.[25] 주후 137년에 기록된 "그들은 포도주 통의 순전하고 신선한 **오이논**(oinon)에서 자신의 임금(賃金)을 얻은 이에게 경의를 표하였다."[26]

콜로폰의 니칸더(Nicander of Colophon)는 **오이노스**란 단어가 포도를 처음으로 잔에 짜서 넣은 **오이네우스**(Oineus)라는 사람으로부터 파생된 단어라고 추측하였다. **오이네우스**는 먼저 그것을 움푹 파인 잔에 짜넣고, 그것을 **오이노스**라고 불렀다.[27] 이 견해는,"**오이노스**는… 오이네우스를 따라 명명되었다"[28] 고 말한 메로스의 메라닙 피데스(Melanippides of Melos)의 말이 지지하여 준다. 이 두 기록은 포도에서 처음으로 즙을 짜내었기에 그 즙의 명칭을 즙을 짜낸 **오이네우스**라는 사람의 이름을 따라 **오이노스**라고 칭하였다는 것과 즙을 짜내는 것이 이 단어의 기원이라는 것을 제시하여 줄 수도 있다.

칠십인역의 번역　칠십인역은 **오이노스**의 이중적인 의미에 관하여 의미심장한 실례들을 제시하여 준다. 칠십인역에서 포도즙을 뜻하는 히브리 어 단어 **티로쉬**(Tirosh)는 적어도 33번이나 희랍 어 단어 **오이노스**로 번역되었고, 형용사 새는 나오지 않는다. 그렇다면, 제한하는 단어 없이, 신약성경에서 **오이노스**란 단어 그 자체만으로도 발효되지 않은 포도 음료를 뜻할 수 있다."[29] 칠십인역의 번역자들이 포도즙을 뜻하는 히브리 어 단어(**티로쉬**)를 번역하기 위하여 '포도액'을 확실히 뜻하는, 덜 애매모호한 단어인 글류코스 대신에 **오이노스**를 사용하였다는 것은 흥미로운 사실이다.

또 칠십인역이 히브리 어 단어 **야인**을 통상적으로 **오이노스**라고 번역하였지만, 욥 32:19에서 야인을 새로 짠 포도즙을 뜻하는 일상적인 희랍 어인 **글류코스**로 번역하였다는 것도 주목할 만한 점이다. "보라, 내 가슴은 봉한 포도주(**글류코스-포도즙**)와 같고 새 가죽 부대가 터지게 됨 같구나." 이 경우에 칠십인역의 번역자는 그들에게 있어서 히브리 어 **야인**이 발효 과정 중의 포도액을 칭할 수 있었음을 보여 준다.

전기한 비종교적 저술가들과 종교적 저술가들의 관련 단어 사용 용례인 희랍 어 단어 **오이노스**는 라틴 어 **비눔**(vinum)과 영어의 **와인**(wine)과 같이 발효된 포도주나 발효되지 않은 포도즙, 둘 중의 하나를 칭하는 포괄적인 용어로서 사용되었다는 것을 명백하게 밝혀 준다. 이제 우리들의 임무는 히브리 어 **야인**이 비종교적으로 사용되었을 때, 이와 같이 이중적인 의미를 가지고 있는가를 알아보는 것이다.

(4) 히브리 어 야인의 비종교적인 용례

막 짠 포도즙으로서의 야인 히브리 어 야인과 희랍 어 **오이노스**의 성경적인 의미를 검토하기 전에 유대 문학에서 야인이 어떻게 사용되었는지를 살펴보아야만 한다. 그것은 유대 문학이 이 단어가 유대 문화권에서 수세기 동안 어떻게 사용되었는지를 말하여 주는 성경 외의 문헌이기 때문이다. **유대 백과사전**은 **야인**이 다양하게 사용된 용례를 간결하게 서술하고 있다. "발효되기 전의 신선한 포도 음료는(양조용 큰 통의 포도 음료[Yayin mi-gat] : Sanh 70a) '**야인 미-가트**'라고 칭하여 졌다. 보통 포도 음료는 해당 연도에 생산된 것이었다. 전년도에 생산된 포도 음료는 '야인 야샨(Yayin yashan : 오래된 포도주)'으로, 3년 된 포도 음료는 '**야인 메유쉬신**(Yayin meyushshan : 매우 오래된 포도 음료)'이라고 불리웠다."[30]

야인의 사용 용례에 관한 비슷한 묘사가 근래(1971년)에 출판된 **유대 백과사전**에도 나온다. 새로 짜낸 발효되기 전의 포도 음료는 **야인 미-가트**(Yayin Mi-gat : 양조용 큰 통에서의 포도 음료, Sanh 70a)로, **야인 야샨**(오래된 포도 음료)은 전년도의 포도 음료를, 그리고 그 전에 생산된 것은 **야샨 노샨**(오래된, 매우 오래된)이라고 알려졌다.[31] 위의 두 백과사전이 언급하고 있는 탈무드 논문인 산헤드린 70a에는 "새로 짜낸 발효되기 전의 포도 음료는 야인 미-가트(틀에서 받아 낸 포도 음료)"라고 기록되어 있다.

이 두 표준 유대 백과사전은 명확하게 **야인**이란 용어가 "새로 짜낸 발효되기 전의 포도 음료"를 포함한, 다양한 포도 음료를 칭하는데 사용되었음을 증명하여 준다. 새로 짜낸 포도즙은 "새 포도 음료"로도 확실하게 알려져 있었다. 그 이유는 랍비 하니나 B. 카하나(Kahana)가 "얼마나 오래 이것이 새 포도 음료로 불리우는가?"라는 질문에 "발효의 첫번째 단계에 있는 한, 그렇다… 그러면 이 첫번째 단계는 얼마나 오랫동안 인가? 3일 동안이다"라고 말하였기 때문이다.[32]

종교 의식에 사용된 발효되지 않은 포도즙 미국 유대 신학교에서 오랫동안 저명한 탈무드학 교수였던 루이스 긴즈버그(Louis Ginzberg)는 1923년 "발효되지 않은 포도 음료가 유대인 종교 의식에 사용될 수 있는가란 질문에 대한 응답"이란 논문에서, 유대 종교 의식에서 발효되지 않은 포도 음료를 사용하는 것과 연관된 탈무드의 몇몇 귀절들을 검토하고 있다.

본서의 목적상 긴즈버그가 상세하게 검토한 탈무드의 몇몇 진술들을 인용하고자 한다. 첫번째는 랍비 히야(Hiyya)가 "새로 짜낸 포도 음료가 안식일과 같은 종교적 축제를 환영하는 의식인 **키두쉬**(Kiddush)에 사용되어질 수 있는지를 검토한 **바바 바트라**(Baba Bathra) 97a에 나온다. 틀에서 나온 야인이 헌수(Bedi' Abad)에 받아들일 수 있는 것이기 때문에 **키두쉬 레카테힐라**(kiddush lekatehillah)에서도 받아들일 수 있는 것이다."[33] 이 진술은 두 가지 이유로 인하여 의미심장하다. 첫째로, 막 짠 포도즙을 '**야인**' 으로 칭하였다는 것과, 두번째로, 발효되지 않은 포도 음료가 종교 의식에 사용될 수 있다는 것을 보여주었기 때문이다.

두번째 귀절은 전기한 것과 한가지지만 다르기에 재진술이나 마찬가지로서 탈무드의 최초의 유대인 개론서인 **하라코트 게다로트**(Halakot Gedalot)에 기록되어 있다. 포도송이를 짜내어 즙이 **키두쉬**(kiddush)하다고 선언한다. 그 이유는 **포도즙이 나실인 법과 관련하여 야인으로 여겨졌기 때문이다.**[34]

이런 사실은 민수기 6:1~4에 나오는 나실인 법에 발효되지 않은 포도즙을 포도주로 간주한다는 기록이 없기에 당혹스러운 진술이다. 추측컨데, 몇몇 랍비들은 그들이 일반적으로 포도즙을 포도주로 받아들인 행태에 근거하여 이 결론에 도달하였던 것 같다. 루이스 긴즈버그는 이 견해에 관하여 다음과 같이 말한다. "나실인에게 금하여진 음료들 중에서 포도즙이 분명하게 언급되지 않았기에 랍비들이 포도즙을 금한 것은 포도즙이 포도주로 여겨졌다는 근거에서만 설명되어질 수 있다."[35]

만일 이것이 정확한 추측이라면, 이것은 유대인 사회가 발효되지 않은 포도즙을 일반적으로, 야인으로 여겼었다는 간접적인 지적인 것이다. 그렇지만, 그러한 간접적인 지적은 위에 인용한 두 귀절이 포도즙을 실제로 야인으로 칭하였다는 것에 관한 직접적인 증거를 제시하여 주기 때문에, 이 결론을 설정하는데 필요치가 않다.

결론 관련된 단어들－wine, vinum, oinos, yayin－의 비종교적인 사용 용례는 이 단어들이 발효되었거나 혹은 발효되지 않았던지 간에 짜낸 포도즙을 지칭하고자 이 단어들을 역사적으로 그 언어권에서 사용하였다는 것을 매우 명확하게 보여주었다. 이 사실은 "두 가지 포도 음료 이론"을 성경적으로, 역사적으로 근거가 없는 것이라고 대담하게 주장하는 이들의 주장이 영어와 라틴 어, 그리고 희랍 어와 히브리 어에서 술을 지칭하는 관련 단어들의 비종교적 사용 용례에 무지하다는 것을 확연하게 드러내 준다.

2. 야인과 오이노스의 성경상 용례

제2부에서는 1부에서 도출된 결론이 성경에서도 그런지에 대하여 살펴보고자 한다. 즉, 성경에서도 이 두 단어가 발효된 포도주나 혹은 발효되지 않은 포도즙, 둘 다를 뜻하는지 알아 보고자 한다. 이 작업은 매우 중요하다. 그 이유는 성경이 같은 단어를 사용하면서도 왜 때때로는 포도주 사용을 승인하고 또 때때로는 강력하게 불허하는지 그 이유를 알 수 있기 때문이다.

만일 이 두 단어-**오이노스**와 **야인**-이 비종교적으로 사용되었을 때처럼 성경에서도 발효된 포도주나 혹은 발효되지 않은 포도즙을 칭하는데 사용되었다면 하나님께서 동일한 단어들을 사용하면서도 발효되지 않은 포도즙을 승인하셨고, 또 발효된, 취하게 하는 포도주를 불허하셨다는 것을 입증하기는 쉽다. 먼저 구약성경에서의 **야인**이 사용된 용례를 살피고 나서 신약성경에서 **오이노스**가 사용된 용례를 검토할 것이다.

(1) 발효된 포도주로서의 야인

빈번한 사용 구약성경이 술을 칭함에 있어서 가장 빈번하게 사용된 단어가 이 **야인**이라는 명사이다. 이 단어는 구약성경에 141번 사용되었다. 이미 언급한 바와 같이 이 단어로 하나님의 승인과 불허를 동시에 표현하기 때문에 이 단어 사용 용례에는 일관성이 없다. 즉 **야인**이 발효된, 취하게 하는 포도주를 확실하게 칭하는 곳도 있고, 발효되지 않은 포도즙을 의미하는 곳도 있다.

로버트 티치아우트에 의하면 구약성경에는 **야인**이 141번 언급되었다. 그 중 71번은 발효되지 않은 포도즙을, 나머지 70번은 발효된 포도주를 언급하는데 사용되었다고 한다(본서 뒷부분에 삽입된 부록을 참조하라).[36] 물론 어떤 문맥은 확실치가 않아 이 수치가 정확하다고 할 수는 없다. 실제로 **야인**이 이 두 가지 의미로 몇번 사용되었는지는 그리 크게 중요하지 않다. 왜냐하면, 본 연구의 목적은 야인이 구약성경에서 때때로는 발효되지 않은 포도즙을 칭하는데 사용되었다는 사실을 입증하기 위함이기 때문이다.

취함의 실례들 야인이 구약성경에서 취하게 하는 포도주를 빈번하게 칭하였다는 점은 자명한 사실이다. 이 사실은 구약성경에 나오는 야인을 마심으로 인하여 생기는 악한 결과들과, 하나님께서 야인을 마시는 것을 정죄하심에서 확실하게 설정된 사실이다.

성경에서 첫번째로 야인이 사용된 실례는 발효된 포도주의 취하게 하는 영향에 관하여 기술하고 있다. "노아가 농업을 시작하여 포도 나무를 심었더니 포도주[야인]를 마시고 취하여 그 장막 안에서 벌거 벗은지라"(창 9:20, 21).

취하게 하는 포도주가 주요 역할을 한, 또 다른 추한 실례는 롯의 딸들의 이야기이다. 소돔과 그 주위 도시가 멸망당한 후 자손이 끊길까봐 큰 딸이 작은 딸에게 다음과 같이 말하였다. "우리가 우리 아버지께 술을 마시우고 동침하여 우리 아버지로 말미암아 인종을 전하자 하고, 그 밤에 그들이 아비에게 술[야인]을 마시우고 큰 딸이 들어가서 그 아비와 동침하니라 그러나 그 아비는 그 딸의 눕고 일어나는 것을 깨닫지 못하였더라"(창 19:32~33). 성경은 그 다음날 밤, 작은 딸도 똑같은 전략으로 똑같은 일을 하였음을 계속하여 기록하고 있다.

나발의 이야기는 취하게 하는 술이 끼치는 악한 영향들의 또 다른 실례이다. 나발은 다윗의 보호 아래서 이익을 얻은 부자였다. 하지만 그는 다윗의 소년들에게 음식 베풀기를 거절하였다. 다윗이 은혜를 모르는 나발을 죽이고자 하였을 때에 나발의 아내인 아비가일은 재빠르게 행동을 취하여 음식을 가지고 가서 남편의 바보스런 행동을 엎드려 사죄하였다. 다윗은 아비가일의 사죄를 받아들이고, 그녀가 가져온 음식물을 취하였다. 그런 다음 아비가일이 집에 돌아와보니 남편은 대취하여 있었다. "아비가일이 나발에게로 돌아오니 그가 왕의 잔치 같은 잔치를 그 집에 배설하고 대취하여 마음에 기뻐하므로 아비가일이 밝는 아침까지는 다소간 말하지 아니하다가 아침에 나발이 포도주[야인]가 깬 후에 그 아내가 그에게 이 일을 고하매 그가 낙담하여 몸이 돌과 같이 되었더니"(삼상 25:36~37).

취하게 하는 술이 언급된 많은 이야기 중에 또 하나는 "그 마음이 술[**야인**]로 즐거워 할 때"(삼하 13:28) 형제인 압살롬의 종들에게 살해당한 암몬의 이야기가 있다. 또 아하수에로 왕이 "주흥이 일어나서"(에 1:10) 왕후 와스디로 왕궁의 고주망태가 된 귀족들 앞에 나오도록 한 경우도 있다.

위에 언급한 실례들은 구약성경에서 종종 발효된, 취하게 하는 술을 칭하고 있다는 점을 보여주는 데 충분할 것이다.

야인 사용 불허 취하게 하는 포도주를 마심에 대한 전형적인 정죄와 그 결과에 관한 묘사는 잠언 23:29~35에 나온다. 포도주로 인한 몇가지 재난, 즉 근심, 분쟁, 원망, 까닭 없는 창상, 그리고 붉은 눈에 관하여 경고한 후에 솔로몬은 포도주를 보는 것조차도 삼가하라고 권고한다. "포도주[**야인**]는 붉고 잔에서 번쩍이며 순하게 내려가나니 너는 그것을 보지도 말지어다. 이것이 마침내 뱀같이 물 것이요 독사같이 쏠 것이며"(잠 23:31, 32).

취하게 하는 포도주에 대한 비슷한 경고가 잠언 20:1에도 나온다. "포도주[**야인**]는 거만케 하는 것이요, 독주는 떠들게 하는 것이라 무릇 이에 미혹되는 자에게는 지혜가 없느니라." 그렇지만, 대부분의 사람들은 이 경고를 무시하였다. 이사야 시대쯤에서는 발효된 포도주를 마시는 것은 "제사장과 선지자도 독주로 인하여 옆걸음 치며, 포도주(**야인**)에 빠지며 독주로 인하여 비틀거리며 이상을 그릇 풀며 재판할 때에 실수하나니"(사 28:7)할 정도로 보편적인 문제가 되었다.

3장에서 성경이 발효된 포도주를 마시지 말라고 권한 몇몇 이유들을 검토하면서 **야인**이 발효된, 취하게 하는 포도주를 명확하게 칭하는 다른 귀절들을 언급할 것이다.

(2) 발효되지 않은 포도즙으로서의 야인

자명한 귀절들 구약성경이 발효되지 않은 포도즙을 칭하고자 **야인**을 사용한 것은 **야인**이란 단어를 포도주를 묘사할 때 사용하였던 것처럼 항상 명백하지가 않다. 그 이유는 발효되지 않은 포도즙은 포도주와 달리 정죄받지 않았기 때문이다. 야인을 발효되지 않은 포도즙이라고 명확하게 정의한 귀절은 없다. 만일 그러한 귀절이 있었더라면, 이 문제에 관한 논쟁은 없었을 것이고 본서를 집필할 필요도 없었을 것이다.

그렇지만, 성경은 성경에서 사용한 단어들을 정의한 사전이 아니다. 성경 단어들의 의미는 종종 그 문맥으로부터, 또 다른 귀절들에서 관련된 언어들(동족어)에서 사용된 용례로부터 추출되어야만 한다. 야인의 경우도 이와 같으니, 본 연구는 문맥이 명확하게 이 단어가 발효되지 않은 포도즙을 칭한다고 가리키는 귀절들이 있음을 입증하여 보여 줄 것이다.

이사야 16:10 이사야 16:10은 야인이란 단어가 가장 명확하게 발효되지 않은 포도즙을 가리킨다는 것을 보여주는 귀절 중 하나이다. 이 귀절의 문맥은 하나님께서 모압의 자만심을 심판하신다는 것이다. 구약성경의 여러 경우에서 처럼 하나님의 심판은 포도원으로부터, 포도즙으로부터 하나님의 축복을 거두는 것으로 집행되었다. "즐거움과 기쁨이 기름진 밭에서 떠났고 포도원에는 노래와 즐거운 소리가 없어지겠고 틀에는 포도[야인]를 밟을 사람이 없으리니, 이는 내가 그 소리를 그치게 하였음이라"(사 16:10).

이 귀절이 분명히 밝히고 있는 중요한 점은 틀을 밟는 사람들이 밟고 있는 것을 야인이라고 부른 점이다. 이것은 분명 발효되지 않은 포도즙이니, 그 이유는 발효란 시간이 걸리는 과정이기 때문이다. 포도즙을 그냥 내버려두면 양질의 포도주가 된다고 추정하는 사람들도 있는데 잘못된 생각이다. 통제받지 않는 환경 속에 발효되게 놓아둔 짠 포도즙은 초(酢)가 될 뿐이다.

케네스 L. 젠트리는 "히브리 시(詩)에서 매우 흔한 시적인 영상(映像)적 표현은 이 귀절에 야인이 알코올 성분의 것이 되게 허용한다"고 주장함으로써 이 해석에 반대 의견을 피력한다.[37] 시(詩)에서는 때때로 최종 결과(포도주)는 결과를 야기시킨 물질 덕분이라는 것이 그의 논거이다. 이 주장에는 두 가지 취약점이 있다. 첫째로, 이사야 61:10에 나오는 시적인 영상 표현이 추수의 기쁨과 포도를 밟는 것을 묘사하고 있다는 것을 인식하지 못했다는 점이다. 틀에서 흘러 나오는 야인을 그것이 되어버린 것, 즉 발효된 포도주의 관점에서 본 것이 아니라 추수기, 즉 "틀에 있는 포도 음료"의 관점에서 보았다.

두번째로, 젠트리는 발효되기 전 상태의 짜낸 포도즙을 유대인들은 전기한 것과 같이 "틀로부터의 포도 음료(**야인** 미-가트[Yayin Mi-gat])"라고 불렀다는 것을 간과하였다. 젠트리와 일단의 적당론자들은 짜낸 포도즙이 **야인**으로 칭하여질 수 있다는 사실을 받아들이기를 꺼려하기에 틀로부터 흘러나오는 **야인**이 포도주라고 해석할 수밖에 없었다. 이사야 61:10을 정상적으로 해석하면 **야인**이 최종 소산, 즉 발효된 포도주를 시적으로 언급한다고 해석할 수 없다는 것이다. 왜냐하면, 문맥은 신선한 포도즙이 분명함을 가리켜 주고 있기 때문이다. 예레미야 48:33이 그 평행절이다.

예레미야 40:10, 12 발효되지 않은 포도즙을 칭하고자 **야인**을 사용한 명확한 실례는 예레미야 40:10, 12에 나온다. 바벨론인 총독인 그다랴는 포로로 잡혀가지 않은 유대인들에게 말한다. "너희는 **야인**과 여름 실과와 기름을 모아 그릇에 저축하고 너희는 얻은 성읍들에 거하라." 이 명령은 이웃 국가로 도망을 갔던 유대인들로 유다 땅으로 돌아오도록 북돋았고 "그 모든 유다인이…**야인**과 여름 실과를 심히 많이 모으도록 하였다"(렘 40:12). 이 두 절(節)의 경우 **야인**이란 용어는 있는 그대로의 포도나무 실과를 언급하는 데 사용되었다. 포도주를 들판에서 모을 수 없다. 이러한 사용 용례는 **야인**이 오직 발효된 포도주를 언급한다는 추정을 무효화시켜 버린다.

느헤미야 13:15 느헤미야 13:15은 **야인**을 새로 짠 포도즙을 칭하는 데 사용한 또 다른 예이다. "그 때에 내가 본즉 유다에서 어떤 사람이 안식일에 술 틀을 밟고 곡식단을 나귀에 실어 운반하며 **야인**과 포도와 무화과와 여러 가지 짐을 지고 안식일에 예루살렘에 들어와서 식물을 팔기에 그 날에 내가 경계하였고" 여기서 **야인**은 짠 포도즙일 개연성이 아주 높다. 왜냐하면, 그것은 안식일에 포도주 틀을 밟는 것과 함께 언급되었기 때문이다. 안식일에 신선한 즙이 신선한 포도들과 그 외 실과들과 함께 팔렸다.

애가 2:12 애가에는 유다가 느브갓네살이 예루살렘의 점령으로 야기된 대 기근 당시에 당한 신체적인 고통들이 생생하게 묘사되어 있다. 어린 아이들은 아사 직전의 재난 가운데서 어머니에게 이렇게 부르짖었다. "저희가 성읍 길거리에서 상한 자처럼 혼미하여, 그 어미의 품에서 혼이 떠날 때에 어미에게 이르기를 곡식과 야인이 어디 있느뇨" 하도다.

이 귀절에서 젖먹는 아이들은 통상적인 먹을 것과 마실 것, 즉 빵과 야인을 달라고 그 어머니들에게 울부짖는다. 점령당하고 기근이 몰아쳤을 때에 어린 아이들이 어머니들에게 평상시 마시던 취하게 하는 포도주를 달라고 하는 것은 거의 있을 수 없는 일이다. 로버트 티치아우트는 "그들이 그 어미의 품에서 죽어가며 원하였던 것은 매우 영양가가 있고, 그들의 정상적인 음식물의 일부분이었던 포도즙(야인)이었다"고 말한다.[38]

창세기 49:11 창세기 49:11에는 유다에 대한 하나님의 축복이 야인을 풍성하게 거둔다는 영상(映像)적 표현을 통하여 예언되어 있다. "포도주[야인]로 옷을 빨고 포도의 붉은 즙으로 겉옷까지 빨리로다"(공동번역). 이 영상적 표현이 나타내어진 바는 너무 풍성한 수확을 거두었기에 포도를 밟는 사람의 옷들이 넘치는 즙에 씻기어졌음을 나타낸다. 다음과 같이 배열하면 더욱 더 명확하게 알 수 있을 것이다.

(개역성경)	(공동번역)
그 옷을 야인에 빨며	야인으로 옷을 빨고
그 복장을 포도즙에 빨리로다	포도의 붉은 즙으로 겉옷까지 빨리로다

이 귀절은 위의 두 번역에서도 확연하게 드러나듯이 두 절(節)이 다른 두 단어를 사용하여 동일한 사상을 표현하는 히브리적 평행귀이다. 이 경우, 첫번째 절의 "옷"은 두번째 절의 "겉옷"에 상응하고, 야인은 "포도의 붉은 즙"에 상응한다. "붉은 즙"이란 말은 "포도즙"의 시적 칭호이고, 술과의 평행귀 사용 용례는 성경 시대 당시에 발효되기 전의 포도즙이 야인으

로 칭하여졌음을 말하여준다.

아가 야인이 발효되지 않은 포도즙을 언급하는데 사용된 또 다른 실례들은 이스라엘의 왕 솔로몬이 쓴 사랑 시에 나온다. 순수한 사랑의 기쁨을 몇개의 절에서 야인에 비교하였다. "내게 입맞추기를 원하니 네 사랑이 야인보다 나음이로구나…우리가 너를 인하여 기뻐하며 즐거워하리니 네 사랑이 야인에서 지남이라…나의 누이 나의 신부야 네 사랑이 어찌 그리 아름다운지 네 사랑은 야인에 지나고"(아 1:2, 4 ; 4:10).

이 절들에서 야인이 발효된, 취하게 하는 포도주를 언급할 가능성은 거의 전무하다. 그것은 이 책의 저자가 발효된 포도주를 "거만케 하는 것"과 "독사같이 쏘는 것"으로서 정죄하기 때문이다(잠 20:1 ; 23:32). 솔로몬이 더럽혀지지 않은 순수한 사랑을 단 포도즙에 비교하고 있음은 명확하다. 이렇게 비교한 것은 가장 적절하다. 왜냐하면, "포도즙이 인간의 마음을 기쁘게 하는 목적으로 하나님에 의하여 명백하게 주어진 것과 같이(시 104:15) 남자와 여자 간의 사랑도 마찬가지이기 때문이다."[39]

전술한 실례들은 크리스챤의 대부분이 가진 견해와는 달리 야인이 구약성경에서 그리고 랍비 문서에서 발효된 포도즙이나 혹은 발효되지 않은 포도즙 둘 중의 하나를 명시하는데 사용되었음을 분명하게 가리켜 준다.

(3) 발효된 포도주로서의 오이노스

신약성경에서 포도주를 칭하는 희랍 어 용어인 오이노스는 구약성경의 히브리 어 야인의 의미와 같다. 우리는 이미 오이노스가 비종교적인 희랍 어 문학에서 발효된 포도즙이나 혹은 발효되지 않은 포도즙 둘 중의 하나를 언급하는 포괄적인 용어로써 사용되었다는 것을 살펴보았다. 성경에서 사용된 오이노스란 단어가 이중적 의미를 내포하고 있다는 것을 알 수 있다. 그렇지만, 히브리 어 야인이 141 번 나오는 반면에, 이 단어는 신약성경에서 32 번밖에 나오지 않는다.

취하게 하는 오이노스 에베소서 5:18은 취하게 하는 포도주로서 오이노스를 사용한 가장 명백한 실례 중의 하나이다. 술[오이노스] 취하지 말라 이는 방탕한 것이니 오직 성령의 충만을 받으라. 여기서 오이노스가 발효된, 취하게 하는 포도주를 언급하고 있는 것은 분명하다. 그 이유는 첫째로 사람으로 취하게 하기 때문이고, 두번째로 술을 마시는 것이 방탕, 즉 전적인 부패와 방종으로 정죄되었기 때문이다.

오이노스의 취하게 하는 효력은 악한 자에 대한 하나님의 심판을 묘사하기 위하여 상징적으로 사용된 곳에도 암시되어 있다. "그도 하나님의 진노의 포도주[오이노스]를 마시리니 그 진노의 잔에 섞인 것이 없이 부은 포도주라"(계 14:10). 이 성경절에서 "하나님의 진노의 포도주"는 섞인 것이 없다(아크라톤[akraton])고 하였는데, 그 말은 포도주의 강도를 떨어뜨리는 물과 함께 섞지 않았다는 말이다. 이와 비슷한 상징적 사용 용례가 요한계시록 16:19에 나온다. "큰 성 바벨론이 하나님 앞에 기억하신 바 되어 그의 맹렬한 진노의 포도주[오이노스] 잔을 받으매" 하나님의 맹렬한 진노는 마신 이로 취하게 하고 발광하게 하는 포도주 잔이라는 영상적 표현을 통하여 묘사되어 있다.

하나님의 진노의 취하게 하는 포도주는 "큰 음녀의 받을 심판을 네게 보이리라. 땅의 임금들도 그로 더불어 음행하였고 땅에 거하는 자들도 그 음행의 포도주에 취하였다 하고"(계 17:1, 2). 이 귀절에서 영적 음란은 분별력을 혼란스럽게 하고 마음을 부패케 하는 엄청난 효력을 내포한 취하게 하는 포도주로서 나타내어 졌다.

오이노스의 문자적, 비유적인 사용에 관한 이 소수의 실례들은 신약성경에서 이 용어가 취하게 하는 발효된 포도주를 언급하는데 사용되었음을 확실하게 보여 준다.

(4) 발효되지 않은 포도즙으로서의 오이노스

성경에서 오이노스가 발효되지 않은 포도즙으로서 사용된 것은 다음 두 가지 경우를 통해서이다.

(1) 사도들이 사용한 구약성경의 희랍 어 번역(칠십인역)을 통해서.
(2)마태복음 9:17과 요한계시록 6:6과 같은 신약성경의 문맥에서.

칠십인역에서의 오이노스 사도들이 사용한 구약성경인 칠십인역은 포도즙을 뜻하는 히브리 어 단어인 **티로쉬**(tirosh)를 희랍 어 단어인 **오이노스**로 적어도 33번 번역하였다(시 4:7~8 ; 사 65:8 ; 욜 1:10~12 ; 2:23~24). 그 한 실례로 잠언 3:10에 나오는 막 짠 포도즙(히브리 어로는 **티로쉬**)은 칠십인역에서 **오이노스**로 번역되었다. "네 즙틀에 새 포도즙(new wine)이 넘치리라"(잠 3:10). "새 포도즙"은 히브리 어 **티로쉬**를 번역한 것이지만, 칠십인역은 단순히 부사 **새** 없이 **오이노스**란 단어를 사용하였다. 이 사실은 그렇다면 제한없이 **오이노스**는 신약성경에서 발효되지 않은 포도주를 쉽사리 의미할 수 있다.[40] 칠십인역의 번역자들이 신선한 포도즙을 뜻하는 일상적 히브리 어 단어인 **티로쉬**를 번역하기 위하여 **오이노스**란 단어를 사용하였다는 사실은 **오이노스**가 발효된 포도즙과 발효되지 않은 포도즙 둘 다를 칭하는데 사용되었다는 증거이다.

이 결론은 칠십인역이 히브리 어 단어 **야인**이 막 짠 포도즙을 명확하게 뜻하는 귀절을 번역할 때에도 희랍 어 단어 **오이노스**를 사용하였다는 사실로 인하여 더 뒷받침을 받는다. 예를 들자면, 칠십인역은 이사야 16:10에서 **야인**을 번역하기 위하여 **오이노스**를 사용하였다. "틀에는 포도즙[칠십인역에서는 **오이노스**]을 밟을 사람이 없으리니" 칠십인역의 언어가 신약성경 저자들에게 상당한 영향을 끼친 것을 생각하면 **오이노스**가 발효된 포도즙 혹은 발효되지 않은 포도즙을 뜻하는 이중적 의미로 신약성경에서도 사용되었다고 추정하는 것은 이치에 맞는다.

새 술은 새 부대에 신약성경에서 **오이노스**가 발효되지 않은 포도 음료에 관한 언급으로 사용된 것은 마태복음 9:17이다(일단은 개역 성경의 번역을 그대로 인용하여 보자). 새 포도주를 낡은 가죽 부대에 넣지 아니하나니 그렇게 하면 부대가 터져 포도주도 쏟아지고 부대도 버리게 됨이라 새 포도주는 새 부대에 넣어야 둘 다 보전되느니라. 우리는 이 성경절에서 그리스도 당시에 포도주와 그 부대 둘 다를 보전하기 위하여 새 포도 음료를 새 가죽 부대에 넣는 것이 관례적이었다는 것을 알 수 있다.

이 관습에 관한 통상적인 설명은 새 부대는 발효로 인하여 생긴 탄산(炭酸)의 팽창력을 더 잘 저지시킬 수 있기에 사용되었다는 것이다. 한 예로 지미 L. 알브라이트(Jimmy L. Albright)는 "막 만든 포도 음료(wine)를 새 가죽 부대 안에 넣었다. 낡은 가죽 부대는 그 압력으로 터져버리고 만다"(마 9:17 ; 막 2:22 ; 눅 5:37, 38).[41] 이 견해는 결코 옳지 않다. 그 이유는 새 가죽 부대가 아무리 강하더라도 발효로 인하여 생긴 압력을 저항하여 낼 수 없기 때문이다.

대영사전은 통상적으로 알려졌듯이(포도주가 되기 전의) 포도액(must)을 발효의 과정을 거치게 하고자 가죽 부대에 넣는 것은 불가능하다. 이 발효 과정의 초반기에서 나온 가스 활동은 가죽 부대가 견디지 못할 정도로 너무나 격렬하기 때문이라고 옳게 관찰하였다.[42]

고대 근동에서 포도주를 제조한 과정은 비교적 잘 알려지지 않았다. 63개의 저장용 통이 발굴된 고대 기브온의 발굴자인 제임스 B. 프리트차알드(James B. Pritchard)는 고대 근동의 포도주 제조 과정에 관하여서는 고전기 이전(preclassical) 시대의 문학과 그림 자료에서는 오직 약간의 내용만 알려졌다고 솔직하게 시인하였다.[43] 그의 재구성에 의하면 기브온에서는 짠 포도즙을 며칠에 걸쳐 4개의 다른 저장통으로 옮기었다. 두번째, 세번째, 네번째의 저장통에서 격렬한 발효 과정이 발생된다. 그리고 나서 그 통에서 따라낸 포도주를 섭씨 18도에서 올리브 기름으로 봉인된 큰 항아리에 부어 넣는다.

발효되지 않은 포도즙 이러한 사실을 염두에 둘 때, 새 부대에 넣은 "새 포도 음료"에 관하여 그리스도께서 하신 말씀은 체로 걸러 내고, 아마 또 끓였을 것이다. 그리고 나서 곧 바로 밀폐한 새 가죽 부대 안에 넣어진 가죽 부대의 입구에 기름 피막도 발랐을 틀에서 짜낸 신선한 포도 음료를 언급하는 것으로서 가장 잘 이해할 수 있다. 고대인들이 발효되지 않은 포도즙을 보전하기 위하여 사용한 다양한 방법들은 4장에서 논할 것이다.

이 시점에서는 "새 포도 음료"에 발효를 야기케 하는 물질이 없도록 보장하기 위하여 새 가죽 부대 안에 넣었다는 것을 그리스도의 말씀이 제시하여 주고 있다는 것에 주목하는 것으로 충분하다.

"만일 낡은 가죽 부대가 사용되었다면 가죽 부대 면에 붙어있는 부패된 알부민 물질이 공기의 활동으로 누룩 혹은 효소(히브리 어로는 **세오르**[Seor])로 변하게 되었을 것이다. 오래 되었고, 또 열에 의하여 공기가 들어오는 틈이나 금이 있는 것을 알아 차리지 못할 수 있다. 그래서 발효하는 포도주는 당연히 가죽 부대를 터뜨려서, 쏟아져 나와 '잃어 버릴' 것이다." [44] 또 다른 한편, 만일 발효되지 않은 새 포도 음료가 새 가죽부대 안에 부어 넣었다면 발효의 원인은 없다. 그러므로 포도 음료는 발효되지 않고 가죽 부대는 찢어지지 않는다. 만일 이 해석이 옳다면 그리스도께서 하신 말씀인 새 포도주(음료)(**오이노스 네오스**)는 신약성경에서 발효되지 않은 포도즙을 묘사하기 위하여 **오이노스**를 사용한 실례 중의 하나이다.

감람유와 포도주는 해치 말라 **오이노스**란 단어가 포괄적으로 사용된 예는 요한계시록 6:6에 나온다. 보좌가 있는 방의 중앙으로부터 한 데나리온에 밀 한 되며 한 데나리온에 보리 석 되로다 또 감람유와 **오이노스**는 해치 말라는 목소리가 들려왔다. 감람유와 **오이노스**를 해치 말라는 경고는 검은 말과 거기에 탄 자가 막 행하려고 하는 멸망에 한계선을 그었다. 로버트 문스(Robert Mounce)는 감람유와 포도나무는 뿌리를 깊이 뻗기 때문에 낟알만을 다 없애버리는 제한된 가뭄에 영향을 받지 않는다고 말하였다.[45]

추수를 파괴하는 것에 대하여 경고하는 이 문맥에서 감람유와 **오이노스**에 관한 언급은 중요하다. 왜냐하면, 이 두 용어가 감람유와 **오이노스**를 산출하는 감람나무 열매와 포도와 같은 단단한 과실들을 말하는 데 사용되어질 수 있었기 때문이다. 실제 과실 "포도"를 칭하는 데 **오이노스**란 단어를 사용한 용례는 놀라운 사실이 아니다. 그것은 포도주를 포도와 송이 안에서 생겨난 것으로서 말하는 수많은 경우들이 있기 때문이다.[46] 한 예로 아나크레온(Anacreon)은 **오이노스**를 가지에 달려 있는 과실에 감금된 것이라고 말하면서 포도 음료 틀을 밟는 자들이 포도 음료를 풀어 준다고 찬가를 부

른다.[47]

전술한 신약성경과 칠십인역에서 오이노스가 사용된 용례는 이 용어가 성경 희랍 어에서는 발효된 포도주나 혹은 발효되지 않은 포도즙, 둘 중의 하나를 칭하는 포괄적인 방법으로 사용되었다는 것을 보여 준다. 이러한 사용 용례는 구약성경에서 야인이 사용된 용례와 일치한다. 그러므로 포도 음료를 칭하는 관련된 이 두 성경적 용어(야인과 오이노스)의 의미는 그 단어들이 사용된 문맥에서 결정되어야만 한다. 이 점은 포도 음료에 관한 성경의 가르침을 검토할 다음 장에서 더욱 더 명백해질 것이다.

3. 결 론

관련된 네개의 단어-영어로는 **와인**(wine), 라틴어 로는 **비눔**(vinum), 희랍 어로는 **오이노스**(oinos), 그리고 히브리 어로는 **야인**(yayin)-가 사용된 용례에 관한 본 장의 연구는 이 관련된 단어들이 역사적으로 일관성 있게 사용된 것을 확실하게 드러내어 보여 준다. **이 네개의 언어에서 이 언어적으로 관련된 이 단어들은 역사적으로 볼 때 발효된 포도주나 혹은 발효되지 않은 포도즙을 칭하는데 사용되었다.** 이 중요한 발견은 두 가지 포도 음료 이론이 성경적으로 또 역사적으로 지지를 받지 못한다고 주장하는 의견을 믿을 수 없게 한다. 본 장에서 샘플로 검토한 성경적 자료와 역사적인 자료들은 성경적으로 또 역사적으로 지지를 받지 못하는 것이 '한 가지 포도 음료 이론'임을 보여 주고 있다.

20세기에 들어서기 훨씬 전에 학자들은 포도주를 뜻하는 히브리 어, 희랍 어, 라틴 어 단어들이 똑같이 발효된 포도주나 혹은 발효되지 않은 포도즙을 언급할 수 있음을 알았다. 그렇지만, 근자에 이 역사적으로 이렇게 이해한 것은 오직 발효된, 취하게 하는 포도주만을 의미하게 되어버린 포도주의 제한적 사용으로 애매모호하게 되었다. 이것은 많은 크리스챤으로 하여금 **야인**과 **오이노스**가 오직 성경이 승인하는 발효된 포도주만을 칭한다고 믿도록 이끌었다.

본 장에서 얻은 결론, 즉 성경이 동일한 단어들(**야인**과 **오이노스**)로 발효된 포도즙이나 혹은 발효되지 않은 포도즙을 언급하는데 사용하였다는 것은 성경이 발효된 포도주를 불허하고, 발효되지 않은 포도즙을 승인하는 이유들을 검토할 다음 장에서 더욱 더 명확해질 것이다.

주

1. Dunlop Moore, "Wine", in Philip Schaff, *A Religious Encyclopedia of Biblical, Historical, Doctrinal and Practical Theology* (Chicago, 1887), vol. 3, p. 2537. 동일한 견해가 Kenneth L. Gentry, *The Christian and Alcoholic Beverages* (Grand Rapids, 1986), pp. 29-56과 Merrill F. Unger, *Unger's Bible Dictionary* (Chicago, 1970), p. 1168에서 강조되어서 개진되어져 있다. 좀 더 강한 부인이 E. W. Bullinger, *The Companion Bible* (London, 1923), appendix 27에 나와 있다.
2. E. W. Bullinger, *The Companion Bible*(London, 1923), appendix 27.
3. Robert P. Teachout, *Wine. The Biblical Imperative: Total Abstinence* (Published by the author, 1986), p. 22.
4. Frederic Richard Lees and Dawson Burns, *The Temperance Bible-Commentary* (London, 1894), p. xxxvii에서 인용하였음. 비슷한 정의들이 pp. xxxvi로부터 xxxviii에 내려져 있음.
5. Charles Wesley Ewing, *The Bible and Its Wines* (Denver, 1985), p. 1에 인용되어 있음.
6. 상동., p. 2.
7. Ibid.
8. William Whiston, trans., *Josephus, Complete Works* (Grand Rapids, 1974), p. 48. 이 본문은 Josephus, *Antiquities of the Jews* 2, 5, 2에 나온다.
9. *Thesaurus Lingae Latinae* (London, 1740), vol. 4, p. 557.
10. Marcus Cato, *On Agriculture* 147, 1.
11. Lees and Burns (n. 4), p. xxxvi에서 인용하였음.
12. Pliny, *Natural History* 14. 11, 80~85, trans. H. Rackjam, *Pliny Natural History, The Loeb Classical Library* (Cambridge, 1960), pp. 241~243.
13. Lees and Burns (n.4), p. xxxvi에서 인용함.
14. Thomas Aquinas, *Summa Theologica,* translated by the Fathers of the English Dominican Province (New York, 1947), part 3, question 74, article 5, p. 2443.
15. Kenneth L. Gentry(n. 1), pp. 45~46.
16. Ibid., p. 46.
17. Aristotle, *Metereologica* 384. a. 4, 5.
18. Aristotle, *Metereolgica* 338. b. 9~13. 또 *Metereologica* 388. a. 34도 열을 가해 새 포도 음료가 두텁게 된다고 말하는데, 이것은 새 포도 음료를 끓여 줄어

들게 해서 발효되지 않은 상태로 보존하였다는 것을 시사하여 준다.
19. Athenaeus, *Banquet* 1, 54.
20. Ibid., 2, 24.
21. Ibid., 6, 89.
22. Lees and Burns (n. 4), p. 198.
23. Cited by Irenaeus, *Against Heresies* 5, 33, 3~4, trans. Edgar J. Goodspeed, *The Apostlic Fathers* (New York, 1950), p. 263.
24. Lees and Burns (n.4), p. 433에 인용됨.
25. Robert P. Teachout, "The Use of 'Wine' in the Old Testament" (Ph. D. dissertation, Dallas Theological Seminary, 1979), p. 369.
26. P. Oxy. Ⅳ. 729 186; ibid., p. 10.
27. Nicander, *Georgica* frag. 86, cited by Robert P. Teachout (n. 25), p. 370.
28. Cited by Athanaeus, *Banquet* 2. 35.
29. Ernest Gordon, *Christ, The Apostles and Wine. An Exegetical Study* (Philadelphia, 1947), p. 14.
30. *The Jewish Encyclopedia,* 1906 ed., s. v. "Wine," vol. 12, p. 533.
31. *Encyclopedia Judaica,* 1971 ed., s. v. "Wine," vol. 16, p. 538.
32. *Sanhedrin* 70a, trans. H. Freedman, *Sanhedrin* (London, 1935), vol. 2, p. 476.
33. Cited by Louis Ginzberg, "A Response to the Question Whether Unfermented Wine May Be Used in Jewish Ceremonies," *American Jewish Year Book* 1923, p. 408.
34. Ibid., p. 409.
35. Ibid., p. 410.
36. Robert P. Teachout (n. 25), pp. 349~358.
37. Kenneth L. Gentry (n. 1), pp. 30.
38. Robert P. Teachout (n. 3), p. 37.
39. Ibid., p. 38.
40. Ernest Gordon (n. 29), p. 14.
41. Jimmy L. Albright, "Wine in the Biblcal World : Its Economic, Social and Religious Implications for New Testament Interpretation"(Doctor of Philosophy dissertation, Southwestern Baptist Theological Seminary, 1980), p. 137.
42. *Encyclopedia Biblica, s. v.* "Wine and Strong Drink."
43. James B. Pritchard, *Gibeon : Where the Sun Stood Still* (Princeton, 1962),

p. 97.
44. Lees and Burns (n. 4), p. 266.
45. Robert H. Mounce, *The Book of Revelation* (Grand Rapids, 1977), p. 155.
46. 그 몇몇 예를 참조하기 위해서는 Lees and Burns의 책을 보라.
47. Anacreon, *Ode* 49 and *Ode* 51.

제 3 장

성경적
관점에서 본
포도 음료

성경적 관점에서 본 "포도 음료"

성경이 포도 음료를 철저하게 불허하기도 하고(레 10:8~11 ; 삿 13:3, 4 ; 잠 31:4, 5 ; 23:31 ; 20:1 ; 합 2:5 ; 딤전 3:2, 3) 또한 전심으로 사람들이 기뻐할 신의 축복으로 승인하기도 하기에(창 27:28 ; 49:10~12 ; 시 104:14, 15 ; 사 55:1 ; 암 9:13 ; 요 2:10, 11) 이 문제에 관하여 성경이 모순되게 말하는 것처럼 보이지만, 성경은 마신 포도 음료의 양을 문제로 여기지도 않고, 또 포도 음료에 관한 긍정적인 언급을 하나님의 승인으로 보지도 않는다. 우리말 성경에 "포도주나 술"로 대부분 번역되어 있는 히브리 어 **야인**과 희랍 어 **오이노스**가 갖고 있는 이중적 의미, 즉 이 두 용어가 **발효되지 않은 포도즙과 발효된 포도주** 둘 중의 하나를 의미할 수 있다는 것이, 이 모순같이 보이는 문제의 해결책이다. 이 사실을 알아야만 성경이 발효되지 않은 포도즙을 승인하고, 발효된 취하게 하는 포도주를 불허하는 개념에 접근할 수 있을 것이다.

전 장에서 관련된 네 단어(영어로는 **와인**, 라틴 어로는 **비눔**, 희랍 어로는 **오이노스**, 히브리 어로는 **야인**)가 역사적으로 어떻게 사용되었는가를 살펴보았다. 그 결과 이 단어들이 모두 다 발효된 포도주나 혹은 발효되지 않은 포도즙을 언급하는데 사용되었다는 것을 보여 주었다.

본 장의 목표　본 장은 전 장에서 얻은 결론 위에서 성경이 포도 음료를 승인하고 불허하는 이유들을 검토하고자 한다. 이 검토로 인하여 성경이 발효된 포도주와 발효되지 않은 포도즙을 구분한다는 것이 확실해질 것이다.

본 장의 전반부에서는 성경이 포도 음료를 승인하는 것을, 후반부에서는 불허하는 것을 각 문맥에서 검토하고자 한다. 문맥에서 확실하게 발효되지 않은 포도즙이 도출되는 경우에만 사용된 히브리 어나 혹은 희랍 어 단어들이 "포도즙"을 뜻하는 적법한 의미로 받아들이고자 한다.

1.발효되지 않은 포도즙에 대한 성경의 승인

포도원의 중요성 포도와 포도 음료를 생산하는 포도원은 성경의 경제 질서와 신학에 매우 중요한 것이었다. 성경 용어 색인을 한 번만 들여다보아도 이 점은 확연하게 들어난다. "포도원"은 구약성경에서 94번, 신약성경에서 23번 사용되었다. 포도나무란 단어는 구약성경에서 54번, 신약성경에서 9번 나온다. 포도란 단어는 구약성경에서 18번, 신약성경에서 3번 나온다. "포도 음료"—야인[yayin]이란 단어는 구약성경에서 141번 나오고, 신약성경에서는 오이노스란 단어로 30번 나온다.

이 수많은 언급은 포도나무와 특히 그 산출물인 포도 음료(이 단어는 "포도원", "포도나무", "포도"란 단어보다 훨씬 더 많이 나온다)가 무척이나 중요하다는 것을 가리켜 주고 있다. 포도원과 포도 음료는 하나님께서 자기에게 순종하는 백성들에게 부어 주시고자 하는 물질적이고 영적인 축복을 극명하게 요약해 준다.

(1) 하나님의 축복을 상징하는 포도즙

이삭이 야곱을 축복함 하나님께서 번영의 축복을 주신다는 상징으로서 "포도 음료"을 사용한 초기적 실례는 창세기 27:28에 나온다. 이삭은 야곱에게 "하나님은 하늘의 이슬과 땅의 기름짐이며 풍성한 곡식과 **티로쉬**[tirosh]로 네게 주시기를 원하노라"고 말하였다. 이 부조의 축복은 물질적인 축복(땅의 기름짐)을 풍성한 곡식과 포도 음료라는 귀절로 특별하게 정의하였다. 히브리 어로 곡식과 포도 음료란 단어는 **다간**(dagan)과 **티로쉬**이다. 이 두 단어 모두 빵이나 포도주 같은 완성된 산물들을 묘사하는데 쓰이지 않고 곡식 들판과 포도 들판에서 실제로 성장하는 것을 묘사하는데 사용되었다.

티로쉬(포도 음료)란 단어가 **다간**(곡식)과 **이챠하르**(신선한 기름)란 단어와 빈번하게 연관되어 사용된 사실은[1] 이 세 단어들이 "탈곡되어진 저장성 있는 생산물을 칭하는 것"을 나타낸다.[2] 특히 **티로쉬**란 단어는 수많은 귀절에서 짜낸 포도즙을 분명하게 언급하는데 사용되었다.[3]

미가 6:15에는 하나님께서 정도를 벗어난 백성들에게 심판을 선언하고 계신다. "네가 씨를 뿌리나 추수하지 못할 것이며, 감람을 밟으나 기름을 네 몸에 바르지 못할 것이며 포도(**티로쉬**)를 밟으나 술(**야인**)을 마시지 못하리라" 이 귀절에서 "감람(**자이트**[zayith])"이 "기름(**쉐멘**[shemen])"과 동격인 것과 같이, **티로쉬(포도)**도 확실하게 **야인**(포도주)과 동격이다. 시적 일관성과 상식 차원에서 짜면 **야인**이 되는 단단한 물질, 즉 포도를 **티로쉬**로 여겼다고 결론을 내려야만 한다.

이 사실은 "포도 음료(**티로쉬**)"가 야곱에게 약속된 물질적인 축복의 중요 측면이 되는 이유를 가르쳐 준다. 즉 승인된 것은 발효되지 않은 포도즙이니, 발효된 취하게 하는 포도주가 아니기 때문이다. 이 점은 **티로쉬**가 처음 언급된 창세기 27:28에서 마지막으로 사용된 스가랴 9:17까지 일관되게 하나님께서 자기 백성을 축복하시는 것으로 표현하는데 사용된 이유를 설명하여 준다.

이스라엘에 대한 모세의 축복 티로쉬(포도즙)가 비슷하게 사용된 예는 모세가 눈을 감기 전에, 전 민족에게 선언한 축복에서 나온다. "이스라엘이 안전히 거하며 야곱의 샘은 곡식과 새 포도주(티로쉬)의 땅에 홀로 있나니 곧 그의 하늘이 이슬을 내리는 곳에로다"(신 33:28). 이 귀절에서 물질적인 축복은 곡식과 포도즙(**티로쉬**)을 풍성하게 수확하는 것이라고 묘사하였다. 개역성경은 "새 포도주(new wine)"로, 공동번역은 "술"이라고 번역함으로 성경을 읽는 많은 선량한 크리스챤으로 하여금 발효된 포도주가 하나님께서 자기 백성에게 약속한 축복이라고 믿게끔 오도(誤導)하고 있다.

유다에 대한 야곱의 축복 야곱이 유다에게 행한 부조의 축복은 발효되지 않은 포도 음료(**야인**)가 물질적인 번영으로서 사용된 또 다른 실례이다. 야곱은 "홀이 유다를 떠나지 아니하며 치리자의 지팡이가 그 발 사이에서 떠나지 아니하시기를 실로가 오시기까지 미치리니 그에게 모든 백성이 복종하리로다. 그의 나귀를 포도나무에 매며 그 암나귀 새끼를 아름다운 포도나무에 맬 것이며 또 그 옷을 야인에 빨며 그 복장을 포도즙(담 아나빔[Dam Anabim])에 빨리로다"(창 49:10~11)라고 말하였다.

"야인에 빨며"와 "그 복장을 포도즙에 빨며"라는 문구 사이에 존재하는 평행 관계성(parallellism)은 "야인"이 이 귀절에서 포도즙을 언급하고 있는 것을 가리키고 있다. 이렇게 은유적으로 표현함으로 하나님의 축복은 유다 백성들이 포도즙을 마실 뿐만 아니라 자신들의 의복을 빠는데 사용할 만큼 풍성하게 임할 것임을 전해 주고 있다. 물론 이스라엘의 역사에서 포도즙이 풍성했던 적은 없다. 이 역사적 사실은 하나님께서 풍성한 포도즙을 통하여 순종하는 백성들에게 축복 주시기를 원하셨다는 사실을 감(減)하지 않는다.

"포도 음료"가 하나님의 축복을 상징하는 것으로서 묘사된 것 중 가장 확실한 예는 이사야 65:8이다. "여호와께서 이같이 말씀하시되, 포도송이에는 즙(티로쉬)이 있으므로 혹이 말하기를 그것을 상하지 말라 거기 복이 있느니라 하나니 나도 내 종들을 위하여 그 같이 행하여 다 멸하지 아니하고" 이 귀절에서 두 가지 점을 주목하여야 한다. 첫째로, 포도송이에 있는 "즙(티로쉬)"은 확실히 발효시키지 않은 포도즙이다. 두번째로, 그 성질로 인하여 그러한 "음료(wine)"에 "복이 있다"는 점이다. 포도즙이 함유하고 있는 축복은 문자적이고 은유적인 면, 둘 다를 지니고 있다고 추정되어진다. 문자적으로 포도즙은 그 건강에 좋은 영양으로 복을 준다. 은유적으로는 하나님께서 주시는 번성의 축복을 나타내고 있다. 경우들에 나오는, 성경이 "포도 음료"를 승인하는 귀절들은 발효된 포도주가 아니라, 발효되지 않은 포도즙을 확실하게 언급하고 있다.

조건적인 축복으로서의 포도 음료 포도즙이라는 하나님의 축복은 그 성질상 조건적이었다. 이스라엘의 각 세대는 곡식과 포도즙, 그리고 기름의 축복을 받으려면 하나님께 순종하라는 명령을 받았다. 그 한 예는 모세가 이스라엘인들에게 행한 훈계에 나온다. "내가 오늘날 너희에게 명하는 나의 명령을 너희가 만일 청종하고 너희의 하나님 여호와를 사랑하여 마음을 다하고 성품을 다하여 섬기면 여호와께서 너희 땅에 이른 비, 늦은 비를 적당한 때에 내리시리니 너희가 곡식과 포도주(**티로쉬**)와 기름을 얻을 것이요"(신 11:13, 14 ; 참조 7:9~13).

"포도 음료(**티로쉬**)"가 이 귀절에서 포도나 또는 신선한 포도즙을 의미한다는 것은 이것이 곡식과 기름과 함께 추수되었기 때문에 명확한 사실이다. **티로쉬**(포도즙)는 추수기에 타작되었거나 혹은 짜낸 소산물을 칭하고자 곡식과 기름이 빈번하게 연관되어 나온다. 이 소산물들의 축복은 자동적으로 오지 않았다. 각 세대는 하나님으로부터 곡식, 포도즙, 그리고 기름의 풍성한 추수를 받으려면 순종하라는 명령을 받았다.

호세아서에도 하나님의 축복에 내포된 조건성을 보여 주는 한 실례가 나온다. 선지자는 하나님께서 "곡식과 **티로쉬**와 기름"의 축복을 그들에게 주는 이는 자신이지 바알이 아니라는 것을 백성들이 간과하였음을 인하여 꾸짖으셨다는 것을 기록하고 있다. "곡식과 새 포도주(**티로쉬**)와 기름은 내가 저에게 준 것이요 저희가 바알을 위하여 쓴 은과 금도 내가 저에게 더하여 준 것이어늘 저가 알지 못하도다"(호 2:8 ; 히브리 어 성경에서는 11절).

하나님의 저주로서의 "포도주" 제거 하나님께서 호세아서에서 이스라엘인들에게 하신 말씀은 자기가 곡식과 포도즙, 그리고 기름을 풍성하게 수확하게 할 뿐만 아니라, 은과 금을 주심으로 그들이 조상들에게 약속한 바를 지키셨다는 것이다. 그러나, 이스라엘인들이 이교의 땅의 신(神)인 바알이 그렇게 축복하였다고 하였기에 그 축복들을 거두실 것이다. "그러므로 그 시절에 내가 내 곡식을 도로 찾으며, 그 시기에 내가 내 새 포도주(**티로쉬**)를 도로 찾으며 또 저희 벌거벗은 몸을 가리울 내 양털과 내 삼을 빼앗으리라"(호 2:9)

이 귀절에 나오는 "**곡식**"과 "**티로쉬**"는 숙성의 계절이 있도록 하신 하나님께서 직접 창조하신 것이라고 한다. 문맥상의 증거는 **티로쉬**가 수확된 포도즙임을 명확하게 드러낸다. 이유는 하나님께서 **티로쉬**를 "그 시절에 빼앗을 것"이라고 위협하였기 때문이다.

하나님께서 죄에 빠진 백성들에게 내리는 심판을 **포도 음료**의 축복을 빼앗음으로 표현하는 또 다른 실례는 요엘서에 나온다. 선지자는 다음과 같이 하나님의 심판을 생생하게 묘사하고 있다. "밭이 황무하고 토지가 처량하니 곡식이 진하여 **티로쉬**가 말랐고 기름이 다하였도다"(욜 1:10). 이 귀절은 구약성경에서 **티로쉬**가 포도나무에서 거둔 실제 과실을 언급하는데 가장 직접적으로, 또 결정적으로 사용된 증거이다. 포도와 포도즙은 그 자연적이고 영양을 공급하여 주는 특성으로 인하여 효과적으로 백성들에게 하나님의 축복이 임하는 것과 거두어지는 것을 상징할 수 있다.

(2) 메시야가 주는 축복의 상징인 "포도 음료"

새롭게 된 축복 하나님께서 수확의 축복을 거두어 버릴 것에 관한 경고는 바로 다음에 종종 자기 백성들에게 그러한 축복을 회복할 것이라는 그분의 약속이 뒤이어 나온다는 사실이 용기를 북돋아 준다. 이 회복은 예언된 평화와 번성의 메시야 시대와 연관되어 있다.

그 실례로 하나님의 심판을 곡식과 포도즙, 그리고 기름을 없애버린다는 견지에서 생생하게 묘사한 요엘 선지자는 이 축복이 회복될 것을 선언한다. "그 때에 여호와께서 자기 땅을 위하여 뜨거우시며 그 백성을 긍휼히 여기실 것이라 여호와께서 그들에게 응답하여 이르시기를 내가 너희에게 곡식과 새 포도주(**티로쉬**)와 기름을 주리니 너희가 이로 인하여 흡족하리라 내가 다시는 너희로 열국 중에서 욕을 당하지 않게 할 것이며"(욜 2:18, 19).

예레미야는 비슷한 어조로 미래에 있을 메시야적 회복에 관하여 선언한다. "이스라엘을 흩으신 자가 그를 모으시고 목자가 그 양무리에게 행함같이 그를 지키시리로다 여호와께서 야곱을 속량하시되 그들보다 강한 자의 손에서 구속하셨으니 그들이 와서 시온의 높은 곳에서 찬송하며 여호와의 은사 곧 곡식과 새 포도주(**티로쉬**)와 기름과 어린 양의 떼와 소의 떼에 모일 것이라 그 심령은 물댄 동산 같겠고 다시는 근심이 없으리로다 할지어다"(렘 31:10~12). 여기서도 이 유명한 세 가지 자연 산물(곡식과 새 포도즙, 그리고 기름)이 영양을 공급하는 자연 산물이기 때문에 하나님의 백성이 완전한 평화 가운데에 기뻐할 "여호와의 은사"라고 의미 심장하게 불리워졌다.

메시야적 번성 아모스는 "포도주"를 메시야 시대의 풍부함에 적합한 상징으로서 사용하고 있다. "여호와께서 가라사대 보라 날이 이를지라 그 때에 밭 가는 자가 곡식 베는 자의 뒤를 이으며, 포도를 밟는 자가 씨 뿌리는 자의 뒤를 이으며, 산들은 **아시스**(asis)를 흘리며 작은 산들은 녹으리라 내가 내 백성 이스라엘의 사로잡힌 것을 돌이키리니 저희가 황무한 성읍을 건축하고 거하며 포도원들을 심고 그 **야인**을 마시며 과원들을 만들고 그 과실을 먹으리라"(암 9:13, 14).

이 귀절에서 메시야 시대의 비옥함과 풍성함은 흙의 기름짐이 다하지 않고 쉬지 않고 농사를 계속하는 영상적 표현을 통하여 묘사되었다. "포도 음료"는 이 문맥에서 두 번 언급되었는데, 첫번째는, 산들이 "아시스"를 흘린다고 말한다. 포도나무들은 흔히 비탈진 언덕에 재배되었는데 선지자는 이 귀절에서 잘 익은 포도에서 나오는 단 즙이 흘러나오는 언덕에 관한 영상적 표현을 통하여 포도나무의 풍성함을 나타낸다. 여기서 **"아시스"**(단 포도 음료)는 익은 포도에서 뚝뚝 떨어지는 단 포도즙이라는 것이 명백하다.

두번째로는, 포도원을 심고 **"야인**을 마신다"고 말한다. 이 문구가 "과원들을 만들고 그 과실을 먹으리라"는 문구와 짝을 이루기 때문에 "과실"은 과원의 정상적인 생산물이다. 그러므로, 하나님께서 "포도 음료"를 승인하고 축복하신다는 이 두 경우 다 발효되지 않은 포도즙을 뜻한다.

하나님의 자비가 주어짐 현 시대와 미래의 메시야 시대에 있어서 발효되지 않은 포도 음료가 하나님께서 자기 백성에게 축복하심을 상징하는 데 사용되었다는 사실은 하나님께서 값없이 주시는, 자기 백성을 구원하는 자비를 효과적으로 나타내고 있다. 이 사용 용례는 하나님께서 "너희 목마른 자들아 물로 나아오라 돈 없는 자도 오라 너희는 와서 사 먹되 돈 없이, 값 없이 와서 **야인**과 젖을 사라"는 말이 이사야 55:1에 나온다.

이 귀절에서 하나님께서 값 없이 주시는 자비는 세 가지 자연 산물, 즉 물과 야인, 그리고 젖을 무상으로 받는 것에 견주어졌다. 이 문맥에 나오는 "야인"이 발효된, 취하게 하는 포도주를 칭한다고 믿기는 어렵다. 야인이 자연적인 영양을 공급하여 주는 젖과 짝을 이루고 있는 사실은 야인이 영양을 공급하여 주는 건강에 좋은 포도즙을 언급한다는 것을 제시하고 있다.

"젖과 포도 음료"라는 짝을 이루는 문구가 아가서 5:1에도 나오는 것은 흥미롭다. "나의 누이, 나의 신부야 내가 내 동산에 들어와서 나의 몰약과 향재료를 거두고, 나의 꿀 송이와 꿀을 먹고 내 야인과 내 젖을 마셨으니 나의 친구들아 먹으라 나의 사랑하는 사람들아 마시고 많이 마시라." 이 연시(戀詩)에서 적어도 다음 두 가지 이유로 인하여 "야인"이 포도즙을 칭한다. 첫째로, 순수한 포도즙은 신선한 젖에 비할 수 있는 적합한 자매 음료이니, 둘 다 몸과 마음에 상처를 주지 않고 "많이 마실 수 있다."

두번째로, 잠언에서는 솔로몬이 포도주를 "거만케 하는 것"(잠 20:1)과 "독사같이 쏜다"(잠 23:32)고 비난을 하면서 취하게 하는 포도주를 많이 마시라고 권장하는 것은 믿기 어렵다. 성경 그 자체에 모순이 있다고 믿지 않는다면 아가 5:1에 나오는 "야인"이 발효되지 않은 포도즙을 뜻한다는 유일하게 적절한 결론이 도출되어 진다.[4] 발효되지 않은 "포도즙"으로서 "야인"이란 단어를 사용한 것은 발효되지 않은 포도즙이 젖과 짝을 이룬 이유를 설명하여 준다. 왜냐하면, 둘 다 두 연인과 하나님께서 자기 백성을 향한 사랑의 자비 간에 존재하는 진실된 사랑을 적절하게 나타내고 있는 자연 그대로의 영양을 공급하여 주는 생산물이기 때문이다.

(3) 건강에 좋은 음료로서의 "포도 음료"

포도원의 근본 목적 발효되지 않은 포도즙으로서의 "포도 음료"는 또한 건강에 좋은 음료를 제공하여 주기 때문에 성경에서 승인되었다. 로버트 티치아우트는 "성경은 하나님께서 사람들이 사용하게끔 포도나무를 이 세상에 들여 오신 이유는 인간에게 기쁨을 주는 음료를 가질 수 있게 함이었음을 명확하게 가리킨다. 인간이 먹을 한 가지의 과실을 더 갖게함이 근

본적인 목적이 아니었다"고 말한다.[5]

티치아우트는 이 결론에 대한 성경적인 증거를 제시한다. "첫째로, 하나님께서 자기 백성을 축복하는 내용이 담긴 귀절들에서 항상 나오는 것은 포도가 아니라 포도즙이다."[6] 여러 성경 귀절들이 이 논거를 지지하여 준다. 한 예로 아모스 9:14는 "내가 내 백성 이스라엘의 사로잡힌 것을 돌이키리니 저희가 황무한 성읍을 건축하고 거하며 포도원들을 심고 그 **야인**을 마시며 과원들을 만들고 그 과실을 먹으리라"고 말한다.[7] 이 귀절에서 포도원을 심는 목적은 **"그 야인을 마시기 위함"**이었다. 전기했다시피 여기에 나오는 **"야인"**은 과수원의 정상적인 생산물로서의 "과실"과 평행귀에 이 단어가 위치하기에 포도나무의 정상적인 생산물로서의 포도즙을 의미한다고 추정할 수 있다.

두번째 증거는 포도원의 근본 목적이 건강에 좋은 음료, 포도즙을 생산해 내는 것이라고 한다. 구약성경에는 마른 포도, 건포도, 건포도 케이크 등과 같은 먹거나 마실 수 있는 포도 생산물로 의도된 포도에 관한 언급은 단지 13번에 불과한 반면에, 구약성경에 포도 음료에 관한 언급은 약 238번 나온다.[8] 이 점은 하나님께서는 단지 건강에 유익한 포도들과 건포도를 주고자 할 뿐만 아니라 근본적으로 건강에 좋은 물에 추가하여 만족을 주는 음료인 포도즙을 제공하고자 포도나무를 만드셨다는 것을 제시하여 준다.

마음을 기쁘게 하는 "포도 음료" 하나님께서 "포도 음료"를 주신 목적은 인간의 마음을 기쁘게 하는, 인간을 "즐겁게" 만드는 것이 아닌 건강에 좋고 기쁨을 주는 음료를 주고자 함에 있다. 이 개념은 시편 104:14, 15에 나온다. "저가 가축을 위한 풀과 사람의 소용을 위한 채소를 자라게 하시며 땅에서 식물이 나게 하시고 **사람의 마음을 기쁘게 하는 야인**과 사람의 얼굴을 윤택케 하는 기름과 사람의 마음을 힘있게 하는 양식을 주셨도다."[9]

시편 기자는 이 감사의 노래에서 하나님께서 자신의 피조물들의 필요를 위하여 풍부하게 양식을 주심을 일일이 열거하고 있다. 시편 기자는 가축을 위하여 풀이 자라는 것과 인간에게 먹을거리인 식물들에 관해 언급하고 있다. 이 귀절에는 즐겁게 함으로 마음을 기쁘게 하는 포도즙인 "포도 음료"가 나온다. 이 귀절에 나오는 "야인"은 시편 4:7이 주께서 내 마음에 두신 기쁨은 저희의 곡식과 티로쉬의 풍성할 때보다 더하니이다(참조 삿 9:13)고 말할 때, 언급하는 마음을 기쁘게 하는 힘을 가졌다고 하는 포도즙을 언급하고 있다.

개역성경의 이 귀절에서 "새 포도주"라고 번역된 단어는 티로쉬로서, 이 단어는 수많은 귀절들에서 포도즙을 확실하게 뜻하고 있다. 시편 기자가 이 귀절에서 말하고 있는 것은 경건치 못한 자가 풍부한 곡식과 포도즙으로부터 주된 기쁨을 얻는 반면에, 믿는 이들은 하나님의 얼굴로부터 나오는 빛을 본 이들이 될 때에 더욱 더 큰 기쁨을 체험한다는 것이다. 이 본문에 나오는 개념은 시편 104:14, 15에 나오는 개념과는 다르나, 곡식과 포도즙이 일반적으로 기쁨의 근원으로 여겼다는 것을 보여 준다. 이 사실은 시편 104:15, 16에 언급된 "포도 음료(야인)"가 시편 4:7의 발효되지 않은 "포도 음료(티로쉬=포도즙)"와 같다는 것을 믿도록 하여 준다. 왜냐하면, 두 귀절 모두 인간의 마음을 기쁘게 하는 땅의 생산물에 관하여 언급하였기 때문이다.

자양물과 달음　시편 104:14, 15에는 인간에게 딱딱한 음식을 제공하여 주는 일반적인 식물과, 특별히 인간의 마음을 기쁘게 하는 음료인 포도 음료를 제공하여 주는 포도나무 사이에 모순이 있는 것처럼 보인다. 이 말은 시편 기자가 취하게 하는 포도주의 인위적인 자극이 주는 쾌락에 관하여 말하는 것을 뜻하지 않는다. 이 취하게 하는 포도주의 영향은 성경에서 "그의 마음이 술로 즐거워"(삼하 13:28 ; 에 1:10)라는 관용 표현으로 때때로 표현되곤 한다. 이와는 대조되게 하나님께서 포도즙을 준비하신 것을 참으로 기뻐하는 것이 "사람의 마음을 기쁘게 하는 사마(samah)"라는 관용적인 표현으로 묘사되었다.

많은 고대인들이 단 음료를 좋아했다는 것을 알아둘 필요가 있다. 오늘날 젖과 포도즙은 유아들에게, 그리고 커피와 포도주는 성인들을 위한 것이라고 생각되었지만, 성경시대 당시에는 젖과 포도즙이 젊은이들과 연로한 이들에게 알맞는 건강에 좋은 음료였다. 플리니(Pliny)는 사람들이 때때로 포도즙을 달게 하기 위하여 상당한 양의 꿀을 넣었다고 전하여 준다.[10]

시편 104:14, 15에 나오는 사상은 **자양분과 달음**이라고 보여진다. 하나님께서는 인간에게 영양을 공급하여 주는 음식물들을 달고, 기쁨을 주는 음료인 포도즙과 함께 주신다. 문제는 하나님께서 주시는 건강에 좋은 포도즙이란 선물이, 발효라는 인간이 만든 방법을 통하여 상하게 됨으로 왜곡되어졌다는 것이다. 그 결과 오늘날 크리스챤을 포함한 수많은 사람들이 포도즙과 같이 건강에 좋고 만족을 주는 과일 즙이라는 천연적인 즐거움이 아니라, 포도주와 독한 증류주의 인위적인 자극을 구하고 있다. 이것들은 긴장을 일시적으로 해소하고, 감각을 무디게 함으로 하나님이 자연적인 산물에서 예비하여 놓으신 것을 의식이 깨어 있는 채로 즐길 수 있는 그들의 능력을 감소시킨다.

(4) 십일금 혹은 예물로써의 "포도 음료"

하나님의 인정 하나님께서 인류에게 주시는 유익한 선물인 포도즙은 이 기쁨의 원천인 하나님을 향한 감사의 표현으로서 적절히 사용되어질 수 있었다. 그러므로, 하나님께서는 구약성경에서 백성들에게 곡식과 포도음료, 그리고 기름같은 땅의 소산물들의 일부분을 십일금 혹은 헌물로써 자신에게 되돌려 줌으로 그것이 자신의 선물임을 인정하라고 하신다. 이것들은 제사장들과 레위인들을 위하여 사용되어야만 했었다.

민수기 18:12은 명확하게 "그들이 여호와께 드리는 첫소산 곧 제일 좋은 기름과 제일 좋은 **티로쉬**와 곡식을 네게 주었은즉"이라고 말한다. 여기서 티로쉬는 기름과 곡식과 함께 뭉쳐서 사용되었는데 그것은 이 세 가지가 가장 가치 있는 자연 소산품으로서 여겨졌기 때문이다.

이 문맥에 나오는 **"티로쉬"**가 발효되지 않은 포도즙을 칭한다고 결론을 내릴 몇가지 이유가 있다. 첫째로, 기름과 **티로쉬**, 그리고 곡식이라는 이 트리오(trio)는 이 소산물들을 수확한 것을 말하고 있다. 두번째로, 13 절은 명확하게 "그들이 여호와께 드리는 그 땅 처음 익은 모든 열매는 네[제사장들] 것이니라"고 말한다. 이 말은 기름과 포도즙, 그리고 곡식이 땅의 첫 번째 익은 과실의 일부분이라는 것을 명료하게 밝히고 있다. 세번째로, 27절은 명확하게 "내가 너희의 거제물을 타작 마당에서 받드는 곡물과 **포도즙 틀에서 받드는 즙**같이 여기리니"(민 18:27)라고 설명하여 주고 있다.[11] 이 본문은 성소에 십일금으로 가져 온 "제일 좋은 포도 음료"는 포도즙 틀에서 막 짜낸 생산물이라는 것을 너무나 확실하게 보여 주고 있다.

이 결론은 "감사의 표로 거룩한 전에, 어떠한 종류의 과실도 가지고 올 수는 있으나 취하게 하는 독한 증류주를 가지고 오는 것은 허용되지 않는다"고 말한 랍비 호세(Jose)의 탈무드에 나오는 진술이 뒷받침해 준다.[12]

여호와 앞에서 십일금을 먹음 십일금과 헌물은 성소에 가져와야만 했었고 사람들은 그것들 중 일부분을 여호와 앞에서 먹어야만 했었다. "네 하나님 여호와 앞, 곧 여호와께서 그 이름을 두시려고 택하신 곳에서 네 곡식과 **티로쉬**와 기름의 십일조를 먹으며 또 네 우양의 처음 난 것을 먹고 네 하나님 여호와 경외하기를 항상 배울 것이니라"(신 14:23 ; 참조 12:17, 18).

여기 다시 트리오 산물들이 다시 나오는데 "**티로쉬**" 역시 순서상 두번째이다. 위에서 설정한 "**티로쉬(포도즙)**"의 의미에 의거하여 여호와 앞에서 먹은 것은 취하게 하는 포도주가 아니라 발효되지 않은 포도즙이었다. 이 결론은 여호와 앞에서 마신 "포도주나 독주"에 관하여 말한 신명기 14:26과 모순되는 것처럼 보인다. 이 점에 대해서는 잘못 이해된 귀절들에 관하여 논한 7장을 보라.

위에 언급한 각종 사례들은 하나님께서는 성소에서의 봉사 임무로 인하여 곡식과 포도즙, 그리고 기름 수확에 배제된 제사장들과 레위인들을 위하여 성소에 그 일부분을 가져감으로써 그들을 만족시켜 주는 포도즙이란 선물을 인정하기를 원하신다.

(5) 헌수로서의 "포도 음료"

전제 구약성경의 몇몇 귀절은 번제(燔祭), 혹은 소제(素祭)의 일부분이었던 **야인**을 헌수하는 것을 기록하였다(출 29:40 ; 레 23:13 ; 민 15:5, 7, 10 ; 28:14 ; 대상 9:29 ; 호 9:4 ; 14:7 ; 신 32:38). 이 예물에서 포도 음료가 차지하는 비율은 번제물에 수반되어서 태워버리는 동물의 종류에 따라 결정된다. 여호와께 단 향기로서 불사를 번제에 헌수가 부어진다(출 29:40 ; 민 15:10).

발효된 포도주인가? 발효되지 않은 포도즙인가? 전제에 나오는 **"야인"**이 의미하는 음료는 어떤 것인가? 이교 신들의 경우처럼 이스라엘의 하나님께서 이 헌수를 마시지 않았기 때문에 이 질문이 학적인 질문인 것처럼 보일 수 있지만, 성경 계시의 하나님은 세세한 것까지 관심을 가지고 계시기 때문에 단순히 학적인 논제가 아니다. 그분은 희생 제사에 사용될 동물의 종류에 관하여도 확실하게 지침을 주셨기 때문에 그분께서 헌수를 위한 특별한 음료를 설정하셨다고 추정하는 것이 적합하다.

헌수에 사용되는 **"포도 음료"**가 발효시킨 포도주인지 아니면 발효되지 않은 포도즙인지 어떻게 판단할 수 있는가? 불행하게도 헌수에 **"포도 음료"**를 사용하였다고 말한 이 귀절들의 문맥은 이 문제를 해결하는 데 도움을 주지 못한다. 그러므로 성경이 이 주제에 관하여 가르치는 것에서 몇가지 시사점을 숙고함으로 그 답을 찾을 수 있다.

첫째로, 만일 하나님께서 자기 백성들이 포도즙을 마시고 십일금과 예물로서 포도즙을 성소에 가져오기를 바라셨다면, 그분께서는 백성이 발효된 포도주를 헌수로서 자신에게 바치는 것을 허용하시지 않았을 것이라고 추정하는 것이 논리적이다.

발효된 것을 허용하지 않음 두번째로, 레위기 2:11은 곡류 예물을 **하메츠**(hametz), 즉 누룩을 넣었거나 혹은 발효된 것과 함께 제단에 가져오는 것과, 제단에서 **세오르**(seor), 즉 어떤 효소도 제단에서 태우는 것을 금하고 있다. 이것은 하나님께서 발효된 포도주를 제단에 헌수로서 부으라고 결코 허용하지 않았을 것을 말해 주고 있다. 몇몇 중세 랍비들은 오직 곡류 음료만이 발효한다고 억지로 궤변을 부리고 주장하여 유월절에 발효된 포도주를 마시는 것을 정당화시키려고 하였다. 그들의 주장에 의하면 포도즙을 포함한 과실 음료들은 발효되지 않는다고 한다.[13] 저명한 탈무드 학자인 루이스 긴즈버그가 지적하였듯이 그러한 시도들은 "진정 세속적인 활동에 종교적인 승인을 하려는 랍비적 유대주의(Rabbinic Judaism)의 일반적 경향을 반영하여 준다."[14]

포도즙이 발효될 가능성이 없다고 한 랍비들의 견해에 일관성이 없음은 마이모니데스(Maimonides)가 언급한 오랜 전통, 거제(擧祭)의 포도 음료는 "틀에서 짠 신선한 포도 음료"야만 한다고 한 말에서 드러난다.[15]

오직 천연 소산물 헌수에 발효되지 않은 포도 음료를 사용하는 것을 지지하여 주는 세번째 이유는 밀가루, 기름, 양, 염소, 그리고 소와 같은 예물을 위하여 사용된 것들이 모두 다 하나님의 축복을 기뻐한 천연 소산물이었다는 것이다. 그러므로 "포도 수확의 자연적인 소산물－포도주가 아니라 즙－이 바쳐져야 한다는 것은 자연스러운 귀결이다. 발효 과정으로 성질이 바뀐 소산물을 바치는 것이 아니다."[16]

그래서 전술한 사실에 비추어 헌수에 사용된 **"야인"**은 발효되지 않은 포도즙이었다고 결론을 지을 수 있다. 이 문제에 관하여 성경이 침묵하고 있는 것은 발효되지 않은 포도즙을 사용하는 것이 너무나 당연한 것이었기에 어떤 특정한 지침이 필요하지 않았다는 사실만을 단지 가르켜줄 뿐이다.

결론 성경이 **"포도 음료"**를 승인하였다고 하는 귀절에 관한 연구 결과는 일관성 있는 패턴을 보여 주고 있다. "포도 음료"에 관한 모든 긍정적인 언급은 발효되지 않은, 취하게 하지 않는 포도즙과 관련되었다는 것이다. 포도즙은 그 천연적인 성질과 영양공급 성질로 인하여 하나님의 물질적인 번성, 축복, 메시야 시대의 축복, 하나님이 값 없이 주시는 구원의 자비, 하나님께서 자기 백성에게 주시는 건강에 좋은 희락, 포도즙을 십일금과 예물, 그리고 헌수로서 사용됨을 통하여 하나님을 인정함을 나타내는데 적절하게 사용되었다.

2. 발효된 포도주에 대한 성경의 불허

본 장의 전반부에서는 하나님께서 전심으로 발효되지 않은, 영양가 있는 포도즙을 사용하는 것을 승인하셨다는 사실을 확인하였다. 후반부에서는 하나님께서 발효된, 취하게 하는 포도주를 강력하게 불허하셨다는 것에 대하여 볼 것이다. "포도 음료(야인과 오이노스)"를 뜻하는 동일한 단어들이 성경과 비종교적인 문헌에서 발효된 포도주와 발효되지 않은 포도즙을 칭하는데 함께 사용되었기 때문에 그것이 발효된 것인지 혹은 발효되지 않은 것인지를 알기 위해서 그 문맥을 검토하여야만 한다는 것을 확인하였다. 하나님께서 포도주를 마시는 것을 불허한 귀절들을 살펴 볼 본 연구에서 본문의 문맥은 사용된 단어가 취하게 하는 "포도주"인 것이 확실하다.

성경은 취하게 하는 포도주를 마시는 것을 여러 가지 방법으로 정죄하고 있다. 어떤 본문들은 포도주를 마시는 것은 직설적으로 정죄한다. 어떤 본문들은 취하게 하는 포도주를 마셨을 때, 입은 신체적이고 도덕적인 결과를 설명하여 준다. 그 외 또 다른 성경절들은 중요 인물의 생애에서 포도주를 마시고 일어난 슬픈 결과를 실례로 들고 있다. 특별한 임무를 성취하라고 부르심을 입은 사람들은 절대로 포도주를 입에 대지 말라고 강력하게 금한 귀절들도 있다.

알코올 성분이 있는 음료를 마시는 것에 대해 성경이 정죄한 것을 분류하여 검토하고자 한다. 이 연구는 성경이 포도주와 독주를 과도하게 마시는 것 뿐만 아니라 실제로 마시는 것도 정죄하고 있다는 것을 밝혀 준다.

(1) 취하게 하는 포도주를 금함

잠언 23:29~35 성경이 취하게 하는 포도주를 마시는 것을 가장 명확하게 금할 뿐만 아니라 그 해로운 영향을 가장 극적으로 묘사한 곳은 잠언 23:29~35이다. 지혜자가 말한다. 재앙이 뉘게 있느뇨? 근심이 뉘게 있느뇨? 분쟁이 뉘게 있느뇨? 원망이 뉘게 있느뇨? 까닭 없는 창상이 뉘게 있느뇨? 붉은 눈이 뉘게 있느뇨? 술(야인)에 잠긴 자에게 있고 혼합 술을 구하려 다니는 자에게 있느니라 포도주(야인)는 붉고 잔에서 번쩍이며 순하게 내려가나니 너는 그것을 보지도 말지어다. 이것이 마침내 뱀같이 물 것이며, 독사같이 쏠 것이며 또 네 눈에는 괴이한 것이 보일 것이요. 네 마음은 망령된 것을 발할 것이며 너는 바다 가운데 누운 자 같을 것이요. 돛대위에 누운 자 같을 것이며 네가 스스로 말하기를 사람이 나를 때려도 나는 아프지 아니하고, 나를 상하게 하여도 내게 감각이 없도다. 내가 언제나 깰까? 다시 술을 찾겠다 하리라.

이 귀절은 세 단락으로 나뉘어 진다.

(1) 취하게 하는 포도주의 내적이고 외적인 영향에 관한 기술.

(2) 포도주를 절대로 마시지 말라는 무조건적인 훈계.

(3) 훈계가 무시되었을 때에 발생할 일에 관한 경고.

첫번째 단락에서 취하게 하는 포도주와 독주를 사랑하는 자는 모든 종류의 불행, 즉 재앙, 근심, 원망, 까닭 없는 질병, 붉은 눈으로 일그러진 얼굴을 겪는다고 말한다(잠 23:29, 30).

삼가하라는 훈계 솔로몬은 두번째 단락에서 수치와 고통을 피하기 위해서는 포도주를 보지도 말라고 무조건적인 방법으로 훈계하고 있다. "너는 그것을 보지도 말지어다"(잠 23:31). 이 절대적인 금지의 이유는 무언가 사람을 끄는 것을 바라보는 일이 그것에 참여하는 첫번째 발걸음이라는 사실이기 때문이다. 중국 속담에 천리길도 한걸음부터 시작한다는 말이 있다. 술 취함은 첫잔에서 시작한다. 신국제역(NIV) 번역자 중 한 사람이었던 스테판 레이놀드는 동사 **이트아담**(yith'addam[붉은])은 히브리 어에서 재귀 형태(히파엘 변화)"이기 때문에 "스스로 붉게 만들며(it makes itself red)"로 번역되어야만 한다고 설득력 있게 주장하였다.[17] 포도주를 마심으로 인하여 생기는 "붉은 눈"에 관하여 언급하는 같은 장 29절이 이 문구의 의미를 밝혀 준다. 그러기에 포도주가 끼치는 이 특징적인 영향은 포도주 그 자체를 칭하는데 관용 표현으로 사용되었다고 추정할 수 있다. 그러므로, 이 문구에서 "포도주는 보지 말라"는 의미이다.

탈무드는 "이 세상에서 악한 자의 얼굴을 붉게 하고 그로 다음 세계에서 (수치로) "창백하게 만드는 포도주를 보지 말라"고 말한 랍비 이삭(Issac)의 말을 인용하고 있다.[18] "얼굴을 붉게 하고"의 의미를 본문에서 적절하게 추출하여 낼 수는 없지만 랍비 이삭이 붉음이 포도주 그 자체의 색을 말하는 것이 아니라 포도주의 취하게 하는 성질을 말하는 것이라고 말한 것은 옳다.

다음 두 문구는 포도주의 알코올 특성을 더욱 더 명확하게 밝혀 준다. "잔에서 번쩍이며 순하게 내려가나니" 이 말은 발효로 인하여 생긴 거품을 묘사하니, 이것은 포도주로 잔에서 거품이 나게 혹은 번쩍이게 만들며 순하게 내려가게 한다.

결과에 관한 경고 솔로몬은 발효된 포도주의 끌림에 유인되지 않도록 세번째 단락에서 뱀의 독 있는 물과 독사의 쏨에 비교함으로써 그 치명적인 성질을 묘사하고 있다(잠 23:32). 이러한 현명한 권고를 소홀히 하는 것은 사람으로 무감각 상태에 빠지게 한다. 거기서 깨어났을 때도 자신의 모든 불행의 원인을 다시 한 번 찾게 된다(잠 23:33~35).

성경이 포도주를 치명적인 독약으로 보는 이 입장은 배도한 이스라엘의 악한 행위들이 뱀의 독에 비교된 신명기 32:33에, "그들의 포도주는 뱀의 독이요 독사의 악독이라"에서 은유적으로 사용되어진 것에 지지를 받는다.

과음에 관하여 말하는가? 마시는 것 그 자체를 문제삼는가? 솔로몬은 이 귀절에서 술취함에 대하여 경고하는 것이지 적당한 음주에 관하여 경고하는 것이 아니라고 주장하는 이들도 있다. 다시 말하자면, 그가 정죄한 것은 주정 음료를 **과도하게 마시는 것이지 마시는 것 그 자체**를 정죄하는 것은 아니라는 말이다. 이 귀절이 술 취한 것의 영향을 극적으로 묘사하고 있다는 것은 인정되어야만 한다. 그렇지만, **과도한(무절제한) 음주** 문제에 대한 솔로몬의 해결책은 적당히 마시는 것이 아니라 금주를 권고하는 것이다. 그 이유는 취하게 하는 포도주와 독주로 인하여 생긴 모든 불행과 고통의 원천은 그것들을 남용함에 있지 않고 그 성질 "뱀이 무는 것과 같이 그리고 독사가 쏘는 것과 같이 –"(잠 23:32)에 있다.

주정 음료가 인간을 능욕한다는 성경의 가르침을 받아들일 때만 주정 음료를 남용하지 않음의 미덕에 관한 논쟁이 종결되어질 수 있다. 솔로몬은 주정 음료에 내포된 문제는 그 남용이 아니라 근본적으로 그것들 자체에 있다고 이해하였다. 사람을 속이고 상처를 입히는 것은 취하게 하는 포도주와 독주의 특성이다. 결과적으로, 우리는 그것들을 원하지도 말아야 하고 마시지도 말아야 한다. 인간은 좋은 것을 남용할 수는 있으나, 나쁜 것은 인간을 능욕할 것이다. 그러므로, 유일한 안전로는 취하게 하는 모든 물질을 삼가는 것이다.

잠언 20:1 잠언에는 취하게 하는 포도주와 독주를 비난하는 그 외의 구절들도 있다(잠 31:4~5 ; 20:1 ; 23:20 ; 4:17). 가장 명확한 귀절 중 하나가 잠언 20:1이다. "포도주(야인)는 거만케 하는 것이요 독주는 떠들게 하는 것이라 무릇 이에 미혹되는 자에게는 지혜가 없느니라" 이 본문은 두 부분으로 나뉘어 진다, 첫번째 부분은 포도주와 독주의 성질을 묘사하고, 두번째 부분은 그것을 마시지 말라고 권고한다.

취하게 하는 음료에 내재된 특성이 여기에 명확하게 묘사되어 있다. 취하게 하는 포도주가 "거만케 하는 것(레츠[letz])"이라고 했다. 그것은 아마도 포도주가 음주자로 하여금 심각한 것을 조소하도록 만든다는 의미로 추정되기도 하고(잠 9:7~8 ; 13:1 ; 14:6 ; 15:12), 혹은 사람이 행하려고 내린 좋은 결정을 조롱하도록 만든다는 의미를 뜻할 수 있다. "독주(쉐카[shekar])는 떠들게 하는 것(호메[homeh])"이라는 말은 마시는 이들 안에 내적인 혼란을 야기시키고 그 가정과 사회에 외적인 갈등을 야기시킨다는 의미에서 한 말이다. 결과적으로 주정 음료로 미혹되는 사람들에게는 "지혜가 없다."

잠언서의 문맥상 고의적으로 지혜로운 권고를 거부하는 것은 그리함으로 죄를 짓는다는 것을 뜻한다. "미련한 자의 생각은 죄요"(잠 24:9 ; 참조 1:7, 10). 이 말은 주정 음료에 미혹되지 말라는 훈계는 지혜로운 권고일 뿐만 아니라 순종해야 되는 도덕 원칙이라는 것이다.

시편 23:31에서와 같이 이 귀절에 나오는 하나님의 정죄는 단지 주정 음료를 마시는 것에만 해당되는 것이 아니라 음료들 그 자체에도 해당된다. **본문은 포도주가 마신 양에 관계 없이 "거만케 하는 것"이라고 명확하게 말하고 있다.**

하박국 2:5 취하게 하는 포도주에 관한 비슷한 정죄가 하박국 2:5에도 나온다. "더구나 술(**야인**)은 궤휼하며 교만한 사람은 가만히 있지 아니하고" 여기서는 취하게 하는 포도주가 "궤휼하다"고 말한다. 히브리 어 **보게드**(boged)는 은밀한 사취자, 기만자를 뜻한다. 포도주의 이 특성은 궤휼스러운 탐욕으로 "자기에게 만국을 모으며 만인을 모으는 교만한 사람과 비교 되는 근가가 된다"(합 2:5).

하박국이 "술은 궤휼하다."고 한 진술은 솔로몬이 "포도주는 거만케 하는 것"이라고 말한 판결을 확인하여 준다.

에베소서 5:18 신약성경도 취하게 하는 포도주를 이와 비슷하게 정죄한다. 에베소서 5:18에 기록된 바울의 말이 그것이다. "술(**오이노스**) 취하지 말라 이는 방탕한 것이니 오직 성령의 충만을 받으라". 희랍어 원문은 "포도주로 취하지 말라 이는(*en ho*) 방탕한 것이니" 여기서 "이는"은 이전 단어인 술이나 혹은 전에 절에서 말한 술취함일 수 있다. 이것은 이 귀절의 두번째 절(節)이, "이 술은 방탕한 것이니라" 또는 "이 술취한 상태는 방탕한 것이니라"를 뜻할 수 있다는 말이다.

대부분의 영어 성경들(RSV를 포함하여)은 이렇게 번역하지 않았다. **어네스트 골든**은 자신의 책 **그리스도, 사도들, 그리고 포도주**에서 "이것은 번역이 아니고 해석이다. 실제로는 잘못 해석한 것(오역)이다. 그래서 술취함은 정죄하는 반면에 포도주의 체면은 살려주었다. 이 번역은 제롬 시대(주후 382년)부터 계속하여 인정되어왔던 번역을 버린 것이다. 그러므로 라틴

역(벌게이트)은 주색인 포도주(vino in quo est luxuria)라고 번역하였고, 따라서 제롬의 글에서도 이 의미로 사용되었다."[19]

골든은 제롬의 글에서 뿐만 아니라 알렉산드리아의 클레멘트와 터툴리안의 글들에 나오는 수많은 실례들을 제시하였다. 그런데 이들 모두 다 포도주의 성질이 방탕하다고 말한 바울의 말을 인용하고 있다. 그리고 나서 골든은 다섯개의 정통적인 번역들, 즉 불어, 독어, 영어, 그리고 서반 어 번역을 인용하고 있는데 **이들 모두 다 술취함이 아니라 포도주가 방탕함의 원인이라고 말한다.** 본서 7장에서 이 번역들과 교부들의 증언들을 인용할 것이다. 이러한 언급은 많은 번역자들과 주해가들이 에베소서 5:18을 성경이 단지 술취함이 아닌 포도주 그 자체를 정죄하는 것으로써 이해하였다는 것을 보여줄 것이다.

번역자의 선입관 그렇다면 왜 여러 성경 번역판들이 에베소서 5:18을 번역하거나 해석할 때에 "포도주"보다는 "술취함"을 방탕, 방종의 원인으로 만들어 버렸는가? 라는 의문이 떠오른다.

한가지 가능성 있는 이유는 번역자들이 포도주를 절대적으로 성호하에 "술취함을 정죄하지만 동시에 포도주의 체면을 살려 주고자 하였을 수 있다."[20] "근신하라 절제하라"로 통상 번역된 히랍 어 **네포**(nepho)와 **네파리오스**(nephalios)의 의미를 검토할 7장이 이 가정을 지지하여 줄 것이다. 이 단어들의 기본적이고 근본적인 의미는 "포도주를 삼가하는 것"임을 알게 될 것이다. 그렇지만, 이러한 의미는 대부분의 성경 번역과 주석서에 나오지 않으니 아마도 그것은 번역자와 주석자가 포도주를 애호하여 자신들의 음주 관습을 정당화하기 위하여 육체적인 금주보다는 정신적인 경계로서 이 용어들을 은유적으로 해석하도록 한 것 같다.

적당한 음주인가, 혹은 절대 금주인가? 바울이 "술 취하지 말라"고 말하였기 때문에 술 취하지 않게 적당히 포도주를 마시는 것을 실질적으로 승인하고 있다고 주장하는 이들도 있다. 이 주장은 피상적인 추정에 불과하다. 만일 오늘날 목사가 "마약을 사용하지 마시오!"라고 말하면 그 말은 마약을 적당하게 사용해도 괜찮다는 말인가? 만일 방탕한 것이라는 문구가 희랍 어 원문에서 처럼 포도주란 단어와 결합한다면 에베소서 5:18 은 술취한 것을 기소하는 것보다 포도주 그 자체를 강하게 정죄하는 것이 된다.

"방탕"은(문자적으로 구원 받을 수 없음, 구원의 부재를 뜻하는 희랍 어 단어 아소티아(asotia)를 번역한 단어) 그 근원적이고 능동적인 원인으로 "포도주"와 연관되어 있든지, 아니면 방탕하도록 하는 몸과 마음의 상태로서의 "술취함"과 연관되어 있든지 간에 연관이 있는 것은 확실하다. 더구나 이 절들이 어떻게 이해되든지 간에, "이 귀절 전체는 취하게 하는 음료를 원하지도 않을 뿐 아니라, 그것을 마시는 것을 암시하지 않으니 최소한에 있어서 유익하거나 혹은 안전하다."[21]

몇몇 주석가들은 에베소서 5:18과 "이는 저가… 포도주나 소주를 마시지 아니하며 모태로부터 성령의 충만함을 입어"라고 말한 누가복음 1:15 에 어떤 연관성이 있다고 본다. 누가복음 1:15과 에베소서 5:18, 이 두 성경절에서 포도주를 마시지 말라는 혹은 포도주에 취하지 말라는 훈계 뒤에 "성령의 충만함을 입어라는 간곡한 권유가 뒤따라 나온다. 이 두 성경절에 내포된 평행 관계성은 포도주와 독주(소주)를 금하는 것은 취하게 하는 영향으로부터 마음을 보전하고, 결과적으로 성령의 내재 사역을 사람이 잘 받아들이도록 한다는 것을 제시한다."

결론　포도주를 마시는 것을 금하고 있는 성경 귀절들에 관한 연구는 다음 두 가지 점을 보여 주고 있다. 첫째로, 금하여진 "포도주"는 의심할 바 없이 알코올이다. 두번째로, 성경의 정죄는 주정 음료를 과도하게 마신 것에 관한 게 아니라 양에 관계 없이 마신 것에 관한 것이다.

(2) 취하게 하는 포도주를 마신 결과

성경은 주정 음료를 마시는 것을 불허할 뿐만 아니라 그것을 마심으로 오는 결과를 여러 가지 방법으로 깨우쳐 주기도 한다. 성경은 취하게 하는 음료를 마심으로 인해 생기는 여섯 가지 결과에 관해 말하고 있다.

음주는 비정상적인 판단과 행동을 하게 한다 많은 성경 귀절들이 주정 음료를 마시는 것은 인간의 실체 인식력을 뒤틀어 버린다고 말한다. 이사야는 취하게 하는 음료의 정신적인 영향과 도덕적인 영향에 관하여 생생하게 묘사한다. "이 유다 사람들도 포도주(야인)로 인하여 옆걸음 치며, 독주로 인하여 비틀거리며 제사장과 선지자도 독주로 인하여 옆걸음 치며 포도주에 빠지며 독주로 인하여 비틀거리며 이상을 그릇 풀며 재판할 때에 실수하나니"(사 28:7).

이 귀절은 "제사장"과 "선지자"를 구체적으로 집어 내어 말한다. 그 이유는 그들이 하나님의 대표자로서 정결과 경건의 모델이 되라고 부름을 받았기 때문이다. 그러나 그들은 그 대신에 취하게 하는 포도주와 독주에 빠짐으로 혼란스럽게 되고, 이상을 잘못 풀며 재판할 때에 실수하였다. 그들의 실체 인식력은 뒤틀려졌다. 그들은 아마도 취해서 하나님의 계시들을 뒤틀려진 인식력의 망상으로 이상을 잘못 풀었다. 명료한 마음과 분별력 있는 지성이 필요 되는 임무를 수행함에 실패함으로, 재판에 실수를 범하였다. 특히 제사장들은 포도주와 독주를 마심으로 금주 서약(레 10:9)을 어기었고 그들이 맡은 직무의 신성성을 더럽혔다.

취하게 하는 포도주가 사물에 대한 실체 인식력을 뒤틀려 놓은 또 다른 생생한 묘사는 솔로몬이 포도주와 독주에 빠진 이들에 대하여 "또 네 눈에는 괴이한 것이 보일 것이요 네 마음은 망령된 것을 발할 것이며"라고 말한 잠언 23:33에 나온다. 이 귀절에서 알코올의 영향은 시력, 언어, 사고 과정의 손상을 주는 뇌와 신경 조직에 미치는 손상의 견지에서 묘사되었다. "눈에는 괴이한 것이 보일 것이요." 자신의 주위에 대한 인식력이 크게 뒤틀려졌다.

음주는 사고 능력을 흐리게 한다 포도주와 같은 주정 음료를 마시는 것을 성경이 금한 중요한 한 가지 이유는 사고력, 선악 분별력, 그리고 책임있는 결정력이 손상되기 때문이다. 랍비 마이어(Maier)는 "포도주가 사람에게 들어가면 사람의 마음은 혼란스러워진다"고 이 사실을 말하고 있다.[22] 제사장과 선지자들이 "포도주로 혼란스러워져" 이상을 그릇 풀며 재판에 실수하게 되었다고 꾸짖는 이사야 28:7에 이 사실이 나온다. 탈무드는 "포도주가 사람의 신체 안에 들어갈 때, 분별력은 나간다. 포도주가 있는 곳엔 분별력이 없다"고 생생하게 말하고 있다.[23]

하나님께서 제사장에 관한 이 특별한 지침, 즉 "너나 네 자손들이 회막에 들어갈 때에는 포도주나 독주를 마시지 말아서 너희 사망을 면하라 이는 너희 대대로 영영한 규례라 또 여호와가 모세로 명한 모든 규례를 이스라엘 자손에게 가르치리라"(레 10:9~11)를 아론에게 주신 것은 이 염려 때문이었다.

주정 음료를 마시지 말라고 한 특별한 이유는 그것이 제사장들의 거룩과 불경(不敬), 분별력, 사람들에게 하나님의 계명을 가르치는 능력을 손상 시키기 때문이다. 똑같은 이유가 에스겔이 본, 새 성전에 관한 이상에도 나온다. 그 이상에서 제사장들은 "내 백성에게 거룩한 것과 속된 것의 구별을 가르치며 부정한 것과 정한 것을 분별하게 할 것이며"(겔 44:23) 취하게 하는 포도주 모두를 삼가했다.

이 두 귀절에서 하나님의 거룩함이 계속하여 구별되는 것은 주정 음료의 실감을 요한다는 것을 명확하게 밝혀 주고 있다. 제사장들이 성소의 신성성과 거룩성을 보전하기 위하여 알코올을 피해야만 했다는 사실은 성경에서 알코올이 속되고 거룩치 않은 것으로써 여겨지고 있다는 점을 시사하여 준다. 그 이유는 알코올의 **내적 성질**, 즉 취하게 하는 **힘**(잠 23:29~30 ; 20:1 ; 합 2:5)과, 그 **영향**, 즉 거룩함과 속된 것, 그리고 옳은 것과 그른 것을 구별하는 능력을 손상시킨다는 두 가지 점이다. 우리는 크리스챤으로서 종종 광기 넘치고 부절제한 세상에서 "정신을 차리고 근신하라"(벧전 4:7)고 부르심을 입은 "왕 같은 제사장"(벧전·2:9)이라는 사실의 견지에서 볼 때, 하나님께서 인간의 도덕적 구별 능력을 보전하고자 주정 음료를 금하라고 하신 명령은 오늘날 특히 시사하는 바가 크다.

제사장들이 성소의 임무 수행 중에만 금주 명령을 받았기에(레 10:9 ; 겔 44:21) 비번일 때에는 음주를 해도 괜찮았음을 암시한다는 견해도 있다. 제사장은 계속적으로 모본이 되는 삶을 살도록 부르심을 받은 이스라엘의 선생이었기에, 이 추정은 근거가 없는 것이다. 또 랍비 시몬(Simon)은 레위기 10:8을 주석하면서 그 다음 절이 "그리하여야 너희가 거룩하고 속된 것을 분별하며 부정하고 정한 것을 분별하고"(레 10:10)란 말이 이러한 연역에 의한 결론을 정당화하지 않는다고 말한다.[24] 명확한 이유는 제사장들(신자들도)이 하나님의 뜻을 항상 구별할 수 있어야만 했기 때문이다.

음주는 도덕성을 부패시킨다 도덕적 분별력 손상과 밀접하게 연관되고 그것에 의존하는 것은 취하게 하는 포도주와 술을 마심으로 인하여 도덕적 민감성이 약화되어지는 것이다. 이 현상의 고전적인 실례는 노아(창 9:21)와 롯의 딸들(창 19:32)의 경우였다. 오늘날도 예외는 아니어서 대부분의 텔레비젼 극에 나오는 성관계 전에는 술이 있거나 성관계를 술로 인한 것으로 생각하는 경향이 있다. 하박국은 이러한 사회악에 대해 "이웃에게 술을 마시우게 하되 자기의 분노를 더하여 그로 취케 하고 그 하체를 드러내려 하는 자에게 화 있을진저"(합 2:15 ; 참조 애 4:21)라고 정죄하였다. 이사야도 비슷한 어조로 포도주에 붉어져 영적 실체에 무관심한 이들에게 화를 선언한다. "아침에 일찌기 일어나 독주를 따라가며 밤이 깊도록 머물러 포도주에 취하는 그들은 화 있을 진저 그들이 연회에서 수금과 비파와 소고와 저와 포도주를 갖추었어도 여호와의 행하심을 관심치 아니하며 그의 손으로 하신 일을 생각지 아니하는도다."

랍비들도 주정 음료에 내포된 잠재적인 부도덕성을 인식하였다. 랍비 이삭(Issac)은 "악한 영은 사람이 먹을 때와 마실 때에만 유혹한다. 사람이 포도주로 들떠 있을 때, 악한 영은 사람을 정복한다…포도주를 마시는 것은 사람 안에 있는 악한 경향을 깨운다."[25]

음주는 질병을 유발시킨다 현대 의학은 주정 음료를 마시게 되면 인간의 몸, 특히 간, 뇌, 위, 심장, 그리고 재 생식 조직이 큰 댓가를 치루게 된다고 밝혀 준다. 성경은 음주가 신체에 미치는 해로운 영향을 간단하지만 설득력 있는 용어로 넌지시 언급하고 있다(잠 23:32).

호세아는 왕의 대관식 혹은 생일날에 포도주가 방백들을 병들게 한 사건을 기록하였다. "우리 왕의 날에 방백들이 술의 뜨거움(헤마[hemah])을 인하여 병이 나며 왕은 오만한 자들로 더불어 악수하는도다." "뜨거움"이란 용어는 포도주의 붉게 하는, 독성 있는 영향을 묘사함에 종종 사용된 히브리 어 헤마(hemah)이다(신 32:33 ; 렘 51:39). 신명기 32:33에서 헤마는 "독"으로 번역되었다. "그들의 포도주는 뱀의 독이요 독사의 악독이라" 그러기에 호세아서는 방백들의 질병의 원인이 "포도주의 독"이라고 했다.

포도주를 병들게 하는 독약으로 묘사한 점은 성경이 취하게 하는 포도주의 위험을 무지막지한 용어를 사용하면서까지 표현한다는 것을 보여 준다. 선지자 이사야는 하나님께서 애굽을 벌하신 사건을 포도주로 인하여 비틀거림에 비교하였다. "여호와께서 그 가운데 사특한 마음을 섞으셨으므로 그들이 애굽으로 매사에 잘못 가게 함이 취한 자가 토하면서 비틀거림 같게 하였으니"(사 19:14). 시편 기자도 이와 비슷하게 하나님께서 자기 백성을 벌하시는 것을 포도주로 인한 비틀거림에 비교한다. "주께서 주의 백성에게 어려움을 보이시고 비척거리게 하는 포도주로 우리에게 마시우셨나이다"(시 60:3).

유대인들도 비록 그들이 자주 무시한 사실이지만 주정 음료를 마시는 것에 내재된 신체적인 해(害)를 알고 있었다.[26] 취하게 하는 포도주 안에 내재된 정신적이고 신체적인 위험성에 관한 성경의 경고는 하나님께서 인간의 몸을 만들었다는 것(창 2:7 ; 시 139:13~15)과 성령의 전(고전 3:16~17 ; 6:19~20)이라는 것을 믿는 크리스챤들에게는 특히 중요하다. 취하게 하는 물질을 통하여 사람의 건강을 파괴하는 것은 우리 안에 있는 하나님의 성전을 파괴하는 것이다. 왜냐하면, "누구든지 하나님의 성전을 더럽히면 하나님이 그 사람을 멸하시리라 하나님의 성전은 거룩하니 너희도 그러하니라(고전 3:17).

음주자는 공직을 맡을 수 없다 성경이 명확하게 가르치는 것 중 하나는 음주자는 사회 지도자, 종교 지도자가 될 수 없다는 것이다. 지혜자 솔로몬은 왕들과 통치자들이 포도주에 빠지지 말아야 한다고 확실하게 말한다. "포도주를 마시는 것이 왕에게 마땅치 아니하고…독주를 찾는 것이 주권자에게 마땅치 않도다"(잠 31:4). 이 명확한 명령의 이유는 "술을 마시다가 법을 잊어버리고 모든 간곤한 백성에게 공의를 굽게 할까 두려우니라"(잠 31:5)는 성경 귀절 때문이다.

제사장의 경우와 마찬가지로 왕들과 주권자들은 포도주를 마시지 말아야만 한다. 왜냐하면, 술은 법률을 기억함을 손상시키고, 결과적으로 고대에는 왕이 빈번하게 사람들에게 실행하는 사법적 임무에 공정할 능력이 손상되기 때문이다.

이 성경 귀절은 성경이 포도주를 마신 양을 문제 삼는 것이 아니라 그 자체에 가치 판단을 내린 또 다른 실례이다. 본문은 왕은 술을 많이 마시지 말아야 한다고 말하지 않고 왕은 술을 마시지 말아야 한다고 말한다. 다른 성경 귀절과 이 귀절에서 금지된 것은 많은 이들이 주장하듯이 주정 음료를 과도하게 마시는 것이 아니라 실제로 마시는 것 그 자체이다.

통치자들이 취하게 하는 물질을 마시고 그 안에 내재된 해로운 영향으로 인해 잘못된 것이라면, 물론 지도자가 연루되었을 때 사회에 미치는 영향이 더 크지만, 이것이 모든 사람의 조직체에 동일한 영향을 미치기에 모든 이들에게 그릇된 것이다.

음주자는 교회 직분을 맡을 수 없다 성경은 왕들과 통치자들과 같은 공직자 뿐만 아니라 구약성경 시대의 제사장, 신약성경 시대의 감독, 장로, 집사와 같은 교회 직분을 맡은 이들도 취하게 하는 포도주를 금하여야만 한다. 구약성경의 제사장들이 하나님의 거룩한 가르침을 구분하고 가르치는 능력을 손상시키는 주정 음료를 금하라는 확실한 명령을 받았다는 것을 이미 확인하였다(레 10:9~11 ; 겔 44:23).

신약성경의 교회 지도자들도 주정 음료를 금하라는 명령을 받았다. 바울은 디모데 3:2, 3에서 감독 직무의 자격에 관해 그러므로 감독은 책망할 것이 없으며 한 아내의 남편이 되며, 절제하며(네팔리온[nephalion]), 근신하며, 아담하며, 나그네를 대접하며, 가르치기를 잘하며, 술을 즐기지 아니하며(메 파로이논[me paroinon])"라고 말한다.

사도는 디도서에서 매우 비슷한 단어들로 장로나 감독 직무의 자격을 반복하여 말한다(이 두 용어는 디도서 1:5, 7에서 바뀌어서 사용되었다). 사도는 특히 장로, 감독이 "술을 즐기지 아니하여야(**메 파로이논**)" 한다고 그리고 "절제(**엔크라테**[enkrate])" 하여야 한다고 말하였다(딛 1:7~8).

히랍 어 용어인 **네팔리온**과 **메 파로이논**은 대부분 절제하고 술에 취하지 말고 술을 즐기지 말라고 번역되었다. 이러한 번역은 교회 지도자들이 절대 금주자라기 보다는 포도주를 적당히 마시는 자가 되어야 한다는 것을 제시하고 있다. 이 개념은 희랍 어 용어인 **네팔리오스**와 **파로이노스**의 기본적인 의미와 용례가 지지하여 주지 않는다. 6 장에서 이 **네팔리오스**가 문자적으로 신체적 금주, 특히 포도주 금주와 **메 파로이노스**는 "포도주 근처나 혹은 옆에"를 뜻한다. 예를 들자면, 바울 사도와 동시대인이었던 요세푸스는 "제사장들은 모든 면에서 순결하고 금주(**네팔리오이**)하니 그들이 제사장 의복을 입었을 때 포도주를 마시는 것을 허용되지 않았다"고 말하였다.[27]

고대에 **파로이노스**는 음주 장소나 파티에 참석하는데 익숙하여 결과적으로 포도주와 밀접하게 연관된 사람을 가리킨다. 바울이 **네팔리오스**(abstinent)와 **메 파로이노스**(포도주 근처에 있지 않음)란 단어를 사용하면서 말하고자 하는 바는, 교회 지도자들은 포도주를 마시지 말아야 할 뿐만 아니라 음주하는 장소와도 거리를 두어야 한다는 것이다. 이 지침은 바울이 고린도전서 5:11에서 이야기한 일반적인 훈계. 즉 "이제 내가 너희에게 쓴 것은 만일 어떤 형제라 일컫는 자가 음행하거나, 탐람하거나, 우상 숭배를 하거나, 후욕하거나, 술 취하거나, 토색하거든 사귀지도 말고 그런 자와는 함께 먹지도 말라 함이라"와 조화를 이룬다.

신약성경이 주정 음료를 금하는 것에 관하여 가르친 바는 사도가 근신하고 절제하라고 한 훈계와 연관하여 검토될 것이다. 이 훈계에 사용된 희랍어 단어들의 기본적인 의미들에 관한 연구는 베드로와 바울이 정신적으로 근신할 뿐만 아니라 신체적으로 금주하라고 요구한 것을 보여줄 것이다. 이러한 점에 비추어서 신약성경은 구약성경을 따라 교회 지도자들에게 주정 음료를 금하라고 명령한다고 결론을 내릴 수 있다.

3. 결 론

우리는 성경이 "포도 음료"를 승인하거나 불허하는 것은 "포도 음료" 그 자체의 성질로 인해 결정되어졌다는 결론을 얻었다. "포도 음료"에 관한 모든 긍정적인 언급은 발효되지 않은, 취하게 하지 않는 포도즙과 연관된 것이다. 이와는 반대로 "포도 음료"를 정죄한 모든 언급들은 알코올 성분이 있는 취하게 하는 포도주와 관계가 있다. 이것은 마신 양에 관계 없이 정죄되었다.

또 주정 음료를 마시면 실체 인식력이 뒤틀려지고 책임 있는 결정을 내리는 능력이 손상을 입고, 도덕적 민감성과 한계 인식이 약화되고, 신체적인 질병이 유발되고, 사회 지도자와 종교 지도자의 직무를 수행할 수 없게 된다. 이러한 성경의 엄중한 경고를 심각하게 받아들여 알코올 성분 음료와 그 어떤 취하게 하는 물질을 금해야만 하겠다.

주

1. 그 예로 호 2:8, 22(히 2:10, 24에 인용된 것으로); 느 5:11 ; 10:39(히 10:40) ; 13:5, 12 ; 신 7:13 ; 11:14 ; 12:17 ; 14:23 ; 18:4 ; 28:51 ; 대하 31:5 ; 32:28을 보라.
2. Robert P. Teachout, "The Use of 'Wine' in the Old Testament" (Doctor of Theology dissertation, Dallas Theological Seminary, 1979), p. 195.
3. 실례로 사 65:8 ; 잠 3:9, 10 ; 욜 2:23, 24 ; 느 10:37 ; 신 33:28 ; 사 36:17 ; 62:8을 보라.
4. 로버트 P. 티치아우트는 **"야인"**이 아가서에서 발효되지 않은 포도즙을 의미한다고 설득력 있는 논거를 펼친다. 두 연인의 순수한 사랑에 취하게 하는 **야인**을 비교할 수가 결코 없다고 주장한다(n. 2), p. 276.
5. Robert P. Teachout, *Wine. The Biblical Imperative: Total Abstinence* (published by author, 1983), p. 27.
6. Ibid.
7. 신 28:39 ; 11:14 ; 대하 32:28, 29 ; 시 4:7 ; 시 62:8, 9도 보라.
8. Robert P. Teachout (n. 5). p. 28.
9. 고딕체는 필자의 친 것임.
10. Pliny, *Natural History* 14, 11, 85.
11. 고딕체는 필자가 친 것임.
12. *Talmud Babli Chulin* 120; *Erchin 11,* 랍비 이시도르 코프로비츠 (Isidore Koplowitz)가 편찬한 *Midrash Yayin Veshechor. Talmudic and Midrashic Exegetics on Wine and Strong Drink* (Detroit, 1923), p. 42를 보라.
13. 일단의 랍비들이 발효된 것으로 본 곡류 음료들과 발효되지 않은 것으로 본 포도음료들 사이의 구분에 관하여서는 Frederic Richard Lees and Dawson Burns, *The Temperance Bible-Commentary* (London, 1894), pp. 28, 281~286을 보라.
14. Louis Ginzberg, "A Response to the Question Whether Unfermented Wine May be Used in Jewish Ceremonies," *American Jewish Year Book* (New York, 1923), p. 402.
15. Maimonides, *Code of Maimonides,* Treaties Ⅲ : Heave Offering 5, 25.
16. Robert P. Teachout (n.2), p. 299.
17. Stephen M. Reynolds, *Alcohol and the Bible* (Little Rock, Arkansas, 1983), pp. 12, 13.

18. *Sanhidrin* 70a.
19. Ernest Gordon, *Christ, the Apostles and Wine* (Philadelphia, 1947), p. 31.
20. Ibid.
21. Lees and Burns (n. 13), p. 354.
22. *Shir Hashirim Rabba* 2 cited by Rabbi Isidore Koplowitz (n. 12), p. 39.
23. *Midrash Rabbah Nosso* 10, cited by Rabbi Isidore Koplowitz (n. 12), p. 33.
24. *Talmud Babli Baba Metsea* 90b, cited by Rabbi Isidore Koplowitz(n. 12), pp. 44, 45.
25. *Midrash Neelam,* cited by Rabbi Isidore Koplowitz (n. 12), p. 53.
26. *Yalkut Shimoni Shemini* 9, cited by Rabbi Isidore Koplowitz (n. 12), p. 61.
27. Josephus, *Antiquities of the Jews* 3, 12, 2.

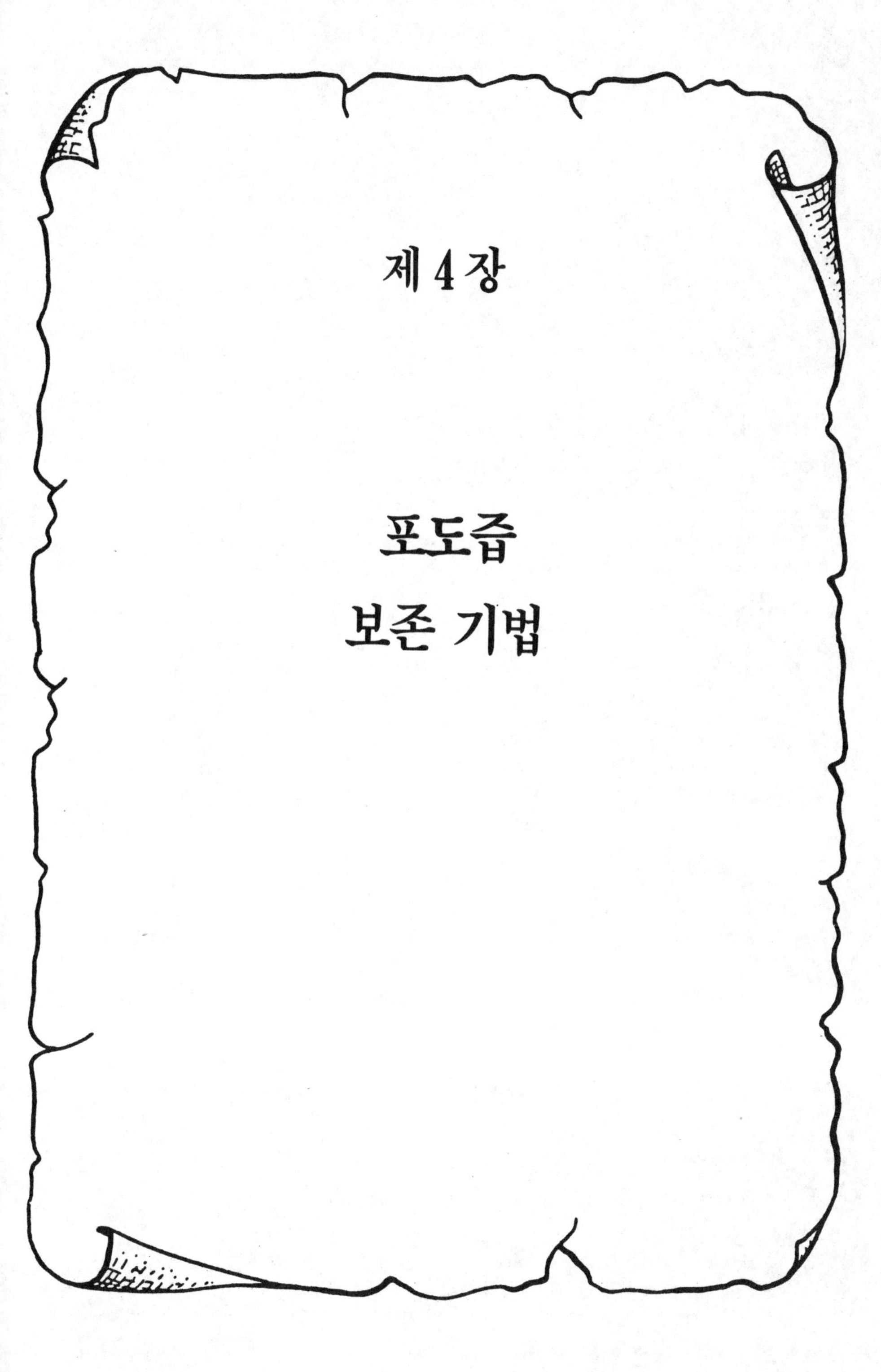

제 4 장

포도즙 보존 기법

포도즙 보존 기법

성경이 발효되지 않은 포도즙만을 마시라는 것을 승인한다는 견해를 반박하는 이들은, 성경 시대 당시에 발효되지 않은 포도즙을 보존하는 것이 불가능하였다는 추정을 그 이유로 삼고 있다. 벌콘 스코트(Burton Scott)는 **국제 표준 성경 백과사전**에 기고한 자신의 글에서 "현대의 방부제 처리 예방책의 도움 없이 발효되지 않은 포도즙을 보존하는 일은 매우 어려운 일이다. 고대 팔레스타인의 따뜻하고 상당히 청결하지 않은 상황에서는 불가능하였다"고 말하면서 반박론자들의 입장을 대변하고 있다.[1]

본 장의 목표 본 장에서는 성경 시대에 포도즙을 발효되지 않은 상태로 보존하는 것이 가능하였는지 또는 불가능하였는지를 연구하여 볼 것이다. 이 연구의 결과는 고대인들이 우리가 일반적으로 추정하는 것보다 과실들과 포도즙을 보존하는 기술에 있어서 훨씬 더 많이 알고 있었다는 것이다.

본 장은 두 부분으로 나뉘어지는데, 첫번째 단락에서는 고대인들이 과실들과 포도즙을 보존하는데 일반적으로 사용한 방법들을, 두번째 단락에서는 특히 포도즙의 발효를 방지하는 데 사용된 방법들을 살펴볼 것이다.

1. 고대의 보존 기법

(1) 과실 보존

놀라운 재능 고대인들에게 과실들과 즙들을 보존하는 놀라운 재능이 있었다는 것에 관한 상당한 관련 자료들이 있다. 로마인들이 마사다 요새를 함락시킨 것에 관한 요세푸스의 기록이 그 중 하나이다. 그는 로마인들이 요새에서 발견한 과실들과 곡식들이 비록 수년 간 저장되었을지라도 신선하게 보존되어 있었다고 말한다. "이 요새 안에는 주민들이 오랫동안 버틸 수 있는 엄청난 양의 식량이 비축되어 있었으며 포도주와 기름은 물론 콩(pulse)과 대추야자(dates)도 가득 저장되어 있었다. 엘르아살과 시카리들이 배신의 방법으로 요새를 탈취하였을 때, 이같은 물자들이 가득 비축되어 있었다. 이 열매들은 완전히 익은 데다가 신선도를 계속 유지하고 있었기 때문에 헤롯이 이 열매들을 비축한 때로부터 로마군에 함락될 때까지 거의 백년이란 세월이 흘렀음에도 불구하고 햇 열매 보다 조금도 못하지 않았다. 로마군이 마사다 요새를 점령했을 때까지 남아 있던 열매들은 조금도 부패되지 않았다. 요새가 높은 곳에 건설되어 있었기 때문에 공기에 먼지나 흙가루가 전혀 없었으므로 열매들이 이토록 오랜 세월 동안 변질되지 않은 것이었다."[2]

마사다의 유대인들이 곡식들과 과실들을 거의 100년 간이나 신선하게 보존할 수 있었다는 요세푸스의 주장은 분명 과장임이 틀림없다. 그렇지만, 이 기록은 유대인들이 농산물을 보존하는 기법을 잘 알고 있었다는 것을 보여 준다. 아쉬운 사실은 어떠한 기법을 사용하였는 지가 현존하는 유대 자료에 남아 있지 않다는 것이다.

고대 그리이스와 라틴 저술가들 그렇지만, 몇몇 고전 저술가들은 고대인들이 곡류들과 과실들, 그리고 채소와 포도즙을 보존하는 데 사용한 방법들에 관하여 어느 정도 소개하고 있다. 이들 중 한 명은 주후 1세기에 살았던 저명한 농학자인 코루멜라(Columella)로서 그는 자신의 논문 농업론과 수목론에서 각양 각색의 민족들이 상추, 양파, 사과, 배, 장과(漿果), 자두, 무화과, 올리브, 발효되지 않은 포도즙, 그리고 발효된 포도주와 같은 농산물들을 신선하게 보존하는 여러 방법들을 상당히 자세하게 기록하였다. 먼저 그가 말한 일반적인 농산물들을 신선하게 보존하는 방법을 간단히 요약하고, 그 다음에 발효된 포도주와 발효되지 않은 포도즙의 보존에 관하여 특별히 살펴볼 것이다. 이 연구가 발효되지 않은 포도즙을 보존하는 것이, 성경 시대 당시에는 불가능했다는 잘못된 개념을 수정하는 계기가 되었으면 한다.

코루멜라는 먼저 장과와 자두를 보존하는 데 사용된 방법을 기술하고 있다. "우리가 올리브 대신에 사용하는 산딸기와 또 야생 자두와 줄무늬 자두는 딱딱하고 완전히 익지 않았을 때 따야만 한다. 그렇지만, 너무나 익지 않은 것을 따면 안 된다. 그런 다음에 그늘에서 하루 동안 말려야만 하고, 그 다음에 끓여서 원래 양의 1/2 혹은 1/3 정도로 졸아든 초(vinegar)와 포도액(must)을 섞어 장과나 자두가 담겨져 있는 그릇에 부어야만 한다. 그런데, 약간의 소금을 치는 것도 필요하다. 그것은 그렇게 함으로써 벌레나 또 다른 동물적 유기체가 생기지 않게 하기 위함이다."[3]

과실들을 보존하는 방법 그 외에 다른 종류의 과실들을 보존하는 데에도 비슷한 방법들이 사용되었다. 코루멜라는 다음과 같이 설명한다. 배가 익기 전이지만 설익지 않았을 때, 흠이나 벌레가 없어 상하지 않았는지 주의 깊게 검사해 보고 나서, 송진이 발라진 질그릇에 가지런히 놓고 끓여서 원래 양의 1/2, 혹은 1/3 정도 졸아든 건포도 혹은 포도액으로 그 그릇을 채워 모든 과실들이 잠기도록 한다. 그리고 나서 그 위에 덮개를 씌우고 회반죽을 발라버린다."[4]

코루멜라는 계속하여 과실을 보존하기 위하여 끓여서 졸아든 포도액 대신에 꿀물 혹은 벌의 밀랍(蜜蠟) 물을 사용한 이들도 있었다고 설명하여 준다.[5] 액체 꿀에 과실을 담그는 것이 가장 안전하게 보전하는 방법 중의 하나로 여겨졌다. 그 이유는 코루멜라가 말하듯이 "부패되는가를 확인하고 그것이 확산되지 않도록 하는 것이 꿀의 성질이기 때문이었다."[6] 현대인들도 진한 설탕 시럽에다가 과실들을 통조림화할 때 비슷한 방법을 사용한다.

또 다른 방법은 톱밥 층 사이에 놓은 통에 과실들을 넣는 것이다. 통이 꽉찼을 때, 그 뚜껑을 두꺼운 진흙으로 밀폐하였다.[7] 또 다른 방법은 "과실이 신선할 때, 잘 개어진 도공의 진흙으로 두껍게 칠하는 것이다. 서늘한 장소에 걸어놓아 진흙을 말린다. 먹고자 할 때, 과실들을 물 속에 집어넣어 진흙이 용해되게 한다. 이 과정은 과실을 막 딴 것처럼 신선하게 보존하여 준다."[8]

포도 보존 포도를 신선하게 보존하기 위해서도 몇가지 방법들이 사용 되었다. 그 중 하나는 포도가 달린 가지를 길게 잘라, 잘린 부분을 송진으로 완전히 바른 다음, 포도를 마른 왕겨로 가득 찬 그릇 안에 넣어 놓는 방법이다. 코루멜라는 다음과 같이 말한다. "포도가 1년 씩이나 싱싱하도록 하기 위해서는 다음의 방법을 사용해야만 한다. 포도나무에서 잘라냈을 때에 곧바로 굳은 송진을 작은 꽃자루에 바른다. 그리고 가능한한 마른 왕겨를 먼지가 없도록 채로 친 다음, 새 질그릇 냄비를 채운 후 포도를 그 위에 놓는다. 그리고 나서 다른 냄비로 그것을 덮고 왕겨가 섞인 진흙으로 그 주위를 바른다. 그리고 매우 건조한 고미다락 안에 냄비들을 정열하여 놓은 다음 마른 왕겨로 덮는다."[9]

코루멜라에 의하면 잘라낸 직후에 작은 꽃자루를 끓는 송진 속에 담근 다음, 끓여서 졸아든 포도액이 담겨 있는 통 안에 놓인 여러 층의 접시에 포도를 놓는 방법으로 보존하는 사람들도 있었다고 한다.[10] 포도액 대신에 보리겨로 "밀기울과 포도를 엇갈려 쌓아 놓은 통을 채우는 데 사용한 이들도 있었는데 그들은 그 다음 뚜껑들을 덮고 밀폐한 다음, 매우 건조하고 서늘한 고미다락 안에 포도를 저장하였다."[11]

코루멜라는 계속하여 그 외의 사람들이 사용한 비슷한 방법들을 말해 준다. "어떤 이들은 똑같은 방법으로 포플러 나무나 혹은 전나무의 마른 톱밥 안에다가 푸른 포도를 보존하기도 한다. 또 포도가 완전히 익지 않았을 때에 포도나무에서 따낸 포도를 마른 석고 분말로 덮는 이들도 있다. 또 다른 사람들은 포도를 송이로 따 왔을 때 결함이 있는 포도는 가위로 잘라버린 다음 밀이 쌓여 있는 곡물 창고에 매달아 놓는다. 그러나, 이 방법은 포도가 쪼그라들게 되고 건포도와 거의 같이 달게 만들어버린다."[12]

코루멜라는 각양 각색의 사람들이 포도를 신선하게 보존하는데 사용한 방법들을 기록한 후에 다음과 같이 결론을 내린다. "각기 다른 방법들이 지역의 상황과 포도의 질에 따라 사용되었다.[13]

코루멜라와 동시대인인 로마의 학자이자 박물학자인 플리니(Pliny)는 포도를 보존하는 그 외의 방법을 간략하게 기술하였다. "어떤 포도 송이를 천장에 메달아 논 줄에 매달면 한 겨울 내내 잘 견디어 낼 수 있다. 또 다른 방법은 토기 항아리를 포도 위에 씌워 놓고 발효하는 포도 껍질로 채운 단지를 주위에 세워 놓으면 그 천연적인 생장력으로 인하여 쉽게 보존된다."[14]

짜낸 포도. 고대인들이 다음 해에 포도를 수확할 때까지 포도를 신선하게 보존하는 여러 방법들을 알고 있었다는 사실은 1년 중 어느 때든 지 발효되지 않은 포도즙을 만들어 낼 수 있다는 말이다. 이런 풍습은 랍비 문헌과 기독교 문헌에도 나온다.[15]

주후 2, 3세기에 유포되었던 묵시 문학서인 **마태행전과 순교서**는 성만찬 시에 새로 짜낸 포도즙을 사용했다고 말한다. "거룩한 떡을 헌물로서 가져오라. 그리고 주 예수께서 제삼일에 부활하셨을 때에 어떻게 드리는 것인지 우리에게 보여 주신 대로 포도나무의 세 포도 송이에서 즙을 잔에 짜서 참예하라."[16] 이 기록은 포도를 짜내어 포도즙을 만드는 관습과 성만찬에서 발효되지 않은 포도즙을 사용하였다는 것을 명료하게 긍정적으로 증언하여 준다.

성만찬 잔에 곧 바로 포도즙을 짜는 관습이 수세기 동안 계속되었다는 기록도 있다. 예를 들자면, 브라가(Braga)의 제3차 시노드 문헌은 키프리안(Cyprian) "주의 만찬 성례 전에 다른 **비눔**(vinum)을 내놓지 않고 포도 송이에서 짜낸 것을 내놓은 이들에 대하여 고소한 것을 적고 있다."[17] 신선한 포도즙을 "비눔(vinum)"이라고 칭한 사실을 눈여겨보아야 한다. 키프리안의 정죄는 발효되지 않은 포도즙 사용에 대해서가 아니라 포도즙을 물과 섞지 않았다는 것을 문제 삼았다.

포도즙을 물과 섞는 관습은 "꼭 포도주를 약하게 하고자 하는 것이 아니라 끓인 포도 음료와 뭉갠 포도 송이들의 원 즙을 묽게 하기 위함이다."[18] 이에 관한 지침은 이미 3세기 전에(주후 337년) 교황 쥬리어스(Julius)가 발표한 칙령에서 시달되었다. "그러나, 필요하다면 포도 송이를 직접 잔에 짜내서 물과 섞으라."[19] 다음 장에서는 성만찬 포도주와 연관하여 이 외의 역사상의 증언들을 열거할 것이다. 이 모든 것은 신선하게 보존된 포도들이 연중 내내 짜낸 포도즙을 만드는데 사용되었다는 것을 보여 준다.

(2) 발효된 포도주 보존

널리 퍼진 오해 고대 세계에서는 발효되지 않은 포도즙을 보존하는 것 보다 발효된 포도주를 보존하는 것이 훨씬 용이하였다고 일반적으로 믿고 있다. 이 확신은 발효된 포도주를 보존하는 것은 짜낸 포도즙이 자연적으로 발효되어 가는 단순한 과정이었다는 잘못된 추정에 의거하고 있다. 그러나 실제로는 판이하게 다르다. 발효된 포도주는 신맛과 악취가 생기게 하고, 곰팡이가 펴서 수많은 감염에 걸리기 쉽다. 고대인들은 이러한 문제들을 잘 알고 있었다. 예를 들자면, 플리니는 "곰팡이가 피거나, 혹은 초(醮)로 되는 것은 액체 포도 음료만의 특이성이다. 이 문제의 개선책을 다룬 몇 권의 지침서가 출판되었다."[20]

코루멜라도 발효된 포도주와 발효되지 않고 끓여서 졸아든 포도액이 상하기 쉽다고 비슷하게 말했다. "끓여서 졸아든 포도액은 비록 주의 깊게 만들었지만 포도주와 같이 신맛이 나기 쉽다."[21] 그는 계속해서 "그렇기 때문에 상하지 않았음을 검사받은 1년 된 끓여서 졸아든 포도액으로 우리의 포도 음료로 보존하도록 정신을 차리자"고 말하였다.[22]

여기서 코루멜라는 발효된 포도주보다 일반적으로 더 잘 보존된 발효되지 않은, 끓여서 졸아든 포도즙이 발효된 포도주를 보존하는 데 사용되었다고 말한다. 고대 세계가 포도주를 보존한 방법을 살펴보기 전에 포도주를 보존하는 것이 그 당시에는 신중을 요하는 어려운 일이었음을 아는 것은 중요하다. 주된 이유는 발효 과정을 통제하는 정확한 기술이 없었기 때문이다.

저온 살균법의 발견 프랑스의 위대한 과학자인 루이스 파스퇴르(Louis Pasteur)가 발효의 원인과 저온 살균법이라고 알려진 해결책을 발견한 것은 19세기 말엽이었다. 파스퇴르의 유명한 연구, **동물에 관한 연구**(1876년)는 실상 농산물을 상하게 하여 엄청난 재정적 손실을 가져 오는 감염을 방지할 수 있는 방법을 찾아 달라고 그에게 청한 맥주, 포도주 생산업자들의 간청에 의해서 행해졌다.

파스퇴르는 발효란 화학 변화에 의해서 발생하는 것이 아니라 미생물의 증식에 의한 것임을 발견하였다. 파스퇴르는 오늘날에 "저온 살균법"이라고 알려진 방법을 1876년에 발견하였는데, 이것은 특정 온도에서 얼마간의 시간 동안 액체(포도주, 우유, 맥주)를 특정 온도에 노출시킴으로 특정한 박테리아를 파괴하는 방법이다.

오늘날 포도주 산업(양조학[Enology])은 압력 보일러, 여과기, 분리기, 복합 냉동과 저온 살균법을 통하여 발효 과정을 통제할 수 있다. 이러한 통제는 계절이 서늘하였거나, 비가 많이 왔거나, 혹은 포도가 습기찬 땅에서 자라서 포도액에 너무나 많은 수분이 있거나 당분이 적을 때에 특히 필요하다. 포도주 제조 업자들은 오늘날 이런 상황에 직면하면 사카린 물질을 넣고 인공 증발을 통하여 그 안의 수분을 감소시킴으로 포도액의 불완전한 배합의 균형을 맞춘다. 이 현대적 기술은 포도주 재배자들로 수확된 포도가 상할 수도 있다고 걱정하는 생각에서 해방시켰다. 고대의 포도주 제조자들은 이러한 기술적인 지식과 방법 없이 자신들이 수확한 포도가 상실될 수 있는 지속적인 위험에 항상 직면해 있었다.

포도주 보존상의 문제 농업에 관한 라틴 산문과 문학의 아버지라고 여겨지는 마르쿠그 포르시우스 카토(Marcus Porcius Cato, 주전 234~150)는 발효된 포도주의 보존과 연관된 몇 가지 문제들에 관하여 언급하였다. 카토는 자신의 소논문 **농업론** 148장에서 "항아리에 있는 포도 음료의 판매를 위한" 조건들에 관하여 말하면서 그러한 문제들을 넌지시 언급하였다. "시지도 않고 곰팡이가 피지도 않은 포도 음료"만 팔기 위해서는 3일 내에 맛을 보아야만 하였다.[23] 만일 구매자가 구매한 지 3일 안에 포도 음료를 맛보지 않았다면 있는 그대로 취해야 한다는 것으로 포도 음료가 얼마나 빨리 시거나 쉽게 곰팡이가 피는지를 보여 준다.

카토는 포도 음료가 시게 되거나 곰팡이가 피지 못하게 하는 몇 가지 예방책을 권하고 있다. "매일 모은 포도들을 깨끗하게 하고 말린 후에 항아리에 똑같이 나누어 담으라. 만일 필요하다면 새 포도 음료(new wine)에 밟지 않은 포도 음료에서 얻어낸 끓여서 졸아든 포도액 1/40을 더하거나 혹은 **쿨레우스**(액량[a liquid measure])에 한 파운드나 반 파운드의 소금을 더하라. 대리석 분말 가루(Marble Dust)를 사용한다면 **쿨레우스**에 한 파운드를 더하라. 이것을 포도액과 그릇에 섞고 나서 항아리에 부어라. 만일 송진을 사용한다면 그것을 잘게 빠서 바구니 안에 포도액 3파운드의 **쿨레우스**에 넣고, 포도액 항아리 안에 매달아 놓는다. 송진이 용해되도록 바구니를 자주 흔들어 준다. 만일 끓인 포도액이나 대리석 분말가루, 혹은 송진을 사용하였다면 20일 동안 자주 저어 주고 매일 압박한다."[24]

카토는 포도주를 보존하는데 사용한 다양한 산물, 즉 끓여 줄어든 포도액, 소금, 대리석 분말가루, 송진에 관하여 자세히 기록하였다. 코루멜라가 언급한 또 다른 예방책은 후에 언급할 것이다. 이런 예방책을 사용함에도 불구하고 발효된 포도주는 여러 문제점들을 안고 있었다.

카토는 107~110장에서 몇 가지 문제를 언급하고 있다. 그것들 중 한 가지는 포도주가 내뿜는 악취를 포도주 항아리의 가장자리에서 흡수한다는 것이다. 또 다른 골치거리는 시어 지거나 혹은 나쁜 냄새로 변하여 버리는 포도주였다. 카토는 나쁜 냄새를 뿜어 내는 가장자리의 문제를 해결하기 위해 끓인 포도액과 으깬 붓꽃(iris)과 캄파니아 지방의 클로버(Campanian melilot)로 만든 크림을 준비하라고 권한다. 이 합성분들을 섞어 약한 불에

끓인다. 그래서 생긴 크림을 호도주 항아리 가장자리에 바른다.[25]

분명한 사실은 이러한 방법으로도 항상 포도주가 시지(asperum) 않도록 할 수 없었다는 것이다. 그래서 카토는 쓴 맛으로 변한 포도주를 달게 하기 위하여 다음과 같이 조언한다. "살갈퀴로 4 파운드의 분말을 만들고, 포도주 네 잔(cyathi)을 끓여서 졸아든 포도액에 섞는다. 작은 벽돌로 만들고, 하루 내내 적신 다음, 항아리의 포도주로 용해시키고 60일 이후에 밀폐시키라."[26] 이 절차는 포도즙이 "달고" "좋은 향기"가 나게 하기 위함이었다.

추측컨데 이 절차가 항상 효력을 발휘한 것이 아닌 것 같다. 그 이유는 카토가 그 다음 장에서 포도즙에서 악취를 제거하는 또 다른 방법을 제시하고 있기 때문이다. "두꺼운 흠 없는 기와 한 장을 불에 확실하게 달군다. 뜨겁게 달구어졌을 때, 송진으로 칠하고 줄을 매달아 항아리 아래 쪽에 가볍게 내려 놓고 2일간 밀폐시켜 항아리를 그대로 둔다. 만일 악취가 첫번째 시도에서 제거된다면 제일 좋지만, 만일 그렇지 않다면 악취가 제거될 때까지 반복하라."[27]

이와 같은 고대인들의 발효된 포도주에서 생기는 문제들을 해결하고자 한 개선책들은 발효된 포도주의 보존이 고대 세계에서는 간단한 과정이었다는 추정이 잘못된 것임을 보여 준다. 문헌들은 그 과정이 복잡하였음을 가리켜 준다. 포도주가 상하는 것을 방지하는 데 사용한 여러 다른 방법들은 발효된 포도주의 부패를 개선하기 위한 방법에 관해 포도주 재배자들이 느꼈던 당혹감과 불확실성을 나타내 준다. 문제의 복잡성과 심각함을 인식하기 위해서는 발효된 포도주를 보존하는데 사용한 몇 가지 방법들을 간단히 숙고해야만 한다.

끓이어 줄어든 포도액으로 포도주를 보존하는 기법 끓여서 졸아든 발효되지 않은 포도액은 고대 세계에서 물로 묽게 한 음료로써 뿐만 아니라 발효된 포도주의 방부제로써도 사용되었다. 로마의 저명한 농학자인 코루멜라는 매우 자세하게 끓여서 졸아든 포도액이 포도주를 보존하는 데 사용된 방법을 논하고 있다. 그 비부패성을 이미 검사 받은 1년 된, 끓여서 졸아든 포도액으로 우리들의 포도주를 보존하는 데 신경을 쓰자.[28]

모든 포도주를 끓여서 졸아든 포도액이나 혹은 다른 방부제로 보존할 필요가 있는 것은 아니었지만, 특별히 포도원에서 새로이 산출된 것들, 혹은 이상적인 위치가 아닌 곳에 자리잡은 포도원에서 산출된 것에는 이 방법이 필요하였다. 코루멜라는 "우리는 방부제 없이 보존할 수 있는 포도주를 최상의 포도주로 여긴다."[29] 그렇지만, 그러한 포도주들이 항상 희귀하였기에 코루멜라는 여러 다른 포도원과 여러 다른 계절의 상황 가운데서 산출된 포도주들을 보존하는 방법을 광범위하게 논하고 있다.

발효된 포도주의 방부제로써 사용 되는 끓여서 졸아든 포도액을 만드는 것은 고된 일이었다. 그 일은 포도액을 그 원래의 양의 1/2이나 1/3로 천천히 끓여서 졸인 다음 송진이나 테레빈 유와 같은 방부제를 넣어야 했다. "감송(甘松) 잎사귀, **코스투스**(인도의 향기 높은 식물[costus]), 대추야자, 각진 골풀(angular rush), 그리고 감(甘) 골풀(sweet-rush)…몰약, 계피, 발삼(balsam), 사프란(saffron)"과 같은 향료들을 넣어야만 했다.[30]

이 복잡한 준비물들을 보존할 포도주에 마지막으로 섞는다. 혼합물의 실제 비율은 포도주의 질에 따라 결정된다. 코루멜라가 설명하듯이 "이 준비물 얼마가 48 **섹타리**([sextarii] 고대 로마의 액량으로서 Congius의 1/6 정도임)에 더해져야 하는지는 확실하지 않다. 왜냐하면, 적절한 양에 관한 계산은 포도주의 질에 의거해야만 하고, 방부제 냄새가 구매자들을 쫓아버리기 때문에 방부제 냄새가 나지 않게끔 조심해야만 한다. 만일 포도 수확물이 젖었다면, 나는 보통 방부제 1/3(triens)을 두 개의 암포라(amphorae : 그리이스, 로마 시대의 손잡이가 달린 항아리)에 직접 섞는다. 만일 말랐다면 1/4(quadrans)를 섞는다."[31]

소금으로 포도주를 보존하는 기법 포도주를 보존하는 또 다른 중요한 방법은 발효 과정이 시작하는 며칠 사이에 포도액에 소금이나 바닷물을 넣는 것이다. 이 방법이 널리 사용되어졌음이 분명하다. 그것은 코루멜라가 "어떤 사람들(그리고 실제로 거의 모든 희랍인들)은 소금이나 혹은 바닷물로 포도액을 보존한다"고 말하였기 때문이다.[32]

가루 소금을 사용할 때에는 발효시키는 포도주에 넣기 전에 물에 희석시킨다. 바닷물을 사용할 때에는 "그 원래 양의 1/3까지 끓여서 졸인다."[33] 그리고 나서 그것을 훈증 소독한 항아리에 이미 넣어져 있는 포도액에 붓는다. 소금 사용은 포도주의 곰팡이 맛을 방지하기 위해 널리 권장된 방법이다. 코루멜라는 "만일 가능하다면 모든 지역의 모든 종류의 포도 수확물은 이와 동일한 양의 소금으로 처리를 해야만 한다. 그 이유는 이 방법이 포도주가 케케묵은 맛이 나지 않도록 방지하여 주기 때문이다."[34]

송진으로 포도주를 보존하는 기법 포도주를 보존하는 데 사용한 또 다른 물질은 액체나 고체 형태로 사용된 송진이다. 코루멜라는 자신의 농업론의 세 장(22~24장)에 걸쳐 포도주 보존에 사용되는 여러 송진을 논하고 있다. 통상적으로 송진을 증발하는 바닷물에 녹여서, 그 용해액을 보존할 포도주에 부었다. 사용된 용해액의 실제 양은 포도주의 상태에 따라 결정된다.

코루멜라는 송진으로 전체 포도 수확물을 보존하기 원하는 이들을 위해 다음과 같이 조언한다. 그러나 만일 송진으로 전체 포도 수확물을 보전하기는 하되 맛을 보고 송진으로 보존된 것을 느낄 수 없도록 송진 냄새를 제거하고자 하면 동일한 송진 여섯 **스크리퓨라**(scripula: 적은 중량 단위)를 오랫 동안 발효를 멈추고 그 침전물을 치워버린 포도주 46 **섹타리**(sextarii)에 섞는 것으로 충분하다."[35]

고대인들이 발효시킨 포도주를 보존하는 데 사용한 방법들을 본 장의 논의에서 다 다룬 것은 아니다. 대리석 분말 가루, 석고 유황 연무(lime sulphur fumes)나 으깬 골풀과 같은 방부제들도 사용되었다. 하지만 전술한 실례들은 고대 세계에 있어서 발효되지 않은 포도즙을 보존하는 것이 일반적으로 추정하고 있는 것보다 훨씬 더 복잡한 과정이라는 점을 보여 주었다. 실제로 어떤 지역에서는 포도주를 보존하는 것이 너무나 위험하여 모든 포도 수확물을 끓여서 줄어들게 하여 달짝지근한, 발효되지 않은 포도즙으로 보존하였다.

2. 포도즙의 보존

발효 과정 고대인들은 발효의 원인은 알지 못했지만 발효한다는 것은 잘 알고 있었다. 루이스 파스퇴르가 발효에 관한 연구를 시작하기 전에는 포도즙에서 포도주로 변할 때, 발생하는 것이 무엇인지 잘 이해를 하지 못했다. 그렇지만, 고대인들은 발효 방지책들을 잘 알고 있었다.

포도즙에는 두 가지 주요 성분, 즉 포도당이라고 하는 글루코즈와 알부민이 함유되어 있는데, 이 두 성분은 발효 과정에 기여한다. 껍질의 안쪽과 포도 씨앗의 외피(外皮)에 들어 있는 알부민에는 효소 혹은 효모(酵母)라고 알려진 발효하는 매개체인 미생물이 함유되어 있다.

포도즙에 함유된 알부민의 부패는 미생물 효모가 공기 중에 존재하는 미생물 효모와 합쳐져 포도당을 두 가지 형태로 깨버릴 수 있는 화학 효소를 방출하기 좋은 환경을 조성한다. 물과 잘 섞이고 포도주에서도 용해된 채 남아 있는 무색의 액체인 에틸 알콜이 그 한 가지이고, 또 다른 한 가지는 비등을 드러내는 작은 거품에 나타나는 탄산가스이다.[36]

발효 과정은 포도즙에 알맞은 온도와 습기, 그리고 공기와 같은 몇 가지 조건이 있어야만 한다. 이 조건을 바꾸거나 제거해서 포도즙을 신선하고 발효되지 않은 상태로 보존하는 네 가지 방법이 있다. 고대인들도 알고 있었던, 이 네 가지 방법들을 하나씩 검토할 것이다.

(1) 끓여서 포도즙을 보존하는 방법

습기와 열 포도즙의 발효는 그 안에 있는 습기량을 알맞게 줄임으로 혹은 즙을 고온에서 끓임으로 방지할 수 있다. 이 방법의 이유는 발효체인 효모균의 성장은 포도즙 안의 습기량이 섭씨 59~74도에서 끓일 때 더디게 되거나 완전히 중지한다. 이 온도에서 대부분의 효소는 죽는다. 포도즙을 끓임으로써 간단하게 이 결과를 얻어낼 수 있다.

끓이면 포도즙의 물은 증발하고, 효모와 곰팡이(사상균)는 죽고, 당분이 증가하기에 효모 성장이 억제된다.

발효되지 않은 포도즙을 주의 깊게 끓여서 시럽으로 만들어 포도즙을 보존하는 방법은 고대 세계가 일반적으로, 또 성공적으로 사용한 방법이었다. 원할 때에는 시럽을 물에 타서 마시기도 했다. 몇몇 문헌들은 이 관습을 확인하여 주고 있다.

고대인들의 증언 로마에서 가장 유명한 시인인 베르길리우스(Virgil, 주전 70~19)는 자신의 Georgics(농업을 다룬 시)에서 한 가정 주부를 다음과 같이 묘사하고 있다. "그녀는 단 포도액의 수분을 불로 끓여 졸아들게 하고 잎사귀로 부글부글 끓는 큰 솥남비의 거품을 걷어낸다."[37] 끓여서 졸아든 포도액을 성공리에 보존하는 방법에 관하여 장황하게 묘사한 내용이 가리키듯이 이 방법은 널리 애용되었다. 그는 "짜낸 포도액이 오랫동안 지속되게끔 혹은 굳을 때가지 보존되도록 주의를 기울여야 한다."[38]고 기록하였다.

코루멜라는 보존을 확실하게 하기 위해서는 포도액을 납으로 만든 그릇에 넣고 끓여서 1/4로 혹은 1/3로 졸이라고 말한다.[39] 끓여서 1/3로 졸인 포도액은 **데프루툼**(defrutum)이라고 불리워졌다.[40]

플리니는 단 **비눔**(vinum dulce)에 관하여 말하면서 코루멜라와는 달리 끓여서 1/2로 줄인 포도액을 **데프루툼**(defrutum), 1/3로 줄어든 포도액을 사파(sapa)라고 칭하였다.[41] 끓여서 졸아든 여러 다른 종류의 포도액을 각기 다른 명칭들로 칭한 것은 이 음료가 널리 사용되어졌음을 확인하여 줄 뿐이다.

포도액을 끓여서 보존하는 방법은 상당한 주의를 요하는 작업이었다. 코루멜라는 다음과 같이 통찰력 있게 묘사한다. "우리는 먼저 화력이 세지 않은 불과 시골 사람들이 **크레미아**(cremia : 베어낸 작은 나뭇가지)라고 부르는 매우 작은 나무 조각들로 화덕을 데워야 한다. 그것은 포도액을 서서히 끓이기 위함이다. 끓이는 것을 담당한 사람은 골풀 줄기나 혹은 궁작화로 만들어진 체를 미리 준비해야만 한다. 그런데 이 골풀 줄기와 궁작화는 있는 그대로의 상태, 즉 망치로 두드리지 않은 상태여야 하고 밑에 가라앉은 침전물은 저어서 위로 올려야 한다. 그리고 나서 표면에 남아 떠 있는 찌꺼기를 체로 깨끗이 제거해야 한다. 이 작업을 포도액의 모든 침전물들이 제거될 때까지 계속해야만 한다."[42]

안전한 보존 끓인 포도즙에 필요한 주의를 기울이면 오랫 동안 안전하게 보존할 수 있었다. 오랫 동안 안전하게 보존하기 위해서는 오랜 시간 동안 끓이고, 또 모든 찌꺼기를 제거해야만 한다. 코루멜라가 설명하였듯이 "만일 나무가 많으면 포도액을 끓여 떠 있는 모든 찌꺼기들을 침전물로 깨끗하게 하는 것이 좋다. 이렇게 하면, 1/10을 잃어버리지만 나머지는 영원히 상하지 않을 것이다."[43]

코루멜라는 이 보존 방법을 특별히 권하였다. 그것은 언제든지 "포도주가 종종 시어지기 때문이었다." 이 경우에 모든 포도액을 큰 솥에 부어 그것의 1/10이 증발할 때까지 끓여야만 했었다. "그 후 포도액이 식은 다음에 그릇에 넣고 그것을 덮은 다음 밀폐해야만 한다. 이런 방법이 더 오랫 동안 보존할 수 있고, 어떠한 해도 입지 않을 것이다."[44]

끓여서 졸아든 포도즙이 광범위 하게 사용됨 시럽에 끓여서 졸아든 포도즙을 보존하는 것은 근동지역과 지중해 연안 국가에서 수세기에 걸쳐 행해진 관습이다. 이 음료는 이탈리아에서는 vino cotto(끓인 포도즙), 프랑스에서는 vin cuit, 시리아에서는 nardenk, 아랍에서는 **딥스**(Dibs)로 알려져 있다. 죤 키토(John Kitto)는 오래되었지만 유명한 성서 **문학 백과사전**에 나오는 한 논문은 근동 지역에서 끓인 포도즙을 사용하는 것에 관하여 19세기 역사가 몇 명의 말을 인용하고 있다. 그들 중 한 명인 러셀(A. Russell) 박사는 자신의 저서 **알레포의 자연사**(Natural History of Aleppo)에 다음과 같이 기록하였다. "이곳에서는 **딥스**(dibs : 끓인 포도즙)라고 불리는 농축시킨 포도즙인 **사파 비니**(sapa vini)는 가죽 부대에 넣어서 도시로 가져오고 시장에서 팔린다. 조악한 꿀처럼 보이고 단 맛이 나는데, 각계각층의 사람들이 매우 많이 이용한다."[45]

이와 비슷하게 사이러스 레딩(Cyrus Redding)도 그의 현대 포도주사(葡萄酒史)에서 "케스로안(Kesroan)의 리바누스(Libanus) 산에서 양질의 포도주가 제조되는 데 대부분 vin cuits(끓인 포도즙)이다. 포도즙은 항아리 안에 보존한다"고 말하였다.[46] 레바논의 포도 수확을 직접 본 J. D. 팩톤(Paxton)은 "내가 포도즙 틀에 가보았을 때 짜낸 즙은(오늘날 우리가) 와인이라고 칭하는 것이 아니라 **딥스**(dibs)라고 칭한 것이 되어 있었다."[47]고 말한다. 근동에서 발효되지 않은 "끓인 포도즙을 일반적으로 사용한다는 점은 몇몇 여행 기사도 입증하여 주는 사실이다."[48]

콘스탄티노플에서 선교 사역을 한 미국인 선교사 헨리 홈즈(Henry Homes) 목사는 한 신학지 Bibliotheca Sacra(1848년 5월호)에 기고한 포도주에 관한 논문에서 직접 목격한 바를 기록하고 있다. "신맛을 중화하기 위하여 지상의 어떤 산물도 넣지 않은 단순한 포도즙을 네다섯 시간 끓인다. 이것은 원래의 양을 1/4로 줄이고자 함이다. 끓인 후에 차갑게 보존하기 위해 또 **쉽게 발효되지 않게끔** 하고자 그것을 나무 그릇이 아니라 진흙 그릇에 붓는데, 공기를 차단하기 위해서 부대로 위를 꽉 묶는다. 보통 취하게 하는 성질을 지닌 분자를 지니고 있지 않으니, 이슬람교도와 그리스도인 모두 거리낌 없이 사용한다. 본인이 2년 동안 가지고 있었던 포도즙도 아무런 이상이 없었다."[49]

끓인 포도즙을 묽게 함 발효된 포도주와 발효되지 않은 포도즙, 둘 다 묽게 하는 것은 고대에 일상적인 관습이었다. 로마에는 이것을 위해 테르모폴리움(Thermopolium)이라고 알려진 공용 시설이 있었다. 이 시설은 고객들이 그들의 포도즙을 묽게 하도록 찬 물과 더운 물을 제공하여 주었다. 에드워드 베리(Sir Edward Barry) 경은 그의 논문 **고대인들의 포도주에 관한 관찰**에서 "뜨거운 물은 농축되고 오래된 포도즙을 용해하는데 종종 **필요하였다**."고 말했다.[50]

끓여서 졸아들은 두터운 크림이 되어버린 포도즙을 용해해야 하였다.

주전 4세기 경 희랍의 유명한 철학자 아리스토텔레스는 아케이디아의 포도즙이 너무나 두꺼워서 담겨져 있는 가죽 병(skin bottle)에서 깍아내고 그

깍아낸 것을 물 속에서 용해하는 것이 필요하다고 말하였다.[51] 이집트의 테니오 지방의 포도즙(Teniotic wine)도 이와 비슷하였다. 주후 2세기의 희랍 문법 학자인 아테나에우스(Athenaeus)는 "매우 진해서(Liparon으로 문자적으로는 '지방이 많음[fatness]'을 뜻함) 물과 섞었을 때, 서서히 용해되는 것처럼 보여 꼭 잘 섞어진 아테네의 꿀과 거의 같은 방법으로 용해되는 것 같다"고 말한다.[52]

고대의 저술가들도 발효된 포도주를 용해하는 관습에 관하여 언급한다. "헤시오도스(Hesiod)는 하절기에는 물과 포도주를 3:1의 비율로 규정하였다. 니코카레스(Nicochares)는 포도주와 물의 적절한 비율을 2:5로 여긴다. 그렇지만, 호머에 의하면 프라미안(Pranmian)과 메로니안(Meronian) 포도주는 물 20에 포도주 1을 필요로 한다. 히포크라테스(Hippocrates)는 물 20에 트레시안(Thracian) 포도주 1이 섞인 것을 적절하다"고 여기었다.[53]

물 20으로 용해된 것이 전술한 끓여서 응축된 포도즙이었다고 이치에 맞게 추정할 수 있다. 발효된 포도주를 애호하는 사람들이 물이 95%나 섞인 포도주를 마시는 것에 좋아할 리 있겠는가? 그러므로 물을 많이 타서 용해시킨 것들은 실제로 발효되지 않은 포도즙으로 끓여서 두텁게 졸아든 것들이었다.

유대인들이 마신 끓여 졸아든 포도즙 몇 가지 이유들은 고대 이스라엘이 포도즙을 끓여서 보존하였다는 것이 확실하다는 것을 믿게끔 하여준다. 과거와 현대에 포도 재배가 널리 행하여지고 있는 지중해 연안국가들에서 그러한 포도 음료 제조, 보존 기법은 일반화된 것이었다.[54] 고대 유대인들이 포도 음료를 끓여서 보존하였다는 기록이 있다. 죤 키토의 **성서 문학 백과 사전**은 "미쉬나는 유대인들이 끓인 포도 음료를 마시는 습관이 있었다고 말한다. 그들은 거제의 포도 음료를 끓이지는 않는다. **왜냐하면, 그렇게되면 그 질이 감소되기 때문이고**, 결국은 그것을 두텁게 하여, 마시고자 할 때에 물을 섞어야 한다. 하지만 곧 바로 '랍비 예후다(Yehudah)가 이를 허용하였으니 **그것은 그 질을 향상시켰기 때문이다**'고 덧붙인다." (Teroomoth Perek 100, 11).[55]

아보다 자라(Abodah Zarah)라는 제목이 붙은, 탈무드의 논문에는 몇몇 랍비들이 끓인 포도 음료 사용에 관하여 생각하는 바가 장황하게 나와 있다. 그 중 한 가지 이슈는 유대인이 그가 이방인에게 저장하도록 넘겨준 끓인 포도 음료를 사용할 수 있는가 아니면 할 수 없는가?에 관한 것이다. 유대인들은 이방인이 그것을 우상에게 제물로 드렸을 수도 있었기 때문에 두려워 하였다. 랍비 아쉬(Ashi)는 그러한 두려움을 다음과 같이 말하면서 일축하였다. "이교도가 저장하고 있는, 우리들의 끓인 포도 음료는 이중으로 봉인하는 것을 필요로 하지 않는다. 왜냐하면, 이방인이 그것을 우상에게 제물로 바치지 않았나 하는 두려움이 있지만, 그 상태로 드려지지 않았다."[56] 그 이유는 난외주가 설명하여 주듯이 이방인들은 희생제사를 드림에 있어서 오직 가공하지 않은 포도 음료(raw wine) 만을 사용하기 때문이다. 이방인들은 희생 제사시 끓인 포도 음료는 사용할 수 없었고, 결론적으로 우상에게 드려졌다고 두려워할 필요가 없었다.[57]

논하여진 또 다른 논제는 끓이고 나서 덮어 놓지 않은 포도 음료가 마시기에는 부적합하게 되지는 않았는가? 하는 것이다. 저명한 랍비 히야(Hiyya)는 이 문제를 검토하였다. "끓여서 졸아든 포도 음료는 밀폐되지 않은 채 놔두어도 부적합하게 되지 않는다."[58] 난외주에는 "뱀이 그것을 마시지 않는다." 라는 이유가 나온다.[59] 뱀은 발효된 포도주를 좋아하니 끓인 포도 음료는 손대지 않는다는 생각이 당시에 널리 퍼졌던 것 같다. 결과적으로 발효된 포도주는 뱀이 독을 넣지 않도록 덮어 두어야만 했으나, 끓인 포도즙은 뱀이 가까이 하지 않기 때문에 그냥 그대로 놓아 둘 수 있었다. 이러한 문헌적 기록들은 간접적이지만 유대인들이 끓인 포도주를 제조하였고 사용하였다는 간접적이지만 강력한 증거이다.

끓인 포도즙이 고대 이스라엘에 있었는가? 고대 이스라엘이 끓인 포도주를 얼마나 널리 마셨는지에 관하여 말하기는 힘들다. 그러나 마시었던 사실은 분명하다. 성경에 나오는 "꿀(debash)"에 관한 몇몇 언급은 단 포도 시럽을 말하는 것일 수도 있다. 히브리 어 **데바쉬**(debash)는 아랍 어 **딥스**(dibs)와 동의어니, 이 아랍 어 단어는 포도즙, 건포도, 혹은 대추야자를 끓여서 줄여 만든 단 시럽을 칭하는 통상적인 용어이다. 로스(J. I. Ross)는 해석자 성서 백과 사전에 실린 그의 소논문 "꿀"에서 다음과 같이 말한다. 성서의 꿀은 세 가지 종류이다.

1. 두꺼운 포도 시럽(아랍 어로는 dibs).
2. 야생 꿀.
3. 가정에서 키운 꿀벌들에서 딴 꿀.[60]

몇몇 학자들은 구약성경의 어떤 본문들에서 벌꿀이 아니라 포도 시럽을 가리키고 있다고 주장한다. 드 보스(J. A. de Bost)는 성경 백과사전에서 다음과 같이 말한다. "몇몇 저술가들은 구약성경의 몇몇 본문들, 즉 창 43:11 ; 겔 27:17 ; 렘 41:8이 벌꿀을 언급하고 있지 않고 달짝지근한 음료, 즉 익은 대추야자에서 떨어지는 시럽을 언급한다고 믿는다(이들은 히브리 학자인 마이모니데스[Maimonides], 요세푸스[Josephus], 힐러[Hiller], 셀시우스[Celsius], 제드[Geddes] 등이다). 그들은 여러 다른것 중에서 꿀을 뜻하는 히브리 어 단어인 데바쉬(debash) 아랍 어에서 대추야자를 뜻한다는 점을 근거로 삼는다. 다른 학자들은 이 단어가 포도의 꿀, 즉 시럽으로 두텁게 되기까지 설탕의 유무와 상관 없이 끓인 포도즙으로 해야만 한다고 주장한다(로젠뮐러[Rosenmller]). 오늘날 시리아와 팔레스타인에서는 이 음료가 아직도 제조된다(샤우[Shaw], 러셀[Russell], 버어크하르드트[Burckhardt]). 포도 150 킬로가 딥스(dibs[debash])라고 불리우는 이 음료는 50킬로를 생산해 낸다. 물에 용해하여 설탕 대신에 사용하였다. 빈곤한 자들은 버터 대신으로, 병든 자들은 포도주 대신에 사용하였다. 희랍인들과 로마인들은 포도 꿀을 알고 있었다."[61]

민수기 13장에 나오는 스파이들의 이야기는 데바쉬의 미가 포도의 꿀이라는 견해를 지지한다. 스파이들은 "에스골 골짜기에 이르러 거기서 포도 한 송이 달린 가지를 베어 둘이 막대기에 꿰어 메고 또 석류와 무화과를 취하니라"(23절). 스파이들은 그 땅이 비옥하다는 증거로써 가져 온 과실들 앞에 서서 "당신이 우리를 보낸 땅에 간즉, 과연 젖과 꿀이 그 땅에 흐르고 이것은 땅의 실과니이다"고 말하였다(27절). 그 땅이 "젖과 꿀"이 흘러 넘치는 것을 입증하기 위하여 가져온 과실들이 특별히 믿어지지 않도록 큰 포도들이 있었기에 여기 나오는 "꿀"이란 단어는 "포도의 꿀-dibs"이라고 알려진 끓인 포도즙을 뜻할 수도 있다. 이것은 진열하여 논 포도들의 종류와 함께 생산된 것이다. 또 "젖"은 젖을 생산해 내는 젖소의 꼴인 푸른 들판을 상징할 수도 있다. 그 땅의 천연 생산물의 가치를 강조하는 것처럼 보인다.

성경 백과 사전은 이 점에 관하여 "데바쉬는 후기 히브리 어에서는 확실하게, 그리고 구약성경에서는 어쩌면 가능하게 현대 **딥스**(dibs)와 마찬가지로 농축하여 다양한 과실즙에서 제조된 인공적 조제품을 칭하는데 사용되었다. 가나안 땅에 흐른다고 말하였던 그 '꿀'은 이 농축된 시럽이었다는 이론에 대한 참고문도 인용되었다. 적어도 꿀이 운반(창 43:11; 왕상 14:3)과 수출(겔 27:17)을 위한 것이었고 이해되어야만 한다는 것도 주지되었다."[62]

이 논문은 포도즙에 관하여 계속하여 다음과 같이 말한다. "그렇지만 블리스(Bliss)가 입증하여 주는 것처럼 보이듯이, 가나안의 초기 거주민들은 이 제조에 익숙하였음이 확실하다. 블리스는 텔 엘 헤시(Tell el-Hesy : Lachish) 발굴에서 여과한 즙을 끓여 (농축) 포도즙 시럽으로 만드는(그의 판단에 의하면) 두 개의 포도 기구를 발견하였다."[63] 전술한 관찰은 고대 유대인들이 발효되지 않은 포도즙을 보존하는 데 끓이는 과정을 행했을 개연성이 가장 크다는 사실을 믿도록 하여 준다.

(2) 여과 작용을 통한 포도즙 보존

알부민 분리 포도즙의 발효를 방지하는 또 다른 방법은 껍질의 안쪽과 포도 씨앗의 외피(外皮)에 있는 알부민을 다른 요소로부터 분리시키는 것이다. 전기한 바와 같이 알부민은 효소 혹은 효모라고 불리우는 발효체를 함유하고 있다. 포도즙과 발효시키는 과육(果肉)을 신중한 절차에 의해서 분리시킬 수 있다. 고대인들은 이 원리를 이해하고 이 원리를 가벼운 압축과 여과 작용이라는 두 가지 방법으로 응용하였다.

가벼운 압축 포도원에서 포도를 가져다가 통(wine vats)에 넣었다. 플리니(Pliny)에 의하면 밟기 전에 흘러나오는 첫번째 즙은 **프로트로품**(protropum)이라고 불리워졌다.[64] 포도에서 그냥 흘러나오는 즙은 거의 전부 포도의 당분이다. 효모 성분이 비교적 거의 없는 포도즙의 고당분은 기밀(氣密)한 용기에서 즙을 보전하는 것이 비교적 쉽게 만든다.

플리니는 **프로트로품**을 발효시키는 것이 허용되었다고 말한다. 하지만 이것은 사실과는 다르다. 그 외의 검토하여 볼 다른 문헌 자료들은 첫번째 즙 뿐만 아니라 그 후에 가볍게 짠 포도에서 흘러나온 즙도 발효되지 않은 채 보존하였음을 지적하여 주고 있다.

플리니는 먼저 포도액을 끓이어 각각 1/2과 1/3 정도 줄어든 두 가지 "단 포도즙" 즉 **사파**(sapa)와 **데프루툼**(defrutum)에 관하여 논한 다음 지중해 연안국가에서 여러 다른 이름으로 불리어진, **파숨**(passum)이라고 알려진 건포도 포도 음료(raisin-wine)에 관하여 언급하였다. 이 발효되지 않은 포도즙은 포도를 햇빛에 말린 다음 가볍게 즙을 짜냄으로 만들었다. 플리니는 "어떤 사람들은 빨리 익은 단 백 포도를 원래의 반 정도 무게가 될 때까지 햇빛에 말리고 나서 즙[leniter exprimunt]을 가볍게 짜내서 이 포도즙을 만든다"고 말하였다.[65]

햇빛에서 말린 포도를 짜면 오직 맛이 좋은 (영양가 있는) 즙이 나온다. 이 즙은 고당분이고 발효 과육(果肉)이 없기 때문에 보존하기가 쉽다.

때때로 꿀을 섞어서 당분의 퍼센트를 높이기도 하였다. 플리니는 "꿀-포도주"에 대해서는 "마른 포도액 30 파인트(pints)에 꿀 6 파인트와 소금 한 컵을 섞어서 끓여진 포도액이 만들어졌기에 꿀술(mead)하고는 다르다" 고 말하였다.[66]

주전 2세기의 역사가였던 폴리비우스(Polybius)는 "로마의 여인들은 [발효된] 술을 마시는 것이 금지되어 있었다. 그들은 건포도에서 만들어지고, 아에고스테나(Aegosthena)와 크레타(Crete)의 단 포도즙(gleukos]과 매우 비슷한 맛을 가진 **파숨**(passum)이라고 불리워지는 것을 마셨다. 그들은 이렇게 함으로써 갈증을 해소하였다. 그러나 그들이 발각되지 않고 술을 마시는 것은 거의 불가능하였다"고 말한다.[67] 햇빛에서 말린 포도에서 나온 발효되지 않은 포도즙을 로마의 여인들이 마셨다는 것은 주목할 만한 사실이다.

코루멜라도 알부민 누출을 방지하고자 포도를 가볍게 짜내는 것이 중요하다고 강조하였다. 그는 햇빛에서 말린 포도에 관하여 "제 4 일에 그것들을 밟아 으깨고 포도액을 붓는다. 그런데, 이것은 끝까지 짜내서는 안 된다."고 말한다.[68] "밟다"에 해당되는 라틴 어 동사는 칼카토(calcato)인데, 그 의미는 "발로 밟다"이다. 그러므로 포도를 발로 밟은 후, 무거운 대들보로 그것을 짜내기 전에 즙을 거두어야만 했었다. 대들보로 짜면 포도 껍질의 안쪽에 있는 발효시키는 효모가 방출되어 진다.

가볍게 짠 포도즙이 발효되는 것을 막기 위해서는 그것을 적합하게 밀봉된 항아리에 넣어 서늘한 장소에 저장하여야 했다. 코루멜라에 의하면 포도액이 막 짜낸 것처럼 달게 하려면 다음 방법을 사용하여야 한다고 한다. "포도 껍질을 틀에 넣기 전에 포도주 통에서 가장 신선한 포도액을 받아 내새 포도 음료 항아리에 넣고 나서 물이 못 들어가도록 송진으로 주의 깊게 뒤바르쳐서 덮어버린다. 식탁용 포도 음료 병(flagon)을 차가운 새 물에 완전히 잠기우게 담근다. 그리고 나서 40 일 후에 물에서 꺼내라. 그렇게 하면 포도액은 1 년 동안이나 달 것이다."[69]

서늘한 장소에 즙을 저장하는 것이 중요한 이유는 차후에 논할 것이다. 이 시점에서는 포도 껍질을 틀에 넣기 전에 흘러나온 "가장 신선한 포도액"을 사용하라고 주의를 준 점이 중요하다. 이것은 포도 껍질의 안쪽에 있는 발효의 원인인 효모가 즙에 비교적 없도록 하기 위해서이다.

여과 작용 발효할 수 있는 과육(果肉)이 사카린 즙과 함께 짜여져 나왔을 때에도 발효 가능한 과육을 여과하여 분리하는 것도 가능하였다. 고대의 여과 방법이 현대 포도주 산업에서 사용되는 것보다 덜 복잡하고 덜 효율적이었다는 것은 분명한 사실이다. 고대인들이 사용한 방법은 포도를 넣은 사꼬(sacco)라고 불리우는 자루를 사용하는 것이었다. 자루에서 떨어지는 즙을 담기 위하여 자루 밑에 단지를 놔두었다. 라틴계의 여러 저술가들은 이 여과 방법에 관하여 기록을 남겨두었다.

로마의 시인 베르길리우스(Virgil)가 언급한 포도즙 틀의 기본 장비 중 하나인 부대용 거친 마포(cola)[70]의 목적은 플리니가 지적한대로 즙에서 발효가 되는 물질을 제거하기 위함이었다.[71]

포도즙을 여과한 것은 그 안에 내포된 발효로 인하여 생기는 취하게 하는 효력을 제거하기 위함이었다는 것은 분명하다. 1세기 희랍의 전기(傳記)작가인 플루타르크(Plutarch)는 플리니가 말한 바와 매우 비슷하게 여과 과정에 관하여 말한 다음 여과를 빈번하게 하면 할수록 그 강도가 떨어져 뇌나 마음이나 정욕을 자극하지 않아 마시기가 훨씬 즐겁다고 말하였다.[72]

플루타르크가 여과되고 알코올 성분이 없는 포도즙이 알코올 성분이 있는 포도주보다 "마시기에 훨씬 즐겁다"고 관찰 기록을 남긴 점을 주목하여야만 한다. 그의 관찰은 그리스도께서 가나의 혼인 잔치에서 만드신 "좋은 포도 음료"(요 2:10)의 성격을 이해함에 도움을 준다. 플리니에 의하면 여과된 포도주를 만드는 것은 사람들이 취하지 않고 더 많이 마실 수 있도록 하기 위함이다.[73]

이 점과 관련하여 호레이스가 한 말을 주목하는 것이 중요하다. "여과는 포도주를 맑게 하여 준다. 고대인들은 포도액이 발효되어지기 전에 포도액을 반복하여 여과하였고 맑게 하였다. 그리함으로 포도주의 강도를 높여지고 침전물이 제거된다. 고대인들은 포도주 그 자체를 더욱 더 액체로, 더욱 묽게, 더 농도가 낮게, 더욱 더 달게, 그리고 마시기 더 즐겁게 만들었다."[74]

성경의 암시 이사야 25:6은 포도액을 여과하는 성경상의 관습에 관하여 암시하여 줄 수 있다. "만군의 여호와께서 이 산에서 만민을 위하여 기름진 것과 오래 저장하였던 포도주로 연회를 베푸시리니 곧 골수가 가득한 기름진 것과 오래 저장하였던 맑은 포도주가 하실 것이며" "기름진 것"이라는 번역처럼 "오래 저장하였던 포도주"라는 문구에 나오는 포도주란 단어는 히브리 어 원문에는 나오지 않는다. 즉 "기름진 것" 처럼 "오래 저장하였던 것"으로 원문을 직역하였여야 한다. 원래 사용된 히브리 어 용어는 쉐마림(shemarim)으로 "보존하다"를 뜻하는데, 한 시즌에 포도원에서 거둔 포도나 포도 음료(vintage-produce)를 의미할 수 있다. 그러므로, 더욱 더 정확한 번역은 "포도원 산물의 축제(a feast of vintage-produce)"와 "잘 정화된 포도원 산물의 축제(a feast of vintage-produce well cleansed)"이다. 벌게이트 번역은 이 의미를 존중하여 전술한 바와 같이 번역하였다(convivium vindemiae, vindemiae defaecatae.)

하나님께서는 이 귀절에서 복음의 잔치에 축복을 자신이 주는 축제의 두 즐거움에 비교한다. 기름진 것들-(부유, 골수가 많은 고기)-젤리와 시럽과 같은 당과(confection). 전자는 가장 풍미 있는 방법으로, 그리고 후자는 가장 순수한 상태로 주어졌다. "매우 청결하게 한 포도원 산물(vintage-produce well cleansed)"은 여과한 포도즙에 관한 언급일 수 있는데 이것은 그 순수성과 단 맛 때문에 마시기에 가장 즐거운 것으로 여겨졌다. 이 무해한 영양가 있는 음료는 이 절에서 하나님께서 구속 받은 모든 자들에게 약속하신 구원의 축복을 상징함에 적합하다.

(3) 저온 저장을 통한 포도즙 보존

섭씨 4도 이하 포도즙을 섭씨 4도 이하에 저장함으로 발효를 막을 수 있다. 발효 과정은 약 섭씨 4도 이하에서 대부분 중지한다. 발효는 오직 섭씨 4도에서 27도 사이에서만 가능하다. 섭씨 4도 이하에서는 발효 작용이 되지 않고, 섭씨 27도 이상에서는 포도주가 되어 가는 과정이 아니라 초(, acetour)가 되어 버린다. 약 섭씨 4도로 온도를 낮추면 알부민은 아래에 가라앉고 즙은 발효하지 않는다.

고대의 방법 고대인들은 이 보존 방법을 잘 알고 있었다. 그들은 포도즙을 달고 발효되지 않은 상태에서 보존하기를 원하였을 때 암포라(amphora)를 가져다가 송진으로 안과 밖을 입혀 씌웠다. 그리고 나서 그들은 항아리 안에 **무스툼 릭시비움**(mustum lixivium-포도를 무거운 대들보로 짜기 전에 흘러나오는 포도액)을 채워 넣고 주의를 기울여 송진으로 밀봉하였다. 그리고 나서 차가운 물이 담긴 수조(水槽)나 물통에 잠그어 놓은 다음, 6주나 두 달 동안 손대지 않고 그대로 놔두었다. 이 과정을 거친 후에 포도즙은 발효되지 않은 상태로 계속하여 남아 있을 수 있고, 그러하기에 "영원한 포도액(semper mustum)"이라고 불리운다.

코루멜라가 기록한 포도액이 **셈페르 둘세**(semper dulce), 즉 "항상 달"게끔 보장하기 위하여 그 절차를 기록한 것을 이미 언급하였다.[75] 그는 앞서 설명한 대로 물 속에 담가두고 그 물이 "적당하게 차가우면 좋은 상태로 남아 있을 것이다"라고 말한다.[76]

코루멜라는 공기를 차단시키거나, 또는 온도를 낮춤으로 발효를 방지하는 두 가지 방법을 기록하였다. 공기의 활동이 발효할 수 있는 즙에 효모균을 이입시킨다. 그러므로, 밀폐한 항아리에 포도즙을 넣으면 발효는 일어나지 않는다. 특히 항아리를 차가운 수조 안에 보존해도 그런 발효가 발생하지 않는다.

플리니도 이 과정에 관하여 비슷하게 묘사를 하였다. 희랍인들이 **아이글류코스**(aigleukos)로, 로마인들이 **셈페르 무스툼**(semper mustum[영원한 포도액])이라고 부른 단 포도즙에 관하여 말하면서 끓이도록(fevere로 로마인들은 발효하다의 뜻으로 이 단어를 사용하였음) 허용되어서도 안 되고, 포도 음료 통에서 꺼내어 통 속에 넣자마자 그들은 그 통을 한 겨울이 지나고 일상적인 차가운 겨울 날씨가 시작할 때까지 물 속에 넣어 놓는다.[77]

포도즙을 보존하는 이 방법은 플리니와 코루멜라 시대 훨씬 이전에도 존재하였음이 틀림없다. 그 이유는 카토(Cato: 234~149 B.C.)가 그들 보다 두 세기 전에 이 방법에 관하여 말하였기 때문이다. "만일 당신이 1년 내내 포도즙을 보존하기를 원한다면 포도즙을 암포라에 넣고, 송진으로 마개를 밀봉하고, 연못에 가라앉혀 놓아라. 그리고 30일 후에 꺼내라. 1년 내내 달 것이다."[78]

기브온에 있는 포도 음료 저장실 로마인들이 차가운 장소에 저장된 밀폐한 항아리에 포도즙을 보존하는 방법을 유대인들은 알고 있었고, 그 방법을 사용하였다고 추정하는 것은 이치에 맞는 것같이 보인다. 이미 인용한 로마의 저술가들에 의하면 포도 음료를 만들고 보존하는 다양한 기법은 지중해 세계에 잘 알려진 방법이었던 것같이 보인다. 그렇지만, 팔레스타인에서 어떠했는지에 관해서는 명확하게 언급되어 있지 않다.

25,000 갈론을 저장할 수 있는 63개의 저장 포도 음료 통이 발견된 고대 기브온을 발굴한 제임스 프리트챠드(James B. Pritchard)가 몇 가지 간접적인 정보를 제공하여 주었다. 프리트챠드가 기브온에서의 포도 음료를 제조한 과정을 재구성한 것에 의하면 직경 2피트, 깊이 2피트의 두 원통형 수조에 짠 즙을 여과하는 절차가 있었다. 여과된 포도즙은 대형 항아리의 차가운 저장실에 저장되었는데 이 항아리는 올리브 기름으로 밀폐되었다.[79] 프리트챠드는 올리브 기름으로 밀폐된다면 포도즙이 저장실에서 초(vinegar)가 되지 않는다는 그 지방 포도주 제조자의 제안을 시험하여 보았다. 발굴자들은 기브온의 저장실에 한 달 동안 올리브 기름 피막(被膜)으로 밀폐된 포도즙 항아리를 저장하였다. 한 달 후에 개봉하였을 때에 완전하게 보존된 포도 음료를 발견하였다.[80] 이유는 기름이 포도즙의 산화를 막는 실용적인 장애물 역할을 하였기 때문이다.

이 실험의 성공은 동일한 방법이 발효되지 않은 포도즙을 보존하는데 사용될 수 있을 가능성을 말하여 준다. 여과 과정을 거쳐 점착성(glutinous) 물질이 제거된 후에 새로 짜낸 포도즙을 올리브 기름으로 밀폐된 항아리 안의 차가운 저장실에 저장할 수 있다.

구약성경에서 올리브 기름과 포도즙을 자주 연관시킨 것은 두 산물이 일반적으로 사용되었을 뿐만 아니라 포도즙을 보존하기 위하여 올리브 기름이 사용된 것도 제시하여 주고 있다.

(4) 유황 훈증을 통한 포도즙 보존

유황 훈증(Sulphur fumigation) 유황 이산화물(sulphur dioxide)의 연무로 포도즙의 발효를 방지하는 방법도 있다. 이 방법은 항아리를 발효시키지 않은 신선한 포도즙으로 거의 꽉 채운 다음에 빈 공간에 유황 이산화물을 태워, 유황의 연무가 있을 때에 항아리를 밀폐시키는 방법이다.

다른 방법은 포도액을 유황 연무로 심하게 그을린 항아리나 병에 포도액을 부어 넣는 것이다. "유황"은 공기 중의 산소를 흡수하고 효모균이 형성되는 것을 방지한다. 유황 이산화물은 포도주가 걸리기 쉬운 몇몇 감염에 대처하고자 현대의 포도주 산업체가 널리 사용하는 방법이다.

고대의 유황 사용 고대 세계도 유황을 사용하여 포도즙을 보존하는 방법을 알고 있었다. 플리니는 포도 음료를 보존하는 여러 방법들에 할애한 장에서 "유황"에 관하여 언급한 카토(Cato)에 관하여 말하였다.[81] 호레이스는 기쁜 기념일을 축하함에 바쳐진 시(詩)에서 이 관습에 관하여 언급하였다.[82] 그는 명확하게 이 훈중된 포도즙이 발효되지 않은 것이었다고 가르켜 준다. 그 이유는 "큰 소동과 난장판"이 유발되지 않고 수백 컵을 마실 수 있었기 때문이다.[83]

T.S. 카아(Carr)는 그가 집필한 **고대 로마의 생활, 문화**(Roman Antiquities)에 "포도주를 잘 빚는 데 **푸마리움**(유황 연무[fumarium])을 응용하는 것은 아시아에서 빌려 온 방법이다. 그러므로 포도즙이 시럽 상태로 축소될 때까지 (가스가) 내뿜어져야 한다"고 말하였다.[84] 죤 키토는 이 진술에 관하여 주를 달면서 말하기를 "미쉬나가 희생제사에서 그을린 포도 음료(smoked wine)를 사용하는 것을 금할 때(Manachoth, viii, et commment) 그것은 주로 그것들을 유황으로 훈중 소독하는, 그리고 그 수증기가 산소를 흡수하여 발효를 막는 로마의 관습에 관한 언급이다. 유대인들은 주의를 기울여 그 포도즙과 이방인의 초(vinegar)를 피하였다"고 말하였다.[85]

3. 결 론

본 장이 관심을 가지고 연구한 주제는 고대 시대가 발효된 포도주와 발효되지 않은 포도즙을 보존하는 데 사용한 방법이었다. 그 결과 일반적으로 인식된 두 가지 오해가 불식되어야만 한다는 결론에 도달하였다. 첫째로, 고대 세계가 발효된 포도주를 보존하는 것은 쉬운 일이었다. 그것은 짜낸 즙이 자연적으로 발효되게 놔두면 발효되었기 때문이라는 오해와 두번째로, 고대 세계가 발효되지 않은 포도즙을 보존하는 것은 불가능하였으니 그것은 사람들이 발효를 막는 기술적인 지식이나 방법을 알지 못하였기 때문이라는 오해이다.

본 장에서 살펴본 바에 의하면 이러한 일반적인 인식은 근거가 없다는 것이다. 발효된 포도주를 보존함에 있어서 직면한 문제들은 발효되지 않은 포도즙을 보존함에 있어서 맞부딪친 문제들이 엇비슷하게 많고 컸다는 것이다. 포도주가 시게 되거나, 곰팡이가 나게 하거나, 악취가 나지 않게 하려고 소금, 바닷물, 액체 송진 혹은 고체 송진, 끓여 줄어든 포도액, 대리석 분말가루, 석회, 유황 연기, 으깬 골풀과 같은 일단의 방부제가 사용되었다.

발효된 포도주를 보존하는 것과 비교하여 볼 때, 포도즙이 발효되지 않게 하는 것은 비교적 간단한 과정을 거치면 되었다. 즙을 시럽이 될 때까지 끓여 줄어들게 하거나, 발효할 수 있는 과육을 여과 과정을 통하여 즙에서 분리하거나, 포도즙을 항아리에 부어 넣고 밀폐시킨 다음 차가운 물로 차 있는 소조(沼槽)에 잠겨 놓거나, 항아리를 밀폐하기 전에 유황으로 훈증소독하는 간단한 과정을 통해서이다.

문헌상의 기록들의 출처가 대부분 구약성경이 아니라 고전 계열 쪽의 것이라는 점은 고대 이스라엘이 포도즙 보존 기법을 알지 못하였다는 말이 아니다. 유대인들은 그 주위 국가들 만큼이나 과실, 곡류, 즙을 보존하는 기법을 잘 알고 있었다. 요세푸스에 의하면 로마인들은 마사다 요새에서 수년 동안 신선히 저장된 포도즙, 기름, 과실, 그리고 곡류들을 보고 크게 놀

랬다.[86] 더구나 랍비 문헌은 특히 끓인 포도즙을 사용한 것에 관하여 말하고 있다.

성경에 포도즙을 보존하는 방법에 관한 언급이 없는 이유는 성경의 본질상의 성격 때문이다. 성경은 구속사와 연관된 삶의 측면들을 주로 다루고 있다. 고전 저술가들이 그들이 집필한 책에 남긴 것처럼 성경에는 농사에 관한 보고가 나오지 않았다. 이유는 관심이 부족하거나 또는 농업에 관한 지식이 부족해서가 아니라, 하나님의 백성의 신앙 생애와 관련이 없는 이슈들을 취급하기를 꺼리기 때문이다.

성경에는 발효된 포도주가 상하는 것을 막는 데 사용된 방법에 관한 언급이 나오지 않지만 유대인들이 그 방법을 알았음에 틀림없다. 발효되지 않은 포도즙의 경우에서도 마찬가지이다. 성경은 하나님의 백성들이 발효시키지 않은 포도즙을 만들었고 마셨다는 것을 증명하여 준다. 그렇지만, 유대인들이 발효되지 않은 포도즙을 어떻게 보존하였는지에 관해서는 기록하지 않았다. 고대 세계가 알고 있었고 사용한 그 몇몇 보존 방법들을 알고 있었다고 결론을 내릴 이유들이 있다. 주정 음료에 관한 예수님의 가르침과 사도 교회의 가르침에 관하여 살펴볼, 다음 두 장은 이 점을 확언(確言)하여 줄 것이다.

주

1. *International Standard Bible Encyclopedia,* 1939 ed., s. v. "Wine," by Burton Scott Easton, vol. 5, p. 3086.
2. Josephus, *Jewish Wars* 7, 8, 4, trans. William Whiston, *Josephus Complete Works* (Grand Rapids, 1974), p. 599.
3. Columella, *On Agriculture* 12, 10, 3, trans. E. S. Forster and Edward H. Heffner, *The Loeb Classical Library* (Cambridge, Massachussetts, 1955). 코루멜라로부터의 모든 인용귀는 이 판에서 인용하였음. 그러므로 앞으로는 코루멜라의 책명만 표기할 것임.
4. Ibid., 12, 10, 4.
5. Ibid., 12, 11, 1－2 ; 12, 12, 3.
6. Ibid., 12, 47, 4.
7. Ibid., 12, 46, 6.
8. Ibid., 12, 46, 5.
9. Ibid., 12, 44, 1.
10. Ibid., 12, 44, 2.
11. Ibid., 12, 44, 3.
12. Ibid., 12, 44, 4.
13. Ibid., 12, 44, 8.
14. Pliny, *Natural History* 14, 3, 16, trans. H. Rackham, *The Loeb Classical Library* (Cambridge, Massachusetts, 1960). 플리니로부터의 모든 인용귀는 이 판으로부터임. 앞으로는 플리니의 책명만 표기할 것임.
15. Cited by Louis Ginzberg, "A Response to the Question Whether Unfermented Wine May Be Used in Jewish Ceremonies," *American Jewish Year Book*(1923), p. 409.
16. *Acts and Martydom of St. Matthew the Apostle,* The Ante－Nicene Fathers, trans. Alexander Robert and James Donaldson (Grand Rapids, 1978), vol. 8, pp. 532, 533.
17. Joseph Bingham, *The Antiquities of the Christian Church* (London, 1852), vol. 2, p. 760.
18. Leon C. Field, *Oinos : A Discussion of the Bible Wine Question* (New York, 1883), p. 91.
19. Gratian, *De Consecratione,* Pars Ⅲ, Dist. 2, c. 7, cited by Leon C. Field (n. 18), p. 91.

20. Pliny, *Natural History* 14, 26.
21. Columella, *On Agriculture* 12, 20, 1.
22. Ibid.
23. Marcus Cato, *On Agriculture* 148, trans. William Davis Hooper, *The Loeb Classical Library* (Cambridge, Massachusetts, 1960). 카토로부터의 모든 인용귀는 이 판에서 다 인용하였음. 앞으로는 가토의 책명만 표기할 것임.
24. Ibid., 23.
25. Ibid., 107.
26. Ibid., 109.
27. Ibid., 110.
28. Columella, *On Agriculture* 12, 20, 1.
29. Ibid., 12,19, 3.
30. Ibid., 12. 20, 5.
31. Ibid., 12, 20, 6.
32. Ibid., 12, 25, 1.
33. Ibid., 12, 25, 4.
34. Ibid., 12, 25, 3.
35. Ibid., 12, 23, 2.
36. 포도주의 발효 과정에 관해서는 Robert Rasor, *Alcohol Distiller's Manual* (San Antonio, Texas, 1980), pp. 104~109와 Albion Roy King, *Basic Information on Alcohol* (Washington, D. C., 1964), pp. 22~24 ; Charles R. Carroll, *Alcohol : Use, Nonuse and Abuse* (Dubuque, Iowa, 1975), pp. 31~34를 참조하라.
37. Virgil, *Georgics* 1, 295, 296.
38. Columella, *On Agriculture* 12, 19, 1.
39. Ibid., 12, 19, 1.
40. Ibid., 12, 21, 1.
41. Pliny, *Natural History* 14, 11, 80.
42. Columella, *On Agriculture* 12, 19, 3~4.
43. Ibid., 12, 20, 8.
44. Ibid., 12, 26, 1.
45. John Kitto, *Cyclopedia of Biblical Literature,* 1845 ed., s. v. "Wine," vol 2, p. 956.
46. Ibid.
47. Ibid.
48. 근동지역을 여행한 이야기들은 William Patton, *Bible Wines. Laws of Fer-*

mentation (Oklahoma City, n. d.), pp. 30~32를 인용하였다.
49. Willian Patton(n. 48), p. 32에서 인용함.
50. Sir Edward Barry, *Observations on the Wines of the Ancients* (London, 1775), p. 165. Emphasis supplied.
51. Aristotle, *Metereologica* 4, 10.
52. Athenaeus, *Banquet* 1, 25.
53. William Patton(n. 48), p. 50. 로마인들이 포도 음료를 용해하는 관습에 관하여서는 Robert H. Stein, "Wine-Drinking in New Testament Times," *Christianity Today* (June 20, 1975) : 9~11을 보라. 더욱더 광범위한 검토는 Jimmy L. Albright, "Wine in the Biblical World : Its Economic, Social, and Religious Implications for New Testament Interpretation"(Ph. D. dissertation, Southwestern Baptist Theological Seminary), pp. 176~178에 나온다.
54. Henry J. Van-Lennep, *Bible lands: Their Modern Customs and Manners Illustrative of Scripture* (New York, 1875), p. 120과 Edwin Wilbur Rice, *Orientalism in Bible Lands,* 3rd edition (Philadelphia, 1929), p. 154도 보라.
55. John Kitto, *Cyclopedia of Biblical Literature,* 1845 edition, s. v. "Passover," vol 2, p. 477.
56. '*Abodah Zarah* 30a, trans. I. Epstein, *The Babylonian Talmud* (London, 1936), p. 148.
57. Ibid., note 2.
58. Ibid., p. 149.
59. Ibid., p. 148, note 8.
60. *The Interpreter's Dictionary of the Bible,* 1962 editon, s. v. "Honey," vol. 2, p. 639.
61. *Dictionnaire de la Bible,* ed. Ch. Meygruiess, 2nd edition, 1865, s. v. "Vin et Miel."
62. *Encyclopedia Biblica,* eds. T. K. Cheyne and J. Sutherland Black, 1903 ed., s. v. "Honey," vol. 2, p. 2105.
63. Ibid.
64. Pliny, *Natural History* 14. 11.
65. Ibid.
66. Ibid., 14, 11, 85 ; Columella도 비슷한 조리법을 기록하고 있다, *On Agriculture* 12, 51, 1.
67. Polibius, *Fragments* 6. 4(6. 2).

68. Columella, *On Agriculture* 12, 37, 1.
69. Ibid., 12, 29, 1.
70. Virgil, *Georgics* 2, 240~245.
71. Pliny, *Natural History* 23, 24.
72. Plutarch, *Symposiacs* 8, 7.
73. Pliny, *Natural History* 14, 28.
74. Horace, *Carminum Liber* 1, 11, 6, trans, C. E. Bennett, *The Loeb Classical Library* (Cambridge, Massachusetts, 1946). 호레이스로부터의 모든 인용귀는 이 책에서 인용한 것임. 앞으로는 책명만 표기할 것임.
75. Columella, *On Agriculture* 12, 29, 1.
76. Ibid., 12, 30, 1.
77. Pliny, *Natural History* 14, 11.
78. Marcus Cato, *On Agriculture* 120, 1.
79. James B. Pritchard, *Gibeon : Where the Sun Stood Still* (Princeton, 1962), pp. 90~98.
80. Ibid., pp. 94, 95.
81. Pliny, *Natural History* 14, 25, 129.
82. Horace, *Carminum Liber* 3, 8, 9~12.
83. Ibid., 3, 8, 6.
84. John Kitto's *Cyclopedia of Biblical Literature,* 1845 edition, s. v. "Wine," vol. 2, p. 956.
85. Ibid.
86. 2번 주(註)를 보라.

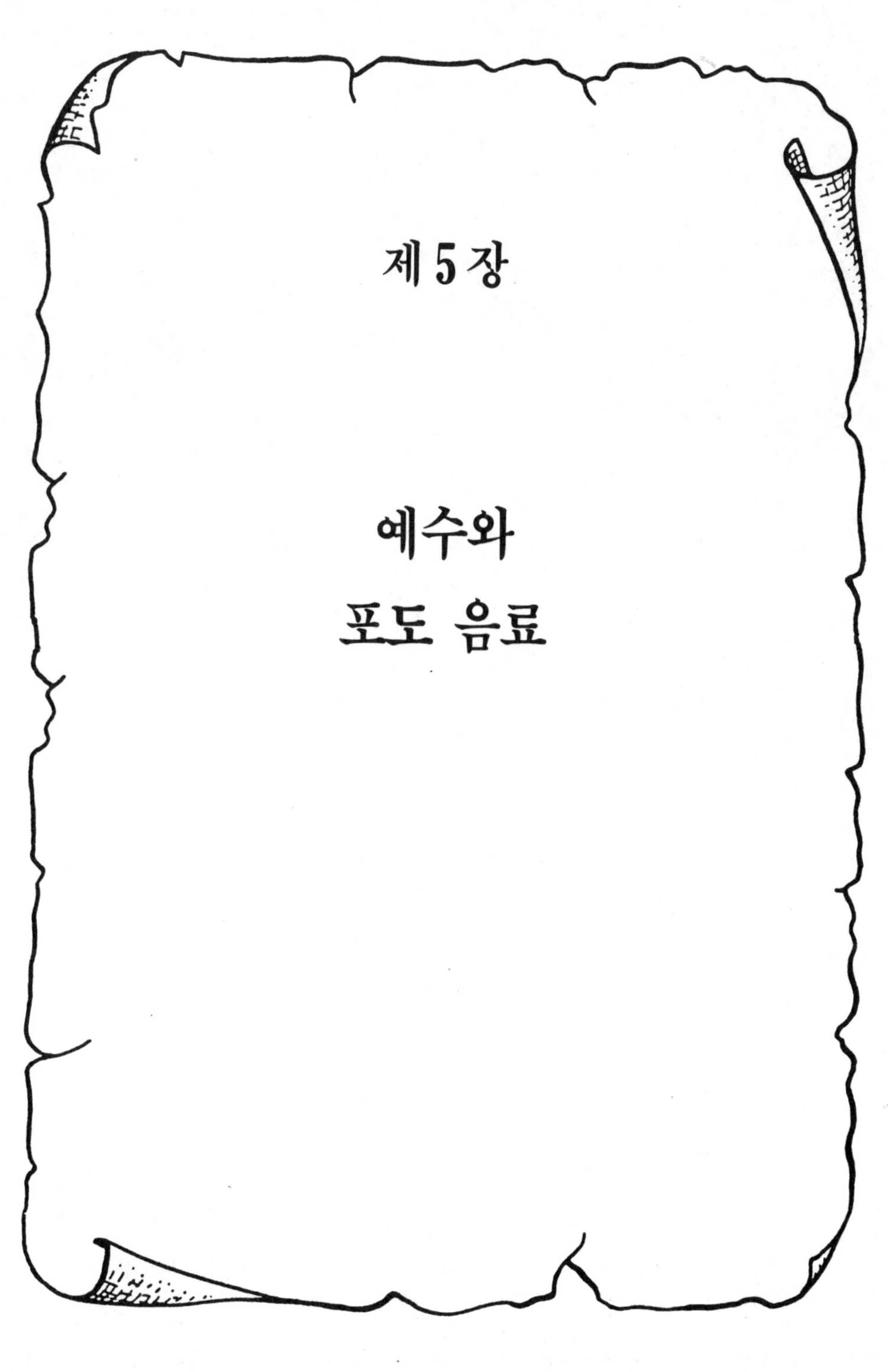

제 5 장

예수와
포도 음료

예수와 포도 음료

많은 선한 크리스챤들이 예수의 가르침과 모본을 주정 음료를 적당히 마시는 근거로 들고 있다. 예를 들자면 케네스 젠트리는 자신의 저서 **크리스챤과 주정 음료**에서 주정 음료를 적당히 마시는 것을 옹호하면서 그리스도의 모본을 먼저 그 근거로 들고 있다. "첫째로, 우리는 죄된 인간들이 그것에 탐닉할 때 자신들이 해를 입고 타락에 빠진다는 사실에도 불구하고 주님과 사도들이 발효된 포도 음료를 마셨다는 것을 재차 상기하여야만 한다."[1]

그리스도께서 포도주를 마셨을 뿐만 아니라, 가나의 혼인 잔치에서 상당한 양을 직접 만드셨고, 마지막 만찬 때에는 주시기까지 했다고 추정한다. 예를 들자면, 놀만 가이슬러는 자신의 논문 "크리스챤의 음주관"에서 예수께서 발효되지 않은 포도즙을 만드셨다고 말하는 것은 거짓이다. 그 분은 실제로 가나의 혼인 잔치에 모인 이들이 그들이 이전에 마신 술보다 훨씬 좋다고 말할 정도로 너무나 맛이 좋은 포도주를 만드셨다. 포도주가 맛 없는 것이었다면, 그들이 이 말을 하지 않았을 것이 확실하다. 사실 요한복음 2:9~10에서는 그것은 '**오이노스**(포도 음료)'와 '**칼론 오이논**(좋은 포도 음료)' 이라고 칭하여졌다. 이 단어들은 신약성경 전반에서 발효된 포도 음료를 칭함에 사용된 단어들이었다"고 주장한다.[2]

"예수께서 절대 금주자가 아니었고," 가나에서 양질의 포도주를 기적적으로 '제조' 하시기도 한 포도주를 적당히 마시는 분이었다"고,[3] 또 성만찬 예식에서 많은 이들이 갖고 있는 포도주 마시는 것을 제정하신 분이라는 생각은 성경이 음주에 관하여 말한 그 어느 사항보다도 전 세계의 수천만의 크리스챤의 음주 습관에 영향을 미쳤다. 이유는 간단하다. 그리스도의 모본과 가르침이 크리스챤의 신앙과 행동의 규범이기 때문이다. 만일 그리스도께서 발효된 포도주를 만드시고, 권하시고, 마셨다면 알코올 성분이 있는 음료를 적당히 마시는 것은 본질적으로 그릇된 것이 아니다. 간단하게 말하자면 "만일 예수께 포도주가 좋은 것이었다면 우리에게도 좋은 것이다!"

본장의 목적과 절차 음주에 관한 그리스도의 모본과 가르침에 내재된 근본적인 중요성과 그것이 미치는 폭넓은 파장으로 인하여 본 장에서는 복음서가 예수와 포도주에 관하여 말하는 바를 면밀하게 검토하고자 한다. 주 목표는 그리스도께서 그 자신의 모본과 가르침을 통하여 발효된 포도주를 마셔도 된다고 승인하셨는지를 확인하고자 함이다.

본 장은 아래에 기록된 다섯개의 포도주와 관련된 이야기 또는 말씀을 각각 살펴볼 것이다.

(1) 가나의 혼인 잔치: 요한복음 2:1~11.
(2) 새 포도주는 새 부대에: 누가복음 5:37, 38 ; 마가복음 2:22.
(3) 묵은 포도주가 더 좋다: 누가복음 5:39.
(4) 예수는 먹기를 탐하고 포도주를 즐기는 사람이셨는가? 마태복음 11:19 ; 누가복음 7:34.
(5) 성만찬 포도 음료 : 마태복음 26:26~29 ; 마가복음 14:22~25 ; 누가복음 22:14~23.

1. 가나의 혼인 잔치

이 기적이 중요한 이유 적당론자들은 그리스도께서 가나의 혼인 잔치에서 물을 기적적으로 포도주로 변케 하신 것을, 예수께서 알코올 음료를 마시는 것을 승인하신 주요 증거로 여긴다. 그들은 주장하기를 만일 예수께서 혼인 잔치와 모인 손님들을 위하여 양질의 포도주 120~160 갈론을 만들어 내셨다면 그분께서 포도주를 적당하게 마시는 것을 인정하셨다는 것은 명백하다고 말한다.

그리스도께서 가나에서 만드신 포도 음료가 알코올 성분의 것이라는 확신은 다음의 다섯 가지 주요 가정에 근거하고 있다. 첫째는, 대개의 성경에 포도주라고 번역된 **오이노스**라는 단어가 "발효된 포도 음료, 즉 포도주"만을 가리킨다는 추정이다.[5] 두번째는, **오이노스**란 단어가 동이 난 포도 음료와 그리스도께서 만든신 포도 음료를 언급함에 사용되었기 때문에 동이 난 포도 음료와 새로 만든 포도 음료 모두가 알코올 성분이 있는 것이라는 추정이다. 세번째는, 유대인들은 포도즙의 발효 방지법을 몰랐다는 추정이다. 그리고 윌리암 헨드릭슨이 주장하였듯이 결혼 시즌이 춘계 유월절 바로 전이었기에(참조 요 2:13), 즉 포도를 수확한 지 6 개월이나 지난 후였기에 가나의 혼인 잔치에서 마신 포도 음료는 발효되어질 충분한 시간적 여유가 있었다는 것이다.[6] 네번째는, 그리스도께서 만드신 포도 음료에 관하여 연회장이 "좋은 포도 음료"라고 묘사한 것은 양질의 포도주를 뜻한다는 추정이다.[7] 다섯째는, 연회장이 말한 "취한 후에"(요 2:10)라는 표현은 손님들이 발효된 포도주를 마셨기 때문에 취했다는 것을 가리는 추정이다.[8] 이 추정들이 그리스도께서 만들어 주신 포도 음료가 어떤 것인지를 판단하는 데 중요한 역할을 하기 때문에 이 순서대로 하나씩 살펴볼 것이다.

오이노스의 의미 비종교적 희랍 어와 성경 희랍 어 단어 **오이노스**가 발효된 포도주만을 뜻한다는 널리 퍼진 추정에 관해서는 본서 2장에서 자세히 다루었다. 이교도 저술가와 기독교 저술가들이 이 희랍 어 단어 **오이노스**를 발효된 포도주나 발효되지 않은 포도즙을 칭하는데 사용했다는 것을 알았다. 또한 칠십인역에서는 **티로쉬**가 **오이노스**란 단어로 적어도 33번 번역되었는데, 이 히브리 어 단어가 포도즙을 의미한다는 것도 알았다.

희랍 어 뿐만 아니라 고대 영어, 라틴 어, 히브리 어에서 "포도 음료"란 단어가 사용된 용례를 안다면 **오이노스**란 단어가 오직 발효된 포도주만을 의미한다는 잘못된 결론에 빠지지 않을 것이다. 우리가 살펴본 바와 같이 **오이노스**란 단어는 히브리 어 **야인**과 라틴 어 **비눔**의 경우에서와 같이 발효된 포도주든지 발효되지 않은 포도즙이든지 모든 종류의 포도 음료를 함축하는 총칭이다. 그러므로, 그리스도께서 가나의 혼인 잔치에서 만드신 포도 음료가 **오이노스**라고 칭하여진 사실은 그것이 발효된 포도주라는 말이 아니다. 그 포도 음료가 어떤 것인가는 내적 증거와 도덕적 개연성에 의하여 판단하여야 한다. 복음 전도자들은 이 문제에 관하여 결론을 내릴 수 있게 하여 주는 여러 사항들을 기록하였다.

오이노스는 항상 알코올 성분 음료인가? 동이 난 포도 음료와 예수께서 만드신 포도 음료가 알코올 성분이라는 두번째 추정은 첫번째 추정, 즉 **오이노스**란 단어가 오직 포도주만을 뜻한다는 첫번째 주장에 크게 그 근거를 두고 있다. 케네스 젠트리가 말하였듯이 "**오이노스**란 단어는 두 종류의 포도 음료를 칭하는데 사용되었다는 것은 의문스럽다. 이 단어가 발효된 특성의 포도 음료, 즉 포도주만을 가리킨다는 것이 입증되었다"는 주장이다.[9]

이 추정은 다음 두 가지 점으로 인하여 믿을 수 없다. 첫째는 전기(傳記)한 바와 같이 **오이노스**란 단어는 발효된 포도주나 또는 발효되지 않은 포도즙을 언급하는 총칭이다. 그러므로, 이 두 가지 포도 음료를 칭하는데 똑같은 단어 **오이노스**가 사용되었다는 것은 이 두 가지 포도 음료가 모두 알코올 성분이어야만 한다는 것이 아니다. 어니스트 골든도 비슷한 맥락에서, 이 추정에 답한다. **오이노스**란 단어가 연회의 취하게 하는 포도주와 그리스도께서 만드신 포도 음료를 언급하는데 사용되었기에 둘 다 취하게 하는 것이었다는 견해에는 애보트(Abott)의 **종교 지식 사전**(Dictionary of Religious Knowledge)에 나오는 '포도 음료란 단어가 꼭 발효된 증류주만을 뜻하지 않는다는 것은 꽤 명백하다. 그것은 포도나무의 산물만을 의미한다'는 말을 인용하여 줄 수 있다 저명한 그리이스 문화 연구자였고 캠브리지 대학교의 희랍 어 교수였던 리차드 젭(Richard Jebb) 경은 **오이노스**란 단어가 모든 종류의 음료를 포함하기도 하는 일반적인 막연한 용어이다"고 선언하였다.[10]

두번째로, 그리스도께서 만들어 주신 포도주는 톤 칼론(ton kalon), 즉 "좋은" 포도 음료라고 그 특징이 묘사되었기에 다른 것들과 구별되었다. 이것은 두 포도 음료가 똑같은 종류가 아니라는 것을 제시하여 준다. 두 포도 음료가 다르다는 것은 잠시 후에 논하고자 한다.

포도즙의 보존 포도를 수확한 지 6개월 후인 봄철 혼인 잔치에 발효되지 않은 포도즙을 내놓는 것이 불가능하였으리라는 세번째 추정은 발효되지 않은 포도즙을 보존하는 기술이 당시에는 없었다는 추정에 근거하고 있다.

신약성경 당시 로마 세계로부터 전해 오는 여러 증거들은 포도즙을 보존하는 여러 방법들에 관하여 말하여 주고 있다. 4장에서 포도즙을 보존하는 것이 어떤 면에 있어서는 발효된 포도주를 보존하는 것보다 더 간단한 과정이었다는 것을 살펴보았다. 그러므로, 유월절이 가까와 왔을 쯤인 가나의 혼인 잔치에 발효되지 않은 포도즙을 내어 놓을 수 있었다. 왜냐하면, 그러한 음료는 1년 내내 발효되지 않은 채로 보존할 수 있었기 때문이다.

양질의 포도주 네번째 추정은 예수께서 만들어 주신 포도 음료가 강도 높은 알코올 성분을 담고 있었기에 연회장이 "좋은 포도 음료"(요 2:10)라고 선언하였다는 것이다.

저명한 신약학자이고 주석가인 앨버트 바네스(Albert Barnes)는 요한복음 2:10 주석에서 "좋은 포도 음료라는 문구에 속지 말라고 경고하였다." 그는 그 이유를 "**우리는** 이 문구를 그 강도와 그 취하게 하는 효력에 비하여 좋다는 것을 표시하기 위해 사용한다. 그러나 그러한 의미는 이 단어에

내포되어 있지 않다"고 설명한다.[11]

우리는 4장에서 신약성경 당시의 로마 세계에서 가장 좋은 포도 음료는 끓이거나 여과 과정을 통하여 알코올 효력이 제거되어진 것들이라는 사실에 주목하였다. 예를 들자면, 플리니는 "포도 음료는 여과기로 그 효력이 모두 제거되었을 때에 가장 유익하다"고 말하였다.[12] 플루타르크도 이와 비슷하게 "포도 음료는 뇌를 격하게 하고, 마음과 정열을 노략질하지 않을 때, 마시기 매우 좋다고 말하였다. 왜냐하면, 그 강도가 빈번한 여과 과정을 통하여 제거되었기 때문이다.[13]

바네스도 동일한 고대 저술가들 몇 명을 언급하면서 다음과 같이 말한다. "플리니, 플루타르크, 호레이스는 무해하거나 혹은 무독한 것을 최상의 포도 음료(poculis vini innocentis)라고, 가장 훌륭한 포도 음료(utilissimum vinum)는 강도가 없다시피 한 것이고, 가장 건강에 좋은 포도주(salube-rrimum vinum)는 포도액이나 즙에 무엇인가가 첨가되어 질이 떨어지지 않은 것이다" 라고 말한다. "플리니는 '좋은 포도 음료'는 알코올 성분이 없는 것이다(Lib iv. c. 13). 그러므로 '좋은 포도 음료'가 다른 것보다 더 독한 것이라고 추정하지 말아야 한다. 오히려 더 순한 것이라고 추정되어야 한다. 더 순한 것이 가장 좋은 포도 음료임이 틀림없다. 여기서 말하는 포도 음료는 팔레스타인에서 널리 마신 것이 틀림없다. 그것은 순수한 포도즙이었다. 그것은 브랜디를 탄 포도주가 아니다. 약물을 넣은 포도주나, 다양한 물질을 놓은 혼합된 포도주는 더더욱 아니다. 팔레스타인에서 마시던 일반적인 포도 음료는 단순한 포도즙이었다."[14]

그리스도께서 만드신 포도 음료는 그 안에 알코올 성분이 담겨져 있었기 때문이 아니라 헨리 모리스(Henry Morris)가 설명하듯이 "막 만든 새 포도즙이었다. 그것은 묵어서 부패한 포도주가 아니다… 발효 과정이 에너지원인 당분을 알코올로 분해할 시간적 여유가 없었다. 그러므로, 그리스도께서는 자신의 영광을 나타냄에 적합하였고 자신의 큰 기적들의 첫번째 기적으로 적절하였(요 2:11)기 때문에 양질의 포도즙을 만드셨다."[15]

랍비들의 증거 포도 음료에 관한 랍비들의 증거는 일치하지 않는다.

랍비 이시도르 코플로비츠는 탈무드에 나오는 의사들 중 어떤 이들은 포도주를 적당히 마시는 것을 승인하고 권하기까지 하였지만, 또 많은 탈무드에 나오는 랍비들은 포도주와 독주 사용을 강경한 말로 정죄하였고, 어떤 랍비들은 이스라엘의 멸망이 포도주로 인한 것이었다고 말하기까지 한다.[16] 랍비들은 포도주를 불허하는 말을 다음의 말과 비슷하게 한다. 포도주가 사람의 신체 안에 들어갔을 때, 나가는 것은 분별력이다. 포도주가 있는 곳에는 명철함이 없다."[17]

포도주가 끼치는 해로운 영향을 알면 몇몇 랍비들이 왜 끓인 포도즙을 마시라고 했는가 그 이유를 알게 된다. 미쉬나는 끓인 포도즙에 관하여 랍비 예후다(Yehuda)는 "끓인 포도즙을 거제(擧祭)로 드리는 것을 허락하였으니, 끓임으로 그 질이 향상되기 때문이다"고 말한다.[18] 이러한 포도즙은 유대인들 사이에서 맛이 가장 그윽하고, 최상의 포도즙으로 여겨졌다.[19]

탈무드는 혼인과 같은 축제시에도 음주를 금하였다(Sotah 48a ; Mishna Sotah 9, 11). 이 점은 본 장의 후반부에서 유월절 포도 음료를 논할 때, 언급할 랍비들의 증언이 뒷바침하여 준다. 이 증언들과 고려 사항에 비추어 볼 때, **그리스도께서 만들어 주신 포도 음료는 그것에 취하게 하는 효력이 없었기에 좋은 포도 음료로 묘사되었다**고 결론을 내릴 수 있다.

도덕적 함축 사항 그리스도께서 만들어 주신 "좋은 포도 음료"에 고도의 알코올 성분이 있었다는 추정을 거부하는 또 다른 이유는 그러한 추정이 하나님의 아들의 지혜에 끼치는 부정적 반영 때문이다. 이미 상당한 양의 포도주가 소모된 후, 그리스도께서 거기에 덧붙여 취하게 하는 포도주 120~160 갈론을 혼인 잔치에 모인 남녀 노소를 위하여 기적적으로 만드셨다면 그들로 점점 더 취하게 한 도덕적 책임이 예수에게 있다. 그 분이 행하신 기적은 주정 음료를 과도하게 마시는 것을 승인하였을 뿐이었다. 만일 이 결론이 옳다면 그것은 그리스도의 죄 없는 본성과 가르침을 허무는 것이다.

죠셉 P. 프리(Joseph P. Free)는 그리스도께서 혼인 잔치가 끝나갈 무렵 엄청난 양의 포도 음료를 만드신 것은 과음을 허용하였거나, 여기서 사용된 **오이노스**란 단어가 포도즙을 가리키든지, 둘 중의 하나라고 옳바르게 관찰하였다. 그는 "구약성경이 포도주를 정죄하는 것에 비추어 볼 때, 그 음료는 포도즙이었음이 확연하게 드러난다"고 결론을 내린다.[20]

선한 만물의 창조자인 그리스도께서(창 1:4, 10, 18, 21, 25 ; 골 1:16) 성경이 "거만케 하는 것", "떠들게 하는 것"(잠 20:1)이라고 비난하고 성경이 하나님의 진노의 상징으로 선택한, 취하게 하는 포도주를 자신의 초자연적 능력을 사용하여 취하게 하는 포도주를 만들려고 했다고 추측하는 것은 성경과 도덕의 유비(analogy) 원리에 정면으로 대치된다.

성경과 도덕은 논리적으로 그리스도께서 만드신 "좋은 포도 음료"가 막 만든 발효되지 않은 포도즙임을 요구한다. 이 포도주를 묘사하기 위하여 사용된 형용사가 이 결론이 옳음을 지지하여 준다. 레온 C. 필드(Leon C. Field)는 "그리스도께서 만드신 포도주를 묘사하기 위하여 사용된 형용사는 단순히 **좋은**을 뜻하는 **아가토스**(agathos)가 아니라 **도덕적으로 훌륭하거나 어울림을 뜻하는 칼로스**(kalos)이다. 이 용어는 테오프라스투스(theophrastus)가 취하지 않게 하는 포도 음료를 **도덕적**(**에티코스**[ethikos]) **포도 음료**라고 규정한 것을 연상시켜 준다"고 말함으로 이 점을 정확하게 지적하였다.[21]

"그리스도께서 혼인 잔치를 위하여 준비하셨던 포도 음료와 제자들에게 자신의 피의 상징으로서 주신 포도 음료는 순수한 포도즙이었다. 이사야 선지자는 '포도 송이'에 있는 새 포도 음료를 말할 때에 이에 대해 '그것을 상하지 말라 거기 복이 있느니라'(사 65:8)고 말했다…. 그리스도께서 결혼식의 손님들을 위하여 준비하신 발효되지 않은 포도 음료는 건강에 좋고 신선한 음료였다. 그 맛은 건전한 식욕에 일치하는 효과를 가져 올 것이다."[22]

취한 후에 우리가 살펴볼 마지막 추정은 연회장이 한 말, "취한 후에"(요 2:10)이다. 연회장은 "사람마다 먼저 좋은 포도 음료를 내고 취한 후에 낮은 것을 내거늘 그대는 지금까지 좋은 포도 음료를 두었도다"고 말하였다(요 2:10). "취한 후에"를 뜻하는 희랍 어 단어 **메투스토신**(methusthosin)이 술취한 것을 가리키고, 또 연회장의 말에 의하면 먼저 내 온 좋은 포도 음료에 취하였기에 그리스도께서 준비하신 "좋은 포도 음료"가 잔치의 초장에 일상적으로 내어 놓는 좋은 포도 음료에 비교되기 때문에 취하게 하는 것이 틀림없다는 추정이다.

희랍 어 단어 **메투스코**(methusko)의 뜻이 "취하게 하다"인 것과, 또 이 용어가 취하게 하는 음료가 미치는 영향을 묘사한 곳에만 사용된 것을 그리스도께서 만드신 포도 음료가 포도주였다는 것을 입증하는 결정적인 증거로 여기는 이들도 있다.[23]

이 추론은 연회장이 한 말을 잘못 해석하고, 잘못 적용하고 이 동사의 폭넓은 사용 용례를 간과한다. 연회장의 발언은 특정 사람들을 향하여 한 것이 아니라 잔치를 여는 이들 간에 흔히 있는 일반적인 행태에 관해서 언급한 말이다. "사람마다 먼저 좋은 포도 음료를 내고 취한 후에 낮은 것을 내거늘…"(요 2:10). 이 발언은 많은 주석가들이 인정하듯이 일단의 사람들이 취한 상태를 실제적으로 묘사하는 것이라기 보다는 고용된 연회장이 늘상 행하는 상투적 수단의 한 가지에 관한 말이다.[24] 또 한 가지 중요한 고려사항은 희랍 어 동사 **메투스코**가 취한다는 것을 전혀 시사하지 않고 "자유롭게 마시다(to drink freely)"를 의미할 수 있는 점이다. 하버트 프레이스커(Herbert Preisker)는 이 **신약성경 신학 사전**에 기고한 이 동사에 관한 소논문에서 "**메투오**(methuo)와 **메투스코마이**(methuskomai)는 신약성경에서 대부분 문자적으로 '술취한'과 '술취하다'를 뜻하여 사용되었다. **메투스코마이**는 질이 낮은 포도 음료를 손님들이 취한 후에만 내어 놓는다는 행태와 연관하여 **요한복음 2:10에서는 윤리적이나 종교적인 판단 없이 사용되었다.**"[25]

파크헐스트(parkhurst) 희랍 어 사전은 "자유롭게 마시다란" 의미의 예증으로서 칠십인역상의 구약성경 **메투오**(methuo) 단어군(單語郡)을 인용하고 있다. "메투오는... 일반적으로 평상시보다 포도 음료나 독주를 술 취하거나 취하지 않든지 간에 더 자유롭게 마시는 것을 표시한다. 수동태로서 비록 술 취하지는 않지만 자유롭게 마시는 것과 기분을 돋구는 것을 뜻한다... 요한복음 2:10. 이 동사가 이 의미로 칠십인역에서 사용되었음은 명백하다(창 4:34 ; Cant 5:1). 그리고 필자의 생각으로는 창 9:21에서도"[26] 영어 성경 개정 표준역(標準譯)은 이 후자의 의미를 존중하여 "사람들이 자유롭게 마셨을 때(When men have drunk freely)"라고 더욱 정확하게 번역하였다.

요한복음 2:10에 나오는 **메투스코**(methusko)라는 동사는 물린다(배부르다)란 의미로 사용되었다. 술 취하게 하는 영향을 말하는 것이 아니라 잔치에서 소비된 많은 양의 포도 음료를 언급하는 데 일반적으로 사용되었다. 잔치에서 사용된 포도 음료가 알코올 성분이고, 예수께서 제공하여 주신 것이 양질의 알코올 성분이라고 주장하기를 원하는 이들은 예수께서 엄청난 양의 취하게 하는 포도주를 제공하여 주셔서 결혼식에 참석한 이들이 분별없이 방종하도록 하셨다는 결론을 내릴 수밖에 없다. 이러한 결론은 그리스도의 품성이 지닌 도덕적 고결성을 파괴한다.

기적의 목적 복음서에 나오는 기적의 목적은 그리스도께서 자신의 영광을 드러내셔서 제자들이 자신을 믿도록 하기 위함이었다. 이 목표는 달성되었다. "예수께서 이 처음 표적을 갈릴리 가나에서 행하여 그 영광을 나타내시매 제자들이 그를 믿으니라"(요 2:11). 혼인 잔치에 그리스도께서 계신 것은 결혼 제도와 사회 생활을 순수하게 즐기는 것을 신적(神的)으로 승인하시고자 함이었다. 그런데 이 모든 사항들은 메시야로서 자신의 사명을 성취하는 그리스도의 영광의 현현(顯現)에 도움이 되는 것이었다. 하나님의 영광은 그 분의 창조 행위에 특별히 나타나 있다(시 19:1,2). 마찬가지로 그리스도의 "영원하신 능력과 신성"(롬 1:20)은 창조 행위를 통한 그 분의 기적의 시작에서 나타내어졌다. "예수께서… 물로 포도 음료를 만드셨다"(요 4:46).

기적의 포도 음료는 포도 송이에서 얻은 포도 음료와 같은 것이었음이 틀림없다. 왜냐하면, 이것만이 하나님께서 생산하여 내시는 포도 음료이기 때문이다. 토레이(R. A. Torrey)는 "그리스도께서 만드신 포도 음료가 취하게 하는 것이라는 암시를 주지 않는다. 그것은 막 만든 포도 음료였다. 새로 만든 포도 음료는 절대로 취하게 하지 않는다. 발효 과정이 어느 정도 지난 후에야 취하게 한다. 발효는 부패 과정이다. 우리 주께서 부패와 죽음의 산물인 알코올을 만들어 내셨다는 어떠한 암시도 없다. 그 분은 발효로 인하여 더럽혀지지 않은 살아 있는 포도 음료를 만들어 내셨다."[27]

"의심할 바 없이 그리스도께서 만들어 내신 것은 하늘 포도원의 과실 같아서 그 분은 아버지의 나라에서 새 것으로 자신의 백성과 함께 마실 것이다"(마 26:29).[29]

그리스도의 기적은 항상 자애로운 목적을 이루기 위함이었다. 예수님은 사람을 구하러 오셨지 멸망시키러 오시지 않으셨다. 그리스도께서 취하게 하는 포도주를 기적적으로 제조하신 것이 사실이라면 이 기적은 그 분이 행하신 기적 중에 주목할 만한 예외가 될 것이다. 이 기적은 그의 능력이 악하다는 것을 나타냈을 것이다. 그 분은 영광 대신에 창피를 나타내셨을 것이다.

자신의 행동과 말이 후 세대에게 미치는 영향을 알고 있었던 예수께서 하나님의 영광과 능력 대신에 마귀의 그림자를 나타내실 수 있겠는가? 그의 제자들은 그 분이 술취함을 권하였다면 그 분을 그리 믿을 수 있었겠는가?

그리스도는 모하메드처럼 인간에게 육감적인 낙원을 제시하며 접근하지 않았다. 그 분은 '비애의 사람'으로서 제자들에게 자기 십자가를 끝까지 좇으라고 말씀하셨다(마 16:24). 예수께서 제자들로 믿게 하고 또 자신의 사명을 성취하신 것은 화려함과 방종을 승인하거나 그 본을 보이심이 아니라, 자기 부인과 절제를 몸소 실천하고 실제 삶에서 권하시기 때문이었다.

2. 새 포도주는 새 부대에

이 말씀이 중요한 이유 적당론자들은 그리스도께서 마태복음 9:17과 누가복음 5:39에서 포도 음료를 암시하신 것을, 그리스도께서 포도주를 적당히 마시는 것을 승인하신 표로서 여긴다. 가나의 혼인 잔치에서 포도 음료를 기적적으로 만든 것이 예수께서 포도주를 **만드셨다**는 것을 입증하여 준다고 추정된 반면에 여기서 검토할 두 말씀은 예수께서 포도주를 적당하게 마시라고 **권하셨다**는 것을 보여 준다고 가정되었다. 첫번째 말씀은 세 평행절에 나온다(마 9:17 ; 막 2:22 ; 눅 5:37, 38). 두번째 말씀은 누가복음 5:39에만 나오는데, 마태와 마가의 이야기에는 나오지 않는다. 누가복음이 마태와 마가의 이야기를 합쳤기 때문에 누가복음에 나오는 귀절만을 검토할 것이다(일단은 개역성경을 그대로 옮겨 보자). "새 포도주를 낡은 가죽 부대에 넣는 자가 없나니 만일 그렇게 하면 새 포도주가 부대를 터뜨려 포도주가 쏟아지고 부대도 버리게 되리라 새 포도주는 새 부대에 넣어야 할 것이니라 묵은 포도주를 마시고 새 것을 원하는 자가 없나니 이는 묵은 것이 좋다 함이니라"(눅 5:37, 39).

새 포도 음료가 발효된 것인가? 발효되지 않은 것인가? "새 포도 음료(오이노스 네오스)"는 신약성경에서 이 귀절과 그 평행절에서만 나온다. 오이노스 네오스(oinos neos)가 어떤 것이냐가 문제이다. 발효된 포도주인가? 아니면 발효되지 않은 포도즙인가? 일반적인 견해는 이 용어가 최근에 짜낸 포도 음료를 나타내는 데 그 포도 음료는 이미 발효가 왕성하게 진행되어 가는 상태라는 것이다. 그러한 포도 음료는 가스를 발산하는 발효의 압력을 견딜만큼 충분한 탄력성이 있기 때문에 새 부대에 안전하게 넣어 놓을 수 있다고 말한다.

지미 L. 알브라이트(Jimmy L. Albright)는 "성서 세계에 있어서의 포도 음료"라는 자신의 학위 논문에서 이 견해를 진술하였다. "가죽 부대가 터지는 것에 관한 성경의 언급(마 9:17 ; 막 2:22 ; 눅 5:37)은 가스를 발산하는 발효와, 포도를 짜낸 지 몇 시간 안에 발생하는 화학 작용이 이스라엘에서 생산된 포도 음료에서 일어났다는 것을 보여 준다. 즙이 아래에 놓아 둔 틀 통(짜는 큰 통)에 있을 때, 발효가 시작되지만, 곧 항아리나 가죽 부대에 부어 넣었다. 막 만든 포도 음료는 새 포도 음료 가죽 부대에 넣었다. 낡은 가죽 부대는 압력으로 인하여 터져버린다."[30]

렌스키(R. C. Lenski)도 비슷한 맥락에서 "신선했을 때에 가죽 부대는 어느 정도 늘어난다. 하지만 낡았을 때에는 굳어져 압력에 쉽게 터져버린다. 그러므로, 사람들은 발효 중이고 압력을 일으키는 새 포도 음료를 낡고 말라버린 가죽 부대에 절대로 넣지 않는다"고 주석을 단다.[31]

이 널리 퍼진 해석은 매우 상상력 있는 해석이나 사실과는 다르다. 가스를 발산하는 발효에 의하여 야기된 압력에 관하여 아는 사람이면 가죽이든지 유리이든지 어떤 병이든지 간에 그 압력에 버틸 수 없다는 것을 알고 있다. 욥은 "보라 내 가슴은 봉한 포도주 같고 새 가죽 부대가 터지게 됨 같구나"(욥 32:19)라고 말할 때, 이 점을 알고 있었다. **성경 백과 사전**은 이 사실을 인정하고 있다. "통례적으로 알려졌듯이 포도 음료를 가죽 부대에 넣어 발효의 전 과정을 거치도록 하는 것은 불가능하다. 발효 과정의 초기 단계에서 일어나는 가스 활동이 너무나 격렬하여 어떤 가죽 부대도 견디어 낼 수 없다. 많은 양의 포도를 밟은 곳에서는 유대인들이 가지고 있던 여러 종류의 토기로 만든 항아리에 포도액을 곧바로 옮김으로 포도 음료 통이 받는 압력을 덜어야 한다."[32]

발효되지 않은 포도즙. 알렉산더 브루스(Alexander B. Bruce)가 올바르게 지적하였듯이 "이 비유적인 말씀이 난해한 것은 비평적이나 주석적인 난관이 아니라 과학적인 난관이다. 새로 만들고 질긴 가죽 부대가 발효 과정을 견디어 낼 수 있었는가란 질문이 제기되었다." 물론, 답은 부정적이다. 그러므로, 브루스는 "예수께서는 발효된, 취하게 하는 포도주를 전혀 생각하지 않고,. 취하게 하지 않는 '포도액'을 생각하고 계셨다. 이 취하게 하지 않은 '포도액'을 새 가죽 부대에 안전하게 넣을 수 있지만 보통 포도주를 이전에 담은 낡은 가죽 부대에 넣어선 안되었다. 왜냐하면, 가죽 부대에 달라붙어 있는 알부미노이드 입자가 발효 작용을 일으키어 엄청난 압력을 주는 가스를 발산토록 하기 때문이다."[33]

포도액이라는 "새 포도 음료"가 완전히 발효되지는 않았지만 발효 과정이 거의 끝마쳐진 것으로 계속해서 일어나는 '후 발효(after fermentation)' 과정을 견디어 낼 수 있는 탄력성을 지닌 새 가죽 부대에 안전하게 넣을 수 있는 새 포도 음료라고 주장하는 이들도 있다."[34] 이 가정에는 두 가지 취약점이 있다. 첫째로, 발효 과정이 거의 끝마쳐 가는 포도주를 낡은 가죽 부대에 저장하는 것이 가능하였다. 왜냐하면, 가죽 부대의 목(neck)으로 남아 있는 발효 가스들이 충분히 빠져나갈 수 있기 때문이었다. 두번째로, 발효 과정이 일어나게 내버려 둘 경우에는 가죽 부대가 아니라 히브리 어로 하비트(habith), 로마인들에게는 돌리움(dolium)으로 알려진 큰 항아리에서 발생하도록 하였다.[35]

새 가죽 부대에 안전하게 저장할 수 있었던 유일한 "새 포도 음료"는 여과되었거나 또는 끓인, 발효되지 않은 포도액이다. 가죽 부대는 꿀이나 송진으로 바르고 포도액을 넣은 후 단단히 막아 봉하였기에 암포라(고대 그리이스, 로마의 두 족자리가 달린 항아리) 같은 모양이 되어버리기도 하였다. 새 포도 음료에 새 가죽 부대가 필요한 이유는 낡은 가죽 부대에는 거의 언제나 "그 면에 부패된 알부민 함유 물질을 어느 정도 지니고 있기 때문이었다."[36] 이 물질은 새 포도 음료로 부패케 한다. 또 다른 한편, 만일 새 가죽 부대가 발효되지 않은 새 포도 음료를 저장하는 데 사용되었다면 가죽 부대에는 발효를 야기시키는 매체가 없을 것이다. 그러므로 포도 음료는 발효되지 않고, 가죽 부대는 터져버리지 않는다.

이교도들의 증언 이 점에 있어서 사도들과 동시대인인 로마의 저명한 농업학자인 코루멜라가 발효되지 않은 신선한 포도액을 보존하는데 새 암포라를 사용할 필요가 있다고 강조한 것에 주목할 필요가 있다. "그 포도액이 신선한 것처럼 항상 달게 하려면 다음과 같이 행하라. 포도-가죽 부대를 틀에 넣기 전에 가장 신선한 포도액 얼마를 포도 음료 통에서 꺼내서, 새 포도 음료 항아리[amphoram novam]에 넣고 송진으로 뒤바른 다음 주의를 기울여 덮고 물이 스며들어 가지 않게 한다. 그리고 나서 식탁용 포도 음료 병 전체가 차갑고 깨끗한 물이 차 있는 수조에 완전히 잠겨 그 어떤 부분도 물 위에 드러나지 않도록 한다. 40일 후에 물에서 꺼내라. 포도액은 1년 내내 달 것이다."[37]

새 가죽 부대에도 비슷한 방법을 사용하였다. 새 가죽 부대도 암포라와 같이 꿀과 송진으로 뒤바르고 포도액으로 채운 다음 봉인하고 땅 속에 묻었다. 전장에서 언급한 여과 과정, 끓임, 공기 차단, 유황 훈증 소독, 그리고 섭씨 4도 이하로 온도 강하와 같은 과정 중의 한 방법이, 새 가죽 부대에 발효되지 않은 새 포도 음료를 보존하는 것을 확실하게 보장하여 준다고 기대할 수 있었다. 이 방법 중, 두 가지 또는 전부를 사용하면 발효를 방지할 수 있었다.

이 말씀의 의미 그리스도께서 하신 말씀의 상징적 의미는 이 해석을 한층 더 확언하여 준다. "새 포도 음료를 새 가죽 부대에 넣는다"라는 영상(映像)적 표현은 중생에 관한 실물 교훈이다. "알코올 성분 침전물이 남아 있는 낡은 가죽 부대는 바리새인들의 썩은 본성을 나타낸다. 복음이라는 새 포도 음료는 그들 안에 넣어질 수 없었다. 그들은 그 새 포도 음료를 발효시킬 것이었다. '내가 의인을 부르러 온 것이 아니요 죄인을 부르러 왔노라' 죄인들은 개심하므로 새 그릇이 되어 새 포도 음료를 썩지 않게 보유할 수 있다(막 2:15~17, 22). 그러므로 취하게 하는 포도주를 타락한 바리새파와 비교하심으로써 그리스도께서는 취하게 하는 포도주에 관한 자신의 견해가 무엇인지를 확실하게 공표하시었다."[38]

이 예증에서 그리스도께서 포도 음료를 발효되지 않은 포도 음료와 동일시 하는 것에 주목하라. 발효된 포도주는 승인되지도 않았다. 그것은 하찮고 낡은 어떤 가죽 부대에도 넣을 수 있었다. 그러나 새 포도 음료는 누덕누덕 기운 걸레로 쓰기에는 너무나 좋은 새 옷과 같다. 이 예증이 사용된 자연적인 방법은 적어도 예수님의 말씀을 들은 유대인 청중들이 포도나무의 실제 과실, 즉 좋은 포도 음료는 발효되지 않은 것이라고 일반적으로 이해하고 있었음을 제시하여 준다.[39]

3. 묵은 포도주가 더 좋은가?

이 말씀이 중요한 이유 누가복음에는 새 포도 음료를 새 부대에 담으라는 그리스도의 말씀과 비슷하기는 하지만 약간 다른 말이 나온다. "묵은 포도주를 마시고 새 것을 원하는 자가 없나니 이는 묵은 것이 좋다 함이니라"(눅 5:39). 비록 이 말이 다른 복음서에는 나오지 않지만 이 말은 이 이야기의 중요한 한 부분이다. 적당론자들은 그리스도께 이 말씀에 포도주를 드러내 놓고 권하셨다고 생각하기 때문에 매우 중요하게 여긴다. 예를 들자면, 케네스 L. 젠트리가 그렇고,[40] 에버레트 틸슨(Everett Tilson)도 그와 같이 생각한다.[41]

"새 것(포도 음료)"의 의미 먼저 살펴봐야만 하는 것은 이 귀절에 나오는 "새 것(포도 음료)"이 전기한 두 귀절에서의 의미와 같으냐 하는 점이다. 같다고 생각하지 않는 이들은 38절의 "새 포도 음료"가 완전하게 발효되지 않은 포도주로, 39절에 나오는 포도 음료는 완전하게 발효는 되었어도 오래되어 향기로움이 없는 것이라고 생각한다. 절제 성경 주석을 쓴 리와 번즈(Lees and Burns)는 38절에 나오는 "새 포도 음료"가 "30절에 나오는 '묵은 포도주'와 성질도 똑같이 그리스도의 축복을 나타낸다"는 입장을 견지하고 있다.[42]

이 귀절에 나오는 "새 포도 음료"의 의미는 칠십인역(LXX)이 "오이노스 네오스(새 포도 음료)"란 문구를 욥기 32:19에서는 발효된 포도주로, 그리고 이사야 49:26에서는 발효되지 않은 포도즙으로 번역하여 사용하기 때문에 성경에서 일반적으로 사용된 용례를 보고 결정할 수 없다. 이사야 49:26은 이 단어로 발효되지 않은 포도즙을 칭하는 히브리 어 아시스(asis)를 번역하기도 하였다.

이 귀절에 나오는 "새 포도 음료"라는 문구가 의미가 바뀌지 않고 연속적으로 사용되었기 때문에 이 귀절이 포함된 전 문맥에서 똑같은 뜻이라고 추론하는 것은 합리적이다. 이 두 말씀에 나오는 은유는 모순되거나 혼동되지 않고 사용되었다. 이 말은 만일 38절의 "새 포도 음료"가 전술한 바와 같이 발효되지 않은 포도즙이라면 39절의 "새 포도 음료도 동일한 의미를 내포한다"라는 말이다.

묵은 포도주의 의미 그리스도께서 "묵은 포도주"가 "새 포도 음료" 보다 훨씬 질이 좋다고 판단하셨는지 아닌지를 검토하기 전에 "묵은 포도 음료"가 발효된 것인지, 발효되지 않은 것인지를 알아 보는 것이 중요하다. 질의 측면에서 볼 때에 시간이 지나면 지날수록 발효된 포도주나 발효되지 않은 포도즙의 맛은 "향상된다." 비록 화학적 변화가 발생하지는 않지만, 포도즙을 정제된 엷은 분자가 알부민 함유 물질과 그 외의 침전물로부터 분리하여 저장하면 더 좋은 맛이 난다. 그러므로, 좋다고 칭송 받은 "묵은 포도 음료"는 오랫 동안 보존되어 질이 더 좋아진 포도즙을 뜻하는 바가 될 수 있다.

그렇지만, 문맥은 발효된 포도주라는 의미에 더 가까운 것처럼 보인다. 왜냐햐면, 그리스도께서 옛 종교 체제를 나타내기 위하여 "묵은 포도 음료"를 자신이 가르치고 시작한 새로운 종교적 생애를 나타내기 위하여 "새 포도 음료"의 은유를 사용하였기 때문이다. 이 문맥에서 발효된, 묵은 포도주는 묵은 바리새파 신앙이 부패했다는 것을 더 잘 나타내고 있다.

묵은 포도주가 더 좋은가? 우리는 이 결론을 가지고 그리스도께서 "새 포도 음료" 보다 "묵은 포도 음료"가 더 좋다는 가치 판단을 내리고 있는가를 살펴보아야만 한다. 본문에 주의를 기울여서 읽으면 "묵은 것이 좋다"고 말한 사람은 그리스도가 아니라 "묵은 포도주"를 마셔 온 사람이다. 달리 표현하자면, 그리스도께서는 자신의 의사를 표현하는 것이 아니라 묵은 포도 음료를 맛보았던 이들의 견해를 옮기시고 있는 것이다. 예수께서는 묵은 포도 음료를 맛보았던 이들은 새로운 포도 음료에 신경쓰지 않는다는 것을 말하고 있을 뿐이다. 어느 누구든지 주정 음료를 마시기 시작하면 알코올 성분이 없는 즙보다 자극적인 것을 마시기 원한다.

그리스도의 말씀은 발효된 포도주의 우월성에 관한 판단이 아니고 "묵은 포도 음료를 마시는 습관을 가진 이들이 묵은 포도 음료를 선입적으로 애호하는 것에 관해 말하고 있는 것이다."[43] 신국제 주석(NIC) 뿐만 아니라 헨리 앨포드(Henry Alford)도[44] 그리고 렌스키도 그의 누가복음 주석에서[45] 동일한 점을 역설하고 있다. "이 말씀은 주께서 알코올 성분 음료가 습관을 형성하는 데 영향을 끼친다는 것을 알고 있었다는 것을 보여 준다. 이 비유의 부차적인 메시지는 새(발효되지 않은) 포도 음료를 구원에 대한 생생한 묘사로써 이용하면서 그것의 우월성을 입증하고 있다."[46]

묵은 포도 음료 용어가 속한 문맥 묵은, 발효된 포도주가 새 포도 음료보다 더 좋다고 하는 견해는 이 세상 사람들이 다 믿을지라도 사실이 아니다. 또 우리가 살펴보고 있는 귀절은 그 귀절이 나오는 문맥과 예증의 목적과는 모순된다. 예수께서는 이 귀절에 속한 직접적인 문맥에서 낡은 옷에 같은 단어(palaios)를 사용하셨다. 물론 그 것을 새 옷 보다 더 좋다고 치켜 세우지 않았다. "묵은 포도 음료"에 관한 말은 "낡은 옷"에 관한 앞에 나오는 진술과 모순되는 것처럼 보인다. 하지만 예증의 목적을 이해하면 그 모순은 사라진다.

하인리히 시즈맨(Heinrich Seeseman)은 **신약성경 신학 사전**에 실린 **"오이노스"**에 관한 자신의 소논문에서 이 명백한 모순과 문맥의 중요성에 주목하였다. "누가복음 5:39은 앞에 나온 내용과는 모순되는 것처럼 보인다. 왜냐하면, 그 절은 묵은 것이 존속하는 것을 선호하기 때문이다. 그렇지만, 누가복음의 문맥에서는 오래된 것을 과도하게 평가하는 것에 대한 경고로서 여겨진다."[47]

이 예증의 목적은 묵은 포도 음료의 우월성을 드높이기 위함이 아니고, 바리새파 사람들이 추진하는 묵은 종교성을 과도하게 평가하는 것에 대한 경고이다. 그러한 종교성은 33절이 지적하듯이 빈번한 금식과 공공 기도와 같은 외적으로 금욕주의적인 행동을 하는 것이다. 그리스도께서는 이러한 외적 종교 형식을, 자신을 따르는 이들이 신봉하지 않는 것이 옳다는 것을 보여 주시기 위하여 네 가지 예증을 사용하였다. 혼인집 손님들은 신랑과 함께 있을 때에는 금식하지 않는다(34, 35절). 새 옷에서 한 조각을 찢어 낡은 옷에 붙이지 않는다(36절). 새 포도 음료를 낡은 가죽 부대에 넣지 않는다(37, 38절). 묵은 포도 음료를 마시던 사람은 새 포도 음료를 원하지 않는다(39절).

이 네 예증의 공통적인 목적은 사람들로 묵은 종교 형태를 알도록 하고, 그리스도께서 가르치신 새로운 신앙의 삶을 알지 못하는 이들로 하나의 더 좋은 새 것을 알지 못하는 옛 것이 계속하여 좋을 수가 있다는 사실을 인정하도록 도움을 주기 위함이다.

이 문맥에서 묵은, 발효된 포도주는 더 좋은 새 포도 음료를 모르는 이들에게만 좋게 보인다. "이 은유법은 진실을 인지하는 이들에게 새 포도 음료(발효되지 않은 포도즙)는 묵은 (취하게 하는) 포도주 보다 더 나은 것을 강력하게 제시하고 있다. 오직 부패한 맛을 가진 자연인만 다르게 생각한다."[48]

4. 예수는 먹기를 탐하고 포도주를 즐기는 사람이었는가?

본문이 중요한 이유 예수께서는 "보라 먹기를 탐하고 포도주를 즐기는 사람이요 세리와 죄인의 친구로다"(마 11:19 ; 참조 눅 7:34)라는 비난을 받았다. 예수께서 음주자였다는 주장은 오늘날까지 계속되어 내려 오고 있다. 주정 음료에 빠진 이들은 예수의 모본을 자신들의 음주 구실로 들면서 예수께서 음주자였다고 주장한다.

이 귀절이 나오는 전 문맥은 다음과 같다(일단은 개역성경을 그대로 인용하여 보자). "침례 요한이 와서 떡도 먹지 아니하며 포도주도 마시지 아니하매 너희 말이 '귀신이 들렸다' 하더니 인자는 와서 먹고 마시매 너희 말이 '보라 먹기를 탐하고 포도주를 즐기는 사람이요 세리와 죄인의 친구로다'하니 지혜는 자기의 모든 자녀로 인하여 옳다 함을 얻느니라"(눅 7:33~35).

적당론자들은 이 귀절을 매우 중요하게 여긴다. 그 이유는 명백하다. 이 귀절이 예수께서 포도주를 **마시었다**에 관한 요지부동의 증거가 된다고 그들이 믿기 때문이다. 가나의 혼인 잔치에서 그리스도께서 발효된 포도주를 **만드셨다**고 추정되었고, 새 가죽 부대와 묵은 포도주의 비유에서 포도주를 **권하셨다**고 그리고 예수께서 어떻게 사신바에 관한 묘사에서는 공개적으로 포도주를 **마셨다**고 추정되었다.

케네스 젠트리는 **"예수께서 직접 포도주를 마셨다.** 예수께서는 사실 누가복음 7:33~35에서 포도주를 마시는 자신의 습관을 자신과 자신의 전주자(前走者)인 침례 요한 간을 뚜렷이 구별하여 주는 생생한 예증으로 언급하고 계신다."[49] 호레이스 범스테드(Horace Bumstead)도[50] 이와 같이 생각하고, 얼빙 레이몬드(Irving Raymond)도 그리스도를 요한과 대조한 것이 예수의 음주 관습에 대한 "직접적인 증거"라고 말하면서 이에 동조하고 있다.[51] 예수께서 포도주를 직접 마시고, 마시는 것을 직접 승인하셨을 뿐만

아니라, 포도주가 본질상 악하지 않은 것으로 여기셨다고 말한다.[52]

예수와 침례 요한의 상이한 생활 양식 "요한은 포도주를 마시지 않았지만 그리스도께서는 마셨다. 그러므로, 우리도 마실 수 있다"는 추론은 몇 가지 중요한 고려점들을 간과하고 있다. 무엇보다도, "먹고 마시매"라는 문구는 예수와 요한의 상이한 먹고 마시는 습관을 묘사하는 것이 아니라 예수와 요한의 상이한 사회 생활 양식을 기술하는 데 관용적으로 사용된 것이다.

그리스도의 생활 양식은 분명 사교적이었다. 그러므로 당시에 쓰이던 말로 표현하면 그 분은 와서 먹고 마시었다. 요한의 생활 양식은 근본적으로 은둔자의 생활 양식이었다. 그는 사회로부터 떨어져 광야의 외딴 곳에서 지냈다. 그러므로 당시에 쓰이던 일반적인 말로, 그는 "와서 떡도 먹지 아니하며 포도주도 마시지 아니하였다." 이 두 문구는 **요한이 사회적으로 절연(絶聯)한 채로 산** 생활 양식과 그리스도께서 자유롭게 **사회적으로 어울리면서 사신** 생활 양식 간의 대조성을 강조하고자 함이었다. 강조점은 알코올이 아니라 사회적인 생활 양식이었다.[53]

예수와 침례 요한의 각기 다른 사명 예수와 요한 간의 다른 생활 양식은 그들이 받은 다른 사명을 나타내 준다. 요한은 회개하고 개혁하라는 메시지를 전파함으로 그리스도의 사역을 위하여 길을 준비하라는 부르심을 받았다. 그는 이 사명을 완수하기 위하여 사람들이 많은 곳을 피해 광야에서 절제 생활을 삶으로서 당시의 부절제를 꾸짖었다. 예수께서는 하나님의 나라에 관한 복된 소식을 선포하는 것과 같은 요한의 것과는 다른 사명을 위하여 기름부음을 받았다. 예수께서는 이 사명을 성취하기 위하여 광야로 물러가시지 않고 집, 마을, 도시에 사는 사람들에게 나가셨다.

요한이 금욕적으로 살았기 때문에 그를 중상 모략하는 이들은 그가 귀신들렸다고 비방하였고, 예수께서 사교적으로 생활하셨기 때문에 비판자들은 그가 감각적인 쾌락에 빠져 "먹기를 탐하고 포도주를 즐기는 사람"이라고 비방하였다. 두 비방이 모두 근거 없는 것이다. 그것은 예수와 요한이 자기를 부인하는 삶이라는 모본적인 삶을 살았기 때문이다. 그들은 각기 다른 사명을 지녔기에 다른 생활 양식으로 살았다.

나실인인 요한 예수께서 "침례 요한이 와서 떡도 먹지 아니하며 포도주도 마시지 아니하매"(눅 7:33)라고 말한 중요한 이유는 요한이 그의 어머니의 태 속에서부터 나실인이었기 때문이다. 대부분의 주석가들도 천사가 스가랴에게 침례 요한에 대해서 저가 포도주나 소주를 마시지 아니하며 모태로부터 성령의 충만함을 입어(눅 1:15)라고 한 말을 이렇게 해석한다. 나실인은 포도주나 "독주(소주)"를 멀리할 뿐만 아니라 포도즙과 포도도 금함으로써 하나님께 온전히 헌신하는 것을 보인 사람들이었다(민6:1~4).

나실인이 아니었던 예수님께는 포도나무의 과실로 만든 포도즙을 마시지 못할 이유가 없었다. 우리는 예수께서 마지막 만찬에서 마신 것을 알고 있다. 하지만 예수께서 요한과 다르게 "와서 마시되" 모든 종류의 포도 음료, 즉 발효된 것이나 발효되지 않은 모든 것을 마시었다고 추정해서는 안 된다. 만일 그 분이 모든 종류의 포도 음료를 마셨다면, 예수께서 깨끗하거나 부정한 것에 상관 없이 모든 종류의 음식을 잡수셨다고 말할 수 있다. 하지만 누구도 이렇게 주장하는 이는 없다.

주께서 어떤 음식을 잡수셨던지 혹은 어떤 음료를 마셨던지 간에 그것들은 그 분의 육체적인 필요를 채우기 위한 것이었지 자신의 방종을 채우고자 함이 아니었다. 예수께서는 "나의 양식은 나를 보내신 이의 뜻을 행하며 그의 일을 온전히 이루는 이것이니라"고 말씀하셨다(요 4:34). 예수께서 성경이 명백하게 정죄하고 취하게 하는 술을 마심으로 자기 아버지의 뜻을 성취하셨을 것이라고 믿는 것은 불가능한 일이다. 그러므로, 예수께서 마신 음료와 잡수신 음식이 그 분의 명료한 정신적인 분별력과 영적인 애정을 없애버리는 부절제한 식욕을 채우는 것이었다는 추정은 근거가 없는 것이다.

예수께서 언급하시지도 않은 포도주란 단어 예수께서 자기 자신의 생활 양식을 묘사하면서 "포도주"를 언급하시지 않은 점은 자주 간과되는 중요한 점이다. 예수께서 "침례 요한이 와서 떡도 먹지 아니하며 **포도주**도 마시지 아니하며"라고 말씀하셨지만 본인에 대해서는 간단히 "인자는 와서 먹고 마시매"라고만 말하였다. 어떤 이들은 첫번째 진술에 내포된 개념이 두번째 진술에 내포된 사상과 반대일 때 쓰는 용어인 대구적 평행귀(antithetic parallelism)는 "두번째 진술에서도 '포도주'란 단어가 사실상 나와 있는 것을 필요로 한다"고 주장한다.[54]

이 주장은 그럴 듯하지만 만일 예수께서 침례 요한과는 판이하게 다르게, 자신이 "포도주"를 마신다는 것이 알려지기를 원하셨다면 강조하고 명확하게 하기 위하여 포도주란 단어를 계속해서 반복 사용하셨을 것이다. 그리스도께서는 자신이 마신 음료나 잡수신 음식의 종류를 정확하게 밝히지 아니하심으로 비방자들이 먹기를 탐하고 포도주를 즐기는 사람이라고 비방할 수 있는 근거를 아예 없애 버리셨을 수도 있다. 두번째 진술에서 "떡"과 "포도주"가 생략된 것은(마태는 두 진술에서 다 생략한다) 이 비방이 몰상식한 것임을 드러내고자 의도적으로 그러셨을 수도 있다. 다른 말로 말하자면, 예수께서는 "나를 비판하는 자들은 단지 내가 혼자 음식을 들지 않고 여러 사람들이 있는 곳에서 종종 먹기 때문에 내가 떡을 탐하고 포도주를 즐기는 사람이라고 비난한다. 나는 사교상 먹는다. 그러나 나를 비판하는 자들은 실제로 내가 무엇을 먹는지 모른다"고 말하셨던 것처럼 보인다.

예수께서 포도즙에 취하셨는가? 어떤 이들은 "예수께서 포도주를 마시지 않았다면 어떻게 그가 포도주를 즐기는 사람이라고 단언되어질 수가 있었겠는가?"라고 논박한다.[55] 포도즙이 사람을 취하도록 하지 않기에 그리스도께서 포도주를 마시지 않았다면 포도주를 즐기는 사람(술고래)이라고 절대로 비난을 받지 않았을 것이라는 추정이다.

이 추정의 문제점은 비방이 사실을 관찰한 것에 근거한 것이 아니라 무도(無道)한 비판자들이 조작한 가공의 사실(소설)에 근거한 거짓말이라는 점을 인식하지 못한다는 것이다. 예수의 비판자들은 누군가 예수가 무엇인가를 마시는 것을 보았다고 추정하며(마신 것이 포도즙이나 물이었다해도)

예수께서 포도주를 즐기는 사람이라고 비난할 태세를 갖추고 있었다. 6장에서도 살펴 보겠지만 오순절에 비판자들은 사도들이 포도즙(**글류코스**[gleukos]: 행 2:13)에 취하였다고 비난하였다. 이 사건은 예수께서 무엇을 마셨든지 간에 그의 무도한 비판자들은 그를 포도주를 즐기는 사람이라고 중상 모략했음을 보여 준다.

비판자들의 비방 예수를 비판하는 자들이 예수께서 "포도주를 즐기는 사람"이라고 비난하였기 때문에 예수께서 포도주를 마셨음이 틀림없다고 추론하는 것은 그리스도를 대적하는 이들의 말을 사실로 받아들이는 것을 뜻한다. 예수를 비판하는 이들은 다른 두 사건에서 "당신은 귀신이 들렸도다"(요 7:20 ; 8:48)라고 말하였다. 예수를 비판하는 이들이 예수께서 포도주를 즐기는 사람이라고 말했기 때문에 예수께서 포도주를 마셨다고 믿는다면, 그를 비판하는 이들이 그가 귀신에 들렸다고 말했기 때문에 그에게 악한 영이 있었다고 믿어야 한다. 이러한 터무니 없는 추론을 비판자들의 비난을 이용하여 주장하는 것은 성경의 가르침을 확실히 파악하는데 안전한 토대가 되지 못한다는 것을 보여 준다.

예수께서는 비판자들의 근거 없는 비난을 "지혜는 자기의 모든 자녀로 인하여 옳다 함을 얻느니라"(눅 7:35)고 말씀하심으로 일축하셨다. 원문상 "자녀"나 "행함(works)"으로 번역할 수 있지만 의미는 동일하다. 즉, 지혜는 그 결과로 판단되어진다는 것이다. 하나님의 지혜는 하나님의 지혜가 그 원인인 선한 일들로 옹호함을 받는다. 그러므로, 예수를 비판하는 자들의 중상으로 인하여 예수께서 포도주를 마셨다고 추론하는 것은 지혜가 전혀 없음을 보여 준다. 예수께서 사신 자기 부인(否認)의 삶이 가져온 결과가 말하여 준다.

5. 성만찬 포도 음료

이 이야기가 중요한 이유 적당론자들은 그리스도께서 자신의 구속하는 보혈을 나타내기 위하여 마지막 만찬에서 "포도 음료"를 사용하신 것(마 26:28 ; 막 14:24)을 "주께서 포도주 마시는 것을 승인하신 결정적인 증거로 여긴다." 호레이스 범스테드는 이 확신을 "그리스도께서는 이 지상의 구석까지도, 그리고 역사가 끝마칠 때까지도 자신이 포도주에 관하여 보여 준 모본이 영속적으로 보장되도록 하기 위하여 전 세계와 전 역사에서 자신을 기념하는 잔치에서 사용되어질 요소 중의 하나로 선택하셨다"고 강조하여 말하였다.[56]

그리스도께서 포도주를 마셨을 뿐만 아니라 **시대의 끝까지 마시도록 명령하셨다고**까지 추정되기 때문에 마지막 만찬에 나오는 포도 음료가 중요하다. 본 장에서 포도 음료 이야기를 검토한 순서는 적당론자들이 중요하다고 여긴 바에 상당한 영향을 받았다. 적당론자들은 그리스도께서 가나의 혼인 잔치에서 포도주를 만드셨다고 주장하고, 새 가죽 부대와 묵은 포도주에 관한 비유에서는 포도주를 권하셨고, 자신의 생활 양식에 관하여 묘사하면서(먹고 마시매) 포도주를 **마셨다**고 하고, **마지막 만찬**에서는 세상 끝까지 포도주를 마시라고 **명령하셨**다고 말한다.

처음 세 가지 주장을 이미 검토하였고, 근거가 없는 것이 밝혀졌다. 이제 마지막 주장을 살펴볼 차례다. 그들의 두 가지 논거를 하나씩 살펴보자.

(1) 포도나무에서 난 것이 포도주인가?

포도나무에서 난 것(Fruit of the Vine) 예수께서는 제자들에게 새 언약 자신의 피의 상징으로 잔을 주신 다음 "그러나 너희에게 이르노니 내가 포도나무에서 난 것을 이제부터 내 아버지의 나라에서 새 것으로 너희와 함께 마시는 날까지 마시지 아니하리라"고 말씀하셨다(마 26:29 ; 참조 막 14:25 ; 눅 22:18). 적당론자들은 "포도나무에서 난 것"이란 문구가 발효된 '포도주'와 기능적인 동등어로써 사용된 비유적인 표현이라고 주장한다.[57] 그래서 예수께서 제자들에게 주신 잔에는 포도주가 담겨있었다는 것이다.

"포도나무에서 난 것"이란 표현이 **때때로 오이노스**(포도 음료)의 동등어로 사용된 것은 사실이지만, 마지막 만찬 때에 사용된 것이 발효된 포도주라는 말은 아니다. 본서 2장에서 히브리 어 **야인**과 같이 **오이노스도** 발효된 것이든지 발효되지 않은 것이든지 간에 포도에서 짜낸 즙에 대한 총칭이라는 것을 알아보았다. 칠십인 역(LXX)은 발효 개념이 **나오지 않는** 예레미야 40:10, 11과 사사기 9:13에서 야인과 티로쉬를 번역하는 데 희랍 어 오이노스를 사용하였다.

요세푸스의 증언 더욱 더 중요한 사실은 "과실에서 난 것"이라는 문구가 **신선한, 발효되지 않은 포도즙을 칭하는데 사용되었다**는 점이다. 사도들과 동시대인이었던 유대 역사가 요세푸스는 이 사실을 명백하게 입증하는 기록을 남겨 두었다. 요셉과 같은 감옥에 수감된 바로의 술 맡은 자가 꾼 꿈에 관하여 "그러므로 그는 잠자는 중에 그가 포도나무의 세 가지에 달려 있는 세 송이의 포도를 보았고… 그가 그것들을 자기 손에 들고 있는 잔에 짜 넣었고, 포도즙을 다 걸러 낸 후에 왕이 마시게 드렸다고 말하였다"고 기록하였다.[58] 요셉은 이 꿈을 술 맡은 자에게 해석하여 주기를 "사흘 안에 풀려나갈 것을 기대하십시요. 왜냐하면, 왕이 당신의 시중을 원하여 당신을 전직에 회복할 것이기 때문입니다. 그는 하나님께서 인간에게 **포도나무에서 난 것을**, 인간의 유익을 위하여 주셨다는 것을 그로 알게 하기 위함이었다. 그에게 포도주가 부어졌고 그것은 인간들 사이의 정절과 상호 신뢰의 맹세이다."[59]

두 가지 점이 이 귀절에서 중요하다. 첫째로, 요세푸스는 세 포도 송이에서 짜여 나온 것을 즙(**글류코스**)이라고 불렀다. 문맥은 **글류코스**가 막 짜낸 포도즙인 것을 확실히 가리키고 있다. 두번째로, 요세푸스는 막 짜낸 포도즙을 "포도나무에서 난 것(**겐네마 테스 암페로우**[gennema tes ampelou])"

이라고 칭하였다. 이 점은 "포도나무에서 난 것"이라는 문구가 포도의 달고, 발효되지 않은 즙을 칭하는 데 사용되었다는 점을 확실하게 설정한다.

신약성경의 전 저자들이 마지막 만찬을 매우 자주 언급하면서 오이노스라는 단어를 쓰지 않았다는 것은 주목을 요하는 사실이다. 대신 사용된 두 용어는 "잔"과 "포도나무에서 난 것"이라는 용어이다. "포도주"라는 용어 사용을 계속 피한 것은, 특히 바울이 주의 만찬을 상세하게 기록하면서 그리한 것은(고전 11:17~34) 그들이 잔에 내용물이 발효된 포도주로 통상 알려진 것으로부터 구별하기를 원했을 수 있었다는 것을 뜻한다.

자연 그대로의 산물 그리스도께서는 잔의 내용물을 "포도나무에서 난 것(겐네마 테스 암페로우)"이라고 칭하셨다. 명사 겐네마(gennema)는 '낳다' 또는 '생산하다'를 뜻하는 희랍 어 동사 겐나오(gennao)에서 파생되었고, 자연적인 상태에서 생산되어진 것, 즉 거두어 들여진 바로 그 상태를 뜻한다. 예를 들자면, 누가복음 12:18에서 풍성하게 수확을 거둔 부자는 "내 곡간을 헐고 더 크게 짓고 내 모든 곡식(타 겐네마타[ta gennemata] : 산물)과 물건을 거기 쌓아 두리라"고 말한다. 칠십인역에서 이 귀절과 다른 귀절들(창 41:34 ; 47:24 ; 출 23:10)이 가리키는 겐네마의 기본 의미는 '천연 과실' 또는 '땅의 소산물'이다.

우리가 살펴보고 있는 이 귀절에서 "포도나무에서 난 것"이란 표현이 포도의 자연적 산물인 포도즙에 가장 잘 적용되어질 수 있다. 살펴본 바와 같이 요세푸스는 이 문구의 의미를 뚜렷하게 밝혀 주는 실례들을 제시하고 있다. 발효된 포도주는 자연적으로 "포도나무에서 난 것"이 아니었고, 발효와 분해 작용으로 자연적이지 않은 것이다. "포도나무에서 난 것"이라는 문구를 발효와 부패의 산물인 포도주에 적용하는 것은 "사망이 생명에서 난 것이라고 칭하는 것과 똑같이 터무니 없는 것"이다.[60] 그리스도께서 하늘나라에서 자신의 제자들과 함께 마실 것이라고 약속한 "과실에서 난 것"이 발효된 포도주라는 상상은 터무니 없는 것이다. 새 땅에는 취하게 하는 물질이 없을 것이라고 확신할 충분한 이유들이 있기 때문이다.

그리스도께서는 신(神)의 지혜로 인간을 구속하는 자신의 보혈의 기념물인 잔의 내용물을 "포도나무에서 난 것"이라고 칭하심으로 후세대 크리스챤들이 자신의 말을 성만찬에서 포도주를 마시는 것을 승인하는 것으로 간주하지 않도록 하시었다.

"포도나무"란 단어가 복음서에서 오직 두 경우만 나오고, 그 두 경우 모두 마지막 만찬 문맥에서 나온다는 것에 주목하여야 한다. 첫번째는, 마지막 만찬이 베풀어진 와중에서 이고, 두번째는, 그리스도께서 만찬 후에 제자들에게 떠나시면서 하신 권고의 말씀에 나온다(요 15:1, 4, 5). 후자의 경우 예수께서는 자신을 참된 산 포도나무로, 자신의 제자들을 영적으로 생명을 얻고 열매를 맺기 위하여 자신에게 의존하는 가지로 나타내신다. 예수께서는 제자들에게 자신이 구속하는 보혈의 기념으로 천연적으로 "포도나무에서 난 것"을 제자들에게 주신 다음에, 가지가 포도나무에 거하듯이 자신의 제자들이 자신에게 거하도록 자신을 "산 포도나무"로 제시하신다. 그것은 "포도나무에서 난 것"을 방금 먹은 그들도 "과실을 많이 맺히기 위함이었다"(요 15:5). 이 두 경우에 나오는 "과실"은 발효된 포도주가 절대로 아니라 신선한 자연 그대로의 산물이다.

(2) 유월절 포도 음료는 포도주인가?

유대인의 관습 주의 만찬에서 포도주가 담겨 있는 "잔"을 마셨다는 주장에 이용되는 두번째 주요 논거는 유대인들이 유월절 때에 발효된 포도주를 마셨다는 널리 퍼진 관습이다. 에버레트 틸슨(Everett Tilson)은 예수님 당시의 유월절 때에 포도주를 마시는 것이 금지되었다면 육천 단어로 유월절 준수 지침을 기록한 미쉬나에 이 점에 대한 일언 반구가 있을만한데, 나오지 않기에 발효된 포도주를 널리 마셨다고 주장한다.[61]

이 논거는 만일 예수님 당시의 유대인들이 유월절 식사에서 마신 관례적인 네 잔이 오직 발효된 포도주 뿐이었다면, 예수께서 마지막 만찬에서 발효된 포도주를 마셔야만 되는 건 아니었지만 마셨었을 수 있을 가능성으로 인하여 심각히 고려되어야만 한다.

기억해야 할 사실은 그리스도의 가르침과 행하심이 당시 널리 행하여진 관습을 꼭 따랐다는 것이 아니라는 점이다. 예수께서는 금식, 손 씻으심, 무거운 짐이 되는 안식일 같은 널리 유포된 관습에 정면으로 대치되는 행동을 하셨다. 예수께서는 성만찬 제도를 당시 관습과는 다르게 독자적으로 제정하시었다. 그 분은 제자들에게 상징적인 잔을 관례대로 네 번씩 주지 아니하시고, 오직 한 번만 주셨다. 그리고 규례의 상징인 구운 양고기와 쓴 약용 식물(herb)를 놔두고, 자기 몸의 상징인 떡만 사용하셨다. 그러므로, 만일 그리스도께서 발효되지 않은 포도즙을 이 예식에서 사용함으로 널리 유포된 관습에 정면으로 대치되게 행동하셨다면, 특히 그가 누룩 혹은 발효를 도덕적 부패의 상징으로 여겼기에(마 16:6, 12) 그리 놀라운 일이 아니었을 것이다.

발효된 포도주를 더 낳은 것으로 여기지 않음 그러나 예수께서 널리 행하여지는 관습에 역행하지 않했을 수도 있다. 유대인들이 유월절에 포도 음료를 사용한 것에 상이한 면이 있었음을 제시하는 문헌적 증거들이 있다. 저명한 탈무드 학자로 미국 유대 신학교(Jewish Theological Seminary)에서 탈무드와 랍비 문헌 학과의 학과장을 약 40년간 역임한 루이스 긴즈버그(1873~1941)는 아마도 탈무드에 나오는 유대인 종교 의식에서 포도 음료를 사용하는 것에 관하여 가장 철저히 연구한 학자일 것이다. 그는 자신의 연구를 다음과 같이 결론 짓는다. "그러므로 바벨론 탈무드와 예루살렘 탈무드에 나오는 주요 귀절에 근거하여 발효되지 않은 포도즙이 성전 밖에서 키두쉬(포도 음료 잔으로 축제를 성별하는 것[Kiddush])와 그 외의 종교 의식을 위해 **레카테힐라**(임의로[lekatehillah])를 사용할 수 있었다는 것을 입증하였다. 그것은 성전에서 오직 베디아바드(행위 후에[bedi-abad])에만 사용되도록 승인되었다. 실제로 성전 밖에서는 발효된 포도주를 발효되지 않은 포도즙보다 더 선호하지 않았다. 라바(Raba)는 '포도즙을 짜서 곧 바로 그 위에 키두쉬를 읊을 수 있다'고 이 법을 잘 요약하였다."[62]

긴즈버그는 유대인 종교 의식에서 포도주 사용에 관한 두 가지 유대법에 관한 견해를 검토한 후에 다시 다음과 같이 결론을 내린다. "그러므로 가장 일반적으로 널리 받아들여진 두 유대법, **투르**(Tur)와 **슐함 아룩**(Shulham Aruk)에 의하면 발효된 어느 포도주도 발효되지 않은 포도즙보다 더 우월하게 인정되지 않았다. 또 발효된 포도주를 사용하라는 우선 순위 계명 **미츠바 민 하-뭅하르**[mitzbah min ha-mubhar])조차도 아니었다."[63]

유대 백과 사전도 긴즈버그가 내린 결론을 확언하여 준다. "예수"에 관한 항목에는 "공관복음서에 의하면 예수는 자기 생애의 마지막 주 목요일 저녁에 제자들과 거룩한 도시에서 유월절 식사를 하시기 위하여 예루살렘에 들어왔다. 만일 그렇다면 예수가 기념으로서 제정한 미사(Mass)나 성만찬의 제병(際餠)은 누룩을 넣지 않은 떡과 **세데르**(유대인의 유월절 밤 축제[Seder])의 **발효되지 않은 포도즙**이었을 것이다(Bickell의 Messeund Pascha, Leipsic, 1872를 보라)."[64]

죤 키토가 편찬한 **성경 백과 사전**은 유월절 식사 시에 포도즙을 마시었다고 말한다. "마신 포도 음료는 물론 발효되지 않은 것이지만, 그것이 항상 막 짜낸 즙이었는지 혹은 '핏 빛 포도즙(pure blood of grape)' 이었는지는 확실하지 않다(신 32:14). 왜냐하면, 미쉬나는 유대인들에게 끓인 **포도 음료**를 마시는 습관이 있었다고 말하기 때문이다. 그들은 거제(擧祭)의 포도 음료는 끓이지 않는다. 왜냐하면, **그 질이 저하되기 때문이다.** 그러면 두텁게 되어서 마시려면 물을 섞어야만 한다. 그러나 랍비 예후다(Yehuda)가 **그 질을 향상시키기 때문에** 이렇게 하는 것을 허락하셨습니다.'란 말을 곧바로 덧붙인다(Teroomoth Perek, c. xi)."[65]

랍비들의 조작 이와 같은 증언들은 오직 발효된 포도주만이 예수 당시의 유월절 식사 시에 사용되었다는 주장이 믿을 수 없도록 한다. 발효되지 않은 포도즙도 유월절 때에 사용되었다는 것이 드러난다. 발효된 포도주에 관한 언급은 미쉬나(주후 200년경 랍비 예후다가 편찬한 유대인의 주해와 관습 모음집)에 나오지 않고 후에 탈무드에 주(註)를 달 때에 덧붙여졌다. "중세의 유명한 랍비들인 마이모니데스(Maimonides)와 바르테노라(Bartenora)는 탈무드에 주를 꽤 많이 달았다. 유월절 포도 음료가 취하게 하는 성질을 지녔다는 것은 미쉬나 본문으로부터가 아니라 그들이 달아논

주(註)로부터 발췌되었다."[66]

미쉬나는 유월절 밤에 발효된 것이 있나 해서 곡식으로 만든, 발효된 음료는 절대로 저장하지 않는 포도 음료 저장실까지 뒤졌다고 꽤 구체적으로 밝힌다. 곡식으로 만든 발효에는 바벨론의 **큐타크**(cutakh)와 메데의 **쉐카르**(shekar), 그리고 이두메아의 **하메츠**(hamets)가 속한다. 12세기의 저명한 스페인 랍비들인 마이모니데스와 바르테노라는 미쉬나에 주석을 달면서 발효된 음료를 금한 것은 곡식으로 만든 증류주에만 적용될 뿐이지 과실로 만든 것들에는 적용되지 않는다고 주장하였다. 마이모니데스가 제시한 이유는 "과실액은 발효를 발생시키지 않고 신맛만 생기게 하기 때문이라는 것이다."[67]

몇몇 랍비들이 포도 음료와 같은 과실 음료가 발효되지 않는다고 믿을 수 있었다고 상상하기는 힘들다. 그러한 상상적인 논거는 포도주를 마시는 것을 합법화하기 위하여 조작되지 않았나 하는 의혹을 불러 일으킬 수도 있다. 만일 그렇다면 랍비들이 칠일 간의 축제 동안에 "누룩(발효된 것)"(출 13:7)을 금하는 유월절 율법이 발효된 포도주에게도 확장되었다고 이해한 것만을 보여줄 뿐이다.

후대의 증언 유대인들이 유월절 때에 발효되지 않은 포도즙을 마시는 관습에 관한 증거는 역사를 통하여 계속 찾아볼 수가 있다. 랍비 야곱 벤 아쉐르(Jacob ben Asher)가 13세기에 편찬한 탈무드 율법 요약집인 **아르바 투림**(Arba Turim)은 유월절의 네 잔에 대하여 다음과 같이 말한다. "만일 필요하다면 지혜로운 자의 명령을 따라서 가진 것을 팔아야만 한다. **야인**(yayin) **혹은 짐무김**(zimmoogim)—포도 음료 혹은 건포도—을 획득할 때까지 가진 것을 팔게 하라."[68] 건포도는 빠개서 물에 넣은 다음 끓여서 즙을 짜내고 유월절 포도즙을 만드는 데 사용되었다. 박식한 랍비 마나세 벤 이스라엘(Manasseh ben Israel)의 1656 년 암스텔담에서 출판된 자신의 저서 **유대인의 주장**(Vindicia Judaeorum)에서 유월절에 관하여 다음과 같이 말하였다. "여기 이 축제에서 모든 당과(糖菓 : matzoth)는 발효나 혹은 **즉시 발효될** 어떤 것도 없도록 순전하여야만 한다."[69]

J. 알렌(Allen)은 1830년에 출판된 **현대 유대주의**(Modern Judaism)라는 자신의 저서에서 유월절 포도 음료에 관하여 다음과 같이 말하고 있다. "그들에게는[유대인들] 곡식으로 만든 어떤 증류주, 혹은 발효의 **과정을 거친** 것을 마시는 것이 금지되어 있다. 그들의 음료는 순수한 물이나 자신들이 준비한 건포도-포도즙-이다."[70]

저명한 19세기 랍비이자 **유대인 기별자**(The Jewish Messenger)의 편집장인 랍비 S. M. 이삭(Issac)은 다음과 같이 말한다. 유대인들은 **결혼 축제를 포함한** 거룩한 목적을 위한 축제에서는 발효된 음료를 아예 마시지 않는다. 사적, 공적 소제와 전제(oblation and libation)에서는 포도나무 과실-즉, 신선한 포도-을, 발효되지 않은 포도즙, 그리고 건포도를 축복의 상징으로서 사용한다. 그들은 항상 발효를 부패의 상징으로서 여겼다.[71]

랍비 이삭의 진술이 매우 정확한 것은 아니다. 유대 문헌은 유월절에서 사용된 포도 음료의 종류에 관하여 일치하지 않는다. 1895 년 판 **대영 백과사전**은 그 이유를 설명하여 준다. "네 잔이나 혹은 다섯 잔의 포도 음료를 각 사람이 마셨다. 이 때에 마신 포도 음료가 발효된 것이냐 혹은 발효되지 않은 것이냐에 관하여 상당한 논쟁을 벌였다-간략하게 말하자면, 보통 포도 음료이거나 혹은 순전한 포도즙이었다. 그것이 '발효되지 않은 것' 이라고 주장하는 이들은 발효되지 않은 것이라는 표현에 주로 기대고 있다. 이 표현은 '누룩 없는 떡'으로 번역된 단어를 정확하게 번역한 것이다. 랍비들은 효소에 관한 명령을 포도 음료 뿐만 아니라 유월절 떡에도 적용 되는 것으로 해석하는 것같이 보인다. 따라서 현대 유대인들은 일반적으로 랍비들의 명령을 따라서 건포도-포도 음료-를 사용한다."[72]

마지막 문장은 정확하지 않다. 그 이유는 전기하였다시피 모든 랍비들이 '발효되지 않은 것'에 관한 법을 포도주에 확장하여 적용하지 않기 때문이다. '누룩'(출 13:7)에 관한 모세법을 이와 같이 두 가지로 해석한 것은 유대인들 간에 존재하는 두 가지 다른 종교적 전승을 가르쳐 준다. 보수적인 정통 유대인들은 대부분 발효되지 않은 포도즙을 사용하지만, 자유주의적 경향이 있는 개혁파 유대인들은 대부분 발효된 포도주를 사용한다.

정통 유대인인 랍비 이시도르 코플로비츠는 포도주와 독주에 관한 탈무드의 진술들을 편찬한 책 서문에서 다음과 같이 말한다. “유월절 밤에 가정 의식에서 세데르 상(seder table : 유월절 상징들이 제식에 따라 질서 있게 놓여진 탁자)에서 마신 포도주 네 잔은 유대 성경이 제정한 것이 아니다. 모세는 포도주를 마시거나 혹은 또 다른 종교적인 기능을 결코 규정하거나 명령하지 않았다. 이 관습은 랍비들이 제정한 것일 뿐이다.”

“그러나 현대 정통 이스라엘의 최고의 랍비적 권위, 즉 **슐찬 아루크**(Shulchan Aruch)는 세데르 상(seder table)에서 네 잔의 포도 음료로서 ‘끓인 포도즙(물에 끓인 건포도)’을 사용하는 것을 명확하고 뚜렷하게 허용한다.”

“유월절 밤에 끓인 포도즙과 꿀에 섞은 포도즙에 규정된 **키두쉬**(Kiddush)를 낭송하는 것은 허용되었다(Shulchun Aruch Druch Chayim 잔 273, 9째 문장).”[73]

본 장에서 언급한 고대와 현대 유대인 증인들, 즉 ‘오직 발효된 포도주만이 예수 당시의 유월절 식사 때에 사용되었다’는 주장이 믿을 수 없는 것임을 충분하게 입증하였다. 유대인들은 유월절 기간 중에 자신들의 집에서 “발효된 것”을 없애라는 모세법에 관한 두 가지 다른 랍비적 해석에 영향을 받았다.

우리들의 궁극적인 목적은 유대인 관습이 아니라 그리스도의 행동이 무엇이었는가를 판단하는 것은 아니다 . 적어도 이 점에 있어서는 논란의 여지가 없을 것이다. 그리스도께서는 자신의 부패되지 않은 생명을 주는 보혈을 나타내는 데 적합할 수 없는 발효된 포도주로 유월절을 기념하시므로 발효(출 13:6, 7)에 관한 모세법을 무시하지 않았었을 것이다.

(3) 포도나무에서 난 발효되지 않은 것을 사용하신 예수

유월절 포도 음료가 발효된 것이었다는 주장을 논함에 있어서 중요한 측면은 전 기독교사를 통하여 주의 만찬에서 발효된 포도주만 사용되었다는 추정이다. 이 측면을 본 장 후반부에서 다룰 것이고, 이 항목에서는 구세주께서 마지막 만찬 때에 발효되지 않은, "포도나무에서 난 것"을 사용하셨다는 주장을 지지하여 주는 네 가지 이유를 제시하고자 한다.

모세법에 순종하심 예수께서는 유월절 축제 기간 동안에 모든 발효된 것들을 사용치 말라고 명한 모세법을 이해하고 준수하셨기 때문에 마지막 만찬 때에 포도즙을 사용하셨다. 모세법은 누룩, 효모, 혹은 발효를 일으킬 수 있는 모든 것을 뜻하는 세오르(seor)를 집에서 사용하거나 놔두지 말라고 하였다(출 12:15).[74]

쉽게 세오르-발효-되는 것은 다 금지되었다. 이것은 하메츠(hametz)라고 불리우고, "유교병(有餃餠)"으로 번역되었다(출 12:15 ; 13:7). 그렇지만, "떡"이라는 단어가 원문에는 나오지 않는다. 그러므로, 좀더 정확한 번역은 "발효된 것들"이다. 유대인들은 칠일 동안 "무교병"이라고 일반적으로 번역 되는 마초트(matzoth)를 먹었다(출 13:6~7). 떡이란 단어가 원문에는 하메츠에서 처럼 나오지 않는다. 그러므로 더욱 더 정확한 번역은 "발효되지 않은 것들"이다.

로버트 영도 이 번역이 옳음을 증명하여 주고 있다. 그는 출애굽기 12:15, 19을… "무릇 첫날부터 칠일까지 어떤 발효된 것인지 먹는 자들은 이스라엘에서 끊쳐지리라… 너희는 유교물(有餃物 : 발효된 것)을 먹지 말고 너희 거하는 곳에서 너희는 유교물을 먹지 말라."고 번역하였다. 그러므로, 출애굽기 13:6, 7은 다음과 같이 정확하게 문자적으로 번역되어질 수 있다. "칠일 동안 발효되지 않은 것(무교물)을 먹고, 제칠일에는 여호와께 절기를 지키라. 칠일 동안에는 발효되지 않은 것을 먹고 발효된 것은 너희 곳에 있게 하지 말며 네 지경 안에서 누룩을 네게 보이지도 말게 하라."

모세법에 의하면 발효된 포도주가 완전히 배제되어야만 한다. 랍비들은 이 문제를 가지고 대 논쟁을 벌였는데, 전기한 바와 같이 어떤 랍비들은 포도 음료와 같은 과실즙은 발효하지 않는다고 주장함으로써 법을 교묘히 회피하였다. 율법을 완성하시기 위하여 오신 예수(마 5:17)께서 "발효된 것"에 사용을 금하는 유월절 법을 범하실 이유가 없다. 특히 예수께서 제자들에게 "삼가 바리새인과 사두개인들의 누룩을 주의하라"(마 16:6)고 경고하시면서 발효가 도덕적으로 상징하는 바를 아셨는데도 그렇게 행하실 이유가 없다. 그리스도에게 있어서 누룩은 후에 제자들이 이해하였듯이 부패한 성정과 교훈이었다(마 16:12).

바울이 고린도인들에게 "너희는 누룩 없는 자인데 새 덩어리가 되기 위하여 묵은 누룩을 내어 버리라 우리의 유월절 양 곧 그리스도께서 희생이 되셨느니라 이러므로 우리가 명절을 지키되 묵은 누룩도 말고 괴악하고 악독한 누룩도 말고 오직 순전함과 진실함의 누룩 없는 떡으로 하자"고 권고할 때에도 똑같은 동일한 상징적 의미를 덧붙인다(고전 5:7, 8).

유월절 절기에서 발효된 것들을 제외시킨 것은 이스라엘 사람들에게 그들이 반죽에 누룩을 넣을 시간도 없이 애굽에서 급하게 떠난 것만을 단지 상기시켜 주는 것이 아니다. 이 사실은 반죽이 부풀 충분한 시간적 여유가 있었던 때에 애굽에서 떠나기 전에 무교병을 먹으라고 명령한 것이 기록된 출애굽기 12:8, 39에 명확하게 드러난다.

누룩을 사용하지 말라는 법의 주된 목적은 성경에서 누룩이 죄와 부패를 상징적으로 의미함에 기인한다. "유대인들 간에 누룩은 때때로 죄의 상징으로서 사용되었다. 유월절 때에 사람들은 자신들의 마음에서 죄를 제거하면서 집에서 모든 누룩을 제거하도록 인도함을 받았다."[75] 부패와 불성실함의 상징인 누룩이 유대인의 유월절에 제거되었다면 크리스찬이 행하는 주의 만찬에서 발효된 것을 사용하는 것은 참으로 가당하지 않다.

누룩이 소제물(레 2:11), 속죄제(레 6:17), 축성(祝聖) 제물(출 29:2), 나실인 제물(민 6:15), 그리고 진설병(레 24:5-9)에서 배제된 사실은 누룩의 상징적, 도덕적 의미가 무엇인지 보여 준다. 그러나 부패로부터 보존을 상징하는 소금은 희생 제물에 포함되었다. "네 모든 소제물에 소금을 치라"(레 2:13). 만일 누룩이 그리스도의 속죄하는 보혈의 모형인 희생 제물에 넣어질 수 없다면 발효된 포도주는 그의 속죄하는 보혈을 나타낼 것이 결코 되지 못한다.

예수께서는 "발효되지 않은 것"들에 관한 모세법의 자구와 정신을 완전히 이해하셨다. 이 사실은 그의 가르침에 나타난다(마 16:6, 12). 이 가르침은 그 분이 제자들에게 "축복하시고" 주신 잔에 성경이 금하는 발효된 것이 담겨져 있지 않았다는 사실을 믿게 한다. 예수께서 여러 모든 희생제사의 원형인 자신의 희생 제물의 영원한 기념물로서 발효된 포도주를 택하심으로 성경의 명령을 무시하셨다고 상상하여 질 수도 없다.

상징의 일관성 예수께서 마지막 만찬 때에 발효되지 않은 포도즙을 마시었다는 것을 믿도록 하는 두번째 이유는 발효된 포도주가 적절하게 나타낼 수 없는 피라는 상징에 내재하는 일관성과 미(美)이다. 누룩은 바리새인들의 부패한 가르침을 나타내는 데 사용되었고, 성경에서는 죄와 부패의 상징으로 여겨졌다. 그리스도께서 인간의 죄를 사하시기 위하여 흘리신, 때묻지 않은 피를 상징하기 위하여 발효된 포도주 잔을 제자들에게 주실 수 있었겠는가? 그리스도의 구속하고 정결케 하는 피가 성경에서 인간의 부패와 하나님의 분노를 나타내는 취하게 하는 잔으로 적절히 나타내어질 수 있었겠는가?

그리스도께서 성경이 보지도 말라고(잠 23:31) 경고한 포도주가 담겨 있는 잔에 축도하셨다는 것은 억지 논리일 뿐이다. 취하게 하는 잔은 저주하는 잔이지 "축복의 잔"(고전 10:16)이 아니다. 그것은 "귀신의 잔"이지 "주의 잔"이 아니다(고전 10:21).

이 시기까지 그리스도의 속죄 하는 피는 염소와 황소의 피로 나타내어졌다(히 9:13~14). 이제부터 새로운 상징은 성만찬의 포도 음료이다. 그리스도의 피는 부정하거나 부패하지 않았다. 그 분의 피는 깨끗했다. "하나님의 살리신 이는 썩음을 당하지 아니하였나니"(행 13:37). 살아 계셨을 때나 죽으셨을 때에 죄를 사하기 위하여 흘리신 자신의 피(생명)의 순전성을 상징하기 위하여 예수께서는 잔을 드시고 이것은 나의 피라고 선언하시었다(마 26:28). 잔의 내용물이 발효된 포도주가 절대로 아니었을 것이다. 그 이유는 발효된 포도주는 그리스도의 보배로운 피를 적절히 상징할 수 없기 때문이다(벧전 1:18~19).

발효된 포도주는 부패와 사망을 적절하게 상징한다. 왜냐하면, 발효는 포도즙에 함유된 대부분의 영양소들을 죽이기 때문이다. 또 다른 한편, 발효되지 않은 포도즙은 그 순전하고 영양가 있는 성질로 인하여 ,그리스도의 피를 통하여 우리에게 주어진 구원과 불멸이라는 생명의 축복을 적절하게 상징한다. 그 분의 피는 우리의 "양심으로 죽은 행실에서 깨끗하게 한다" (히 9:14). 그러나, 발효된 포도주는 도덕적으로 금지된 것에 대한 분별력을 약화시키고 우리들의 천한 격정을 일으켜 양심이 더럽혀지게 한다. 이러한 결과가 그리스도의 속죄 하는 피의 정결케 하는 능력을 적절하게 나타낼 수 있겠는가? 절대 그렇지 않다. 사면(赦免)과 정결보다는 도덕적 질병과 죄를 나타내는 데 더 적합하다.

상징은 상징물이 나타내는 영적 실체를 깨닫고 경험하도록 하기에 중요하다. 발효되지 않은 포도즙은 인간의 몸에 생명을 유지시켜 주는 영양소를 공급하여 주기에 그리스도의 피가 나타내는 구속의 확증을 깨닫고 경험하도록 하여 준다. 죄와 사망의 상징인 발효로 더럽혀지지 않은 것만이 "흠 없고 점 없는 어린 양"을 나타낼 수 있다(벧전 1:19).[76]

마지막 만찬의 언어적인 표현 예수께서 마지막 만찬에서 발효되지 않은 포도즙을 사용하셨다고 믿게 하는 세번째 이유는 이 제도를 기록한 언어적인 표현에서 찾아볼 수 있다. 공관복음서의 기록은 일치하고, 바울이 고린도 교회에 보낸 첫번째 편지에서도 똑같은 형태이다. 이 이야기의 세 문구들을 간단하게 검토하여 보자.

떡에 축사하시고 떡을 떼신 다음 예수께서는 **"잔을 가지셨다"**(마 26:27 ; 막 14:23 ; 참조 눅 22:17 ; 고전 11:25). 성경 해석에 있어서 권위자들 대부분은 이 묘사가 "축복의 잔(Cos ha-Berachah)"이라고 불리우는 유월절 식사에서 드는 네 잔 중 세번째 잔이라고 말한다. 성만찬 의식이 제정되어졌을 때, 이 잔은 "축복의 잔"이라는 명칭으로 계속하여 불리웠다(고전 10:16). 그리스도께서 그 내용물에 축복을 선언하시었기에 그리 불리웠다. 하나님께서 성경에서 확실하게 불허하시는 취하게 하는 포도주가 아님은 확실하다. 이 추측은 신성 모독이다.

예수께서는 잔에 사례하신 후 제자들에게 주시고 **"너희가 다 이것을 마시라"**고 말씀하셨다(마 26:27, 참조 막 14:23 ; 눅 22:17). 그리스도께서는 **"모든"** 이들에게 자기 피를 기념하는 잔을 들라고 초청하신다.

예수께서 제자들에게 주신 잔에는 오늘날의 성만찬 잔처럼 포도 음료가 조금 담겨 있던 것이 아니라 포도 음료 3/4 파인트(pint : 1 파인트는 1/2 quart)가 들어 있었다. 탈무드에 의하면 유월절에 각 사람에게는 적어도 네 잔의 포도즙이 주어지고, 그 사이사이 추가로 마실 수 있었다. 각 잔에는 섞인 물을 제외하고 한 힌(hin)의 1/4 보다 적지 않게 담겨 있었다.[77] 한 힌(hin)은 영국의 12 파인트 이기에, 네 잔에는 각각 3/4 파인트가 들어 있다.

포도주 3파인트는 술고래를 제외하고는 대부분의 사람을 완전히 취하게 하는 데 충분하다. 이런 일은 유월절 때에 포도주를 마신 사람들이 겪은 일이다.[78] 그리스도께서 이와 같이 취하게 하는 포도주를 제자들에게 주셨다는 것은 있을 수 없는 일이다.

그리스도께서는 자신의 "모든" 제자들이 잔을 마시라고 명령하셨다. 만일 잔의 내용물이 포도주라면 모든 크리스챤들이 마실 수 없을 것이다. 어떤 알코올이라도 그것으로부터 해로운 영향을 입는 이들이 있다. 어린 아이들의 경우가 그렇다. 알코올 냄새나 그 맛만 보면 미친 듯이 갈망하는 이들도 있다. "시험에 들게 하지 마옵시고"라는 기도를 가르치신 그리스도께서 자신을 기념하는 상(床)을 어떤 이들에게는 저항할 수 없는 시험과, 모든 이들에게 위험한 장소로 만들 수 있으셨겠는가?

이런 사실은 천주교회로 평신도의 잔을 결국 부인하게 하여 성직자에게만 제한토록 하였다. 개신교회는 이 관습을 강하게 반대하여 수세기 동안 그들이 접할 수 없었던 가시적인 상징을 사람들이 접할 수 있게 회복시켰다. 그러나 그들도 안전의 이유로 한모금의 포도주만 허락하였다. 작은 잔의 포도주 양은 너무 적기에 마신다기 보다는 홀짝거려야 한다. 성만찬의 포도 음료에 알코올 성분이 있어 취하게 하는 한 결코 자유롭고, 그리고 축제적으로 마실 수 없다.

또 다른 중요한 문구는 예수께서 잔의 내용물을 묘사하시면서 사용한 "포도나무에서 난 것"이라는 표현이다. 전기한 바와 같이 이 표현은 천연적인 발효되지 않은 즙에 가장 잘 적용될 수 있다. 발효된 포도주는 포도 나무의 천연적 "과실"이지만 분해력의 결과이다. 그러므로 그리스도께서 사용하신 "포도나무에서 난 것"이라는 표현은 마지막 만찬 때에 사용된 것이 발효된 포도즙이라는 주장을 지지하여 준다.

이 관습의 존속 예수께서 마지막 만찬 때에 발효되지 않은 포도즙을 사용하셨다는 것을 믿게 하는 네번째 이유는 몇몇 크리스챤 모임과 교회에서 그 관습이 계속되어 행하여졌다는 것이다. 중요한 실례 하나는 3세기에 유포된 묵시 문학서인 **사도 마태의 행전과 순교**이다. 하늘에서 들려온 목소리는 지방 감독인 플라토(Plato)에게 "복음서를 읽고 거룩한 떡을 제물로서 가지고 오라. 포도나무에서 딴 세 포도 송이를 짜서 잔에 넣은 다음 주 예수께서 제삼일에 죽은 자들 가운데서 부활하실 때 드리는 법을 우리에게 보여 주셨듯이 나와 참예하라(communicate)."고 지시하였다.[79] 이것은 성만찬 예식에서 막 짠 포도즙을 사용한 것을 확실하게 증거하여 준다. 또 성만찬에 떡과 포도즙이 하나님께 드린 첫번째 과실이라고 말한 리용의 감독 이레네우스(주전 130~200년)의 발언도 이 견해를 지지하여 주고 있다.[80]

"첫번째 실과 개념은 떡과 포도즙에만 적용된 것이 아니라 제단에 드린 실제 포도와 곡식에도 적용되었다." 죠셉 빙햄(Joseph Bingham)은 고전이 된 자신의 **저서 기독교의 고대 풍습과 제도**(The Antiquities of the Christian Church)에서 아프리카 교회의 몇몇 교회법은 "제단에는 떡과 포도주의 재료이고 그것으로 성만찬을 거행한 포도와 곡류를 제외한 그 어떤 첫번째 과실도 드려질 수 없다"고 적고 있다.[81] 어떤 곳에서는 실제 포도와 곡식을 떡과 포도 음료와 함께 나누어 주는 관습이 발전되기도 했다. 이 혁신을 수정하기 위하여 트룰루스(Trullo) 시노드(주후 692년)는 만일 사람들이 교회에서 그들의 첫번째 실과를 먹기 원한다면 뚜렷한 성별과 뚜렷한 분배를 하라고 명령하였다.[82] 성만찬에 떡과 포도즙을 처음 익은 실과(first-fruits)와 동일시 하고, 곡식과 포도를 떡과 포도 음료와 함께 백성들에게 나누어 준 처음 익은 과실들로 성별하여 바친 것은 후자를 땅의 자연적이고 발효되지 않은 소산물로 간주한 것을 가리킨다.

브라가(Braga) 시노드(주후 675년)는 보존된 포도를 직접 성만찬 잔에 짜 채운 관습에 관하여 말하여 주고 있다. 이 시노드의 기록은 키프리안(주후 258년 사망)이 "포도 송이에서 짠 그 포도즙을 성만찬에 사용하는 이들을 정죄하였다"고 기록하였다.[83] 그러한 관습은 성만찬에 신선한 포도나 마른 포도에서 만든 포도나무에서 난 순전한 것을 드림으로 그리스도의 말씀을 순종하려고 한 그리스도인들의 노력을 보여 준다.

키프리안이 막 짜낸 포도즙(espressum vinum)을 마시는 것을 정죄한 것이 아니라, 그것을 물과 함께 섞지 않았다는 것을 문제 삼았다. 포도즙을 물에 섞는 관습은 항상 포도주를 약화시키려고 한 것이 아니라 끓인 포도즙과 짓뭉갠 포도의 두터운 즙을 묽게 하려고 한 것이 명백하다.[84] 이것에 관한 지침은 이미 3세기 전에 교황 쥬리우스(Julius) 1세가 "만일 필요하다면 포도 송이를 잔에 짜 넣어 거기에 물을 섞는다"고 적은 조서에 시달되었다.[85]

"포도액이 이미 포도즙의 종[speciem vinum]을 가지고 있기에 결국 이 성례전은 포도액으로서 행하여질 수 있다"고[86] 말한 토마스 아퀴나스(주후 1225~1274)도 쥬리우스의 견해를 지지하고, 야코부스 아 비트리아코(Jacobus a Vitriaco), 디오니시우스 본살리비(Dionysius Bonsalivi), 요한네스 베레투스(Johannes Belethus)와 같은 서방 신학자들도 같은 입장이다.[87] 특히 요한네스 베레투스는 성만찬을 거행하는 몇몇 지역에서 잘 알려진 관습에 관하여 기록하였는데, 특히 예수의 현성용(顯聖容) 축일인 8월 6일에 새 포도 음료나 막 짠 포도즙을 사용한 지역에 대하여 기록하였다.[88]

발효된 포도즙을 사용하였다는 역사적 사실은 여러 문헌에 잘 나와 있는데, 특히 동방 정교회가 그렇다. 신선한 포도나 마른 포도에서 만든 발효되지 않은 포도즙을 성만찬에서 사용한 교회는 서부 아시아의 네스토리안 교회, 인도의 성 도마의 크리스챤들, 이집트의 콥틱 수도원들, 페르시아의 성 요한의 그리스도인들, 그리고 아비시니아 교회들이다.[89]

이런 점들은 우리 주께서 우리의 죄를 사하시기 위하여 흘리신 자신의 피를 영원히 기념하기 위하여 발효되지 않은, 영양소 있는 포도즙을 직접 마시었고 명령하셨다는 것을 확증하여 준다.

6. 결 론

본 장에서는 우리 구세주께서 세상 끝까지 포도주를 **만드셨고 권하셨고 마셨고 마시라고 명령하셨다**는 것을 증명하기 위하여 일반적으로 사용되는 포도주와 관련된 주요 이야기들이나 예수의 말씀을 자세히 검토하였다. 결론은 이들의 주장이 근거 없는 추정에 기대어 있고 본문적으로, 정황적으로, 역사적으로 지지를 받지 않는 억지 이론임이 들어났다.

예수께서 가나에서 **만드신** "좋은 포도 음료"는 그것이 강한 포도주이기 때문이 아니라 신선하고 발효되지 않은 포도즙이었기 때문에 "좋은 포도 음료"였다. 예수께서 새 가죽 부대의 비유를 통하여 권하셨다는 "새 포도 음료"는 끓이거나 여과된 발효되지 않은 포도액이었다. 왜냐하면, 새 가죽 부대 조차도 새로운 포도주 발효 과정 중 생기는 가스 압력을 견딜 수 없기 때문이었다. 예수께서 자신을 "먹고 마시는 자"로 묘사한 것은 그가 포도주를 마셨다는 것을 암시하지 **않고**, 그가 사람들과 식사 때나 언제든지 어울리셨다는 말이다. 그리스도께서 자신의 구속하는 피를 기념하는 것으로서 마시라고 **명령하셨다**는 "포도나무에서 난 것"은 인간의 타락, 부패, 신의 진노를 나타내는 발효된 포도주가 아니라, 발효되지 않은 순수한 포도즙으로써 이것은 우리의 죄를 사하시기 위하여 그리스도께서 흘리신 흠 없는 피를 적절히 상징하여 준다.

그리스도께서 알코올 성분 음료를 마시었고 또 마시는 것을 승인하셨다는 주장은 근거가 없는 것으로 드러났다. 본 장에서 제시한 증거들은 예수께서 취하게 하는 모든 물질들을 삼가하셨고 자신의 제자들에게 그것을 마시라고 승인하시지도 않았다는 것을 확실하게 입증하였다.

주

1. Kenneth L. Gentry, *The Christian and Alcoholic Beverages* (Grand Rapids, 1986), p. 108.
2. Norman L. Geisler, "A Christian Persepctive on Wine-Drinking," *Bibliotheca Sacra* (January-March 1982) : 49.
3. Kenneth L. Gentry (n. 1), p. 50.
4. Ibid., p. 54 ; see also Howard H. Charles, *Alcohol and the bible* (Scottdale, Pennsylvania, 1981), p. 19.
5. Kenneth L. Gentry (n. 1), p. 50.
6. William Hendricksen, *New Testament Commentary : John* (Grand Rapids, 1973), p. 115.
7. Kenneth L. Gentry(n. 1), p. 52.
8. 호와드 촬스(Howard H. Charles)는 다음과 같이 말하였다. "비록 우리가 다른 결론을 바라지만 정직한 주석은 예수께서 이 경우에 혼인 잔치에서 마실 포도주를 일부러 더하셨다고 솔직하게 시인하도록 한다"(n. 4), p. 19.
9. Kenneth L. Gentry (n. 1), p. 50.
10. Ernest Gordon, *Christ, the Apostles and Wine, An Exegetical Study* (Philadelphia, 1947), p. 13.
11. Albert Barnes, *Notes on the New Testament, Luke-John* (London, 1875), vol 2, p. 197.
12. Pliny, *Natural History* 23, 24, trans. W. H. S. Jones, *The Loeb Classical Library* (Cambridge, Massachusetts, 1961).
13. Plutarch, *Symposiac* 8, 7.
14. Albert Barnes (n. 11), p. 197.
15. Henry M. Morris, *The Bible Has the Answer* (Nutley, New Jersey, 1971), p. 163.
16. Rabbi Isidore Koplowitz, *Midrash Yayin Veshechor. Talmudic and Midrashic Exegetics on Wine and Strong Drink* (Detroit, 1923), p. 7.
17. *Midrash Rabbah Nosso* 10 ; cf. *Shir Hashirim Rabba* 2 ; 랍비 이시도르 코프로비츠(n. 16), p. 33, 39에서 인용함.
18. John Kitto's *Cyclopedia of Biblical Literature,* 1845 ed., s. v. "Wine," vol. 2, p. 951에서 인용함.
19. Ibid.
20. Joseph P. Free, *Archeology and Bible History* (Wheaton, Illinois, 1950),

p. 355.

21. Leon c. Field, *Oinos : A Discussion of the Bible Wine Question* (New York, 1883), p. 57.
23. As quoted in John Ellis, *A Reply to "The Academy's" Review of "The Wine Question in the Light of the New Dispensation"*(New York, 1883), p. 182.
24. 예를 들자면, John Charles Ellicot, ed., *The Four Gospels in Ellicott's Commentary on the Whole Bible* (Grand Rapids, 1954), vol. 6, p. 394 ; Willian Barclary, *The Gospel of John* (Philadelphia, 1956), p. 84 ; Adam Clarke, *Clarke's Commentary* (Nashville, n. d.), vol. 5, p. 527 ; G.H. Mac Gregor, *The Gospel of John* (London, 1953), p. 53을 보라.
25. Herbert Preisker, *"Methe, Methuo, Methuskomai," Theological Dictionary of the New Testament,* ed. Gerhard Kittel (Grand Rapids, 1967), vol. 4, p. 547, 이탤릭체로 강조한 것은 필자가 한 것임.
26. John Parkhurst, *A Greek and English Lexicon to the New Testament,* 7th edition (London, 1817), s. v. "*Methuo.*"
27. R. A. Torrey, *Difficulties in the Bible* (Chicago, 1907), pp. 96~97.
28. William L. Pettingill, *Bible Questions Answered*(Wheaton, Illinois, n. d.), pp. 223~224.
29. Leon c. Field (n. 21), p. 63.
30. Jimmy L. Albright, "Wine in the Biblical World : Its Economic, Social, and Religious Implications for New Testament Interpretation" (Ph. D. Dissertation, Southern Baptist Theological Seminary, 1980), pp. 129, 137.
31. R. C. H. Lenski, *The Interpretation of St. John's Gospel* (Columbus, Ohio, 1942), p. 318.
32. *Encyclopedia Biblica,* eds. T. K. Cheyne and J. Sutherland Black, 1903 ed., s. v. "Wine and Strong Drink," vol. 4, p. 5315.
33. Alexander Balman Bruce, *The Synoptic Gospels* in *The Expositor's Greek Testament* (Grand Rapids, 1956), p. 500. 어니스트 골든(Ernest Gordon)도 비슷한 논거를 개진하였다(n. 10), p. 20.
34. Horace BumStead, "The Biblical Sanction for Wine," *Bibliotheca Sacra* 38(January, 1881) : 82.
35. *Encyclopedia Biblica* (n. 32), p. 5315 ; William Smith, *Dictionary of Greek and Roman Antiquities,* s. v. "*Vinum*"을 보라. 첫번째 발효 후에 큰 항아리에 저장하는 것에 관한 서술에 관해서는 James B. Pritchard, *Gibeon : Where the Sun Stood Still* (Princeton, 1962), pp. 90~98를 보라.

36. Frederic Richard Lees and Dawson Burns, *The Temperance Bible Commentary* (London, 1894), p. 266.
37. Columella, *On Agriculture* 12, 29, trans. E. S. Forster and Edward H. Heffner, *The Loeb Classical Library* (Cambridge, Massachusetts, 1955).
38. Ernest Gordon(n. 10), p. 20.
39. Ibid., p. 21.
40. Kenneth L. Gentry (n. 1), p. 54.
41. Everett Tilson, *Should Christian Drink?* (New York, 1957), p. 31.
42. Lees and Burns (n. 36), p. 295.
43. Norval Geldenhuys, *Commentary on the Gospel of Luke,* The New International Commentary on the New Testament (Grand Rapids, 1983), p. 198.
44. Henry Alford, *The New Testament for English Readers* (Boston, 1875), vol. 1, p. 324.
45. R. H. Lenski, *The Interpretation of St. Luke's Gospel* (Columbus, Ohio, 1953), p. 320.
46. Jack Van Impe, *Alcohol : The Beloved Enemy* (Royal Oak, Michigan, 1980), pp. 121~122.
47. Heinrich Seeseman, *"Oinos," Theological Dictionary of the New Testament,* ed., Gerhard Friedrich (Grand Rapids, 1968), vol. 5, p. 163.
48. Stephen M. Reynolds, *Alcohol and the Bible* (Little Rock, Arkansas, 1983), p. 42.
49. Kenneth L. Gentry (n. 1), p. 48.
50. Horace Bumstead (n. 34), p. 86.
51. Irving Woodworth Raymond, *The Teaching of the Early Church on the Use of Wine and Strong Drink* (New York, 1927), p. 81.
52. Ibid.
53. 어니스트 골든(Ernest Gordon)도 이 사실을 직시하면서 강조하고 있다. (n. 10), p. 19를 보라.
54. Kenneth L. Gentry (n. 1), p. 49.
55. Ibid.
56. Horace Bumstead (n. 34), p. 86~87.
57. Kenneth L. Gentry (n. 1), p. 54.
58. Josephus, *Antiquities of the Jews* 2, 5, 2, trans. William Whiston, *Josephus Complete Works* (Grand Rapids, 1947), p. 48.
59. Ibid.

60. Frederic Richard Lees, *Text–Book of Temperance* (London, 1869), p. 50
61. Everett Tilson (n. 41), p. 33.
62. Louis Ginzberg, "A Response to the Question Whether Unfermented Wine May Be Used in Jewish Ceremonies," *Americam Jewish Year Book* 1923 (New York, 1922), p. 414.
63. Ibid., p. 418, 강조체는 필자의 것임.
64. *The Jewish Encyclopedia,* 1904 edition, s. v. "Jesus," vol. 5, p. 165.
65. John Kitto, *Cyclopedia of Biblical Literature,* 1845 edition, s. v. "Passover," vol. 2, p. 477.
66. Lees and Burns (n. 36), p. 279.
67. *Chametz Vematzah* 5, 1, 2.
68. Lees and Burns에서 인용함 (n. 36), p. 282.
69. Ibid.
70. John Allen, *Modern Judaism* (London, 1830), p. 394.
71. William Patton, *Bible Wines. Laws of Fermentation* (Oklahoma City, n. d.), p. 83에 인용되어 있음.
72. *Encyclopedia Britannica,* 8th ed., 1859, s. v. "Passover."
73. Rabbi Isidore Koplowitz(n. 16), p. 12
74. Leon C. Field (n. 21), p. 74에 의하면 "이것은 문자적으로 '시큼한 것'을 뜻하고, 발효를 발생시킬 수 있는 모든 물질(모든 효모적이나 혹은 부패하는 알부민 물질)에 적용되고, 그러기에 '효소'로 번역될 수 있다."
75. E. G. White, *Christ's Object Lessons* (Washington, D. C. 1941), p. 95, 96.
76. E. G. White, *The Desire of Ages* (Mountain View, California, 1940), p. 653.
77. 라이트푸트는 Each cup was to contain "not lles than the fourth part of a quarter of a hin, beside what water was mingled with it"라고 말한다. J. B. Lightfoot, *The temple–Service and the Prospect of the Temple* (London, 1833), p. 151.
78. *The Jewish Encyclopedia,* 1904 editon, s. v. "Wine," by David Eisenstein, vol. 12, p. 534.
79. *Acts and Martyrdom of St. Matthew the Apostle,* eds. Alexander Roberts and James Donaldson, *The Ante–Nicene Fathers* (Grand Rapids, 1978), vol. 8, p. 532, 533.
80. Irenaeus, *Against Heresies* 4, 17, 5, eds. Alexander Roberts and James Donaldson, *The Ante–Nicene Fathers* (Grand Rapids, 1973), vol. 1, p. 484.

81. Joseph Bingham, *The Antiquities of the Christian Church* (London, 1852), vol. 2, p. 755.
82. Ibid.
83. Ibid., p. 760.
84. Leon C. Field (n. 21), p. 91.
85. Gratian, *De Consecratione,* Pars Ⅲ, Dist. 2, c. 7, cited by Leon C. Field (n. 21), p. 91.
86. Thomas Aquinas, *Summa Theologica* (New York, 1947), vol. 2, part Ⅲ, question 74, article 5, p. 2443.
87. Leon C. Field(n. 21), pp. 91~93는 이들과 그 외의 저술가들을 인용하고 논하였다.
88. Leon C. Field (n. 21), p. 92에 인용함.
89. Leon C. Field (n. 21), pp. 91~94 ; G. W. Samson, *The Divine Law as to Wines* (New York, 1880), pp. 205~217 ; Lees and Burns (n. 36), p. 280~282.

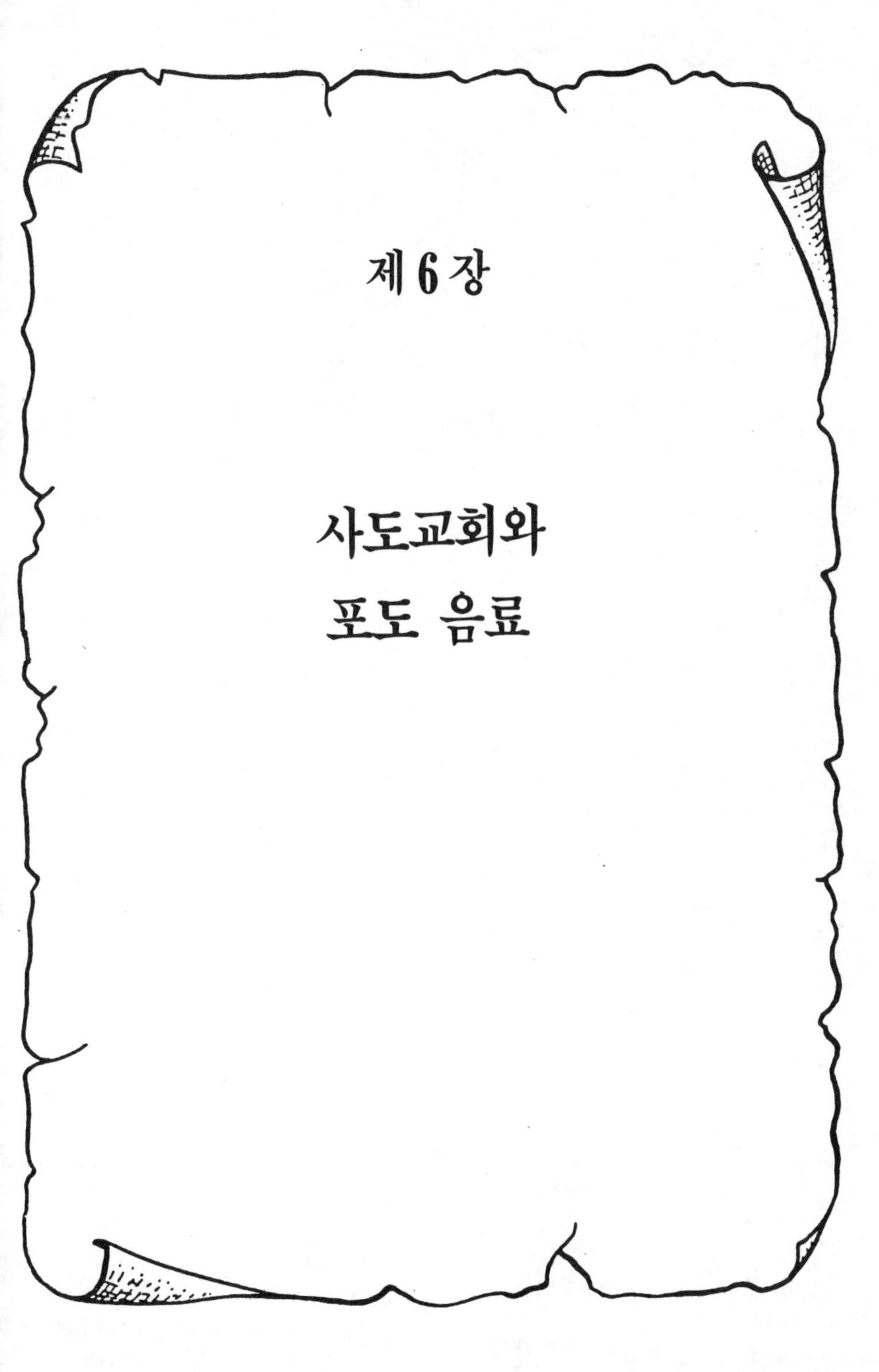

제 6 장

사도교회와 포도 음료

사도교회와 포도 음료

사도 교회가 모든 크리스챤들과 기독교 전반의 모교회(母教會)이기 때문에 사도 교회의 가르침과 관습은 매우 중요하게 여겨져 왔다. 예를 들자면, 16세기의 종교 개혁 운동은 사도 교회의 가르침과 관습에로 복귀하고자 하는 개혁 운동이었다.

사도 교회가 갖고 있는 이러한 중요성은 사도 교회가 주정 음료에 관하여 가르친 바에도 해당된다. 사도들이 주정 음료에 관한 예수와 구약성경의 가르침을 이해하고, 설교하고, 다른 방법은 본서가 현재까지 얻은 결론들에 정당성을 부여할 뿐만 아니라 현대 크리스챤들이 적당론자의 견해에 따를 것인가, 아니면 절대 금주론자의 입장에 동조할 것인가를 명확하게 해 주기 때문이다.

본 장의 목표와 절차 본 장은 사도들이 포도 음료를 마심에 관하여 가르친 바와, 그리고 일반적으로 취하게 하는 물질에 관하여 가르친 바를 검토하고자 한다. 사복음서 이외의 책에는 포도 음료에 관한 언급이 13번만 나오는데, 그 중 8번은 인간의 부패나 신의 응보를 상징적으로 나타내는 요한계시록에 나온다.[1] 이 말은 음주에 관한 사도 교회의 입장을 판단하는 데는 다섯 본문만이 있다는 말이다(롬 14:21 ; 엡 5:18 ; 딤전 3:8 ; 5:23 ; 딛 2:3).

그렇지만, 신약성경에는 실제로 "술취하지 말라" 또는 "절제하라"고 크리스챤들에게 훈계하는 20개 이상의 귀절들이 나온다. 그런데 이 본문들은 대부분 음주 관습과 직접적으로 연관된 것이다. 그러므로, 신약성경이 음주에 관하여 가르치는 바에 대하여 우리가 내리는 판단은, 특히 포도주에 관하여 말하는 본문들과 근신하고 절제하라고 일반적으로 훈계하는 본문들에 근거하여야만 한다.

본 장은 네 부분으로 나뉘어진다. 제1부와 제3부에서는 포도주에 관하여 언급한 본문들을 술취하지 말고 절제하라는 훈계를 다룰 것이다. 본 장은 다음과 같은 순서로 전개될 것이다.

1. 행 2:13-"새 술이 취하였다."
2. 고전 11:21-"어떤 이는 시장하고 어떤 이는 취함이라."
3. 엡 5:18-"술 취하지 말라."
4. 근신하라(sobriety)는 훈계

1. 새 술이 취하였다(행 2:13)

본문의 중요성 사도들은 메시야 선포를 시작하자마자 술취하였다는 말을 들었다. 오순절에 예루살렘에서 절기를 보내고자 하여 모인 사람들의 언어로 복음이 전파되도록 세 사도들에게 방언의 은사가 주어졌다. 사도들이 행한 기적의 결과로 수천명의 사람들이 그리스도를 믿었지만 다른 이들은 제자들이 "새 술이 취하였다"고 조롱하였다(행 2:13).

어떤 이들은 이 귀절이 최초의 사도 공동체에서 포도주를 습관적으로 마셨다는 것을 가리키고 있다고 해석한다. 이 해석은 다음 세 가지 추정에 근거한다. 첫째로, 조롱하는 이들이 이전에 크리스챤들이 음주하는 것을 보지 않았다면 크리스챤들이 술 취하였다고 비난할 수 없었을 것이라는 점.[2] 둘째로, "새 술(글류코스)"은 사람이 많은 양을 마시면 취하게 하는 알코올 성분의 "단 포도주"라는 점.[3] 세째로, 베드로가 그들의 말에 대답하면서 "우리가 금주자인데 어떻게 술 취할 수 있겠는가?" 라고 말하지 않고 이른 아침임을 가리키면서 "때가 제 삼 시니 너희 생각과 같이 이 사람들이 취한 것이 아니라"(행 2:15)고 말하였다는 점.

부당한 해석 이 해석은 다음의 세 가지 이유로 인하여 용인될 수 없는 해석이다. 이 해석은 크리스챤이 실제로 음주하는 것을 조롱하는 사람들이 보았다는 추정에 근거를 두고 있다. 이것은 전혀 근거가 없는 해석이다. 왜냐하면, 조롱하는 사람들은 실제로 본 것에 근거하여 중상 모략하고 있지 않기 때문이다. 만일 사도들이 무엇인가 마시는 것을 그들이 보았다 할지라도 그들이 보았다고 추정되는 것은 알코올 성분에 취한 크리스챤이 아니라 성령의 영향력 아래에 있던 크리스챤들이었다. 그들은 잘못 본 것에 의하여 잘못된 결론을 내렸을 수 있다. 당대의 유대인 철학자 필로(Philo)는 최고로 깨어 있는 사람인 "금주자들"은 하나님의 감동 하에 있을 때에 다른 이들에게 술 취한 상태에 있는 것으로 보인다고 말하였지만[4] 필로의 말을 이

상황에 적용할 수는 없을 것같이 보인다. 왜냐하면, 만일 조롱자들이 실제로 제자들이 술 취하였다고 비난하고자 하였다면 그들이 "포도즙(글류코스)"이 아니라 "포도주(오이노스)"에 취하였다고 그들을 비난하여야 했었다. 글류코스란 용어는 발효되지 않은 포도즙을 칭하는 데 사용되었다. 예를 들자면, 플리니는 희랍인들이 아이글류코스(aigleukos)는 우리들의 영원한 포도액이다"라고 명확하게 밝혀 준다고 말하였다.[5] 그리고 나서 그는 계속하여 발효 방지법에 관해 말한다.

글류코스의 의미 몇몇 희랍 어 사전들과 학자들은 글류코스는 오직 발효되지 않은 포도즙만을 칭하고 있다고 말한다.[6] 예를 들자면, 적당론자의 견해를 가장 학적으로 잘 변호한 사람 중 한 명인 호레이스 범스테드는 다음과 같이 명확하고 결정적으로 설명하여 준다. "고전 희랍 어에서 글류코스는 라틴 어 무스툼(mustum)에 상응하고, 그 의미는 새로 짠 포도즙이다. 그러기에 히브리 어의 티로쉬나 아시스보다 좁은 의미를 지니고 있다. 이 단어는 오직 [사도행전 2:13에] 한 번만 나오니 필자는, 로빈슨을 포함한 다른 이들이 말했듯이 그 단어가 취하게 하는 것이라고 입증하려고 노력할 이유를 보지 못한다…. 알포드(Alford)와 그 외의 학자들이 글류코스의 취하게 하는 특성을 주장하면서 발효되지 않은 포도즙이기 때문에 단 글류코스=무스툼과, 발효되었지만 당분이 많기에 단 포도주라고 칭하여지는 오이노스 글루쿠스(oinos glukus) 사이의 차이점에 관해 이미 언급한 고전상의 구별을 깨닫지 못한 것같이 보인다."[7]

범스테드는 이미 한 신학 학술지(Bibliotheca Sacra)에 기고한 자신의 긴 논문에서 더욱 더 자세하게 이 점에 관하여 다음과 같이 설명하였다. "희랍인들에게 포도 음료 틀의 소산물은 세 가지 다른 의미에서 달(sweet) 수 있었다. 첫째로, 발효되지 않아 달짝지근한 글류코스(라틴 어의 무스툼에 상응함)로서, 둘째로, 발효되었지만 상당한 양의 변질되지 않은 당분이 있기에 단 오이노스 글루쿠스(oinos glukus)로서, 세째로, 신 맛이 나게 발효되었거나 혹은 시어버리지 않았기에 단 오이노스 헤두스(oinos hedus)로서",[8] 이 말은 글류코스란 단어가 사도행전 2:13에서 처럼 홀로 나올 때에 그것은 특별히 발효되지 않은 포도즙을 칭한다는 것을 뜻한다.

아이러니칼한 비난 **글류코스**가 취하게 하지 않는 포도즙을 뜻한다는 관점에서 보면 그들의 비난은 매우 아이러니칼하다. 조롱하는 사람들의 말은 "이 금주론자들이 청량 음료에도 취하였구나"라는 뜻이다.[9] 범스테드는 "만일 이 의미가 그들의 '조소'의 요지가 아니라면, 통상 사용하는 단어 **오이노스** 대신에 **글루코스**를 사용한 것을 어떻게 설명할 수가 있는가?" 라고 통찰력 있는 질문을 제기한다.[10] 포도즙이 취하게 할 수 없기에 비웃는 조롱을 증폭시키고자 하였다.

사도들이 포도즙(그들이 일상적으로 마시는 음료)에 취하였다는 비난에는 사도들의 금주적인 생활 양식과, 또 추론적으로 사도들의 금주적인 생활 양식에 관한, 간접적이지만 중요한 증거를 보도록 하기에 아이러니컬하다.

역사상의 확증 사도행전의 처음 12 장에 나오는 예루살렘 교회의 대변인 역할을 하였던 베드로는 자신의 편지서에서 사도 교회 내에서 행하여진 절대 금주 관습을 암시하여 주고 있다(이 점에 관하여서는 본 장 후반부에서 다룰 것이다). "사도들 바로 다음 세대에 살은"[11] 교회사가(敎會史家)인 헤지시푸스(Hegesippus)는 이 관습에 관하여 증언하여 준다. 헤지시푸스는 "사도들과 협력하여 교회 정부를 계승한 주님의 형제 야고보는 그의 어머니의 태에서부터 거룩하였다. 그는 포도주나 독주를 마시지 않았고, 고기도 먹지 않았다"고 기록하였다.[12] 우리는 예루살렘 교회의 의장직을 맡았던 야고보의 엄격한 금주 생활 양식이 사도 교회의 크리스챤들에게 모본이 되었다고 추정할 수 있다.

에비온파, 나사렛파, 엘케사이파, 엥크라테이아파와 같은 유대인 크리스챤들의 생활 양식에 관한 초기 교회 문헌를 연구하여 보면 사도 교회가 발효된 포도주를 마시지 않았다는 것을 입증하여 주는 상당한 증거들이 있다.[13] 이 분파 중 어떤 분파들은 발효된 포도주와 발효되지 않은 포도즙 모두를 거부하고 성만찬에서까지 오직 물만을 사용하였다는 것은 사도 교회 내에 존재하였던 금주에 관하여 공감대가 있었다는 것을 보여 준다. 어떤 종교 단체

내에서는 이 관심이 극단으로 흐르기도 하였다.

베드로의 대답 베드로가 술취하였다고 하는 비난에 답하면서 이 비난을 단호하게 부인하지 않은 이유는 사도들이 발효된 어떤 종류의 포도 음료를 마시었다는 것을 암시하여 준다라는 추정은 다음 두 가지 사항으로 인하여 근거가 없다. 베드로는 조롱하는 사람들의 특성에 가장 잘 맞는 논거를 제시하였다. 만일 그가 "우리가 술을 마신 적도 없는데 어떻게 술 취할 수 있겠는가?"라고 말하였다면 조롱하는 무리들은 "아무도 안볼 때 마셨지!"라고 야유할 것이었다. 그들에게 제자들 자신들이 금주하는 삶을 살고 있다고 말하는 것은 이미 의문시된 사항이기에 쓸모가 없었다. 그러기에 베드로는 그들의 추정이 믿을 수 없는 것이라고 공박하였다. 실제로 그는 "아침 9시밖에 안 되었는데 우리가 술 취하였다고 하는 너희들의 추정이 어떻게 맞을 수 있겠는가? 여러분이나 나나 모두 사람들이 밤에 술 취하고 아침에 술 취하지 않는 것을 알고 있다"라고 답한 것이다. 이 대답은 상황에 적절한 대답이었고, 조롱하는 이들의 비난이 허무 맹랑한 것임을 드러내었다.

베드로가 그들이 술을 마시지 않았다고 단호하게 부인하지 않기로 한 이유일 수 있는 두번째 이유는 조롱하는 이들이 사용한 **글류코스**란 단어이다. 이미 살펴본 바와 같이 이 단어는 나실인을 제외한 크리스챤들이 일반적으로 마셨던 발효되지 않은 포도즙을 의미하였다. 크리스챤들이 술을 전혀 마시지 않는다는 것을 부인하는 것은 그들이 **글류코스**(포도즙)를 마신다는 것을 부인하는 것을 의미하였다. 실제로 그들은 포도즙을 마셨다. 그러기에 베드로는 이렇게 대답을 한 것이다.

결론 사도행전 2:13은 사도들이 주정 음료를 금하였다는 간접적이지만 명백한 증거를 제시하여 주고 있다. 사도들이 취하게 하는 포도주를 마신다는 것을 모두가 알고 있었더라면 술취함과 이상한 행동의 근원이 발효되지 않은 포도즙이었다고 굳이 말할 이유가 없었다. 적당론자들의 일반적인 추정과는 달리 이들이 나눈 대화의 내면에는 고도의 치밀한 논리 싸움이 전개되고 있었던 것이 확실하다.[14]

2. 어떤 이는 시장하고 어떤 이는 취함이라 (고전 11:21)

이 본문이 중요한 이유 적당론자들은 고린도 교회 내에서 포도 음료가 집이나 공공 장소에서 열린 성만찬에서 사용되었다는 것을 밝혀 주는 요지부동의 증거로 고린도 교회가 성만찬 예식 시에 "취하였다"고 바울이 말한 것을 들고 있다. 바울은 다음과 같이 말하였다. "그런즉 너희가 함께 모여서 주의 만찬을 먹을 수 없으니 이는 먹을 때에 각각 자기의 만찬을 먼저 갖다 먹으므로 어떤 이는 시장하고 어떤 이는 취함이라"(고전 11:20~21).

적당론자들은 고린도 교회의 술취함 문제는 그들이 포도주를 마셨기에 생긴 일이라고 논리적으로 추론한다. 즉, "발효되지 않은 포도 음료였다면 고린도인들이 어떻게 성만찬에서 취할 수 있었겠는가?[15] 더구나, 그들이 취한 것을 알면서도 바울은 이 문제에 관하여 중지 명령을 내리지 않았다는 것에 주목하는 것이 중요하다고 주장한다.[16] 논거는 분명하다. 바울이 고린도에서 과도하게 마시는 것을 정죄하였으나 포도주를 마시는 것을 정죄하지는 않았다는 것이다. 우리는 다음 세 가지 점에서 이 주장을 살펴보고자 한다.

① 절기의 성격
② 동사 메투오(methuo)의 의미
③ 바울의 훈계가 시사하는 바

(1) 절기의 성격

이기적인 애찬(愛讚) 고린도 교회에서 주의 만찬과 연관되어 발생한 문제의 본질을 꿰뚫어 보고자 한다면 당시의 사회 관습을 알 필요가 있다. 당시에는 비종교적인 조직이나 또는 종교적인 조직에 속한 사람들이 모여서 공동 식사를 하는 관습이 있었다. 특히, 참여하는 각 사람이 공동 축연을 갖고자 함께 음식들을 가져오는 에라노스(eranos)라고 부르는 친교의 식사가 있었다. 초기 교회는 이 관습을 받아들여 아가페 혹은 애찬(愛餐)으로 알려진 형태로 발전시켰다. 전 교인이 축연(祝演)에 자신들이 준비할 수 있는 것을 가지고 나와 함께 앉아서 공동 식사를 하였다. 그것은 참된 크리스챤 친교를 형성하고 풍부하게 하는 좋은 방법이었다. 오늘날 구미(歐美)의 교회가 예배 후에 갖는 파트락(pot-luck)과 비슷한 관습이다.

고린도 교회에서는 애찬이 주의 만찬과 합쳐진 것처럼 보인다. 그렇지만 그 축연(celebration)은 이기적인 잔치로 변질되어 버렸다. 나눔의 미학(美學)이 사라졌다. 부한 자는 자신들의 음식을 가난한 자와 나누지 않고 배타적인 소무리를 형성하여 자기들끼리만 먹었다. 그 결과로 식사 때에 어떤 이는 굶주렸으나, 어떤 이들은 포식하였다. 성만찬에서 제거된 계층간의 구별이 뚜렸하게 드러났다. 순조로움과 품위 있음이 사라졌고, 예식의 진지성도 상실되었다.

바울은 주저하지 않고 이 실태를 엄하게 꾸짖었다. 먼저 그는 고린도 교회의 교인들에게 함께 모이는 목적, 즉 주의 만찬을 먹는 목적을 상기시켜 주었다(고전 11:20~23).

사적인 식사인가? 주의 만찬인가? 바울의 책망은 고린도 교회의 크리스챤들이 우둔하게도 주의 만찬을 사교적인 식사와 혼동하였다는 것을 제시하여 준다. 아마 그들이 주의 만찬을 당시 희랍인들이 행하였던 축제와 비슷한 사교적인 축연으로 축소시켰을 수도 있다. 이 말에 상당한 개연성이 있는 이유는 주의 만찬 전에 친교의 식사를 먼저하였다는 말이 이 귀절에 나오지 않기 때문이다.

"여러분이 한자리에 모여서 나누는 식사는 주님의 성찬을 나누는 것이라 할 수가 없습니다"(공동번역 : 고전 11:20)라는 바울의 말은 그 모임의 목적이 주의 만찬인 것을 확실하게 가리켜 준다. 그렇지만, 그들은 이 주의 만찬을 일상적인 잔치로 변형시켰다. 아마도 우상에게 영광을 드리는 축제의 본(本)을 따라서 그렇게 한 것 같다. 이런 사항들은 다음과 같은 결론을 도출하여 낸다. 고린도 교회에서 행한 **모든** 것은 변칙적인 것이었고 타당하지 못한 것이었다. 크리스챤들은 주의 만찬이라는 성스러운 예식을 전적으로 잘못 생각하여 세속적인 잔치로 변질시키었고, 그 잔치에서는 방종이 판을 쳤다.

고린도 교회의 친교 식사는 예수께서 제자들과 유월절 식사를 **한 후**에 제정하신 것에서 기인한 것이라고 추정하는 이들이 많지만, 크리스챤들은 유월절을 주의 만찬에 곧 바로 뒤 이은 **예비적인** 친교 식사에 상응하는 것으로서 보지 않았다. 대신 유월절은 주의 만찬이 대치하였다고 이해된 거룩한 절기였다. 주의 만찬이 친교 식사와 연관되어 지켜졌다는 것을 기록한 귀절은 고린도서나 또 신약성경에 나오지 않는다. 이 말은 고린도 교회에서 행하여진 것은 변칙적인 것이고, 타당치 않은 것이고, 바울이 "주께 받아" 교회에게 "전한" 그 가르침에 역행하는 것이라는 뜻이다(고전 11:23).

이런 사실에 비추어 볼 때, 고린도 교회의 성만찬 의식 때에 발생했다는 "취함"은 사도 교회가 주정 음료를 마셨다는 것을 절대로 입증하여 주지 못한다. 전체 크리스챤이 한 지역에서 전도(轉倒)된 것을 행하였다고는 말할 수 없다. 더구나, 만일 고린도의 교인들이 그들에게 '전하여진' 지침에서 이탈하였다면, 그들의 실수는 우리들에게 **경고**이지 결코 모본이 아니다.

(2) 동사 메투오(methuo)의 의미

포식함 고린도 교회의 성만찬 예식에 술취함이 있었다고 일반적으로 추정한다. 이 추정이 사실인가? 이렇게 추정하는 이들은 자신들의 결론을 동사 **메투에이**(methuei)의 일반적인 번역, 즉 "취한(is drunk)"에 둔다. "어떤 이는 시장하고 어떤 이는 취함이라"는 번역에 의거하여 만일 고린도인들이 사도들의 책망 없이 취하게 하는 포도주를 마셨다면 오늘날의 크리스챤들도 마실 수 있다고 추정한다.

이러한 추정이 안고 있는 근본적인 오류는 **메투오**가 오직 "술 취한"을 뜻한다고 추정한다는 점이다. 앞에서 이미 살펴본 요한복음 2:11에서 이 동사 **메투오**가 취하게 함과 술 취함을 항상 뜻하지 않는다는 것을 알아보았다. 문맥이 이 동사의 정확한 의미를 결정한다. 이런 경우에 있어서 **메투에이**(methuei)는 "시장한"을 뜻하는 **페이나**(peina)에 대구적으로 사용되었고, 그래서 동사는 "취한"이라는 좁은 의미에서보다는 "포식한(배 부른 / satiated)"이라는 포괄적인 의미로 이해하여야만 한다. 레온 C. 필드(Leon C. Field)는 이 점을 명확하고 결정적으로 밝혀 준다. "**메투에이**는 이 경우에 있어서 '시장한'이라고 정확하게 번역되는 **페이나**와 명백하게 대조된다. 그러므로 이 대조법은 **메투에이**를 '술취한'이라는 좁은 의미로서가 아니라 '포식한'의 포괄적인 의미로 이해함을 요구하다. 넘치도록 가득히 먹은 사람과 적게 먹어 차지 않은 사람과 비교하고 있다. 고대와 현대의 많은 주해가(註解家)들이 해석을 지지한다."[17]

학자들의 지지 레온 필드는 이 해석을 지지하는 많은 주해가들, 즉 크리소스톰(Chrisostom), 벵겔(Bengel), 그로티우스(Grotius), 위클립(Wycliff), 쿠이노엘(Kuinoel), 빌로스(Bilroth), 맥나이트(MacKnight), 뉴컴(Newcome), 브룸필드(Bloomfield), 클라크(Clarke), 라이트푸트(Lightfoot), 딘 스탠리(Dean Stanley), 훼돔(Whedom)을 열거하였다.[18] 그 외의 인물로는 바울보다 약 150년 후의 사람인 알렉산드리아의 클레멘트(Clement of Alexandria)이다. 클레멘트는 그의 교사(2권 1)에서 취하게 하는 포도주가 이 귀절에서 사용되었다는 견해를 반박한다. 그는 바울이 말하는 것은 잔치의 **음료**가 아니라 **음식**이고, 그들이 영양분을 충족하는 것 이상을 먹음으로 진미에 사로잡힌 것을 책망하였다고 주장한다.[19]

아담 클라크(Adam Clarke)도 그의 주석에서 이 본문을 주해하며 똑같은 점을 지적한다. "사람들이 모였고, 그들이 자신들 음식을 가져온 것처럼 보인다. 어떤 이들은 많이 가져오고, 어떤 이들은 조금 가지고 왔다. 어떤 이들은 과식하였고, 어떤 이들은 신체적 욕구를 간신히 채웠다. 어떤 이는 시장하고, 어떤 이는 **메투에이**, 즉 가득찼다. 이것이 성경 여러 곳에서 사용된 이 단어의 의미이다."[20]

칠십역은 **메투오**가 가득히 채우다라는 포괄적인 의미로 사용된 수많은 실례들을 제공하여 주고 있다. 그것들 중 하나는 시편 23:5로 "내 잔이 넘치나이다(**메투스콘** : methuskon－가장자리까지 참)" 이다. 또 다른 예는 시편 65:10이다. "주께서 밭고랑에 물을 넉넉히(**메투손** : methuson) 대사 그 이랑을 평평케 하시며", 또 예레미야 31:14도 해당된다. "내가 기름으로 제사장들의 심령에 흡족케(**메투소** : methuso－물릴 정도로 주다) 하며" 이와 같은 실례들은 **메투오**가 종종 성경에서 충족한 만족, 포식을 뜻하는 포괄적인 의미로 사용되었다는 것을 확실하게 밝혀 준다.

(3) 바울의 훈계가 시사하는 바

술 취함에 관한 암시가 아님 바울의 책망과 훈계는 술 취함이 고린도 교회의 성만찬에서 문제가 된 것이 아니었음을 제시하여 준다. 바울은 "너희가 먹고 마실 집이 없느냐?(22절)고 책망하였다. 만일 술 취함이 문제의 포인트였다면 바울은 아마도 먹고 술취할 집이 없느냐?"고 책망하였을 것이다. 바울이 책망한 말에 "술취함"이라는 암시가 없는 것은 고린도 교회의 문제는 포도주에 취함이기 보다는 먹고 마심에 있어서 과도한 방종이었다는 것을 제시하여 주고 있다.

만일 고린도의 크리스챤들이 성만찬 중에 고주망태가 되는 무서운 죄를 범한 것이 사실이라면 바울은 그들의 신성 모독적인 행위를 더 단호한 다른 말로 정죄하였을 것이다. 바울은 바로 전 장(10장)에서 이교도의 종교적 식사에 참여하는 몇몇 고린도인들을 서슴없이 "귀신과 교제하는 자"(고전 10:20)라고 불렀다. 그리고 나서 "너희가 주의 잔과 귀신의 잔을 겸하여 마시지 못하고 주의 상과 귀신의 상에 겸하여 참예치 못하리라"고 덧붙인다(고전 10:21). 또 바울은 이미 "술 취하는 자는… 하나님의 나라를 유업으로 받지 못하리라"고 말하면서 "만일 어떤 형제라 일컫는 자가 술 취하면… 사귀지도 말고 그런 자와는 함께 먹지도 말라"고 훈계하였다(고전 6:10 ; 5:11). 이 훈계에 근거하여 만일 누구든지 성만찬 상에서 술 취하였다면 바울은 나머지 사람들에게 그와 사귀지 말라고 권고하였을 것이라고 당연히 추정하여 볼 수 있다.

이 훈계가 중요한 이유 바울은 주의 만찬 중에 발생한 문제를 강한 언어로 정죄하지 않았다. 그는 단지 고린도의 교인들에게 행하여진 무례함과 그들에게 드러내어진 정죄를 피하기 위하여 집에서 그들의 허기를 채우라고 훈계하는 것이다. "그런즉 내 형제들아 먹으러 모일 때에 서로 기다리라 만일 누구든지 시장하거든 집에서 먹을지니 이는 너희의 판단 받는 모임이 되지 않게 하려 함이라"(고전 11:33~34). 이 훈계는 고린도 교회에서의 문제가 포도주를 마심으로 취한 것이라기 보다는 먹음에 방종한 것이었다는 것을 제시하여 준다. 고린도의 신자들이 성만찬 상에서 술 취하였다면 바울이 같은 고린도전서에서 과거에 그들 중 어떤 이들이 술 취한 자가 있었으나, "주 예수 그리스도의 이름과 우리 하나님의 성령 안에서 씻음과 거룩함과 의롭다 하심을 얻었느니라"(고전 6:11)고 말하였을 것 같지는 않게 보인다.

결론 전술한 고려 사항들에 비추어서 우리는 고린도 교회의 성만찬 상에서 "취함"에 관한 바울의 언급은 사적으로나 공적으로 주의 만찬을 거행함에 있어서 포도주를 적당히 마시는 것에 대하여 지지하여 주지 않는다고 결론을 내릴 수 있다. 첫째로, 고린도 교회에서 행하여진 것이 무엇이든지 간에 바울이 교회에게 "전한" 지침에서 이탈한 것이고, 그러기에 그들의 행동은 우리들에게 모본이라기 보다는 경고이기 때문에 그렇다. 둘째로, 성만찬 상의 문제가 포도주에 취한 것이 아니라 먹는 것의 방종이었다고 보여지기 때문에 그러하다.

3. 술 취하지 말라(에베소서 5:18)

이 본문이 중요한 이유 바울은 에베소인들에게 부도덕과 추잡한 행위를 멀리하라고 훈계한 다음에 특별한 훈계를 하나 더한다. "술 취하지 말라 이는 방탕한 것이니 오직 성령의 충만을 받으라"(엡 5:18). 적당론자들은 이 귀절을 성경이 적당한 음주를 승인하는 것으로써 여긴다. 그들은 바울이 여기서 정죄하는 것은 포도주를 **과도하게 마시는 것**이지 **적당히 마시는 것**이 아니라는 것이다. 마루쿠스 발트는 "술을 과도하게 마시는 것에 관한 정죄는 주정 음료를 적당히 마시는 것을 배제하지 않는다"고 주장한다.[21]

적당론자들은 만일 바울이 포도주를 마시는 것을 완전히 금하려고 하였다면 그는 "술을 아예 마시지 말라"[22]고 말했어야 한다고 주장한다. 바울은 대신에 그냥 **"술 취하지 말라"**고 말하였다. 그 다음 문구인 "이는 방탕한 것이니 혹은 방탕한 생활이 거기서 옵니다"도 마찬가지로 술취한 상태를 가리키는 것으로 여겨졌지, 술이 방탕함의 능동적 행동 원리임을 가리키는 것이 아니라고 해석되었다. 한 예로 호레이스 범스테드는 "몇몇 학자들의 주장처럼 **엔 호**(en ho)를 **메투스케테 오이노스**(술 취한 : methuskethe oios]) 대신에 **오이노스**(술)와 연결시키는 것은 **메투스케테**(취한 : methuskethe)와 같은 강한 의미의 단어를 사용한 것과는 조화되지 않는다"고 주장하였다.[23]

우리는 이 주장을 다음의 다섯 가지 점에서 검토할 것이다.

(1) 이 귀절의 구조
(2) 관계절
(3) 고대와 현대의 번역들
(4) 아소티아(Asotia)의 의미
(5) 랍비들의 증언

(1) 이 귀절의 구조

두 가지 대조적인 진술 이 귀절은 서로 댓구를 이루는 두 가지 문구, 즉 "술 취하지 말라"와 "성령의 충만을 받으라"는 것으로 구성되어 있다. 이 반제(反題)는 적당한 것과 과도한 것을 대조하는 것이 아니라 포도주로 꽉 참과 성령의 충만을 대조하고 있다는 것을 가르켜 준다. 이 두 진술에는 이러한 충만, 혹은 꽉 참, 즉 고주망태가 되게 하는 포도주와 성령의 근원 간의 성질과 작용이 내적으로 양립될 수 없음을 가리키고 있다. 어느 누구도 고주망태가 되게 하는 술과 도취하는 성령이 반반씩 채워질 수 없기 때문에 서로 배타적이라는 사실은 취하게 하는 술을 적당히 마시는 것을 승인하지 않는다.

이 점은 그 이전 절을 보면 더 명확하여 진다. "그러므로 어리석은 자가 되지 말고 오직 주의 뜻이 무엇인가 이해하라." 즉, 우리가 독한 술에 취하는 것이 아니라 성령에 취하라는 것이다. 그러므로, 이 귀절의 구조는 바울이 이른바 안전하게, 적당하게 술을 마시라는 것을 권고하는 것이 아니라, 성령에 꽉 차라는 것을 권고하고 있다는 것을 제시하여 준다. "성령에 충만한" 사람이 취하게 하는 술을 간절히 원한다고 상상하는 것은 불가능하다.

두 가지 비슷한 귀절 스스로 금주자가 아닌 수많은 주석가들이 이 본문을 주석하면서 두 가지 비슷한 본문을 언급하여 설명한다. 첫번째 귀절은 천사가 스가랴에게 침례 요한에 관하여 말한 누가복음 1:15이다. "이는 저가… 포도주나 소주를 마시지 아니하며 모태로부터 성령의 충만함을 입어." 두번째 귀절은 오순절 이야기에 속한 본문의 두 절이다. "이 사람들이 취한 것이 아니라 저희가 다 성령의 충만함을 받고"(행 2:15, 4).

이 두 귀절에서 성령의 충만은 취하게 하는 음료를 금하는 것과 연관되어 있다. 이 두 귀절과 에베소서 5:18이 놀랍도록 비슷한 사실은 에베소서 5:18에서도 성령의 충만에는 주정 음료를 마시는 것이 배제된다는 것을 제시하여 준다.

술을 아예 마시지 마라 누가복음 1:15과 사도행전 2:15, 4에서 볼 수 있는 술과 성령 간의 대조 관계는 에베소서 5:18을 바울이 기록하면서 비슷한 사실을 말하고자 차용하여 온 것으로 볼 수 있다. 바울이 "술을 아예 마시지 마라."고 말하지 않고 "술 취하지 마라"고 말한 점에서 이 사실을 엿볼 수 있다. 바울은 누가와 마찬가지로 포도주로 차버리는 것과 성령의 충만 사이의 대조성을 강조하기를 바랬을 것이다.

바울이 "술을 아예 마시지 마라."고 말하지 않은 또 다른 이유는 병을 치료하는(medical) 목적, 즉 "이제부터는 물만 마시지 말고 네 비위와 자주 나는 병을 인하여 포도 음료를 조금씩(개역성경) 마시라"고 권고한 디모데전서 5:23에 나온다(본서 7장에서 디모데전서 5:23은 검토할 것이다). 바울이 제한된 양이지만 합법적으로 "포도주"를 마실 수 있었다고 믿은 사실은 논리적인 면에서 본다면 그로 모든 종류의 포도주를 금할 수 없게 한다. 2장에서 살펴보았듯이 "포도 음료"를 뜻하는 **오이노스**라는 포괄적인 용어가 발효된 포도주나 또는 발효되지 않은 포도즙을 칭할 수 있음을 기억하여야 한다. 만일 바울이 서술적 형용사 없이 "술을 아예 마시지 말라"고 말하였다면 거기에는 건강에 좋고 영양분이 있는 포도즙을 마시는 것도 포함되었을 것이다.

(2) 관계절

관계 대명사의 선행사 "술 취하지 말라"고 한 바울의 훈계 바로 뒤에는 "이는 방탕한 것이니라"는 경고가 뒤따라 나온다. 그렇다면 방탕한 것이란 무엇인가? 방탕의 원인 매체는 포도주인가? 아니면 방탕한 상태의 술 취함인가? 이 질문의 해답은 희랍 어 원문상의 관계절, "**엔 호**(en ho)"의 선행사를 둘 중의 어떤 것으로 여기는가에 달려 있다. 희랍 어 원문을 직역하면 다음과 같다. "술 취하지 말라 거기에(**엔 호**) 방탕함(**아소티아** [asotia]: 문자적으로는 '구원받을 수 없음[unsavableness]'을 뜻한다)이 있다. "술 취하지 말라 이는 방탕한 것이니"라고 번역한 개역성경은 특히 "술취하지 마십시오 방탕한 생활이 거기에서 옵니다"라고 번역한 공동 번역은 둘 다 술보다는 술취함 자체를 방탕한 것의 원인으로 간주하고 있으니, 이런 실태는 레온 필드가 지적한 바와 같이 "포도주를 마시는 것이 신약성경 어디서나 허용된 것이라는 추정에 근거한 번역이지, 이 본문을 주석할 필요성이 없다는 추정에 근거한 번역이 아니다."[24]

문법적인 관점에서 볼 때 이 관계절의 주어는 선행절이 될 수 있다. "거기에서(en ho, in which)란 관계절은 포도주에 취한 상태나 취하게 하는 수단으로 여겨서 사용된 '포도주'를 칭할 수 있다"고 말한 렌스키와 같은 주석가들이 인정하고 있는 사실이다.[25] 영의 성경 단어 분석 용어 색인의 저자인 로버트 영은 거기에서란 이 관계절을 다음과 같이 정확하게 번역하고 있다. "술에 취하지 말라. 거기에(in which) 방탕함이 있다. 그러므로 성령에 충만하라."[26]

술을 선행사로 여기길 선호함 역사적으로 많은 번역가들과 주석가들은 취한 상태 보다는 "거기에"의 선행사로서 여긴다. 그 이유는 오이노스(술)의 위치 때문이다. 희랍 어 원문에서는 이 단어가 동사 "취하다" 바로 다음에, 그리고 "거기에서"란 관계절 바로 전에 나온다. 비록 동사와 관계절 사이에 "술"이란 단어가 위치하고 있는 것이 절대적으로 결정적이지는 않지만, 이 점은 관계절의 경고가 방탕한 상태로서의 취함 보다는 방탕함의 능동적인 원인으로서의 술에 관한 것이라는 것을 강력하게 제시하여 주고 있다.

이 입장을 지지하여 주는 사실은 "술 취하지 말라"가 "잠언 23:31(Codex A에 의한 칠십인역)에서 인용된 것"[27]이라는 점이 지지하여 주고 있다. 만일 바울이 구약성경의 희랍 어 번역판인 칠십인역 상의 잠언 23:31을 인용하였다면 바울이 그와 같은 술에 대하여 경고하고 있다고 믿을 수 있는 이유가 있다. 왜냐하면, 잠언의 본문이 취하게 하는 술을 과도하게 마시는 것을 정죄하는 것이 아니라 마시는 것 그 자체를 정죄하고 있기 때문이다(포도주는 붉고… 너는 그것을 보지도 말지니라).

고대의 번역 고대와 현대의 수많은 번역들은 취하게 하는 술을 정죄하는 것으로 에베소서 5:18을 이해한다. 라틴 기독교계의 아버지로서 여겨지는 터툴리안(Tertullian: 160~225 년경 생존)은 이 귀절을 다음과 같이 번역하였다. "et nolite inebriari vino, in quo est luxuria(술에 고주망태가 되지 말라. 그것에 주색에 빠짐이 있다)."[28] **비노**(술)와 **쿠오**(which)사이의 연관성은 이 라틴 어 번역판에서는 의문의 여지가 없다. 왜냐하면, 관계사 **쿠오**(quo)는 **쿠오**가 종속하는 **비노**와 성이 똑같이 중성이기 때문이다.

터툴리안은 이 번역 외에도 자신의 **말시온 반박문**이란 저서에서 이 본문이 음주를 금하는 것이라는 이해를 밝힌다. "술 취하지 말라, 그 중에 부절제(excess)가 있다. 이것은 성별된 나실인을 술취함으로 유혹하는 자가 책망당한 선지서의 귀절이 제시하는 개념이다. "너희는 나의 거룩한 이들에게 마실 것을 주었다(아모스 2:12). 대제사장 아론과 그의 아들들도 마시지 말라는 금지 명령을 받았다."[29]

터툴리안 사후 2세기 후에 제롬은 에베소서 5:18을 자신의 유명한 라틴역(벌게이트)에서 이와 똑같이 번역하였다. 벌게이트 성경은 로마 카톨릭 교회의 공식 라틴 성경으로 수세기에 걸쳐 사용되었다.

제롬이 이 본문을 "포도주를 마시지 말라는 훈계로 이해하였다."는 것은 그가 이 분문을 사용한 실례가 지적하여 주고 있는 사실이다. 자신의 어린 딸을 어떻게 양육하여야 할지를 물은 라에타(Laeta)라는 여인에게 쓴 편지에서 제롬은 "당신의 딸이 지금부터라도 그 중에 부절제가 있(엡 5:18)는 술을 마시지 않는 것을 배우게 하십시오"라고 말하였다.[30] 제롬은 유스토키움(Eustoc-hium)에게 보낸 편지에서도 로마의 귀족 여인인 파울라(Paula)의 이야기를 들어 말하는 데, 그녀는 성지를 방문하였을 때에 "롯이 피한 동굴을 상기하여, 눈물을 흘리면서 그녀와 동행한 처녀들에게 '그 중에 부절제가 있는 술'(엡 5:18)에 주의하라고 경고하였다. 그것은 이것으로 인하여 모압인들과 암몬인들이 생겨났기 때문이었다." 제롬이 초기의 기독교 성경 번역자 중에서 가장 유명하기에 그의 에베소서 5:18을 이해하기에 매우 의미심장하다.

현대의 번역들 몇몇 고전적 번역들과 현대 번역들이 벌게이트와 동일하게 번역을 하였다. 예를 들자면 불란서의 한 성경 번역판(Synodal Version)은 다음과 같이 번역을 하였다. "Ne vous enivres pas de vin: car le vin porte a la dissolution(술에 너희들이 취하지 말라. 왜냐하면, 술은 방탕함으로 이끌기 때문이다)." 번역자들은 오해의 소지를 피하고자 술이란 단어를 관계절에서도 사용하였다. 그 외의 불어 성경 번역판들, 즉 데이비드 말틴(David Martin)과 오스테발(Ostervald)역(譯)도 역시 술과 관계절 간을 명확하게 연관시켰다. 이 두 번역판 모두 "술에 취하지 말라. 술에 방탕함이 있느니라(Ne vous enivres point de vin, dans lequel il y a de la dissoluteness)"고 번역하였다.

영어 성경에 나오는 "in which"의 선행사가 선행절의 '취함'이라고 주장할 수 있는 이유는 영어에서는 관계 대명사 "which"에 성이 없어 여러 다른 선행사에 연결될 수 있기 때문이다. 그렇지만, 불어에서는 관계 대명사 "lequel"이 남성이기에 남성 명사인 "술(vin)"만을 가리킬 수 있다. 이러한 불어 성경에서 이 두 단어 간의 연관성은 논란의 여지가 없게 명쾌하다.

서반아 어의 두 성경 번역, 즉 **시프리아노 드 발레르라**(Cipriano de Valerla, 1900)와 **나카르 코룽가**(Nacar, Colunga)에서도 관계 대명사인 "cual"이 남성 명사인 "vino(술)"을 가리키기 때문에 남성 관사인 "el"이 나온다. "vino" fomento da la injuria(해를 야기하는 술)이라고 번역한 스페인 천주교회의 번역에서는 더욱 명확하게 표현되었다.

독어 성경인 **복된 소식 성경**(Die Gute Nachricht)도 술을 관계절의 주어로 번역하고 있다. "취하지 말라 왜냐하면 술은 사람을 불안정하게 하거나 혹은 부도덕하게 만들기 때문이다(Betrinkt euch nicht; denn der Wein macht haltlos)."[32]

이탈리아 개신교 번역 성경인 지오바니(Giovanni)의 리베두타(Riveduta)와 교황청 성서 연구소(Pontifical Biblical Institute)가 발행한 천주교 성경도 위에 언급한 것과 같은 문장 구조로 번역하고 있다. 이탈리아어에도 관계 대명사와 선행 명사와 성이 같기 때문에 그 의미를 오해할 수 없다.

전기한 고대와 현대의 번역들에 관한 이와 같은 표본 조사는 역사적으로 많은 성경 번역자들이 에베소서 5:18의 관계 절이 '취한 것'을 정죄하는 것이 아니라 '술' 그 자체를 정죄하는 것으로 이해하였다는 것을 충분하게 보여 준다. 만일 이 번역자들의 번역이 옳다면 에베소서는 술을 남용하는 것에 대하여 단지 정죄하는 것이 아닌 취하게 하는 술을 실제로 마시는 것에 관한 강력한 정죄, 고발인 것이다. 개역성경에서 '방탕함'이라고 번역된 명사 **아소티아**에 관한 연구는 무엇을 정죄하였는지를 가르켜 줄 것이다.

(3) 아소티아(asotia)의 의미

도덕적 방종 명사 **아소티아**는 신약성경에서는 이 귀절 외에 두 곳에만 나온다. 즉 디도서 1:6과 베드로전서 4:4인데, 개역성경은 두 곳 다 "방탕"으로 번역하였다. 이 희랍 어 단어는 부정(否定)을 뜻하는 아(a)와 구원하다를 뜻하는 동사 **소제인**(sozein)에서 파생한 명사가 합성된 단어이다. 이 단어는 문자적으로 구원의 부재(소망 없는 도덕적 방탕 상태)를 뜻한다. 앨버트 바네스는 **아소티아**가 "안전하지 않고, 회복할 수 없을 만큼 상실되었음, 육욕과 욕망 가운데에 버려진 것, 방탕, 방종, 환락을 뜻하고, 여기에서의 의미(엡 5:18)는 이 모든 것이 술을 마심에 뒤이은다"고 말하였다.[33]

"취함"의 원인이 되는 매개체로서의 술과 도덕적으로 방탕한 상태인 **아소티아** 간에 있을 수 있는 연관성은 이 귀절이 과도하게 마시는 것 뿐만 아니라 포도주를 마시는 것을 본질적인 악한 것으로 보고 있다는 것을 제시하여 준다. 레온 필드는 이 입장을 "술에는 그 본질적인 특성으로 구원받을 수 없음(insalvableness)이 **원래부터 내재하고 있다**는 사상을 매우 명백하고 강력하게 표현하는 이 귀절의 단어들을 또 다른 방법으로 배열하는 것을 불가능하다."고 말하였다.[34]

지성에 영향을 미치는 알코올 취하게 하는 음료를 마시는 것이 사람을 **아소티아** 상태, 즉 구원하는 진리를 받아들임에 절대적인 도덕적 부패에 쉽사리 빠지게 하는 이유는 알코올이 성령이 역사하는 통로인 정신을 혼란스럽게 하기 때문이다. 바로 이 점 때문에 바울은 술에 취하지 말고 성령에 취하라고 역설하였다.

크리스챤들은 한 잔의 술을 마실 때에 에베소서 5:18의 훈계를 기억하여야만 한다. 우리들의 몸은 성령의 전(殿)이지 취하게 하는 음료를 받아들이는 용기(容器)가 아니다. 술로 인하여 더 나은 크리스챤이 되었다는 말이 있는가? 취하게 하는 술을 마신 목사가 고뇌하는 죄인들을 위하여 상담하여 주고, 기도하여 주고, 또는 말씀을 전함에 더 적합했다는 증거가 있는가? 음주하고 부절제한 목회자여 대답하라![35]

(4) 랍비들의 증언

술을 정죄한 기록 랍비 문헌에는 에베소서 5:18이 취하게 하는 술을 과도하게 마시는 것 뿐만 아니라 마시는 것 그 자체까지 정죄한다고 해석한 우리들의 입장을 지지하여 주고 예증하여 주는 많은 실례들이 기록되어 있다. 유대인들도 술을 적당히 마시는 것에 본질적으로 악한 것이 없었다고 생각하였다는 잘못된 생각의 허구성을 드러내기 위해 그 중 몇 가지 인용하고자 한다. 널리 퍼진 이 개념은 주정 음료에 관한 성경 귀절 해석에도 영향을 미쳤다.

스트랙과 빌러벡(Strack and Billerbeck)은 자신들이 편찬한 랍비들의 주석에 근거한 신약성경 주석에서 에베소서 5:18에 관한 수많은 랍비들의 진술들을 열거하고 있다. "랍비 문헌에는 술에 관한 수많은 경고가 있다.[36] 본서의 목적상 이 주석에서 다음 진술들을 인용하고자 한다. 술은 사람을 생명의 길에서 나오게 하여 사망의 길로 인도한다. 왜냐하면, 술은 우상숭배로 이끌기 때문이다…그러므로 우리는 성경이 술에 관하여 무엇을 말하든지 간에 거기에는 방탕이 있다는 것을 안다…이사야는 이 점에 관하여 "포도주를 마시기에 용감하며 독주를 빚기에 유력한 그들은 화 있을찐저" (사 5:22)라고 말하였다. 또 '재앙이 뉘게 있느뇨? 근심이 뉘게 있느뇨? 원망이 뉘게 있느뇨? 술에 잠긴 자에게. 있느니라'(잠 23:29, 30)는 말씀도 있다. 술이 몸에 들어올 때, 우리의 분별력은 나간다. 술이 있는 곳에는 명철함이 없다."[37]

이와 비슷한 랍비들의 술에 대한 경고가 랍비 이시도르 코프로비츠가 편찬한 탈무드의 술에 관한 선집(選集)에도 나온다. 몇 가지를 인용해보자. "술이 사람에 들어 올 때, 사람의 정신은 혼란스럽게 된다."[38] 랍비 이삭(Issac)은 '악령은 사람이 먹고 마실 때에만 사람에게 들어온다. 사람이 술에 거나하게 되었을 때에 악령이 그를 지배한다. 술을 마시는 것은 이 밤에도 그들이 아비[롯]에게 술을 마시우고'(창 19:33)라고 기록된 것과 같이 사람 안에 있는 악한 경향을 일깨운다."[39]

영속적인 금주법 랍비 엘리에젤(Eliezer)이 한 말이라고 알려진 또 다른 진술은 금주가 모든 시대의 영속적인 법이라고 말한다. "그러므로, 거룩한 자께서, 그에게 복이 있을 지어다, 아론에게 '포도주나 독주를 마시지 말라'고 명령하셨다. 포도주와 독주에 대한 이 금지 명령이 오직 과거만을 위한 것이라고, 즉 '네가 회중의 장막에 갈 때에'라고 기록된 바와 같이 예루살렘에 성전이 존재하였던 것이라고 추정하지 말라. 너희들은 앞으로의 모든 시대에 포도주를 경계하여야만 한다. 왜냐하면, 포도주는 저주의 전조(前兆)이기 때문이다."[40] 사악한, 취하게 하는 음료가 어떻게 일단의 유대인들 마음속에 있었는지를 보여 주는 극단적인 예는 "사무엘이 취하게 하는 음료가 있는 집에서는 기도를 하지 않았다(탈무드 Babli Erubin 65a)"는 랍비의 진술이다.[41]

결론 전술한 에베소서 5:18에 관한 분석은 이 본문이 **성경이 주정 음료를 적당히 마시는 것을 승인하지 않는다는 것**을 확실히 입증하여 주었다. 대신 이 귀절의 구조와 "술"과 관계절의 연관성은, 이 본문의 **성경이 가장 강력하게 취하게 하는 술을 정죄하는 귀절임**을 밝혀 주고 있다.

바울은 이 귀절에서 발효된 포도주와 성령은 서로 대립되는 것을 보여주고자 하였다. 우리는 크리스찬의 삶을 살아가면서 둘 중 하나를 선택하여야 한다. 이 둘이 한꺼번에 신자들의 마음을 차지할 수 없기 때문이다. 에베소서 5:18을 다음과 같이 의역할 수 있다. "술에 취하지 말라. 왜냐하면, 포도주를 마시면 사람은 아소티아 상태, 즉 구원하는 진리를 받아들임에 절대적인 도덕적 부패에 빠지기 때문이다. 그 대신에 성령에 충만하라. 술의 자극에서 즐거움을 구하지 말고 너희로 주께 마음으로 노래하도록 하는 성령에 감동되라."

4. 근신하라는 훈계

두 용어가 중요한 이유 바울과 베드로는 자신들이 쓴 편지서에서 통상 "절제하는(혹은 금주하는)"이나 "근신하는"으로 번역되는 두 가지 용어(**소프론**[sophron]과 **네파리오스**[nephalios])를 사용하였다. 이 두 용어는 동의어가 아니다. 왜냐하면, 학술적으로 말해서 **소프론**은 "정신적으로 깨어 있음"을 뜻하고, **네파리오스**는 "신체적으로 술 취하지 않음" 혹은 "금주"를 뜻하고 있기 때문이다. 그렇지만, 이 두 용어가 의미하는 바가 유사하기에 종종 합쳐지거나 또는 번갈아가며 사용되곤 한다. 비록 다른 관점에서지만, 똑같은 덕목을 묘사하기 때문에 일어난 현상이다.

레온 필드는 "신체적으로 금주하는 것은 정신적으로 가장 명료하게 깨어 있는 상태의 조건이고, 정신적으로 깨어 있음은 가장 엄격하게 신체적으로 금주하는 것의 특징이다. 정신적으로 깨어 있음을 의미하는 용어가 신체적인 금주를 뜻함에 은유적으로 사용 되었고 **그 역(逆)의 경우에서도 마찬가지가 되었다**."고 말한다.[42]

본 장에서는 이 두 용어의 의미와 용례를 따로따로 고려하여 보고자 한다. 이 연구는 비종교적인 희랍 어와 성경 희랍 어에서 이 두 용어의 근본적인 의미와 그 파생어들이 모든 취하게 하는 물질을 삼가하는 것이라는 점을 보여 줄 것이다. 이 말은 술에 취하지 말라는 사도들의 명령이 근본적으로 취하게 하는 음료를 금하라는 명령이라는 것을 보여 준다.

(1) 정신적으로 근신함

소프론(sophron)의 의미 **소프론**이란 용어와 그 관련 단어군은 신약성경에 15번 나오는데, 그 중 9번은 바울의 서신에 나온다.[43] 아래 도표는 우리 나라의 대표적인 두 번역 성경이 어떻게 이 단어를 번역했는지 보여 준다.

개역성경의 소프론 번역

근신하며"	: 딤전 3:2 ; 딛 1:8, 2:2, 5, 6, 12
정신을 차리고	: 행 26:25
정신이 온전하여	: 막 5:15 ; 눅 8:35 ; 고후 5:13
정절	: 딤전 2:9, 15
지혜롭게	: 롬 12:3

공동번역의 소프론 번역

신중하고	: 딤전 3:2 ; 딛 1:8 ; 2:2, 5, 6, 12
단정한	: 딤전 2:9, 15
정신을 차리고	: 벧전 4:7 ; 딛 2:2
멀쩡한 정신	: 막 5:15 ; 눅 8:35
맑은 정신	: 행 26:25
온전한	: 고후 5:13
분수에 맞게	: 롬 12:3

소프론이란 단어는 "안전한" 혹은 "건전한"을 뜻하는 사오스(saos)와 "정신"을 뜻하는 프렌(phren)이 합쳐서 만들어진 단어이다. 그러므로, 이 단어를 직역하면 "건전한 정신을 가진"을 뜻한다. 신약성경 신학 사전은 이 단어를 지적으로 건전하다는 의미에서 '이성적'으로 정의한다.[44] 대부분의 희랍 어 사전들도 소프론 단어군을 "건전한 정신"으로 번역한다. 아른드트와 깅그리히(Arndt and Gingrich)는 "옳바른 정신에 있는 것"으로,[45] 도네간(Donnegan)은 "지성에서 혼란되지 않고 건전한"[46]으로, 그리고 그린은 "건전, 온전한, 차분한, 절제하는, 정숙한 정신"[47]으로 정의를 내린다.

소프론과 그 관련어들은 정신적인 건전성이란 근본 의미를 지니고 있으면서 건전한 정신의 기초가 되는 신체적인 금주 개념으로부터 벗어나는 적이 없다. 로마인들은 이 개념을 유명한 경어, '건강한 육체에 건전한 정신(mens sana in corpore sano)'으로 표현하였다.

고전, 유대인, 기독교 저술가들 고전 저술가들, 유대인 저술가들, 그리고 크리스챤 저술가들이 **소프론**이란 단어를 사용하고 그 단어를 해석한 곳에 금주 개념이 종종 나오곤 한다. 아리스토텔레스(주전 384~322)는 그의 **수사학**(Rhetoric)에서 **소프로수네**(sophrosune)를 "사람이 법의 명령에 따라 몸의 쾌락에 관하여 행하는 미덕"으로 정의하였다.[48] 또 그는 그의 윤리학에서 "쾌락을 **삼가함으로** 우리는 정신이 맑게(**소프로네스**)된다" 고 말한다.[49] 또 "신체적인 쾌락을 삼가하고, 거기서 기쁨을 취하는 자는 정신이 온전하다(**소프론**)."고 말한다.[50]

열 두 족장의 유언(주후 1세기경의 문서)이라고 알려진 유대 문헌에서 **소프론**이란 단어는 명확하게 술을 금하는 것을 언급하는 데 사용되었다. "그러나 만일 너희들이 정신을 차리고 산다면(**소프로수네**) 너희가 노한 말과,. 싸움과 중상 모략에서, 그리고 하나님의 계명을 범함으로 인하여 죄를 짓지 않아 네 인생이 끊나기도 전에 멸망하지 않도록 술에 아예 손대지도 말라.[51]

유대 철학자 필로(주전 20년~주후 50년 생존)는 일반적으로는 감각적인 욕망, 그리고 특별하게는 술을 금하는 의미에서 이 단어군을 자주 사용하였다.[52] 그는 **소프로수**네를 세상의 술 취함으로부터 자유롭게 된 사람으로 보았다. 이 점은 특히 그가 **소프로수**네의 반대말인 **아프로수**네를 "술에 격하여져 인생 전부를 중단치 않고 끊임없이 술 취함에 익사시켜버린 이들을 묘사함에 사용하였다는 것이 특히 가리켜 주는 사실이다.[53]

소프로수네는 교부들의 책에서 고전적 저술가들에서 처럼 신체적인 금주를 언급하는 데 사용되었다. 예를 들자면, 알렉산드리아의 클레멘트(약 주후 150~215 년경)는 젊은이들의 생활 양식을 논하면서 그러므로 나는 금욕적인 삶을 사는 이들, 절제의 약(**테스 소프로수네스** tes sophrosunes)인 물을 좋아하고 불의 위험을 피하듯이 술을 가능한한 멀리 피하는 이들에게 감복한다"고 말하였다.[54]

금주와 단정함으로의 **소프론**과 그 단어군의 이 의미는 울리히 렁(Ulrich Luk)에 의하면 헬라 유대주의 뿐만 아니라 초기 교회의 여러 문헌들에 나오는 "널리 퍼진 이해"[55]이다. 그가 기고한 **신약성경 신학 사전**에 나오는 논문에는 수많은 이 용례를 열거하고 있다.

바울의 훈계 바울과 베드로의 편지에 나오는 건전한 정신을 가지라는 훈계는 건전한 정신을 신체적인 금주에 명확하게 연관시키고 있다. 이 점은 이 귀절들이 근본적으로 취하게 하는 술을 금하는 것을 뜻하는 **메 파로이노스**(me paroinos), **엔크라테**(enkrate), **네팔리오스**(nephalios)와 같은 용어들과 밀접하게 관련된 사실이 드러내 준다.

바울은 디모데전서 3:2, 3에서 "그러므로 감독은 책망할 것이 없으며 한 아내의 남편이 되며, 절제하며, 근신하며, 아담하며, 나그네를 대접하며, 가르치기를 잘하며, 술을 즐기지 아니하며, 구타하지 아니하며, 오직 관용하며 다투지 아니하며 돈을 사랑치 아니하며"라고 말한다. "절제하며 근신하며"란 두 용어는 희랍 어 원문상의 **네팔리온**(nephalion)과 **소프로나**(sophrona)란 단어를 번역한 것이다. 첫번째 단어는 "금주하는"을 뜻하고, 두번째는 "건전한 정신" 또는 "멀쩡한 정신"을 의미한다. 이 두 용어가 나오는 순서도 의미 심장하다. 크리스챤 감독은 **네팔리온**, 즉 '금주하는' 자여야 한다. 그가 정신이 맑기 위해서는 육체에서도 엄밀하게 근신하여야 하기 때문이다.[56] 이 두 단어는 같은 순서로 디도서 2:2에도 나온다. 디모데전서 3:2, 3에서 이 두 단어는 문자적으로 "술에 가깝지 않음"을 뜻하는 **메 파로이논**(me paroinon)과 밀접하게 연관되어 나온다(이 문구의 중요성은 후에 논할 것이다).

바울은 디도서 1:6, 8에서 자신이 감독과 장로 직무의 자격을 논한 디모데전서 3장에서 말한 것을 대부분 반복하고 있다. 물론 다른 순서로…. "오직 나그네를 대접하며 선을 좋아하며, 근신하며(**소프로나**), 의로우며, 거룩하며 절제하며(**엔 크라테**)"(8절). 여기서 "근신하며"라고 번역된 **소프로나**(맑은 정신)는 역시 금주의 의미로 사용된 **엔 크라테** 앞에 나온다.

베드로의 훈계 맑은 정신과 신체적인 금주가 밀접히 연관된 것을 베드로전서 4:7에서 볼 수 있다. "만물의 마지막이 가까왔으니 그러므로 너희는 정신을 차리고(**소프로네사테**[sophronesate]) 근신하여(**네프사테**[nepsate]) 기도하라." **네프사테라**는 동사는 부정과거(aorist)형으로, 부정(否定)을 뜻하는 접두사 네(ne)와 "마시다"를 뜻하는 피노(pino)로 이루어져 있기에 "마시지 않는다."를 문자적으로 뜻한다. 또 부정을 뜻하는 **네**와 **로이노스**(roinos : "술"인 **오이노스**를 위하여)로 이루어져 문자적으로 "술 없이"를 뜻한다.

대부분의 희랍 어 권위자들이 인정하듯이 동사 **네포**(nepho)의 기본적인 의미는 "술 취한 것과 대조된 정신이 맑음"이다. 그러므로 베드로가 베드로전서 4:7에서 실제로 말한 것은 "정신을 차리고 신체적으로 금주하여 기도하라"이다. 정신적인 깨어있음, 신체적인 금주, 그리고 기도의 삶의 연관성은 금방 감지할 수 있는 사실이다. 취하게 하는 음료를 마시는 이들의 정신적인 민감성은 약하게 되어 결국 기도의 삶을 살지 못하거나, 잘못된 것을 위하여 기도한다.

결론을 내리자면, 사도들이 **소프론** 단어군을 통하여 맑은 정신을 가지라고 훈계한 것은 신체적인 금주와 연관된다는 점이 명확하다. 이 신체적 금주는 온전한 **정신**을 갖는 것과 관련 있다.

(2) 신체적인 금주

동사 네포의 의미　형용사 **네팔리오스**와 동사 **네포**는 신약성경에서 **신체적인 금주를 뜻한다. 형용사 네팔리오스**는 목회 서신에서는 딱 3번밖에 안나온다(딤전 3:2, 11 ; 딛 2:2). 개역성경은 "절제하며"로, 공동번역은 "자제력이 있고" 또는 "절제가 있고"로 번역하였다. 동사 **네포**는 여섯 번 나오는데 "근신하여"로 번역되었다(살전 5:6, 8 ; 벧전 1:13 ; 4:7 ; 5:8 ; 딤후 4:5). 이 단어들의 신약성경에서의 의미를 알아 보기 전에 먼저 희랍 어 사전의 정의와 희랍 문헌에서 사용된 용례를 검토하여 보자.

전기한 바와 같이 **네포**의 근본적인 의미는 취하는 것을 금하는 것이다. **신약성경 신학 사전**은 "근신한(to be sober)을 뜻하는 동사 **네포**와 전체 단어군의 근저(根低)가 되는 개념은 외견상 부정적이다. 다음 두 가지 의미에서 취함의 반대이다. 첫째로는, 술에 취한다는 문자적인 의미에서이고,

둘째는 그 외의 원인들로 인하여 취함의 상태에 대한 비유적인 의미에 있어서이다" 라고 정의를 내린다.[57] 유대인 철학자 필로는 "근신함(네페인[nephein])과 술 취함은 정반대이다"고 말함으로 이 정의를 잘 예증하여 준다.[58]

모든 희랍 어 사전이 이 동사의 근본적인 의미에 일치하고 있는 점에 주목하여야 한다. 리델과 스코트(Liddell and Scott)는 동사 **네포**의 첫번째 의미가 "근신하고, 술을 마시지 않음"이라고 하였다. 람페는 그의 **교부 문헌 희랍 어 사전**에서 이 단어를 "절제하고 술을 마시지 않음"이라고 번역하였다.[59] 람페가 제시한 첫번째 예는 오리겐의 **셀수스 반박문**이다. 이교도 철학자인 셀수스는 크리스챤 교사가 "취한 사람처럼" 행동하며, "근신한(**네폰타스**[nephontas]) 이들이 취하였다고 정죄하는 일단의 술고래 집단에 참여한" 이들이라고 비난하였다. 오리겐은 이러한 비난에 대하여 "그러면 예수의 사도가 취하게 되었고 그의 말이 맑은 정신을 가진 이들의 것이 아니라는 것을 그로 증명해 보라고 하라. 바울의 글에서부터 말하고 해보라"고 응수하였다.[60]

도네간(Donnegan)은 **네포**를 "절제"하며 사는, 술을 삼가는 것으로,[61] 그린느(Greene)는 "근신하고, 취하지 않는"으로,[62] 로빈슨은 "근신하고, 절제하고, 금주하는, 특히 술에 관하여"로,[63] 그리고 애버트-스미스(Abott-Smith)는 "근신하고 술을 삼가하는 것"으로[64] 번역하였다.

형용사 네팔리오스의 의미 이 희랍 어 사전 편찬자들은 형용사 네팔리오스를 이 단어의 동사를 번역한 것과 일치한다고 정의를 내린다. 예를 들자면, 람페는 **네팔리오스**의 첫번째 의미를 "술 없이, 절제한"[65] 이라고 말하면서 이 정의를 지지하여 주는 첫번째 예로서 알렉산드리아의 클레멘트가 그러므로 나는 엄격한(**네팔리온 포톤**[nephalion poton] : 절제하는 음료) 삶을 사는 이들, 절제의 약인 물을 좋아 하는 이들, 그리고 불의 위험을 피하듯이 술을 가능한한 멀리 피하는 이들에게 감복한다"고 한 말을 들고 있다.[66]

전기(前記)하지 않은 그 외의 사전 편찬자들 중의 한 명인 헤티시쿠스

(Hesychius)는 **네팔리오스**의 근본적인 의미가 "취하지 않은 것"이라고 정의를 내렸다.[67] 스테파누스(Stephanus)가 엮은 사전도 **네팔리오스**가 "술을 삼가는 사람"이라고 정의를 내렸다.[68] 1839년 아덴에서 출판된 비잔티우스의 희랍 어 사전도 **네팔리오스**를 "술을 마시지 않는 자"로 번역하였다.[69] 바우에른파인트(Bauernfeind)도 비슷하게 **네팔리오스**를 "술을 쥐고 있지 않는 것"으로 정의하였다. 그는 원래 이 단어는 "술 없이 예물을 드림"에 사용되었고, 결국 "그것들을 만드는 사람들의 근신한 삶의 방식"을 묘사하여 사용되었다고 설명하고 있다.[70]

헬라 문학상의 증거들 고전 희랍 문학에는 **네포**와 **네팔리오스**를 금주의 의미로 사용한 수많은 예가 나온다.[71] 본서의 목적상 헬라의 여러 저술가들이 이 단어를 사용한 용례를 살펴보는 것이 좋을 것 같다. 칠십인역에는 합성 동사인 **에크네포**(eknepho)와 동사 **에크네프시**(eknepsi)가 창세기 9:24, 사무엘상 25:37, 요엘 1:5에 나온다. 이 각 귀절에서 그 의미는 "술의 영향을 받지 않고 근신하여진다"라는 뜻이다.

유명한 두 유대인 저술가인 요세푸스와 필로의 증언은 본 연구에 중요하다. 그 이유는 이들이 바울과 베드로와 동시대인이었기 때문이다. 요세푸스는 그의 **유대 고대사**에서 "제사장 의복을 입은 이들은 흠이 없고, 그들의 정결과 근실함(**네팔리오이**[nephalio])으로 소문이 자자하고, 그들이 그 의복을 입고 있는 한, 음주가 허용되지 않았다"고 기록하였다.[72] 또 그의 유대 전쟁사에서도 제상장에 관하여 비슷하게 "그들은 자신들의 직무의 몇몇 규칙들을 범하지 않고자 하는 두려움에서 주로 술을 삼간다(**네폰테스**)"고 말한다.[73]

필로도 요세푸스와 마찬가지로 자신의 저서(De Specialibus Legibus)에서 제사장들은 완전히 금주한 **네팔리오스**인 채 직무를 수행하여야만 한다고 말하였다. 그 이유는 제사장은 율법이 명하는 바를 행하여야만 하고 지상의 최후 법정으로서 행동하는 입장에 있어야만 하기 때문이다.[74] 필로는 그의 술 취함이란 소책자에서 "물릴 줄 모르고 과음하는 이들"에 대하여 말하기를 이들은 완전히 숙고하여 자신들의 영혼에서 근실함(**네팔리온**)을

몰아내고 그 자리에 미쳐버림을 들어 놓는다"고 말한다.[75]

이 증언들이 시사하는 바 전기한 증언들에서 도출되어지는 추론은 베드로와 바울이 동사 **네포**와 그 형용사 **네팔리오스**의 근원적인 의미, 즉 취하게 하는 음료를 절대로 삼가는 것을 잘 알고 있어야만 했다는 말이다. 만일 그럴 경우 그들은 근신하라고 훈계한 귀절 몇몇 곳에서 적어도 이 의미로 이 단어들을 사용하였다. 그들이 신체적인 근신함 보다는 정신적인 근신함을 말하기 위하여 이 용어들을 어떤 귀절에서 은유적으로 사용하였다 할지라도 이 단어의 근저(根低)를 이루고 있는 절대 금주라는 사상은 여전히 남아 있다.

사도들의 근신하라는 훈계를 정신적인 근신함이나 적당히 술을 마시라는 것으로 해석하는 이들은 그 근거를 성경이 술을 마시는 것을 정죄하지 않고 과도하게 마시는 것을 정죄하고 있다는 추정에 두고 있다. 예를 들자면, 물톤과 밀리간(Moulton and Milligan)은 **희랍 어 신약성경 어휘 사전**에서 **네팔리오스**를 **"근신한, 절제한, 술을 완전히 삼가하거나**(요세푸스, 고대사 3, 12, 2) **혹은 적어도 과도하게 마시는 것을 삼가는 것 둘 중의 하나**(딤전 3:2, 11 ; 딛 2:2)"라고 정의를 내린다.[76] 그러나 이들이 언급한 본문은 술을 과도하게 마시지 말라는 것을 암시하여 주지 않는다. 대신 바울이 감독들, 여자들, 그리고 노인들에게 **네팔리우스**라고, 즉 금주하라고 훈계한 것만이 기록되어 있을 뿐이다.

만일 요세푸스, 필로, 그리고 그 외의 다른 저술가들이 **네팔리오스**를 "금주하는"이라고 기본적인 의미로 사용하였다면 바울이 의도했던 뜻도 마찬가지 일 것임이 틀림없다.[77] 이미 언급한 사도 바울과 동시대인인 요세푸스와 필로의 증언에 비추어 볼 때, 자명한 사실이다. 더구나 사도 시대가 지난 지 오랜 후에 희랍 저술가들도 이 단어를 금주의 뜻으로 사용하였다. 일례로 철학자 포르피리(Porphyry : 주후 232~303)는 근신하면서(네팔리온 [nephalion]) 술을 마시지 말라"고 말하였다.[78]

번역자들의 선입관 독자들은 그렇다면 왜 **네포**와 **네팔리오스**가 신약성경에서 근본 의미인 "금주"로 번역되지 않고 대신 계속하여 부차적인 의미인 "절제한, 근신한, 안정된"으로 번역되었는지 의아해 할 것이다. 번역자들은 자신들이 음주를 선호하기에 이 용어들을 은유적으로 해석하면 "술 취함을 정죄하면서 술의 입장은 살려줄 수 있기[79] 때문에 그리하였다.

술에 관한 선입관은 몇몇 희랍 어 사전에서도 찾아볼 수 있다. 이미 언급한 물톤과 밀리간 외에 디델과 스코트(Liddell and Scott)도 여기에 속한다고 볼 수 있다. 그들은 동사 **네포**를 "근신하고, 술을 마시지 않음"으로 정의를 내리고 이 정의를 지지하여 주는 일단의 전거(典據)를 열거하였다. 그리고 나서 그들은 은유적인 의미가 "자제하고, 근신하고, 방심치 않는"이라고 정의를 내리면서 데살로니가전서 5:6과 베드로전서 4:7, 그리고 이교 문헌 몇몇을 그 지지 전거로 제시하고 있다. 아래에서 논할 것이지만, 이 두 신약성서의 귀절들은 후자보다 전자의 의미를 더 지지하여 준다.

리델과 스코트는 형용사 예물에 관하여 말하면서 **네팔리오스**를 "술 없이 … 술에 섞지 않음, 헌수를 함"으로 정의를 내리면서 일단의 지지 귀절들을 제시하고 있다. 그들은 이 단어가 사람을 언급할 때에는 "근신함"으로 번역하며 그 예로서 디모데전서 3:2, 11, 디도서 2:2, 그리고 요세푸스의 **유대 고대사** 3, 12, 2를 지지 본문으로 열거하고 있다. 그렇지만, 디모데와 디도서의 본문은 근본적으로 금주를 뜻한다. 이 점은 곧 논할 것이다. 요세푸스의 진술도 이미 살펴본 바와 같이 **네팔리오스**가 "술을 마시도록 허용되지 않음"을 뜻함에 추호의 의문의 여지도 남겨두지 않는다. 이 모든 것들은 그 어떤 본문도 이 단어가 정신적인 근신함이라는 은유적인 의미로 번역할 수 없음을 밝혀 주고 있다. 디모데와 디도서의 귀절들은 금주가 아니라 "근신한" 또는 절제한으로 번역되었다. 이 단어들이 원래 이런 의미라는 증거로 이 번역이 인용된 것처럼 보인다. 성경 외의 문헌들에 있어서 **네포**와 **네팔리오스**의 의미를 살펴보았으니, 이제는 베드로와 바울의 편지서에서 이 단어들이 뜻하는 바를 살펴보자.

(3) 신체적인 금주로서의 네포(nepho)

데살로니가전서 5:6~8 바울이 네포를 첫번째로 사용한 것은 데살로니가에 보낸 편지에 나온다. 바울은 그리스도께서 "밤에 도적같이" 갑작스럽고 예기치 않게 오실 것에 관하여 데살로니가인들에게 경고를 한 후에 다음과 같이 훈계하였다. "그러므로 우리는 다른 이들과 같이 자지 말고 오직 깨어 근신할지라(**네포멘**[nephomen]) 자는 자들은 밤에 자고 취하는 자들은 밤에 취하되, 우리는 낮에 속하였으니 근신하여(**네포멘**) 믿음과 사랑의 흉배를 붙이고 구원의 소망의 투구를 쓰자"(살전 5:6~8).

바울은 이 귀절에서 데살로니가인들에게 "근신하라(**네포멘**)"고 두번씩이나 훈계하였다. 이 문맥에서 **네포멘**은 무었을 뜻하는가? 바울은 데살로니가인들에게 정신적으로 깨어 있으라고 훈계하는가? 또는 신체적으로 금주하라고 말하는가? 아니면 둘 다를 말하는가? 문맥은 정신적인 경계와 신체적인 금주 둘 다를 뜻한다고 제시하고 있다.

이 귀절에는 여러 가지 대조되는 평행귀들이 나온다. 밤과 낮, 빛과 어두움, 깨어 있음과 잠을 잠, 근신함과 취함. 바울이 근신한 낮의 아들들과 취한 밤의 아들들을 대조하고 있기에 이 문맥에서 "근신하라"고 한 훈계는 정신적인 경계성 뿐만 아니라 신체적인 금주도 뜻하고 있는 것이 명백하다. 성경에는 정신적인 경계성이 취하게 하는 음료를 신체적으로 금주하는 것과 밀접하게 연관되어 있다. 자기 주인이 돌아오는 것을 보지 못한 불성실한 종은 "먹고 마시고 취하였다"(눅 12:45).

바울이 **네포멘**을 문자적으로 그리고 은유적으로 사용한 것을 가리켜 주는 또 다른 점은 근신함과 깨어 있음 간의 연관성이다. "오직 깨어 근신할지라"(6절). 첫번째 동사 **그레고로멘**(gregoromen)은 정신적인 경계성을, 두번째 동사인 **네포멘**은 신체적인 금주를 뜻한다. 그렇지 않다면 불필요한 반복일 뿐이다. 즉, "오직 깨어 있고 또 깨어 있는 자"일 것이다. 바울이 정신적인 경계성을 신체적인 금주와 연관시킨 것은 이 둘이 짝을 이루는 것이기 때문이다. 신약성경에 나오는 정신적인 경계성은 신체적인 금주와 자주 연관되어 있다. 이 점은 다른 귀절들을 살펴보면 명백하게 드러난다.

베드로전서 1:13 데살로니가전서 5:6~8에 덧붙여 동사 네포는 베드로전서에 세 번 나온다(1:13 ; 4:7 ; 5:8). 이 세 경우에서 이 단어는 "근신하여"로 번역되었다. 무심결에 성경을 읽은 이들은 베드로가 "근신하라"고 한 훈계가 술과는 상관없이 신중하고, 경계하고 혹은 절제하고를 뜻한다고 생각할 수 있다. 그러나 면밀히 검토하여 보면 데살로니가전서에서와 같이 이 동사가 이 귀절에서 정신적인 경계성과 신체적인 금주를 언급한다는 것을 알게 된다. 이 세 본문에서 베드로가 "근신하라"고 한 훈계는 그리스도의 임박한 귀환에 준비하라는 문맥에 나온다. 이 말은 베드로가 바울처럼 자신의 독자들에게 금주와 성결의 삶을 살라는 호소의 근거를 그리스도의 확실하고 임박한 재림에 두고 있다는 것이다.

베드로전서 1:13에 **네포**를 첫번째로 사용한 예가 나온다. "그러므로 너희 마음의 허리를 동이고 근신하여(**네폰테스**) 예수 그리스도의 나타나실 때에 너희에게 가져올 은혜를 온전히 바랄지어다. "여기서 베드로는 바울처럼 정신적인 경계성(너희 마음의 허리를 동이고)과 신체적인 금주(근신하여)를 서로 관련시킨다. 우리는 이미 희랍 어 사전과 문학이 동사 **네포**의 근본적인 의미가 "금주하는 술을 마시지 않는"이라고 똑같이 정의 내린 것에 주목하였다. 정신적인 경계성을 신체적인 금주와 관련시키는 패턴은 베드로전서에서 동사 **네포**가 사용된 세 경우에 일관되어 나타난다.

"금주하라"는 훈계는 베드로전서 1:13에서는 급진적인 의미로 제시되어 있다. 왜냐하면, 그 단어 바로 다음에 "완전하게" 또는 "온전하게"를 뜻하는 부사 **텔레이오스**(teleios)가 나오기 때문이다. 그러므로, 정확하게 번역하면 "완전하게 또는 온전하게 금주하라"이다. 대부분의 번역자들은 금주에 관한 선입견으로 인하여 **텔레이오스**가 그 다음에 나오는 동사 **엘피사테**(바랄지어다 : elpisate)를 수식하는 것으로 보아, 온전히 바랄지어다(개역성경)로, 또는 "끝까지 바랄지어다(공동번역)"로 번역을 하였다. 그러나 신약성경의 여러 다른 곳에서 "끝까지"를 뜻하는 데 사용된 관용구는 **텔레이오스**가 아니라 **메크리 텔루스**(mechri telous)나 또는 **헤오스 텔루스**(heos telous)란 합성어이다(히 3:6, 14 ; 고전 1:8 ; 고후 1:13).

문법적으로 부사 **텔레이오스**는 희랍 어에 부사를 동사로부터 분리시키는 구두점이 없기에 선행 동사인 **네폰테스**나 후행 동사인 **엘피사테**를 수식하는 데 사용되어질 수 있다. 이 점을 보여 주는 극명한 한 실례는 예수께서 "내가 진실로 네게 이르노니, 오늘 네가 나와 함께 낙원에 있으리라"(눅 23:43)고 하신 말씀이다. 대부분의 번역자들과 주석가들은 "오늘" 뒤에다 구두점을 찍지 않고 그 앞에다 찍는다. 그 이유는 그들이 죽는 순간 영혼이 몸에서 떠나 살아 남는다는 것을 믿기 때문이다. 베드로전서에서도 이와 유사하게 대부분의 번역자들은 **텔레이오스** 후에다 구두점을 찍는 것이 아니라 그 전에 찍기를 원하였다. 이유는 성경이 절대 금주가 아니라 적당한 음주를 가르친다고 믿기 때문이다.

수백년 동안 로마 천주교의 공식 성경이었던 벌게이트(라틴역)에서 제롬은 **텔레이오스**가 **네폰테스**를 수식하는 단어로 여기어 "sobrii perfecte", 즉 "온전하게 근신한"이라고 번역을 하였다. 필자의 견해에 의하면 제롬의 번역은 자신의 편지에서 근신하라고 세번씩이나 반복한 베드로의 의도를 정확하게 반영한 것같이 보인다. 그러므로 정확히 번역하면 다음과 같을 것이다. 그러므로 너희 마음의 허리를 동이고 온전하게 금주하여 예수 그리스도의 나타나실 때에 너희에게 가져올 은혜를 바랄지어다."

베드로전서 4:7 . 동사 **네포**는 베드로전서 4:7에서 두번째로 사용되었다. "만물의 마지막이 가까왔으니 그러므로 너희는 정신을 차리고(**소프로네사테**[sophronsate]), 근신하여(**네프사테**) 기도하라" 이미 살펴본 바와 같이 베드로는 정신적으로 깨어 있고 신체적으로 금주하라고 훈계함에 **소프론**이란 용어를 사용한다. 베드로가 과거의 "음란과 정욕과 술 취함과 방탕과 연락과 무법한 우상 숭배를 하여"라고 과거 생활 양식을 절제와 금주의 새로운 생활 양식과 대조한 문맥은 **네포**가 술을 마시지 않는 의미라는 점을 제시하여 준다.

이 귀절을 다음과 같이 의역할 수 있다. "만물의 마지막이 가까왔습니다. 그러므로, 당신들이 이 중요한 시기에 왕성한 믿음 생활을 할 수 있도록 정신을 차리고 금주하는 삶을 사십시오."

베드로전서 5:8 네포는 베드로전서 5:8에 세번째로 사용되었다.

"근신하라(네프사테) 깨어라(그레고레사테[gregoresate]). 너희 대적 마귀가 우는 사자같이 두루 다니며 삼킬 자를 찾나니" 베드로는 위의 두 경우에서와 같이 여기서도 정신적인 경계성을 신체적인 금주와 연관시킨다 그 이유는 두 가지가 상호 의존적이기 때문이다 비록 바울은 먼저 정신적인 경계성을, 그 다음에 신체적인 금주를 언급하였지만, 이 귀절은 데살로니가전서 5:6에 부합된다. 두 가지 조건 간의 상호 연관성은 자명하다. 취하게 하는 음료는 양심과 이성을 약화시켜 악행을 하도록 길을 터준다. 최종적인 결과는 마귀가 더 잘 "삼킬 수" 있는 사람, 문자적으로는 "들이킬(카타피노[katapino])" 수 있는 사람이 된다.[80]

누가복음 12:41~46과의 상호 연관성 베드로가 깨어 있고 금주하라고 훈계한 것은 그리스도께서 베드로에게 직접 말씀하신 술 취한 종의 비유에 영향을 받은 것같이 보인다(눅 12:41). 이 비유에서 신실한 종은 주인의 재산을 맡아서 잘 관리하였다고 칭찬을 받았고, 불성실한 종은 "먹고 마시고 취하기(눅 12:43~45) 시작하였다"고 정죄함을 받았다.

이 비유에 대한 암시가 베드로전서에 나온다. 예를 들자면, 베드로전서 4:10은 "하나님의 각양 은혜를 맡은 선한 청지기 같이"라고 말하고 있다. 이 문구는 누가복음 12:42의 "지혜 있고 진실한 청지기가 되어 주인에게 그집 종을 맡아…"와 너무나 유사하다. 베드로전서 4:5도 유사하게 "저희가 산 자와 죽은 자, 심판하기를 예비하신 자"란 문구는 누가복음 12:46의 "생각지 않은 날 알지 못하는 시간에 이 종의 주인이 이르러… 율에 처하리니"를 메아리치는 것같이 보인다. 또 "맡기운 자들에게 주장하는 자세를 하지 말고 오직 양 무리의 본이 되라."고 한 베드로전서 5:3도 "노비를 때리기 시작한 누가복음 12:45의 불성실한 종을 상기시켜 준다."

누가복음에 나오는 주인에게 취한 채로 잡혀 벌을 받은 불성실한 종의 비유에 대한 암시가 베드로전서에 나오는 것은 네포를 그 근본적인 의미인 술을 금하는 것으로 번역하는 것을 강력하게 지지하여 준다. 더구나, 이 암시는 베드로전서 1:13이 과격한 용어로 금주하라고 전하는 이유를 이해함에 도움을 준다. 네폰테스 텔레이오스(완전하게 금주하라 : 네폰테스 테레이오스).

바울이 두 번(살전 5:6, 8), 베드로가 세 번(벧전 1:13 ; 4:7 ; 5:8) 언급한 네포의 다섯 용례에 관한 본 연구를 요약하자면 이 모든 귀절들이 정신적인 경계성과 신체적인 금주 둘 다를 일관되게 보여주고 있다는 것이다. 더구나, 근신하는 낮의 아들들과 취한 밤의 아들들을 대조하는 데살로니가전서는 네포의 근본적인 의미가, 취하게 하는 음료를 뜻한다는 것을 지지하여 준다. 네포의 의미가 금주임을 지지하여 주는 베드로전서에 나오는 실마리는 누가복음 12장의 "술 취한" 종의 비유를 암시하여 주는 바와 사도가 술 취한(벧전 4:3) 과거의 삶의 방식에 대하여 언급한 베드로전서 4:7의 문맥이다. "금주하라"는 다섯 가지 훈계가 그리스도의 임박한 재림을 위하여 준비하라는 문맥에 나온다는 것도 의미 심장한 점이다. 이 점에 관하여서는 형용사 네팔리온(nephaleon)에 관하여 검토한 다음에 논하고자 한다.

(4) 신체적인 금주로서의 네팔리오스(Nephalios)

세 본문 형용사 네팔리오스는 신약성경에서 세 번밖에 나오지 않는다. 바울은 이 형용사를 감독들, 여인들, 노인들에게 요구되는 자격을 묘사함에 사용한다. 첫번째 두 경우는 디모데전서 3:2, 11에 나온다. "그러므로 감독은 책망할 것이 없으며, 한 아내의 남편이 되며, 절제하며(네팔리온), 근신하며(소프로나), 아담하며, 나그네를 대접하며, 가르치기를 잘하며, 술을 즐기지 아니하며(메 파로이논)… 여자들도 이와 같이 단정하고 참소하지 말며 절제하며(네팔리우스) 모든 일에 충성된 자라야 할지니라." 세번째 경우는 디도서 2:2에 나온다. "늙은 남자로는 절제하며(네팔리우스), 경건하며, 근신하며(소프로나스), 믿음과 사랑과 인내함에 온전케 하고."

우리는 이미 네팔리오스가 디모데전서 3:2과 디도서 2:2에서 소프론과 함께 나와서 먼저 신체적인 금주, 그리고 나서 정신적인 경계성을 묘사하였다는 것에 관하여 살펴보았다. 몇몇 주석가들은 이 둘이 연관되었기에 네팔

리오스를 술을 금하는 것이라고 문자적으로 번역하여야 한다는 것을 인정하였다. 한 예로 그 자신이 적당론자인 아담 클라크는 디모데전서 3:2에 관하여 다음과 같이 주석한다. "그는 마시지 않음(부정을 뜻하는 **네**와 마시다를 뜻하는 **피노**)을 **경계하여야(네팔리오스)**만 한다. 그는 **경계하라.** 왜냐하면, 음주하는 자는 **잠에 빠지기 쉽고** 금주하는 이는 **깨어 있어 자신**의 일과 **임무**를 행할성 싶기 때문이다.[81] 알버트 바네스도 이 절에 관하여 이 단어(**네팔리오스**)는 이 절과 11절, 그리고 디도서 2:2에만 나온다. 이 단어는 **근신한, 절제한, 금주하는** 것을 적절하게 뜻하는데, 특히 술과 관련하여 그렇다. 그러므로, **온전한 정신을 가진**, 경계하는, 신중한을 뜻한다고 주석한다.[82]

술을 즐기지 아니하며 어떤 이들은 **네팔리오스**를 금주로 해석하는 것은 술을 즐기지 아니하며로 번역된 **메 파로이노스**라는 문구와 모순된다고 주장한다. 이들의 주장은 후자가 전자를 부정한다는 것이다. 바울은 감독들에게 먼저 금주하라고 말한 다음, 곧 이어서 "술을 즐기지 아니하며", 즉 술을 적당히 마시며 라고 말할 수 없었다는 말이다. 하지만 명백하게 모순되게 보이는 이 점을 **메 파로이노스**란 문구가 꼭 적당히 술을 마신다는 것을 뜻하지 않는 것을 인식하면 해결될 수 있다. 제롬은 디모데전서 3:2에 대한 축어(逐語)적 주해에서 **메 파로이노스**가 절대로 금주하는 것이라고 해석하였다. "술을 즐기는 이(non vinolentum)가 아니다. 왜냐하면, 항상 지성소에 있어 희생제사를 드리는 사람이기 때문이다. 술이 방종(luxuria--엡 5:18)이기 때문에 술이나 독주를 마시지 않는다"고 말하였다.[83] 제롬에게 있어서 **메 파로이노스**는 감독들도 구약성경의 제사장처럼 절대로 금주하여야만 하는 것을 뜻하였다.

파로이노스의 의미가 "술에 중독됨, 취함"[84] 을 넘어서서 "술에 가까운"이란 보충적인 개념, 즉 술을 마시는 장소에 가까이 있는 것까지 포함한다는 것을 인식할 때, 또 다른 해결책을 발견할 수 있다. **파로이노스**란 단어는 "가까운"을 뜻하는 **파라**(para)와 "술"을 뜻하는 **오이노스**가 합쳐진 단어이다. 리와 번즈는 "고대의 **파로이노스**는 음주 파티에 참석하는 데 익숙

한 사람이었다. 그리고 그 결과로 독주와 친밀하게 교제하게 되었다"고 말하였다.[85]

파로이노스를 이런 의미로 이해하면 **파로이노스**가 **네팔리오스**를 약화시키지 않는다. 대신 그 의미를 강화시켜 준다. 바울이 말하고자 하는 바는 감독은 금주하여야 할 뿐만 아니라 술을 마시는 장소를 피하여야 한다는 것이다. 이 점은 바울이 고린도전서 5:11에서 "이제 내가 너희에게 쓴 것은 만일 어떤 형제라 일컫는 자가 음행하거나, 탐람하거나, 우상 숭배를 하거나, 후욕하거나, **술 취하거나** 토색하거든 사귀지도 말고 그런 자와는 함께 먹지도 말라 함이라"고 한 훈계와 일맥 상통한다.

이와 비슷한 훈계가 이른 바 **사도들의 헌장**이라고 하는 그 이전부터 있었던 교회법들로부터 4세기에 편찬한 책에 나온다. 54번째 교회법은 다음과 같다. 만일 성직자 중, 한 명이 여인숙(선술집)에서 먹다가 잡혀 오면, 여행 중 여인숙에서 식사를 하였어야만 하는 때를 제외하고는 정직(定直) 처분을 내려라."[86] 이 금지 명령을 내린 이유는 아마도 사람들이 종종 취하게 되는 여인숙(선술집)에서 성직자가 먹는 것이 주는 대중적인 이미지에 관한 염려 때문이었을 것이다. 감독들이 가정에서 개인적으로 모본이 되는 것과 교회와 사회에서 받는 대중적인 평판에 영향을 미치는 것들을 바울이 언급한 디모데전서 3:2~7에도 이와 똑같은 염려가 제시되었다.

파로이노스의 이중적 의미 저명한 신약 주석가인 알버트 바네스는 **파로이노스**의 이중적 의미에 관하여 정확하게 언급하였다. "이 희랍 어 단어(**파로이노스**)는 신약성경에서 오직 딤전 3:3과 디모데전서 1:7에만 나온다. 그 정확한 의미는 **술에 의하여**(by wine)이다. 즉 술에 **의하여** 또는 술로 인하여 발생하는 것들에 관하여 말하는 바, 술을 마시고 떠드는 것과 노래를 부르는 것 등등 이다. 그 다음 여기서와 같이 술 옆에 앉는 자를 의미한다. 즉, 술을 마시는 습관을 가진 자, 또는 술에 탐닉하는 자와 함께 앉는 것에 익숙한 이들은 목회직에 허용되어서는 안된다. 사도가 이 귀절에서 말하는 방식은 사도가 어떤 의미로든지 술을 마시라고 권한 것이 아니라, 위험한 것으로 여기었고 성직자들이 올바르게 생각하도록 하여 아예 피하기를 원하였다."[87]

고대와 현대 희랍 어 사전들은 **파로이노스**가 "술에 가까운", 즉 '음주하는 장소에 가까운'이란 뜻을 지지하여 준다. 1660년에 출판된 Lexicon Graeci Testamenti Alphabeticum은 희랍 어와 라틴 어의 **파로이노스**를 "술에 가까운 것 또는 술 자리에서(para to oino, apud vinum)"로 정의를 내렸다.[88] 리델과 스코트도 관련 단어인 **파로이니오스**(paroinios)를 "음주 파티에 어울리는"으로 정의를 내렸다.[89] 그리이스에서 최근에 발행된 사전도 이 단어가 이런 의미를 아직도 지니고 있음을 보여 준다. 즉 **파로이노스**를 '술 취한'이라고 정의한다.[90]

이와 같은 점에 비추어 볼 때, 바울은 기독교 감독들이 금주하고(**네팔리오스**), 또 음주 장소나 파티 자리에 있지 않기(**메 파로이논**)를 원하였다. 기독교 성직자들은 스스로 금주하여야 할 뿐만 아니라 자신과 다른 이들의 금주를 무너뜨릴 수 있는 장소나 모임에 참석하지 말고 또 승인하지도 말아야 한다.

바울이 집사들에게 "술에 인박이지 아니하"(딤전 3:8; 참조 딛 2:3)고, 그리고 디모데에게 "이제부터는 물만 마시지 말고 네 비위와 자주 나는 병을 인하여 포도주를 조금씩 쓰라"(딤전 5:23)고 훈계한 바가 이 결론을 무효화시킨다는 주장이 제기될 수 있다. 이 본문들은 성경이 주정 음료에 관하여 말한 귀절 중 잘못 이해된 귀절들에 관하여 논한 7장에서 다룰 것이다. 7장에서의 연구는 이 본문들이 바울이 금주에 관하여 훈계한 것을 폐하기는 커녕 오히려 구체화되어 보여 줄 것이다.

금주의 이유 베드로와 바울이 금주하는 삶, 경건한 삶을 살라고 한 이유는 의학적인 이유에서가 아니라 종말적인 이유 때문이다. 성경은 개인의 건강과 선을 위하여서만이 아니라 오늘 우리들의 현재 삶 속에 거하시고자 하시는 하나님의 소망으로 인해서(고전 3:16, 17 ; 6:13), 그리고 도래할 생애에서 우리와 함께 친교를 나누시기 원하기 때문에 건강하고 거룩한 삶을 권한다. 그리스도께서 오셨을 때에 그 거룩한 임재 가운데서 살고자 하면 오늘날 정결하고 경건한 삶을 사는 것을 배워야 한다. 이것이 바로 바울이 디도서에서 감독들, 노인들, 여자들, 젊은이들, 그리고 노예들에게 술 취하지 말고 경건한 삶을 살라고 훈계한 근본 이유이다.

바울은 이들에게 훈계하기를 마친 후에 이 모든 훈계의 최종적이자 근본적인 이유를 제시하고 있다. "모든 사람에게 구원을 주시는 하나님의 은혜가 나타나 우리를 양육하시되 경건치 않은 것과 이 세상 정욕을 다 버리고 근신함과 의로움과 경건함으로 이 세상에 살며 복스러운 소망과 우리의 크신 하나님 구주 예수 그리스도의 영광이 나타나심을 기다리게 하셨으니 그가 우리를 대신하여 자신을 주심은 모든 불법에서 우리를 구속하시고 우리를 깨끗하게 하사 선한 일에 열심하는 친백성이 되게 하려 하심이니라"(딛 2:11~14).

바울은 이 귀절에서 세상 정욕을 다 버리는 것과 이 현 세상에서 의롭고 경건하게 그리고 근신하여(소프로노스) 살도록 하나님께서 우리를 위하여 가지고 계신 경륜을 적절하게 연관시켰다. 세상의 정욕은 취하게 하는 음료에 의하여 영향을 받기에 우선 그것을 배제하여야 한다. 이것은 인간의 노력에 의해서만 성취되지는 않는다. 탐닉을 승인하시기 위해서가 아니라 우리를 그리스도인의 품성을 최고로 개발시키는 것을 막는 것에 우리가 피하도록 훈련시키고자 모습을 드러낸 "하나님의 은혜"를 통하여서 성취된다. 예수 그리스도를 통하여 나타난 "하나님의 은혜"의 목적은 우리가 지은 과거의 모든 죄악의 형벌을 지불함으로서 "우리를 구속하는 것" 뿐만 아니라 "우리의 크신 하나님 구주 예수 그리스도의 영광이 나타나심을 기다리며 근신함과 의로움과 경건함으로 이 세상에 살도록" 하는 능력을 제공하여 주심으로 우리를 "정결케 한다".

모든 크리스챤들이 "그의 깨끗하심과 같이 자기를 깨끗하게"(요일 3:3) 하며 살도록 동기를 부여하여 주는 것은 그리스도를 맞을 준비가 되어 있고 또 그의 영광스러움이 나타나는 날에 올리워질 준비가 되어 있고자 하는 소망이다. 베드로가 앞에서 논한 세 본문에서 정신적인 경계성과 신체적인 금주를 호소한 것은 이 희망에 의거하여서이다. "마음의 허리를 동이고 온전히 금주하라"고 한 훈계 바로 다음에 "예수 그리스도의 나타나실 때에 너희에게 가져올 은혜를 온전히 바랄지어다"(벧전 1:13)라는 훈계가 곧 바로 이어 나온다. 베드로전서 4:7에서도 이와 비슷하게 "정신을 차리고 근신하라"는 훈계는 "만물의 마지막이 가까왔느니라"는 사실에 근거를 두고 있다. 베드로전서 5:8에 나오는 정신적으로 그리고 신체적으로 근신하라는 훈계도 "목자장이 나타나실 때에 시들지 아니하는 영광의 면류관을 얻으리라"는 희망에 근거하고 있다.

성경이 하나님에 의하여 영감 받았음을 믿는 그리스도인들은 사도들이 취하게 하는 음료를 금하라는 훈계를 이 종말의 시대에 구주 예수의 오심을 문자 그대로 구체적으로 준비하면서 실천해야 겠다.

(5) 신체적인 금주로서의 엔크라테이아(enkrateia)

엔크라테이아의 의미 **네팔리오스**와 밀접하게 연관된 단어는 희랍어 단어 **엔크라테이아**인데 이 단어는 신약성경에 다섯 번 나온다(행 24:25 ; 갈 5:23 ; 벧후 1:6 ; 고전 9:25 ; 딛 1:8). **엔크라테이아**란 단어의 어근은 **크라트**인데 이 단어의 뜻은 "사람이 스스로에 대하여 갖고 있는 혹은 다른 것들에 대하여 갖고 있는 능력 또는 주권을 표현한다."[91] 자제력은 모든 형태의 악을 금할 수 있는 능력에서 특별히 드러난다.

개역성경은 **엔크라테이아**를 고린도전서 9:25에서 "절제하나니"로 번역하였다. 몇몇 적당론자들은 이 부분이 자신들의 입장을 강력하게 지지하여 준다고 생각한다. 그들은 희랍 어 단어 **엔크라테이아**의 근본적인 의미와 "절제하나니"가 암시하는 바가 "절대 금주"를 말하는 것이 아니라 "적당, 신중" 또는 "무엇에든지 과도하고자 하는 모든 유혹을 저항하는 것"[92]이라고 추정한다.

사실은 이와 전혀 다르다. **"절제"**라는 단어가 "적당"이라는 뜻으로 들릴지는 모르지만 역사적으로 그 근본적인 의미는 "금주"다. '절제'를 뜻하는 영어의 **템퍼런스**(temperance)와 라틴 어의 **템페란티아**(temperantia), 그리고 희랍 어 단어 **엔크라테이아**에서도 마찬가지이다. 레온 필드는 "절제(temperance /temperantia /enkrateia)"의 근본적인 의미가 "금주"라는 것에 관하여 방대한 역사적 문헌 자료를 제시하고 있다.[93] 월터 그룬트만

(Walter Grundmann)도 **신약성경 신학사전**에 실린 엔크라테이아에 관한 그의 논문에서 비슷한 자료 문헌을 제시하고 있다.[94] 충분한 자료 문헌을 연구하고자 하는 이들은 이 책들을 살펴보기를 바란다. 본 장의 목적에 부합되게 몇몇 자료를 예증으로 인용하고자 한다.

샘플 귀절들 16세기 영국의 저술사이었던 토마스 엘리오트(Thomas Elyot)경은 그의 **총독론**(1531년)에 "절제하는 자는 육적 쾌락을 피하고, 그것 없이도 불만스럽지 않고 그것들이 있어도 기꺼이 **금하고자**(absteineth) 하는 이들"이라고 말했다.[95] 이와 비슷하게 철학자 토마스 홉(Thomas Hobbes: 1640)도 "절제는 우리를 파괴하고자 하는 모든 것, 즉 부절제를 **금하는 습관**"이라고 정의를 내렸다.[96]

똑같은 의미가 희랍 문헌에도 나온다. 아리스토텔레스(주전 384~322년)는 "스스로 억제하는 이(엔크라테스)는 자신의 욕망이 나쁜 것임을 알고 원칙에 따라 그것을 따르기를 거부하였다"고 말한다.[97] 외경서인 집회서에는 "영혼의 절제(엔크라테이아)"라는 단락이 있는데 이 단락은 "네 탐욕을 따라 행하지 말고 네 욕망을 스스로 억제하라"는 말로 시작하고 있다.[98] 에세네파도 금주를 매우 높게 여기었다. 요세푸스는 "이 에세네파는 쾌락을 죄악으로 여겨 거부하며 금주(엔크라테이안)를 높게 여기었다. 그리고 인간의 정욕을 정복하는 것을 미덕으로 여기었다"고 말하였다.[99] 엔크라테이아에 금주의 의미가 있다는 것을 결정적으로 보여 주는 증거는 술과 고기, 그리고 그들 중 몇몇은 결혼까지 금한 몇몇 초기 그리스도교 무리들을 엔크라테이아파(Encratities)라는 명칭으로 부른 것이다.[100]

사도행전 24:25에 나오는 금주 신약성경의 기자들도 엔크라테이아란 단어를 사용하면서 금주 사상을 계속하여 염두에 두고 있었다. 첫번째로 이 단어가 나오는 곳은 바울이 벨릭스와 드루실라에게 한 말이 기록된 사도행전 24:25이다. "바울이 의와 절제(엔크라테이아스 : enkrateias)와 장차 오는 심판을 강론하니 벨릭스가 두려워하여 대답하되 시방은 가라 내가 틈이 있으면 너를 부르리라" 하고. 벨릭스는 방종에 빠지고 드루실라와 간음 관계를 맺고 있던 불의한 총독이었다. 벨릭스와 드루실라의 악명 높은 잔인성과 방종에 비추어 보면 바울이 그들에게 **엔크라테이아**라고 할 때에 그의 주제는 적당히가 아니라 불법적이고 죄된 행위를 아예 금하는 것이었다.

위클립은 이 절에 나오는 **엔크라테이아**를 "정숙함(chastity)"으로 정확하게 번역하였다. 이 '정숙'이란 의미는 바울이 정숙의 미덕을 표현하고자 동사 형태를 사용한 고린도전서 7:9에 나온다. "만일 자제(**엔크라튜오마이**[enkrateuomai])할 수 없거든 혼인하라 정욕이 불같이 타는 것보다 혼인하는 것이 나으니라".

고린도전서 9:25에 나오는 금주 바울은 또 이 동사를 고린도전서 9:25에서 금주 개념이 확실하게 포함 되는 방법으로 두번째 사용하였다. "이기기를 다투는 자마다 모든 일에 절제하나니(**판타 엔크라튜에타이**[panta enkrateuetai]) 저희는 썩을 면류관을 얻고자 하되 우리는 썩지 아니할 것을 얻고자 하노라." 공동번역은 "온갖 어려움을 이겨내나니"로 번역하였다.

주정 음료를 적당히 마시는 것을 변호하기 위하여 이 귀절이 들먹거려지기도 한다. 사도가 이 귀절에서 주정 음료를 포함한 모든 것에 절제하라고, 즉 적당히 하길 가르친다고 생각한다. 이것은 현대의 정확하지 못한 번역에 영향을 입은 생각이다. 고대의 번역들은 이 귀절에 나오는 동사의 진짜 의미는 적당한 음주가 아니라 금주라는 것을 인식하였다. 벌게이트(라틴역)는 "그는 스스로 모든 것을 금한다(ab omnibus se abstinet)"고 번역을 하였다. 위클립도 "자신을 모든 것으로부터 삼간다(absteyneth hym fro alle thingis)"로 똑같이 번역을 하였다. 틴데일(Tyndale), 크랜머(Cranmer), 제네바(Geneva) 도 동일하게 번역을 한다.

고대 경기에 출전하고자 하는 경주자들을 훈련시킨 것을 적은 기록도 이 의미를 지지하여 준다. 주석가들은 이런 의미로 사용한 많은 고대 저술가들의 기록들을 제시하여 준다. 예를 들자면, 아담 클라크는 스토아 학파 철학자인 에피크테투스(Epictetus : 주후 100년경)를 한 예로 인용하고 있다.

이 철학자는 "그대는 올림픽 경기에서 상을 타고 싶은가? 필요한 준비와 결과를 숙고하라. 그대는 엄격한 식이 요법을 따라야만 하고, 네가 싫어하는 음식으로 살아야만 하고, 모든 진미들을 금하여야만 한다. 더울 때나 추울 때에 필요한, 규정된 시간에 훈련을 해야만 한다. **술을 이전과 같이 마시지 말라.**"[101]

호레이스는 그의 De Arte Poetica에서 유명한 말을 하였다. 올림픽에서 상을 받고자 하는 젊은 이들은 모든 수단을 시도하여야만 하고, 모든 수고를 참고 견디어야 한다. 극히 더운 것과 추운 것을 종종 견디어 내야만 한다. 포도주와 사랑(Abstinuit Venere et Bacco: 문자적으로 '성욕과 술'을 금함)의 약하게 하는 쾌락과 절연하여야만 한다.[102]

고대 경주자들의 혹독하다시피한 절제 생활에 비추어 볼 때, 바울이 사용한 문구인 **판타 엔크라튜에타이**를 "모든 [해로운]것을 **금하는 자**"로 정확하게 번역해야만 한다. 일단의 주석가들도 이 뜻을 지지하고 있다. 월터 그룬트만은 고린도전서 9:25의 이 동사가 "그(경주자)가 얻으려고 애쓰는 목적을 위하여… 그가 거슬리거나 방해할 수 있는 모든 것을 **삼가는 것**을 단순히 말하여 준다"고 설명하여 준다.[103] F. W. 그로샤이드(Grosheide)는 이 동사의 의미가 "(그가) 스스로 자신에게 해를 입힐 것을 하거나 또는 해를 입힐 일을 **어떤 것도 취하지 않음**으로 훈련하는 것"을 뜻한다고 말한다.[104]

바울은 바로 그 다음 절에서 개인에게 적용함으로 이 의미를 예증하여 준다. 운동 경주자의 이미지를 계속 사용하면서 "그러므로 내가 달음질하기를 향방 없는 것같이 아니하고 싸우기를 허공을 치는 것같이 아니하여 내가 내 몸을 쳐 복종하게 함은 내가 남에게 전파한 후에 자기가 도리어 버림이 될까 두려워함이로라"(고전 9:26~27)라고 말한다. 바울이 이러한 단어를 사용한 사실들은 그가 취하게 하는 음료를 신중하게 마시는 것이 절제라고 보는 적당론자의 입장 쪽에 서 있지 않음을 분명히 밝혀 주고 있다. 대신 엄격하고 자기를 부인하는 훈련을 말하고 있다. 하늘 시민의 자격을 갖기 위해서는 하나님의 은혜의 능력으로(빌 4:13) 취하게 하는 물질을 갈망함을 억제하여야만 하는 것을 시사하여 주고 있다.

그 외의 다른 귀절에 나오는 금주 엔크라테이아가 나오는 그 외의 다른 귀절에도 금주 개념이 포함되어 있다. 몇 가지만 열거해 보자. 이 단어는 갈라디아서 5:22에서 성령의 열매의 완성이고 절정이다. "오직 성령의 열매는 사랑과 희락과 화평과 오래 참음과 자비와 양선과 충성과 온유와 절제(**엔크라테이아**)니 이같은 것을 금지할 법이 없느니라." 절제가 포함된 성령의 열매는 그 이전 절에 나오고 "술 취함"이 두드러지게 언급된 "육체의 일"과 정반대를 이루고 있다. 이 점은 바울이 **엔크라테이아**를 특별히 "술 취함"의 정반대로 여기었다는 것을 제시하여 준다.

엔크라테이아는 베드로후서 1:6에서 "베드로의 사닥다리"라고 때때로 불리우기도 하는 미덕 목록에도 나온다. 개역성경은 "절제"로 번역하였다. 벌게이트는 abstinentia로, 위클립은 absteynence로 번역하였다. 형용사 형태인 **엔크라테**는 디도서 1:8에만 나오는데 그 절에서는 디모데전서 3:2의 **네팔리온**(금주하는)과 상호 부합을 이룬다.

본 연구로 인하여 신약성경에 나오는 술 취하지 말고 절제하라는 훈계가 모든 좋은 것들을 적당히 사용하라고, 그리고 유해한 모든 것들을 절대로 금하라고 명령하는 것이 분명하여졌다. 신약성경은 주정 음료에 적용하여 절대 금주를 가르치고 있다. 사도들이 **소프론, 네포, 네팔리오스, 엔크라테이아**와 같은 용어들로 표현한 근신하라고 한 훈계에 관한 연구는 이 용어들이 정신적으로 깨어 있고 신체적으로 금주하라는 그리스도인의 부르심을 강조함에 있어서 서로 보완적인 용어들이다.

5. 결 론

주정 음료에 관하여 사도들이 가르친 바를 살펴본 본 장의 연구에서 얻은 결론은 일반적으로 널리 유포된 인식과는 다르게 신약성경이 놀랍게 주정 음료를 마시는 것을 절대로 금하고 있다는 것을 명확하게 보여 주고 있다.

적당론자들이 자신들의 입장을 펼치기 위하여 대개 사용하는 그 본문들이 그 견해를 지지하여 주고 있지 않는 것도 살펴보았다. 그 본문들에는 명약관화하게 적당론자들의 입장과 모순되는 개념이 내포되어 있다.

사도들이 **글류코스**, 즉 그들이 일상 음료인 포도즙에 취하였다는 사도행전 2:13에 나온 고소의 아이러니칼한 모습은 사도들이 금주하는 삶을 살았고 결국 추론적으로 그들의 모본이 되는 주님께서도 그리하셨다는 것을 간접적이지만 확실하게 입증하여 주는 중요한 증거가 된다.

바울이 고린도 교회의 성만찬 상에서의 "취함"(고전 11:21)에 관하여 말한 바는 포도주를 적당히 마시는 것을 지지하여 주는 것이 아니다. 그 이유는 고린도에서 무슨 일이 있었던지 간에 그것은 바울이 교회에게 전하여 준 지침에서 벗어난 것이었기 때문이다. 그러므로, 그들의 행동은 우리에게 모본이 아니라 경고이다. 더구나 **메투오**("물린" 혹은 "배부른")가 의미하는 바와 바울이 훈계한 바가 시사하는 바에 관한 연구는 고린도에서 문제가 된 것은 포도주에 취한 것이 아니라 먹는 것에 방종한 것임을 명백하게 제시하여 주고 있다.

바울이 에베소서 5:18에서 훈계한 바(술 취하지 말라)의 의도는 술을 적당히 마시는 것을 승인하지 않고 술과 성령의 임재 간에 어울릴 수 없는 대조성을 보여주고 있을 뿐이다. 이 귀절의 구조와 술이란 단어가 관계절과 연관성이 있는 사실(많은 고대와 현대의 주석가들이 인정하고 있는 사실임)은 이 귀절이 성경 중에서 취하게 하는 포도주를 가장 강력하게 정죄하는 한 귀절이라는 것을 보여 준다.

사도들이 근신하고 절제하라고 훈계한 바는 모든 선한 것들을 적당히 사용하고, 또 모든 해로운 것들을 완전히 금하라는 것을 요구한다. 사도들의 훈계에 사용된 희랍 어 용어(소프론, 네포, 네팔리오스, 엔크라테이아)에 관한 연구는 이 용어들이 그리스도인들이 정신적으로 깨어 있고 신체적으로는 주정 음료와 같이 취하게 하는 물질을 금하여야 한다는 것을 강조함에 있어서 서로 보완적임을 보여 주었다. 베드로와 바울이 깨어 금주하는 삶을 살라고 한 근본적인 이유는 종말적인 이유 때문이다. 곧 그리스도께서 잠시 후에 오실 때에 그분의 거룩한 임재 가운데서 살도록 준비하라는 부름이다.

주

1. 롬 14:21 ; 엡 5:18 ; 딤전 3:8 ; 5:23 ; 딛 2:3 ; 계 6:6 ; 14:8 ; 14:10 ; 16:19 ; 17:2 ; 18:3, 13 ; 19:15.
2. 이 점을 논한 것에 관해서는 Stephen M. Reynolds, *Alcohol and the Bible* (Little Rock, Arkansas, 1983), p. 52를 보라.
3. 한 예로서 E. Robinson과 Dean Alford가 편찬한 희랍 어 사전에서 s. v. "*Gleukos*"보라.
4. Philo, *On Drunkenness 36*.
5. *Pliny, Natural History* 14, 11, 83.
6. 그 예로서 Henry G. Liddell and Robert Scott, *A Greek-English Lexicon,* 1968 edition, s. v. "*Gleukos;*" James H. Moulton and George Milligan, *The Vocabulary of the Greek New Testament,* s. v. "*Gleukos;*" Joseph Henry Thayer, *Greek-English Lexicon of the New Testament,* s. v. "*Gleukos;*" 또 R. H. Lenski와 Albert Barnes의 주석 사도행전 2:13을 보라. 이 외의 저술가들에 관하여서는 William Patton, *Bible Wines. Laws of Fermentatation* (Oklahoma City, n. d), pp. 93~95를 보라.
7. Horace Bumstead, "The Biblical Sanction of Wine," *Bibliotheca Sacra* 38(January 1881) : 81.
8. Ibid., p. 62.
9. Ernest Gordon, *Christ, the Apostles, and Wine. An Exegetical Study* (Philadelphia, 1947), p. 20.
10. Horace Bumstead (n. 7), p. 81.
11. Eusebius, *Church History* 2, 23, 4, eds. Philip Schaff and Henry Wace, *Nicene and Post-Nicene Fathers of the Christian Church* (Grand Rapids, 1971), vol. 1, p. 125.
12. Eusebius, *Church History* 2, 23, 4 (n. 11), p. 125에 인용함.
13. 이 점에 관하여서는 G. W. Samson, *The Divine Law as to Wines* (New York, 1880), pp. 197~210을 보라. 그렇지만, 아쉽게도 저자는 정확한 참고문헌을 표기하지 않아 연구의 가치가 저하된다.
14. Ernest Gordon (n. 9), p. 20.
15. Charles Wesley Ewing, *The Bible and its Wines* (Denver, 1985), p.107에서 인용함.
16. Kenneth L. Gentry, *The Christian and Alcoholic Beverages* (Grand Rapids, 1986), p. 56.

17. Leon C. Field, *Oinos : A Discussion of the Bible Wine Question* (New York, 1883), p. 60.
18. Ibid., p. 60, note 1.
19. G. W. Samson (n. 13), p. 201.
20. Adam Clarke, *The New Testament of Our Lord and Saviour Jesus Christ* (New York, 1938), vol. 2, p. 254.
21. Markus Barth, *Ephesians. Translation and Commentary on Chapters* 4~6 (New York, 1974), p. 581.
22. Kenneth L. Gentry (n. 16), p. 47.
23. Horace Bumstead (n. 7), p. 88.
24. Leon C. Field (n. 17), p. 118.
25. R. C. H. Lenski, *The Interpretation of St. Paul's Epistles to the Galatians, to the Ephesians and to the Philippians* (Columbus, Ohio, 1950), p. 618. 강조체는 필자가 친 것임. S.D.F. 샐몬드(Salmond)도 동일한 맥락으로 다음과 같이 말한다. "엔 호(en ho)는 오이노스만을 언급하는 것이 아니라…**메투스케스테 오이노**(methuskesthe oino)라는 전 문구-포도주에 취하다-를 언급하는 것이다." *The Expositor's Greek Testament* (Grand Rapids, 1956), vol. 3, p. 362.
26. Robert Young, trans., *The Holy Bible Consisting of the Old and New Covenants* (Edinburgh, 1911).
27. *The Interpreter's Bible* (New York, 1970), vol. 11, p. 714.
28. Tertullian, *On Modesty* 17.
29. Tertullian, *Against Marcion* 5, 18, eds. Alexander Roberts and James Donaldson, *The Ante-Nicene Fathers* (Grand Rapids, 1973), vol. 3, p. 468.
30. Jerome, *Letter 107 to Laeta,* eds. Philip Schaff and Henry Wace, *Nicene and Post-Nice Fathers of the Christian Church* (Grand Rapids, 1979), vol. 6, p. 193.
31. Jerome, *Letter 108 to Eustochium* (n. 31), p. 200.
32. *Die Bibel in heutigem Deutsch. Die Gute Nachricht des Alten und Neuen Testaments* (Stuttgart, 1982).
33. Albert Barnes, *Notes on the New Testament. Ephesians, Philippians and Colossians* (Grand Rapids, 1955), p. 104.
34. Leon C. Field (n. 17), p. 119.
35. Albert Barnes (n. 34), p. 104, 105.
36. H. L. Strack and P. Billerbeck, *Kommentar zum Neuen Testament aus*

Talmud und Midrash (München, .1926), p. 609.

37. Ibid.
38. 랍비 이시도르 코플로비츠(Isidore Koplowitz)가 편찬한 *Midrash Yayin Veshechor Talmudic and Midrashic Exegetics on Wine and Strong Drink* (Detroit, 1923), p. 39에서 인용함.
39. Ibid., p. 53.
40. Ibid., p. 61.
41. Ibid., p. 45.
42. Leon C. Field (n. 17), p. 119.
43. 딤전 2:9, 15 ; 3:2 ; 딛 1:8 ; 2:2, 4, 5, 6, 12 ; 행 26:25 ; 막 5:15 ; 눅 8:35 ; 고후 5:13 ; 벧전 4:7 ; 롬 12:3.
44. Ulrich Luck, "*Sophron,*" *Theological Dictionary of the New Testament,* ed. Gerhard Friedrich (Grand Rapids, 1971), vol. 7, 1097.
45. William F. Arndt and F. Wilbur Gingrich, *A Greek-English Lexicon of the New Testament,* s. v. "*Sophroneo.*"
46. James Donnegan, *A New Greek And English Lexicon,* 1847 edition, s. v. "*Sophron.*"
47. Thomas S. Green, *A Greek and English Lexicon to the New Testament,* 1892 edition, s. v. "*Sophron.*"
48. Aristotle, *Rethoric* 1, 9.
49. Aristotle, *Nicomachean Ethics* 2, 9.
50. Ibid., 2, 3, 1.
51. *The Testaments of the Twelve Patriarchs, The Testament of Judah* 16, 3, ed., R. H. Charles, *The Apocrypha and Pseudepigrapha of the Old Testament* (Oxford, 1913), p. 320.
52. Ulrich Luck (n. 45), p. 1101를 보라.
53. Philo, *On Drunkenness* 95, trans. F. H. Colson and G. H. Whitetaker, *The Loeb Classical Library* (New York, 1930), p. 367.
54. Clement of Alexandria, *The Instructor* 2, 2 eds. Alexander Roerts and James Donaldson, *The Ante-Nicene Fathers* (Grand Rapids, 1979), vol. 2, p. 243.
55. Ulrich Luck (n. 45), p. 1103.
56. Frederic Richard Lees and Dawson Burns, *The Temperance Bible Commentary* (London, 1894), p. 367.
57. O. Bauernfeind, "*Nepho, Nephalios, Eknepho,*" *Theological Dictionary of the New Testament,* ed. Gerhard Kittel (Grand Rapids, 1967), vol. 4, p. 936.

58. Philo, *De Plantatione* 172, trans. F. H. Colson and G. H. Whitaker, *The Loeb Classical Library* (New York, 1930), p. 303.
59. G. W. Lampe, *A Patristic Greek Lexicon* (Oxford, 1961), s. v. "*Nepho.*"
60. *Origen Against Celsus* 3, 76, eds. Alexander Roberts and James Donaldson, *The Ante-Nicene Fathers* (Grand Rapids, 1972), vol. 4, p. 494.
61. James Donnegan (n. 47), s. v. "*Nepho.*"
62. Thomas S. Green (n. 48), s. v. "*Nepho.*"
63. E. Robinson, *A Greek and English Lexicon of the New Testament* (New York, 1850), s. v. "*Nepho.*"
64. G. Abbott-Smith, *A Manual Greek Lexicon of the New Testament,* 1937 edition, s. v. "*Nepho.*"
65. G. W. Lampe (n. 60), s. v. "*Nephalios.*"
66. Clement of Alexandria, *The Instructor* 2, 2(n. 55), p. 242.
67. Hesechius of Alexandria, *Hesychii Alexandria Lexicon,* 1858 edition, s. v. "*Nephaleos.*"
68. Stephanus, as cited by Leon C. Field (n. 17), p. 122.
69. Demetrios C. S. Byzantios, *Lexicon Epitomou tes Ellenikes Glosses,* 1939 edition, s. v. "*Nephalios.*"
70. O. Baurnfeind (n. 58), p. 939.
71. 이 점에 관하여 방대하게 자료를 수집한 Lees and Burns (n. 57), pp. 362를 참조하라.
72. Josephus, *Antiquities of the Jews* 3, 12, 2 trans. William Whiston, *Josephus Complete Works* (Grand Rapids, 1974), p. 81.
73. Josephus, *Wars of the Jews* 5, 5, 7 (n. 73), p. 556.
74. Philo, *De Specialibus Legibus* 4, 183.
75. Philo, *On Drunkenness* 123, trans. F. H. Colson and G. H. Whitaker, *The Loeb Classical Library* (New York, 1930), p. 383.
76. James H. Moulton and George Milligan, *The Vocabulary of the Greek Testament,* 1952 edition, s. v. "*Nephalios.*"
77. 이에 관하여 Lees and Burns (n. 57), p. 364, 365에 논하였다.
78. Prophyry, *De Abstinentia* 1, 27.
79. Ernest Gordon (n. 9), p. 31.
80. 네프사테 ("마시지 말라"를 뜻하는 ne piein에서 옴)와 카타피에인("삼키다"를 뜻하는 kata piein에서 옴) 간의 대조성을 아담 클라크도 인정하고 있다.

주

참조 cf. Adam clarke (n. 20), vol. 2, p. 869.
81. Ibid., p. 595.
82. Albert Barnes, *Notes, Explanatory and Practical on the Epistles of Paul to the Thessalonians, to Timothy, to Titus and to Philemon* (New York, 1873), p. 139.
83. Jerome, *Against Jovinianus* 1, 35, eds. Philip Schaff and Henry Wace, *Nicene and Post-Nicene Fathers of the Christian Church* (Grand Rapids, 1979), vol. 6, p. 372.
84. Henry G. Liddell and Robert Scott, *A Greek-English Lexicon,* 1968 edition, s. v. "*paroinos.*"
85. Lees and Burns (n. 57), p. 367.
86. *Constitutions of the Holy Apostles* 54, eds. Alexander Roberts and James Donaldson, *The Ante-Nicene Fathers* (Grand Rapids, 1970), vol. 7, p. 503.
87. Albert Barnes (n. 83), p. 140.
88. *Lexicon Graeci Testamenti Alphabeticum,* 1660 edition, s. v. "*Paroinos.*"
89. Henry G. Liddell and Robert Scott, *A Greek-English Lexicon,* 1968 edition, s, v. "*Paroinios.*"
90. G. Giannakopoulou and E, Siapenou, *Ariston Ellenoaggaikon Lexicon,* 1971 edition, s. v. "*Paroinos.*"
91. Walter Grundman, "Enkrateia," *Theological Dictionary of the New Testament,* ed. Gerhard Kittel (Grand Rapids, 1974), vol. 2, pp. 339~342.
92. Chancellor H. Crosby와 Horace Bumstead의 말로 Leon C. Field (n. 17), pp. 124~126에 인용되어 있다.
93. Ibid., pp. 125~129.
94. Walter Grundmann (n. 94), pp. 339~342.
95. Sir Thomas Elyot, *Governor* 3, 19, Leon C. Field (n. 17), p. 125에서 인용하였음.
96. Thomas Hobbes, *De Corpore Politico,* Leon C. Field (n. 17), p. 125에서 인용하였음.
97. Aristotle, *Nicomachean Ethics* 7, 1, 6, trans. H. Rackham, *The Loeb Classical Library* (Cambridge, Masschusetts, 1939), p. 379.
98. Ecclesiasticus 18:30.

99. Josephus, *Wars of the Jews* 2, 8, 2, trans. William Whiston (n. 73), p. 476.
100. 엥크라데이아파(Encratites)에 관하여 말하는 초기 그리스도교 저술가들은 이레네우스(Irenaeus), *Agsinst Hereses* 1, 28 ; 알렉산드리아의 클레멘트(Clement of Alexandria), *Stromateis* 7, 17:히폴리투스(Hippolytus), *Philosophumena* 8, 20 ; 에피파니우스(Epiphanius), *Against Heresies* 46, 47이다.
102. Horace, *De Arte Poetica,* verse 412, Adam Clarke (n. 20), p. 240에서 인용됨.
103. Walter Grundmann (n. 94), p. 342.
104. F. W. Grosheide, *Commentary on the First Epistle to the Corinthians,* The New International commentary of the New Testament (Grand Rapids, 1983), p. 214. 얼빙 우드 레이몬드(Irving Wood Raymond)도 "절제는 바울의 사상에서 중요한 위치를 차지하고 있다. 그는 절제를 술취함에 정반대인 것으로 여기고 빈번하게 미덕을 운동경기 혹은 군사 용어로 묘사하곤 한다"고 말한다(*The Teaching of the Early Church on the Use of Wine and Strong Drink* [New York, 1927], p. 87).

99. Josephus, *Wars of the Jews* 2. 8. 7, trans. William Whiston, p. 476.

100. [illegible](Encratites) [illegible] *Stromata* [illegible] (Clement of Alexandria), *Stromata* [illegible] (Hippolytus) [illegible] *Refutationem* [illegible] *Hippolytus* [illegible] [illegible].

102. Horace [illegible] [illegible] Allan Clarke [illegible] p. 240 [illegible].

103. Walter Grundmann, op. cit., p. 312.

104. F. W. Grosheide, *Commentary on the First Epistle to the Corinthians*, The New International Commentary of the New Testament (Grand Rapids, 1953), p. 214. [illegible] Irving Wood Raymond [illegible] [illegible] *The Teaching of the Early Church on the Use of Wine and Strong Drink* (New York, 1927), p. 97.

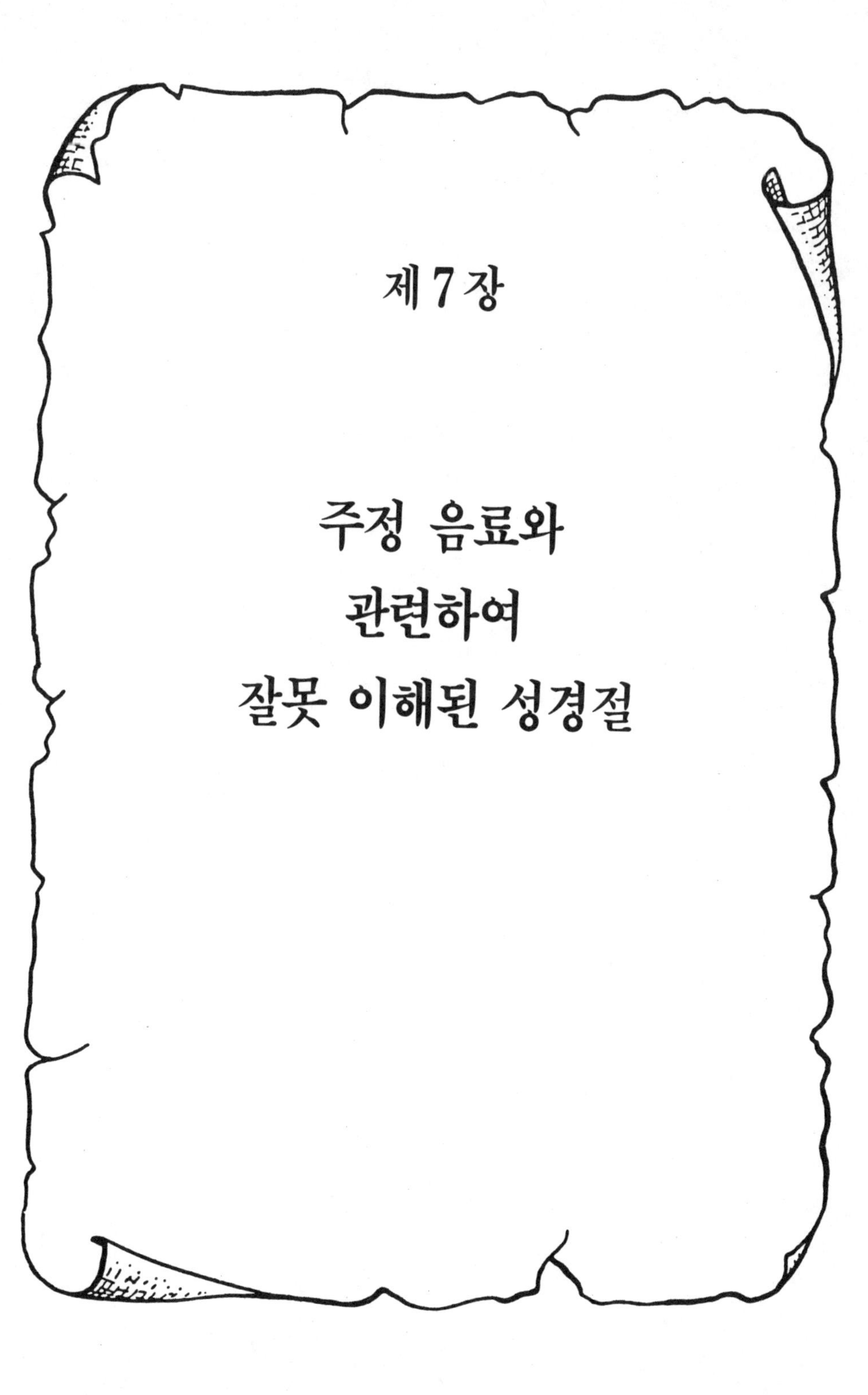

제 7 장

주정 음료와
관련하여
잘못 이해된 성경절

주정 음료와 관련하여 잘못 이해된 성경절

성경은 원전(原典)이지 각 주제를 조직적인 순서로 제시한 교리책이 아니다. 성경이 특정 주제에 관하여 가르치는 바가 무엇인지를 알기 위해서는 관련된 모든 귀절들을 그 귀절이 속해 있는 문맥과 성경 전체의 가르침에 비추어서 검토하여야만 한다.

해석 원칙 : 성경의 유비(類比) 성경의 본문을 해석함에 있어서 가장 중요한 안전 장치 중 한 가지는 성경의 유비 해석 원칙을 받아들이는 것이다. 이 말은 성경이 성경을 이해하는 지침이 되어야만 한다는 것이다. 난해한 귀절만을 따로 떼내어 살펴보는 것이 아니라 성경 전체의 가르침에 비추어서 해석한다는 것이다. 특정 귀절이 성경의 전체 기조에 반(反)하게 해석된다면 잘못된 해석으로 봐야만 한다는 것이다. 그렇지 않으면 성경을 여러 대립되는 가르침들로 뒤범벅된 인간의 단순한 문학 작품으로 보게 된다. 성경이 한 개인의 사적(私的)인 해석의 결과가 아님을 주장하는 성경의 내적 증언은 이 견해가 틀렸다고 반박한다. 왜냐하면, "예언은 언제든지 사람의 뜻으로 낸 것"이 아니요 오직 성경의 감동하심을 입은 사람들이 하나님께 받아 말한 것이기 때문이다(벧후 1:20~21).

절차 본 장은 문제가 되는 성경 귀절을 구문적으로, 문맥적으로, 역사적으로, 그리고 유비적으로 검토할 것이다. 구문적이란 말은 본문의 문법적인 규칙에 따라 검토한다는 말이고, 문맥적이란 말은 본문이 기록되어 있는 직접적인 문맥과 넓은 문맥에 비추어서 살펴본다는 말이다. 또 역사적으로 검토하여 본다는 말은 당시의 시대적 환경과 관습에 비추어서 본다는 것이고, 유비적으로란 말은 성경의 전체적 가르침을 존중하면서 연구한다는 것이다.

앞의 두 장, 즉 5장과 6장에서 이미 잘못 이해된 몇몇 성경 귀절들을 살펴보았다. 하지만 본제(本題)를 벗어날 수 있는 귀절들을 의도적으로 다루지 않았기에 그것들을 본 장에서 다루고자 한다.

본 장은 구약성경에 나오는 세 귀절, 신약성경에 나오는 두 귀절, 즉 모두 다섯 가지 주요 본문을 검토하고자 한다. 이 다섯 본문들은 적당론자들이 주정 음료를 적당히 마시는 것을 승인하고 있다고 주장하면서 그 주요 증거로 열거하는 본문들이기에 중요하다. 본 장은 이 다섯 본문을 차례로 다루고자 한다.

1. 신명기 14:26 "포도주나 독주를 마시고"
2. 잠언 31:6 "독주를… 줄지어다"
3. 호세아 4:11 "묵은 포도주와 새 포도주가 마음을 빼앗느니라"
4. 디모데전서 5:23 "포도주를 조금씩 쓰라"
5. 디모데전서 3:8 "이와 같이 집사들도… 술에 인박지 아니하고"

1. 포도주나 독주를 마시고 (신명기 14:26)

이 귀절이 중요한 이유 신명기 14:22~26에는 모든 이스라엘 사람들이 십일조를 성소에 가져와 하나님께서 풍성히 수확하게 하여 주심을 인하여 찬양을 드린 연례 추수 절기에 관한 독특한 법령이 나온다. 이 법령은 성소 가까이 사는 사람들을 위한 일반적인 규칙과, 멀리 사는 사람들을 위한 특별한 규정으로 이루어져 있다. 일반 규칙은 다음과 같다. "너는 마땅히 매년에 토지 소산의 십일조를 드릴 것이며 네 하나님 여호와 앞 곧 여호와께서 그 이름을 두시려고 택하신 곳에서 네 곡식과 **티로쉬**와 기름의 십일조를 먹으며 또 네 우양의 처음 난 것을 먹고 네 하나님 여호와 경외하기를 항상 배울 것이니라"(신 14:22~23).

특별 규정은 "그러나 네 하나님 여호와께서 그 이름을 두시려고 택하신 곳이 네게서 너무 멀고 행로가 어려워서 그 풍부히 주신 것을 가지고 갈 수 없거든 그것을 돈으로 바꾸어 그 돈을 싸서 가지고 네 하나님 여호와의 택하신 곳으로 가서 무릇 네 마음에 좋아하는 것을 그 돈으로 사되 우양이나 포도주나 독주(**야인**이나 **쉐카르**) 등 무릇 네 마음에 원하는 것을 구하고 거기 네 하나님 여호와의 앞에서 너와 네 권속이 함께 먹고 즐거워할 것이며"(신 14:24~26)이다.

적당론자들은 이 "지연된 십일조"에 관한 특별 규정을 성경이 분명하게 적당한 음주를 승인하는 전거구(典據句 : locus classicus)로 여긴다. 케네스 젠트리는 "이 귀절의 진의는 애매모호하지 않고, 하나님의 승인에는 의심할 여지가 없다. 쉐카르(shekar : 독한 알코올 음료)가 하나님의 백성에게 허용되었을 뿐만 아니라 '하나님 여호와를 경외하는(23절)' 가운데 마시면 '여호와 앞에서도(26절)' 즐길 수가 있었다"고 말한다.[1]

문제의 본질 우리가 논하고 있는 분문상에 문제가 있음을 인정하여야만 한다. 왜냐하면, 이 본문이 하나님께서 먼 곳으로부터 성소로 온 이들에게 그들이 드리는 십일조의 일부로 음식(우양) 뿐만 아니라 "포도주나 독주(26절)"를 사도록 허용한 것처럼 보이기 때문이다. 개역 성경이 사용한 단어 "독주"는 히브리 어 명사로 **쉐카르**인데, 이 용어는 구약성경에서 23번 사용되었다. 신명기 14:26과 그 외의 한 두 곳[2] 이와 같이 사용된 경우를 제외하고는 **쉐카르**는 하나님께서 불허하신 취하게 하는 음료를 의미한다.

예를 들자면, 잠언 20:1은 "독주(**쉐카르**)"를 "떠들게 하는 것"으로 정죄하고 있다. 이사야도 비슷하게 "아침에 일찌기 일어나 독주(**쉐카르**)를 따라가는 자에게 화가 있을 것"(사 5:11) 이라고 선언하였다. 독주는 포도주와 함께 제사장들(레 10:9~11)과 나실인들(민 6:2~4 ; 삿 13:3~5)에게는 금하여진 것이었다.

하나님께서 이와 같이 "포도주와 독주"를 마시는 것을 완전하게 불허하시는 것에 비추어 볼 때, 신명기 14:26에 언급된 연례 추수 절기에 그것을 마시는 것을 분명히 승인하셨다는 것은 어떻게 설명될 수 있을까?

적당론자들이 제시한 해결책 적당론자들은 하나님께서 "포도주와 독주"를 과도하게 마시는 것을 불허하시고, 적당히 마시는 것은 승인하셨다고 구별함으로써 이 명백한 긴장 관계를 해결하려고 시도한다.[3]

그러나, 이 해결 방안은 다음과 같은 두 가지 이유로 인하여 받아들일 수 없다. 첫째로, "네 하나님 여호와 경외하기를 항상 배울 것이니라"(신 14:23)라는 말은 "포도주와 독주"를 마셔도 된다는 것이 아니라, 추수기에 십일조를 드리고 곡식과 포도 음료(**티로쉬**-포도즙), 기름과 우양의 처음 난 것(신 14:23)과 같은 수확물들을 성소에서 먹는 것을 말한다. 두번째로, 성경은 3장에서 이미 살펴본 것처럼 주정 음료를 마시는 것을 그 마신 양에 관계없이 정죄하고 있다는 사실이다. 이 말은 여기서 사용된 **쉐카르**란 용어가 통례적으로 사용되는 것과 다르게 사용되었든지, 아니면 성경 그 자체가 모순된다는 말이다. 성경 자체가 모순된다는 말은 성경상의 하나님의 계시와 영감을 부인하는 말이다(딤후 3:16 ; 벧후 1:20, 21). 그러므로 이 단어가 여기서는 통례적으로 사용되지 않았을 경우만이 남는다.

모세의 양보 이 두 가지 해결책 외에 제시된 또 한 가지, 즉 세번째 해결 방안은 자기 백성들의 풍습에 관한 노련하고 긍휼심 많은 지도자의 통찰력이 이 문제의 해답이라고 보는 것이다. 즉 이 해결책은 하나님의 금주 명령을 무효화하지 않으면서 동시에 고대 이스라엘의 일상 생활과 축제에서 널리 행하여진 음주를 있는 그대로 받아들인 것이다.[4]

즉 백성들이 알코올을 마시는데 중독되다시피 한 것을 알고 있는 동정심 많은 지도자의 양보(통찰력)라는 것이다. 그렇지만 문맥과 상식은 이 해결책을 지지하여 주지 않는다. 부정한 음식을 삼가하여 하나님의 거룩한 부르심에 맞도록 살라고 명하는 모세가 그 훈계의 절정에서 취하게 하는 "포도주와 독주"를 자유롭게 마시라고 훈계할 수 있다고 말할 수 없을 것이다. 또 모세가 백성들이 술에 중독되다시피 한 상황을 알고 있었다면 십일금의 일부를 "포도주나 독주"를 사는데 쓰라고 권하였다고는 상식적으로 생각될 수 없다. 오직 무능하고 무책임한 지도자만 그리할 것이다.

또 이렇게 해석하는 것은 성경이 주정 음료에 관하여 가르치는 바에 있어서 모순된 내용을 말하고 있다는 것과 같다.

만족시켜 주는 포도즙 로버트 티치아우트는 이 신명기 14:26의 해석상의 문제에 중요한 해결 방안을 제시하였다. 그는 그의 박사학위 논문에서 **야인**과 **쉐카르**가 함께 나올 때는 언제나 이 두 단어가 한결같이 중언법, 즉 포도 음료에 관하여 똑같은 생각을 표현하고 있다는 것을 입증하였다. 그의 주장에 의하면 이 단어들은 대부분 취하게 하는 포도주를 언급하지만, 신명기 14:26에서 **야인**과 **쉐카르**란 두 단어는 함께 "만족시켜 주는 포도즙(satisfying grape juice)"[5] 이란 뜻이다.

본문과 문맥을 살펴보면 두 가지 점이 눈에 띈다. 본문에 나오는 **쉐카르**는 **야인**과 마찬가지로 "포도즙 뿐만 아니라 포도주를 칭할 수 있다"(참조 신 29:6 ; 민 28:7 ; 출 29:40).[6] 명사 **쉐카르**와 어원적으로 관련 있는 동사 **샤카르**(shakar)는 학개 1:5, 6과 아가 5:1에서 사용된 것처럼 근본적으로 "많이 마신다"를 뜻한다.[7] 그러므로 이 명사나 동사의 본질적인 의미는 술에 취함이 아니다. 그 의미는 이 단어가 속한 문맥과 마시고 있는 음료에 의하여 결정된다.

티치아우트는 "문맥이 구체적으로 그 음료를 '여호와 앞에서' 마셨다고 하기에 그 의미, 즉 '만족시켜 주는 포도즙'이란 뜻"이라고 설득력 있게 논증한다. 여호와께서 주신 것으로 인하여 그 분 앞에서 적합하게 즐거워하기 위해서는 정신이 맑아 있어야만 한다. 하나님께서 자신이 임재한 곳에서 임무를 집행하는 제사장들로 취하게 하는 음료(죽음의 고통에 관하여-레 10:9)를 마시지 말라고 명확하게 말씀하셨기에 하나님께서 똑같이 취하게 하는 음료들을 경배자들이 자신 앞에 가끔 올 때 마시라고 했다는 것은, 특히 그들이 자신들의 제사장들과 함께 있을 때에 그리했다는 주장은 더 더욱 하나님의 품성과 맞지 않다.

"문맥은 26절에서 그 이전 절에 비추어 볼 때, 오직 신선한 즙만을 고려하고 있다는 것을 매우 강력하게 제시하여 준다. 23절에서는 이 추수 절기를 지키고자 온 이들이 야인이 아니라 티로쉬를 가져와 마신다는 것이 명확하다. 야인은 약간 모호한 용어(문맥에 따라 신선한 즙이나 발효된 포도주 둘 중에 하나를 의미할 수 있음)로 적절히 간주될 수 있는 반면, 티로쉬는 38번 구약성경에서 사용된 모든 경우 신선한 포도즙만을 칭한다"(참조 83쪽 각주 1번).

"자신들이 수확한 것의 십일조를 가져올 수 있을 만큼 가까운 곳에 사는 이들이 절기 때에 마신 음료는 명확히 포도즙으로 한정되어 있었다. 그러므로, 멀리 떨어져 살았기에 그들의 십일조를 돈으로 바꾸어야 했던 이들이 대신 발효된 포도주를 사서 마셨다고 추정하는 것은 참으로 온당치 못하다. 추수 절기 때에 적합한 음료는 신선한 음료였다. 그러므로 절기의 성격과 제사장들이 참여한 점(29절)은 26절에 나오는 음료가 신선한 것임을 가리키는 것이다."[8]

문맥이 시사하는 바에 관한 이 통찰력 있는 관찰은 "포도주와 독주"라는 문구가 주정 음료를 칭하는 것이 아니라는 것을 지지하여 주는 결정적인 이유이다. 이 귀절에서 이 두 단어가 함께 사용되어(중언법) "만족시켜 주는 포도즙"을 뜻한다는 이 견해는 심각하게 고려되어야 한다. 야인이나 쉐카르가 함께 나오거나 또는 동의어적인 평행귀에서 자주 나오는 것(잠 20:1)

은 이 두 단어가 문맥에 따라 발효된 포도주일 수도 있거나 발효되지 않은 포도즙일 수도 있는 통상적인 포도 음료를 지칭할 수 있는 가능성이 있음을 제시하여 준다.

단 음료 앞에 제시한 견해 외에 또 다른 대안 한 가지는 신명기 14:26에 나오는 **쉐카르**가 대추야자 또는 꿀로 만든 단 음료일 수 있다는 것이다. 이럴 경우 본문은 "무릇 네 마음에 좋아하는 것을 그 돈으로 사되 우양이나 포도즙이나 단 음료들(sweet drinks)"이 되어야 한다. 이 견해를 지지하여 주는 증거는 이사야 24:9에 나오는 **쉐카르**의 용례와, 히브리 어와 연관된 언어(동족어) 상에 있어서의 이 단어의 어근상의 의미이다.

이사야는 땅에 임할 하나님의 심판이 끼칠 영향을 묘사하면서 "노래하며 포도주(**야인**)를 마시지 못하고, 독주(**쉐카르**)는 그 마시는 자에게 쓰게 될 것이며"라고 말한다(24:9). 개역성경은 이 절에 나오는 **쉐카르**를 "독주"로 번역함으로써 "단" 것과 "쓴" 것 간의 대조를 모호하게 만들어 버렸다. "독"이라는 형용사는 비록 **쉐카르**와 연관되어 일관되게 사용되었지만, 이 단어의 원 의미의 일부분이 아니라 덧붙여진 형용사이다. 이 실태는 현대의 독자들에게 구약성경 시대의 백성들이 증류하여 만든 음료를 마셨다는 잘못된 인상을 준다. 하지만 이것은 틀린 것이다. 그 이유는 알코올을 증류하는 과정은 주후 500년 이후에 개발되었기 때문이다. 이사야 24:9은 구약성경에서 **쉐카르**는 그 단 맛으로 인하여 가치 있게 여겨진 음료였다는 것, 즉 설탕이 알코올로 변하였기 때문에 사라져버린 성질임을 제시하여 주고 있다.

쉐카르의 파생어 **쉐카르**의 파생어와 후대의 사용 용례는 이 단어가 단 음료를 가리킴에 사용되었다는 견해를 지지하여 준다. 예를 들자면, 히브리 어 **쉐카르**와 관련 있는 단어인 아람 어 명사 **쉬크라**(shikra)는 "보리로 만든 맥주와 대추야자로 만든 포도 음료 뿐만 아니라, 꿀술(mead)이나 섞여진 포도 음료(mixed wine)도 포함된 여러 다른 취하게 하는 음료를 칭하였음이 드러난다."[10] 아카드어(Akkadian)에서 명사 **쉬카룸**(shikarum)은 곡식에서 만든 "맥주"를 뜻한다. 그렇지만, 이스라엘에서는 맥주가 널리 이용하지 않은 것처럼 보인다. 맥주 제조 과정은 성경에 전혀 언급되어 있지 않다. 더구나 구약성경에 "취함을 야기시키는 취하게 하는 음료를 마신 것에 관하여 언급한 모든 역사적 사건들은 포도나무의 발효된 산물만을 구체적으로 언급하고 있다."[11]

성경의 현장에는 종려 나무가 무척 많았고, 종려 음료나 대추야자 음료를 쉽게 제조할 수 있었던 것에 비추어 볼 때, 성경에 나오는 **쉐카르**는 맥주가 아니라 대추야자 음료를 칭할 개연성이 높다. 이 견해는 **쉐카르**의 파생 어가 아람 어, 시리아 어, 아랍 어에서 대추야자 음료를 칭함에 사용되었다는 사실로 인하여 상당한 설득력을 가진다. 신국제역(NIV)의 번역자인 스테판 M. 레이놀드는 다음과 같이 말한다. "시리아 어는 최초 셈 어 어근인 **쉬-크-르**(sh-k-r)의 근본적인 의미가 대추야자나 꿀로 만든 음료였을 수 있었음을 가리키는 동족어를 가지고 있다(*A Compendious Syriac Dictionary* Rounded Upon the Thesaaurus syriacus of R. Payne Smith, Edited by J. Payne Smith, Oxford : Clarendon Press. Article, '*Shakar*'). 시간이 경과하면서 이 취하게 하는 대추 야자 음료를 뜻하게 되었고 이 단어는 맥주의 의미를 갖게 되었을 수도 있다."

"**쉐카르**가 본질적으로 취하게 해야만 한다는 주장의 정당성이 있다 없다 말할 수 있는 충분한 증거들이 있다. 신명기 14:26에서 이 단어가 사용된 환경은 취하게 하는 것이 다른 곳에서 하나님께서 주신 명령과 일치하지 않기에 여기서는 취하게 하지 않는 음료가 의도되었다고 추정하여야만 한다."[12]

비슷한 견해가 **국제 표준 성경 사전**에도 나온다. "아마도 성경 시대에 사용된 **쉐카르**의 가장 일반적인 종류는 종려(대추야자)음료였다. 이것이 실제 성경에는 언급되지 않았고 탈무드 시대에 와서야 **옌 테마린**(Yen temarin : '대추야자의 음료')이란 그 히브리 어 명칭에 나온다. 그런데 이것은 앗시리아-바벨론 계약 서판(書板)에서 빈번하게 나오니, 이것들과 그 외의 증거들에서 이것이 고대 셈족 간에 매우 잘 알려진 것이었다고 추론할 수 있다. 더구나 종려 나무가 성경 시대에는 엄청나게 많았고, 그러므로 대추야자 즙으로 만든 음료가 일상적인 음료였다고 추정될 수 있다."[13]

성경 사전도 **쉐카르**의 원래 의미에 관하여 비슷하게 설명하여 주고 있다. 앗시리아-바벨론의 계약 서판에서 쉬카루(shikaru)는 일반적으로 취하게 하는 음료를, 구체적으로는 대추야자로 만든 음료를 칭한다(Del. Ass. HWB, s. v.). 실로 선사 시대에 셈족들이 아라비아의 자신들의 원시적 집에서만 활동 영역이 제한되어 있을 때에 주된(한 가지만 아니었다면) 취하게 하는 것을 발효된 대추야자 즙에서 얻었을 개연성이 높다."[14]

발효된 것인가? 발효되지 않은 것인가? 위의 마지막 인용귀는 **쉐카르**가 취하게 하는 음료였다는, 특히 구약성경에서 나올 때 대부분 그리하였다는 널리 유포된 추정의 한 예로, 하나님께서 불허하시는 취하게 하는 음료를 표시한다. 그렇지만, 이 추정은 정확하지 않다. 그 이유는 **야인**(술)과 같이 **쉐카르**가 이사야 24:9에 제시하는 바와 같이 달고, 발효되지 않은 음료나 그 외의 대부분의 귀절들(잠 20:1 ; 31:4~6 ; 사 56:12)이 가리키고 있는 것과 같이 발효된, 취하게 하는 음료, 둘 중의 하나를 칭할 수 있는 총칭이기 때문이다.

죤 키토의 **성경 문학 백과 사전**은 다음과 같이 **쉐카르**란 단어의 포괄성에 관하여 명확하게 시인하였다. "**쉐카르**는 종려나무 음료와 그 외의 사카린 음료를 포함하는 포괄적인 용어이다. 여기에는 포도주에서 준비된 것은 제외된다. **쉐카르**(shechar)는 강력한 마약 속에 섞여져서 취하도록 만들어졌다."[15]

라틴 벌게이트 성경(주후 400년경)의 번역자인 제롬은 **쉐카르**가 포도주를 제외한 여러 다른 종류의 발효된 음료를 칭하는 총칭이라고 정의하였다. 하지만 그는 그가 제시한 목록에서 몇몇 발효되지 않은 음료도 나열하고 있다. **네포티안에게의 편지**에서 "히브리 어의 **쉐카르**(shechar)는 곡식으로 만든 것이든지 혹은 사과로 만든 것이든지 간에, 혹은 벌집을 달고(sweet) 이상한 음료로 끓여 줄어들게 했든지, 종려 나무 과실을 음료로 짰든지, 끓인 약용 식물(herb)로 인하여 물이 색깔을 띄거나 혹은 두텁게 되었을 때, 취하게 할 수 있는 모든 종류의 음료를 뜻한다."[16]

끓여 줄어든 벌집의 단 시럽을 발효되지 않게 잘 보관하여 사용할 수 있었을 것이다. 특히 고당분으로 인하여 대추야자를 짜내서(exprimitur) 만든 즙도 마찬가지였을 것이다. 포도즙을 보존하는 방법을 대추야자 즙을 보존함과 같이 사용하였을 수 있었을 것이다.

로버트 영은 그의 **성경 용어 분석 사전**에서 **쉐카르**가 발효된 것이나 발효되지 않은 것, 둘 중 하나를 표한다는 견해를 표명하였다. 그는 "독주란 제하에(물리게 하거나 취하게 하는) 단 음료"라고 **쉐카르**의 정의를 내린다.[17] 이 정의는 **쉐카르**가 음료의 성격에 따라 물리게 하거나 (완전히 만족시켜 주거나) 또는 취하게 할 수 있음을 가리킨다. 그는 구약성경상의 21개의 참고 귀절을 열거한 다음에, 발효된 것이나 발효되지 않은 것을 뜻하는 희랍 어 단어 **시케라**(sikera)를 "**시케라** ; 히브리 어로는 **쉐카르**, 단 음료(종종 발효된 것)"라고 말한다.[18]

쉐카르의 잔존　몇몇 영어 사전과 성경 백과 사전은 "설탕"과 "사과즙(사이더)"을 뜻하는 영어 단어가 히브리 어 **쉐카르**에 그 근원을 두고 있다고 지적한다. 만일 이 말이 사실이라면 **쉐카르**가 원래 달다고 알려진 음료를 칭한다는 가정을 지지하여 준다. "설탕"이란 영어 단어가 당분이나 단 맛이 실제로 전혀 없는 주정 음료와 본래 연관된 용어에 그 뿌리를 두지 않았을 것이다.

대중적, 비평적 성서 백과 사전(The Popular and Critical Bible Encyclopedia)은 **쉐카르**(shekar)가 "단 술 혹은 시럽"을 뜻하고 그 파생어는 아라비아 해협과 사라센 정복군을 따라 동방과 남방으로 퍼져 아랍 어로 sakar, 페르시아와 벵골 어로 shukkur, 공통 인도 어로 jagree 또는 zhaggery, 무어(Moresque) 어로 sekkour, 서반아 어로 azucar, 포르투갈 어로 assucar이 되었고, 인구 증가로 인하여 그 의미가 북방으로 퍼져 희랍 어로 sakejar, 라틴 어로 saccharum, 이탈리아 어로 zucchero, 독일 어로 zuker와 juderig, 화란 어로 suiker, 러시아 어로 sachar, 덴마크 어로 sukker, 스웨덴 어로 socker, 웨일스 말로 siwgwr, 불어로 sucre, 그리고 영어로 sukkar(사탕, 설탕절임), sugar(설탕), saccharine(사카린)이 되

었다고 말한다.[19]

또 이 백과 사전은 또한 **쉐카르**가 "신선하고 발효되지 않은 상태의 대추야자나 종려나무 음료"를 뜻한다고 하면서, 이 의미가 신명기 14:26과 이사야 24:9의 문맥에 맞는다고 말한다. 이사야 24:9에서는 **가장 단 포도 음료**가 그들의 맛에 쓰게 될 것이라는 의미가 드러난다고 말한다. 계속하여 "종려 포도 음료는 신선할 때 마시면 꿀과 같이 달지만 놔두면 시게 된다"는 것을 증언하는 이들의 말을 인용한 다음에 이사야 24:9은 아름답게 대조되는 내용을 담고 있으며, 유대인들이 높은 상태로 평가하였던 것은 단 상태이고 발효된 것은 쓴 상태로 분명하게 지적하고 있다고 결론을 내린다.[20]

옥스포드 영어 사전(1933년판), **웹스터 신 국제 사전**(1959년판), **신 미국 백과 사전**(1906년판), **역사적 원칙에 관한 신 영어 사전**(1893년판), 근자에 나온 주요 영어 사전들도 영어 단어 설탕과 사과즙(사이더)이 모두 히브리 어 **쉐카르**와 관련(동족) 셈족어들에 그 근원을 둔다고 밝혀 준다.[21]

신명기 14:26에 대한 결론 지금까지의 논의는 신명기 14:25에 개역 성경에 "포도주와 독주"로 번역된 문구가 발효되지 않은 음료를 칭한다는 다섯 가지 이유들을 제시하여 준다. 첫째로, 백성에게 부정한 모든 것을 금함으로 "여호와 앞에 거룩"하라고 명한(신 14:3~21) 넓은 문맥은 엄숙한 추수 절기에 "여호와 앞에서" 취하게 하는 음료를 자유롭게 마시는 것을 배제한다(23, 26절).

두번째로, 이 본문이 속한 직접적인 문맥(23절)은 성소 가까이 사는 이들에게 막 추수한 산물들(곡식, 포도즙[**티로쉬**]), 기름, 우양의 처음 난 것을 십일조로 드리라고 구체적으로 밝히고 있다. 그들이 먹은 곡식은 떡과 포도즙(**티로쉬**)과 발효되지 않은 포도즙(**야인**)이었다. 성소 가까이 사는 경배자들이 막 거둔 것을 먹고, 먼 곳에서 온 이들은 발효된 음료를 마셨다고 상상하는 것은 터무니 없는 견해일 뿐이다.

세째로, 추수 절기에 제사장 족속인 레위인들이 참여하기에(27절) 알코올 성분이 든 음료를 마시는 것이 배제되었다(레 10:9-10). 네째로, **쉐카르**란 단어는 **야인**과 마찬가지로 발효된 음료나 발효되지 않은 음료를 뜻할 수 있는 포괄적인 용어이다. 왜냐하면, 문제가 되는 본문은 문맥이 발효시키지 않은 음료를 전제하기 때문이다.

다섯째로, 쉐카르의 파생과 이사야 24:9에서의 용례, 그리고 셈족과 인도-유럽계 언어의 동족 단어들은 이 단어가 원래 단 음료를 가리켰다는 것과, 또 발효되도록 하면 쓰게 되었다는 것을 가르켜 준다.

2. 독주를…줄지어다(잠언 31:6)

이 귀절이 중요한 이유 잠언 31:6, 7에는 역설적인 충고가 나온다. "독주는 죽게 된 자에게, 포도주는 마음에 근심하는 자에게 줄지어다. 그는 마시고 그 빈궁한 것을 잊어버리겠고 다시 그 고통을 기억지 아니하리라." 이 귀절을 피상적으로 읽으면 알코올로 근심 걱정을 잊으라는 처방처럼 들릴 수 있다.

이 본문을 취하게 하는 음료를 적당히 마셔 고통, 스트레스, 긴장을 풀어주는 진정제로 사용하라는 것을 권고하여 주는 것으로 여긴 이들도 있다. 이것이 이 귀절의 의도인가? 만일 그렇지 않다면 이 훈계의 의미는 무엇인가? 이 질문들에 답하기 위하여 문맥과 본문을 자세하게 살펴보아야 한다.

문맥 6절이 속하여 있는 직접적인 문맥에는 왕들과 통치자들이 포도주와 독주를 금하라는 훈계가 나온다. 이유는 그들의 법을 기억하는 능력이 손상되어 사법적인 직무를 공평하게 행하지 못할 수 있기 때문이었다.

문맥은 알코올을 과도하게 마시는 것을 금하는 것이 아니라 아예 마시지 말라"고 금함으로 주정 음료에 관한 가치 판단을 내린다. "왕은 술을 많이 마시지 말라고 말한 것이 아니라 포도주를 마시는 것이 왕에게 마땅치 아니하고(4절)"라고 말한다. 4, 5절에 나오는 단언적인 금주 명령에 비추어 볼 때, 영감 받은 저술가들이 일반적인 고통을 경감시켜 주고 인생의 스트레스와 긴장을 풀어 주기 위하여 포도주를 적당히 마시라고 권할 리가 절대로 없다.

이 훈계의 형태 직접적인 문맥에 비추어 보면 "주라(tenu)"라는 첫 번째 명령이 고통 중에 있는 모든 사람에게 알코올을 주라는 강제적인 명령일 수가 없다. 조건적인 명령으로 보아야만 한다. 그 의미는 "(**만일 너희가 독주를 준다면**) 죽어가는 자에게 독주를 주라"이다.

이 문장의 문법적인 구조는 이 입장을 지지하여 준다. 왜냐하면 "포도주와 독주를 괴로워하는 자에게 줘서 그들의 고통을 잊게 하라"고 말하지 않고 오히려 "포도주와 독주를 줘서 그들로 마시게 하여 고통을 잊게 하라"고 말하기 때문이다. 앞 문장은 의무적인 명령이 아니라 조건적 명령으로 정의될 수 있다.

"주라"는 명령은 조건적인 비교로 여겨질 수 있다. 왕들과 통치자는 주정 음료로 인하여 그들의 정신적인 명료함과 사법적인 진실성이 손상되기 때문에 금주하여야만 하였다(4, 5절). 만일 포도주는 책임감 있는 사람들에게 맞지 않는다면 누구에게 맞겠는가? 6절에 답이 나온다. "(**만일 네가 주정 음료를 준다면**) 죽어가는 이에게 독주를 줘서 그로 자신의 고통을 덜게하라."

이 귀절은 동전의 양면과 같다. 한 면에는 "주정 음료는 책임감 있고 생각하는 백성에게는 적합치가 않다와 다른 면에는 주정 음료는 희망 없이 죽어가는 이들에게만 오직 적합하다"라고 기록되어 있다. 그렇다면, 6절은 풍자적이고 아이러니컬한 충고로 이해되어야만 한다. 르무엘 왕의 어머니는 왕자에게 취하게 하는 음료의 위험성에 관하여 경고한 후에 아이러니컬하게 비참한 사람에게만 알코올이 적합하다고 가르쳤다. 주정 음료에 대하여 이 보다 더하게 강한 비난을 퍼부을 수가 있겠는가?

어떤 비참함인가? 주정 음료를 마셔도 된다고 허락을 받은 이들이 겪는 고통은 이 귀절을 더 잘 이해하게 하여 준다. 본문은 "죽게 된 자(obed)"와 "마음에 근심하는 자(marei naphesh)"들 이라고 표현한다. 이 두 히브리 어 용어는 절망적이고 희망 없는 상황을 가리킨다. 다른 말로 말하자면 "목말라 죽겠어. 맥주를 마셔야만 하겠어"라고, 또는 "잠을 도통 청할 수가 없어. 수면제를 먹도록 해 줘"라고 말하는 것이 아니라, 고통으로 "아파 죽겠어. 아프지 않게 하는 약을 줘"라고 부르짖는 상황이다. 십자가 처형에서와 같이 몹시 괴로운 고통으로 죽어가는 이들에 대한 묘사이다.

탈무드는 잠언 31:6이 처형되는 이들의 고통을 줄이기 위하여 취하게 하는 것을 주라는 권고라고 해석한다. 산헤드린 43a는 "랍비 에이스다(Ehisda)는 처형대에 나가는 이에게 그의 의식을 빼앗고자 포도주와 섞은 적은 양의 유향을 주었다"고 말한다.[22] 시즈만(Seesemann)은 **신약성경 신학 사전**에 실린 그의 소논문에서 십자가에 매달리신 예수에게 주어졌으나 그 분이 거부한 "몰약을 탄 포도주"(막 15:23)와 이 귀절을 연관시킨다. 그는 예수께서 이 음료를 거부하신 것은 그분이 십자가의 고통을 모두 다 받아들이시겠다는 것을 보여준다고 말하였다.[23] 그리스도께서 인류의 구속주가 아니었다면 그것을 마셨을 것이다." 성경은 고통을 잠재우는 약을 사용하는 것에 반대하지 않는다. 그렇지만, 그리스도께서 십자가의 고통을 덜 수 있는, 취하게 하는 포도주를 **거부하신 것**은 그분께서 취하게 하는 음료를 불허한다는 가장 뚜렷한 증거인 것이다. 그리스도께서 그 다음에 취하지 않는 신 포도 음료(oxos)를 사람들이 주었을 때 받아 마셨다(요 19:29, 30).

알코올을 의약적으로 사용하는 것 잠언 31:6은 어떤 이들로 알코올을 의약적으로 사용해도 무방하다고 결론에 이르게 할 수도 있다. 그렇지만, 이 귀절이 일시적인 아픔을 겪고 있는 사람들이 알코올을 마셔서 그 고통을 경감시켜야 한다고 말하고 있지 않다. 본문은 고통 당하는 자들의 고통을 경감시켜 주기 위하여 그 주위에 있는 사람들이 그에게 알코올을 주라고 말한다. 이 말씀을 현대에 적용한다면 **오직 자격 있는 의사**의 처방에 의해서만 환자에게 약을 줄 수 있다는 말이다.

또 환자가 의사의 처방을 받았다 할지라도 알코올 같은 마약을 사용하는데에는 주의하여야 한다. 이 모든 약들은 해로운 영향을 끼치는 마약들이다. 알코올을 마시는 것이 의료적인 목적이라면 그 양이 보통 소량이고, 환자가 침상에 있기에 다른 이들의 생명을 위험에 처할 수 있게 하는, 중요한 결정을 내릴 수 있기에 그 영향은 극소화된다.

요약하여 말한다면 잠언 31:6은 쾌락을 위하여 주정 음료를 적당히 마시는 것을 권하지 않는다. 대신에 이 귀절은 알코올이 죽어가는 이의 참기 어려운 고통을 가라앉히는데 적합하다는 것을 아이러니컬한 방법으로 제시하여 준다.

3. 호세아 4:11 "묵은 포도주와 새 포도주가 마음을 빼앗느니라"

이 귀절이 중요한 이유 하나님께서 이스라엘의 영적 배도에 대하여 탄식하는 문맥 가운데 나와 있는 호세아 4:11은 "음행과 묵은 포도주와 새 **티로쉬**가 마음을 빼앗느니라"고 말한다. 대부분의 적당론자들은 자신들의 '한 가지 포도 음료 이론'을 변호하는 데 이 귀절을 사용하고 있다. 그들은 호세아 4:11이 **야인**과 **티로쉬**가 취하게 하는 성질로 꽉 차 있었다는 것을 입증한다고 주장한다. 케네스 젠트리는 이 본문을 언급하면서 "선지자는 '우상 숭배, 묵은 포도주와 새 포도주(**티로쉬**)가 분별력을 빼앗는다고 탄식한다. 이것은 사람들이 '티로쉬(새 포도주)' 뿐만 아니라 '포도주(**야인**)'에도 취한다는 것이다"라고 말한다.[24]

이와 동일한 견해가 더 강력하게 **신 성경 사전**에 나온다. "때때로 '새' 또는 '단 포도 음료'로 번역되는 **티로쉬**는 종종 발효되지 않은 것으로 여겨져 취하지 않게 하는 포도즙으로 간주되었다. 그러나 호세아 4:11과 같은 예와 탈무드에서의 용례는 모두 다 이 단어가 다른 단어들, 마냥 나쁜 의미로 사용되어질 수 있음을 명백하게 하여 준다."[25]

이런 주장에 비추어 볼 때, 다음 두 가지 질문에 답하는 것은 중요하다.

(1) 이 귀절에 나오는 "새 포도 음료(**티로쉬**)"가 발효된, 취하게 하는 포도주인가?

(2) 만일 그렇다면, 본문은 포도주를 적당히 마시는 것을 허용하는가? 먼저 **티로쉬**의 일반적인 의미를 살펴본 다음 호세아 4:11에서는 어떻게 사용되었는지 검토하여 볼 것이다.

티로쉬의 의미 **티로쉬**가 실제로 무엇을 의미하였는지에 관해서는 일치된 합의점에 이르지 못한다. 어떤 이들은 "성장하고 제조되는 과정의 포도 음료"[26]라 하고, 또 어떤 이들에게는 원래 그대로의 **포도**를 뜻하고, 발효된 포도주나 발효되지 않은 포도즙을 의미하지 않는다.[27] 또 "신선하고 순수한 포도즙을 한결같이 뜻한다"고 생각하는 이들도 있다.[28]

이 단어는 구약성경에서 38번에 나온다. 19번은 "곡식(**다간**)"과 "신선한 기름(**이챠르** yitzhar)"과 평행귀를 이루어 나오는데 통상 곡식, **티로쉬**, 그리고 기름의 순서로 나온다.[29] 11번은 "곡식"하고만 같이 나오고[30] 2번은 "기름"하고만 같이 나온다.[31] 5번은 이런 단어 없이 홀로 나온다.[32]

이 세 단어, "곡식, **티로쉬**, 그리고 기름"이 함께 묶여 나오는 문맥을 살펴보면 이 단어들이 타작하거나 짜 내어진, **수확된, 가공하지 않은 산물**을 분명하게 가르키고 있는 것을 알 수 있다. 이 이해는 또 다른 한 짝을 이루는 세 단어, "떡(lehem)", "포도주(**야인**)", "기름(shemen)"은 소비자에게 팔아도 되게 완성된 산물을 칭함에 사용되었다는 사실에 의하여 입증된다.[33]

이사야 65:8은 **티로쉬**가 **신선한 포도즙**을 뜻한다는 것을 극명하게 보여준다. "여호와께서 이같이 말씀하시되 포도 송이에는 즙(**티로쉬**)이 있으므로 혹이 말하기를 그것을 상하지 말라 거기 복이 있느니라 하나니 나도 내 종들을 위하여 그같이 행하여 다 멸하지 아니하고, 이 귀절이 포도 송이의 즙에 관하여 말하기에 본문상의 **티로쉬**가 시선한 포도즙을 뜻하는 것임이 분명하다.

그렇지만, 이 외의 본문들 가운데 **티로쉬**가 포도즙 뿐만 아니라 딱딱한 형태의 **포도 그 자체**를 칭하는 본문들도 있다. 예를 들자면, 미가서에서 **티로쉬**는 밟은 포도를 뜻하였다. "네가 씨를 뿌리나 추수하지 못할 것이며, 감람을 밟으나 기름을 네 몸에 바르지 못할 것이며 포도(**티로쉬**)를 밟으나 술(야인)을 마시지 못하리라"(미 6:15). 또 다른 실례는 백성들이 "각종 과목의 열매와 **티로쉬**와 기름을 제사장들에게로 가져다가 우리 하나님의 전 골방에, 십일조로 가져오겠다는 맹세를 한 느헤미야서에 나온다(느 10:37). 여기서 **티로쉬**는 포도나무의 **열매**(fruit)를 뜻하는 바, 그것은 포도주가 아니라 포도로 추정된다.

폭 넓은 의미를 가질 수 있음 전술한 실례들은 **티로쉬**가 막 짜낸 포도즙이나 포도 그 자체를 칭한다는 것을 보여 주었다. 그렇다면 **티로쉬**가 오랫 동안 묵은 포도주가 아닌, 새로 발효된 포도주를 칭할 수가 있는가? 호세아 4:11을 제외하고는 이 단어가 나오는 35개의 본문 그 어느 것에도 이 의미가 나오지 않는다. 호세아 4:11에 나오는 **티로쉬**가 새로 발효된 포도주인지 혹은 아닌지는 그 귀절에 속해 있는 직접적인 문맥과 넓은 문맥에 대한 연구로 인하여 결정되어진다. 이 점에 관하여 간단히 살펴보자.

후기 유대사에서 **티로쉬**가 발효된 포도주를 칭함에 사용되어졌다는 점은 인정되어야만 한다. 탈무드에 나오는 한 질문이 그 분명한 실례이다. "왜 포도주는 때때로 '**야인**'이라고 불리우고 또 다른 때에는 '티로쉬'라고 불리우는가?" 주어진 대답은 "세상에 탄식을 가져오기에 '**야인**'으로 불리우고, 포도주를 탐닉하는 자가 가난하여지기 때문에 '**티로쉬**'라고 불리운다"였다.[34]

이 용어가 막 짜낸 포도즙이나 또는 포도를 칭하는 데 일관되게 사용되어진 견지에서 볼 때, **티로쉬**가 이미 주전 8세기인 호세아 당시에 발효된 포도주를 칭하는 데 사용되어졌을 것 같지는 않다. 그러나 호세아 4:11에서는 **티로쉬**가 새로 발효된 포도주를 뜻한다고 하면, 이것은 오직 이 용어가 포도, 포도즙, 그리고 발효된 포도주를 포괄적인 방법으로 칭하는 데 사용되었다는 것을 입증하여 줄 뿐이다. 그러한 포괄적 용례는 별로 놀랍지가 않다. 그 이유는 **야인**(포도 음료)과 **쉐카르**(단 음료 혹은 독한 음료)도 포괄적인 방법으로 사용되었기 때문이다.

사전이 정의하고 있는 의미를 언어 구사시 정확하게 사용하도록 교육받은 현대인들은 고대인들이 단어를 사용할 때, 느슨하게 종종 자신들의 상상이 제시하여 주는 의미에 따라 사용하였다는 점을 받아들이기가 어렵다. 예를 들자면 카토가 "비눔 펜덴스(vinum pendens : 매달려 있는 포도 음료)"란 문구를 포도즙을 칭함에 사용한 것은[35] 현대인에게 틀린 것처럼 보이지만 당시에는 저자 마음대로 비눔(vinum)을 포도, 포도즙, 그리고 발효된 포도주를 칭하는 데 사용할 수 있었다. 우리가 살펴보는 본문에 적용하면 호세아 4:11에서 사용된 티로쉬가 "새로 발효된 포도주"라는 의미로 사용되었다 할지라도, 그리고 그 외의 경우에서는 "포도" 또는 "포도즙"을 의미한다 할지라도 받아들일 수 있는 사실이다.

새 포도주를 정죄함 **티로쉬**가 "새로 발효된 포도주"를 호세아 4:11에서 의미한다고 하면 본문은 무엇을 의미하는가? 적당한 음주가 아니라 절대 금주를 뜻한다. 이유는 선지자가 "너무나 **많은** 포도주와 새 포도주가 마음을 빼앗느니라"고 말하지 않고 단순히 "**포도주**와 **새 포도주**가 마음을 빼앗느니라고 말하기 때문이다. 잠언 23:31, 32에서와 같이 이 진술도 마신 양에 관계 없이 "포도주와 새 포도주"를 정죄하는 것을 나타낸다.

본문이 속하여 있는 문맥 그렇지만, 직접적인 문맥과 넓은 문맥에 비추어 보면 **티로쉬**는 취하게 하는 새 포도주가 될 수 없다. 무엇보다도 동사 **이카하**(yiqqah, 빼앗아 가다)는 성경에서 취함의 뜻으로 결코 사용되지 않았기 때문이다. 이 단어는 "취하다, 가져오다, 붙잡다, 빼앗다, 차지하다, 잡다, 현혹되다 등등을 뜻한다."[36] 두번째로, 선지자가 마음을 빼앗는, 주요 취하게 하는 품목 일람표를 제시할 작정이었다면 문자적인 의미에 있어서 취하게 하는 것이 아닌 "음행"을 먼저 언급하지 않았어도 되었다. 더구나 같은 종류에 속한 두 가지를 언급하면서 둘 중에 약한 것인 "**티로쉬**"를 마지막에 열거함으로, 즉 "**야인**"과 "**쉐카르**" 순서로 언급하는 것이 더 논리적이었을 것이다.

칠십인역과 벌게이트의 번역자들은 이 반대에 일리가 있다고 보고 **티로쉬**를 "술 취함(methusma : ebrietas)"으로 번역함으로 원문에서 일탈하였다. "음행, 포도주, 그리고 술 취함은 마음을 빼앗느니라."

이 문제를 해결하는 방안은 "음행, 포도주, 포도즙"의 연관성이 **신체적인 취함**이 아니라 **영적인 배도**로 보는 것이다. 호세아 4:11은 호세아의 부정한 부인이라는 통절하고 비극적인 상황 하에서 하나님께서 그녀에게 준 좋은 것들, 즉 "곡식과 새 포도 음료와 기름을 바알을 위하여 써버린(호 2:8) 것"이 묘사된 2장에 의거하고 있다. 선지자는 4장에서 이미 제시한 요점을 제시한다. 그것은 "**하나님께서 주신 좋은 것들이라 할지라도**(바알을 땅의 기름짐과 풍부함의 근원으로서 본) 왜곡된 신학의 결과로 **이스라엘이 그들의 하나님에게 드리는 충성을 제거하는 그 외의 다른 더 명백한 죄와 연관될 수 있다는 점이다.** 그러므로, '매음, 포도주, 그리고 **수확하여 막 짜낸**

포도즙조차도 그들의 충성을 앗아갔다."[37] "포도즙(티로쉬)"조차도 그들의 충성이나 마음을 빼앗은 이유는 호세아 2:8에 이미 설명되어진 바와 같이 티로쉬는 이스라엘이 바알 숭배에 사용함으로써 매음되어진 좋은 선물들 중의 하나였다.

음행, 묵은 포도주, 그리고 새 포도주 전술한 티치아우트의 견해는 이미 한세기 전에(1881년) 호레이스 범스테드가 Bibliotheca Sacra라는 신학 잡지(71쪽)에 이른바 성경이 음주를 승인한다는 견해에 관하여 가장 학적으로 잘 변증한 논문에 실린 내용과 동일함을 주목하여야 한다. 범스테드는 자신이 적당론자임에 개의치 않고 **티로쉬**가 구약성경에서는 "흙과 틀의 산물이고 하나님께서 경작자에게 주시는 선물"의 표함을 인정하였다.[38]

범스테드는 이 사실을 인정하기에 다음과 같은 중요한 결론을 도출하여 낼 수 있었다. "이런 방식으로 일관되게 사용되고, 이미 언급한 극히 예외적인 경우들을 제외하고는 음주 행위를 가리키지 않기에 **티로쉬**는 최종 상태에만 있는, 취하게 하는 효력에 대한 증거들과 자연적으로 분리되어진다. 나는 이와 같은 이유로 **티로쉬**의 취하게 하는 특성을 증명하는 데 너무나 많이 의존되어진 유일한 본문, 즉 '음행과 묵은 **야인**과 **티로쉬**가 마음을 빼앗느니라'(호 4:11)는 절을 버릴 태세가 되어있다. 나는 이 귀절이 하나님의 일시적인 축복이 풍성하였을 때에 이스라엘 자녀들로, 우상 숭배(음행)로 이끈 그 축복들을 남용하는 것을 언급한다는 해석에 기꺼이 동의할 수 있다. 이것은 바로 신명기 32:14~16에 기록된 모세가 죽음 앞에서 남긴 노래에 나오는 예언적 이상과 연관되어 있다. 호세아서의 이 귀절에서 음행은 **야인**, 완성된 포도주(과도하게 사용되거나 그렇지 않든지 하는 것은 문제가 되지 않는다)의 우상 숭배의 현혹을, 그리고 **티로쉬**로 이 귀절에서는 농부가 앞으로 사용하려고 준비하는 완성되지 않은 포도주를 언급하는 것처럼 보이는데, 이 둘의 축복 모두 우상 숭배하는 이스라엘이 향한 신들이 준 선물들로 여겨졌다."[39]

범스테드의 이 전문적인 논문이 발표된 다음 L. C. 필드(Field)도 자신의 **오이노스, 성서상의 포도주 문제 연구**란 책에서 호세아 4:11을 비슷하게 해석하였다. "이 본문에 나오는 '마음을 빼앗는다'라는 말은 취하게 하는 것을 언급하는 것이 아니라 로우스(Lowth) 감독이 말한 바와 같이 '사람의 판단력을 빼앗아 분별력을 어둡게 하는 것을 뜻한다. 그러기에 이 선물이 마음을 망케 하느니라(전 7:7)고 말하여지는 것을 의미한다.
세가지 구별되는 것이 열거된 사실은 이 차이점을 가리킨다. 이 귀절에는 평행귀가 없다. 음행은 **야인**이 아니고 **야인**은 **티로쉬**가 아니다. 첫번째는 의심할 바가 없이 부정한 경배나 우상 숭배에 사용되었다. 두번째는 감각적인 만족에, **티로쉬**는 세상적인 재산에 사용되었다. 이 셋은 사람들의 마음을 '영원한 선과 영적 기쁨의 샘인 하나님'으로부터 멀리 앗아가 버렸다. 이 셋은 신명기 32:14~16에 나오는 죽어가는 모세가 행한 예언을 뚜렷히 성취하는 것이다. 그러므로, 우리는 **티로쉬**란 단어가 어떤 의미나 경우에도 포도주를 의미하는 것이 아니라, 딱딱한 형태상의 포도원의 자연 과실을 뜻하고 포도주의 주성분으로 여겨졌다고 정의를 내릴 수 있다."[40]

결론 이 모든 점들은 호세아 4:11이 신체적으로 취한 것이 아니라 영적인 배도를 다루고 있다는 것을 가리킨다. "포도주와 포도즙"은 하나님께서 이스라엘 자손들에게 주신 좋은 선물의 대표물로서 언급되었다. 하지만 이 좋은 선물들은 매음당하였고 이스라엘인들을 우상 숭배로 인도하였다. 본문은 다음 두 가지 이유로 주정 음료를 적당히 마시라고 합리화 하고 있지도 않다. 첫째로, 이 셋이 문자적으로 보다는 비유적으로 사용되었기 때문에 그렇고, 둘째로 "포도주와 새 포도 음료"가 알코올 성분이었다 할지라도 마신 양에 관계 없이 분별력을 빼앗아 가는 것으로 이 본문에서 정죄받기 때문이다.

4. 디모데전서 5:23 "네 비위와 자주 나는 병을 인하여 포도주를 조금씩 쓰라"

이 본문이 중요한 이유 성경이 술에 관하여 무엇을 말하는가란 주제가 제시되었을 때에 사람들의 마음에 제일 먼저 떠오른 귀절은 바울이 디모데에게 "이제부터는 물만 마시지 말고 네 비위와 자주 나는 병으로 인하여 포도주를 조금씩 쓰라"고 한 디모데전서 5:23일 것이다. 그래서 이 본문이 "주정 음료가 그 자체상 건강을 해치지 않는 것이다"라는 점을 암시하여 준다고 생각하는 이들도 있다.[41] 또 포도주를 적당히 사용하라는 확실한 권고로 여기는 이들도 있다.[42]

바울이 디모데에게 준 권고는 지난 19세기 동안 수많은 사람들이 주정 음료를 마시는 것을 합리화하기 위하여 사용되었다. 그러므로, 바울이 권고한 것이 무엇인지, 그리고 오늘날에 어떻게 적용될 수 있는지를 설정하는 것은 매우 중요하다.

이 귀절의 연관성 몇몇 주석가들은 바울이 디모데에게 한 권고가 그 이전, 이후 문맥과 갖는 연관성을 알아내기가 힘들다는 것을 발견하였다. 그들 중 몇몇은 이 본문을 원래 서신에 포함되지 않은 난외주로 여긴다. 한 예로 모팟은 자신의 성경 번역본에서 이 귀절을 본문에서 떼내어 난외주에 놓는다.

이 난점은 바울이 바로 그 이전 절에서 "네 자신을 지켜 정결케 하라"(22절)고 권고하는 와중에 그가 디모데의 철저히 절제하는 생활 양식과 나쁜 건강을 갑자기 기억하였다고 추측하면 해결되어질 수 있다. 그래서 그는 권고하면서 물만 마시지 말고…라고 덧붙인다. 그렇다면 이 권고는 다음과 같이 의역할 수 있다. "모든 방법을 다하여 제 자신을 지켜 정결케 하라. 그러나 정결에 대한 네 기릴만한 열망이 너로 네 위의 질환이나 빈번한 병을 위하여 소량의 포도 음료를 마시는 것을 막도록 하지 말라"이다.

바울의 권고의 성격 바울이 디모데에게 행한 권고가 아버지로서 염려를 표현한 것이지 의무적인 명령은 아님을 먼저 인식하여야만 한다. 사도는 자신이 사랑하는 아들에게 "포도 음료"를 자유롭게 마시라고 **명령하지 않았다**. 대신 그는 그에게 소량의 "포도 음료"를 마시라고 권하였다. 디모데가 금주(절제) 원칙과 습관을 어기도록 설득하고자 함이 아니었다.

이 충고는 특별히 **디모데를 위한 것**이었고, 그 이유는 "네 비위와 자주 나는 병" 때문이었다. 바울은 모든 크리스챤이 따라야 되는 규칙을 제시한 것도 아니고 "포도 음료"가 만병 통치약이라고 처방을 내리는 것도 아니다. 단지 자신이 사랑하는 동역자가 앓고 있는 질병에 가장 좋다고 생각하는 것을 권하고 있는 것 뿐이었다.

이 충고의 목적은 "포도 음료"를 마심으로써 갖게 되는 쾌락이나 포도 음료가 자극을 주거나 기분을 좋아지게 하여 주기 때문이 아니라, 포도 음료가 "건강을 증진하는 데 필요한 것, 즉 약으로써 여겨졌기 때문이다."[43] 이 훈계는 **오직** "포도 음료"를 약으로써 사용할 때만 적용된다. 이 훈계에서 얻어낼 수 있는 유일하게 정당한 결론은 의료적인 목적으로 소량의 "포도 음료"를 마시는 것은 적절하다는 것이다. 이 결론은 바울이 권고한 "포도 음료"의 성격을 논하면서 더 명확하게 될 것이다.

이 훈계의 형태 바울이 권고를 한 방식에 주의를 기울여야 한다. 페라 펜톤(Ferrar Fenton)은 대부분 번역본이 희랍 어 원문의 완전한 의미를 표현하지 못함을 지적하면서 다음과 같이 번역하였다. "더 이상 물만 마시지 말고, 자주 나는 병으로 인하여 **네 위를 위하여 소량의 포도 음료**를 사용하라."[44] 이렇게 번역을 한 이유는 다음과 같다. "사도들이 여격(**오이노**–포도주)을 사용한 것"은 이 단어가 나오는 "다른 곳에서 번역된 것과 같이 '소량의 포도 음료'를 약으로써 **물**과 섞여져야 하거나 '혼합'되어야만 한다. 즉, 고대에 포도로부터 만든 시럽이나 그 외의 과실들을 소화 불량의 경우 위에 강장제로 사용된 것과 같이 말이다. 이 사실을 알면 이 한 절의 권고가 음료로써의 물 대신에 취하게 하는 포도주를 항상 마셔도 된다는 신의 승인이라고 하는 주장이 얼마나 터무니 없는 것인가가 드러날 것이다."[45]

포도 음료를 물에 1:2, 1:3, 1:5 등의 비율로 섞는 관습은 고대 세계에서 통상적인 일이었다. 5장에서 어떤 포도 음료들은, 특히 두터운 포도즙 시럽은 1:20의 비율로 물과 섞는 것을 이미 살펴보았다.

또 주목하여야 하는 두 가지 요소는 동사 **크라오마이**(kraomai : **사용하다 혹은 쓰다**)와 **"적은"**을 뜻하는 형용사 **오리고스**(oligos)가 사용된 것이다. 바울이 디모데에게 "마시라"고 말하지 않고 "쓰라(take)"고 말했음에 주목하여야만 한다. 현대 희랍 어에서 "쓰라"라는 동사는 의사가 환자에게 의약 투여를 처방하였을 때에 사용되는 동사이다. 이와 비슷하게 형용사 "적은"도 포도 음료를 **매우 삼가하여 마신다는 것**을 시사하여 준다. 그렇다면, 이 훈계는 위의 질병과 빈번한 질병들을 위하여 포도 음료를 **자유롭게 마시라는 것이 아니라** "물과 함께 **적은 양**의 포도 음료를 **마시라**"는 말이다. 이 말은 모든 사람들에게 적용되는 일반적인 원칙이라기 보다는 의사의 처방과 같이 들린다.

포도 음료의 종류　바울이 디모데에게 조금 쓰라고 권고한 포도 음료가 알코올 성분이라고 일반적으로 추정되었다. 그러나 다음 두 가지 이유로 인하여 그렇지 않나. 첫째로, 포도 음료를 뜻하는 **오이노스**란 용어가 발효된 포도주나 혹은 발효되지 않은 포도즙을 칭하는 데 사용되었기 때문이다. 둘째로, 고대 세계가 의료적인 목적으로 발효되지 않은 포도즙을 사용하였다는 역사적인 증거들이 있기 때문이다.

아리스토텔레스(주전 384~322년)는 희랍 어로 **글류쿠스**(glukus)로 불리우는 단 포도즙을 사용하기를 권한다. 그 이유는 "포도 음료(**오이노스**)로 불리기는 하지만 포도주의 영향이 없고… 통상적인 포도주와 같이 취하게 하지 않기 때문이다."[46] 46 주후 280년 경의 문법학자인 아테나에우스

주후 280년 경의 문법학자인 아테나에우스(Athenaeus)는 위병에는 "단 포도 음료(glukus oinon)"나 **프로드로모스**(prodromos), 혹은 **프로프로포스**(propropos : 발효되지 않은 포도즙에 대한 라틴 어명)란 포도즙을 사용하라고 구체적으로 권고하였다. 그 이유 단 포도 음료가 "머리를 무겁게

하지 않기 때문이었다."[47] 그의 권고는 바울이 디모에에게 한 권고와 비슷하다. 그가 구체적으로 알코올 성분이 제거 되었기 때문에 단 포도즙(Lesbian－effoeminatum)이라고 칭하여진 것을 권하였다는 것만 다를 뿐이다.

바울과 동시대인이었고 유명한 **자연사**의 저자이기도한 플리니(주후 24~79년)는 포도 음료를 의약적으로 사용하는 것에 관하여 비슷하게 충고한다. "인공적으로 만든 수많은 종류의 술이 발명되었다. 이제 그것들을 상술할 것인데, 이 모든 것들은 의료적인 목적을 위하여 사용되어진다.[48] 플리니가 이런 종류의 포도 음료라고 열거한 것 중의 첫번째는 **아디나몬**(adynamon)이다. 그것은 다음과 같은 방법으로 제조되었다. "흰 포도액 10 쿼트(quart: 1/4 갈론 또는 1. 14 리터)와 5 쿼트의 물을 상당한 양의 물이 끓어 증발될 때까지 계속 끓인다. 포도 음료가 해로운 영향을 미친다고 두려워하는 병자(aegris)에게 이 음료를 준다."[49]

그런데 **아에그리스**(aegris)라는 단어가 환자들 뿐만 아니라 정신적으로든지 신체적으로든지 단지 아픈 사람들을 뜻하기에, 환자라는 좁은 의미가 아니라 일반적으로 병든 자 모두가 포함된다.

플리니가 **자연사** 후반부에서 발효된 포도주를 의약적으로도 사용할 수 있다고 말한 점도 공정하게 언급되어야만 한다. "포도주는 위에 강장제이고 식욕 증진제이다. 그것은 슬픔과 고통을 무디게 하여 주고 소변과 한기를 쫓아 주고, 잠이 오게 한다."[50] 이 진술은 발효되지 않은 포도즙이나 발효된 포도주 모두 다 의약적인 목적을 위하여 사용되었음을 제시하여 주는 사실이다. 그렇지만, 플리니는 포도주가 더 빨리 흡수되고 더욱 더 머리로 가기에 그 밖에 모든 취하게 하는 음료에 이 점을 적용하여야만 한다고 하였다.[51] 플리니는 포도 음료의 부작용을 피하기 위하여 여과된 포도즙을 의약적인 목적을 위하여 사용하라고 권고한다. "포도 음료는 그 모든 효력(potency)을 여과기로 제거하였을 때에 건강에 제일 좋다."[52]

아리스토텔레스, 아테나에우스, 플리니의 증언들은 발효되지 않은 포도즙을 의약적인 목적으로 사용함에 부작용이 없기 때문에 그렇게 사용되었고 또 발효된 포도주 보다 선호되었다는 것을 밝혀 주고 있다. 이런 사실들에 비추어 볼 때, 바울이 디모데에게 권한 것은 발효되지 않은 포도즙이라고 추정하는 것은 이치에 맞는 일이다. 바울은 주께서 금한 포도주를 권하지 않았다.

디모데는 금주자였다 "이제부터는 물만 마시지 말고"라는 충고는 제사장이나 나실인처럼 디모데가 그때까지 발효되지 않은 포도즙이나 발효된 포도주 모두 다 금하였다는 것을 암시하여 준다. 그것은 아마도 바울의 가르침과 본에 따라 그리하였을 것이다. 그러므로, 사도는 디모데에게 자신을 지켜 정결케 한다는 것은 오직 물만 마시는 것을 뜻하지 않는다고 자신의 입장을 밝히고 있는 중이다. 그는 위병과 자주 나는 질병을 덜기 위하여 몇몇 포도즙을 사용할 수 있었다.

디모데가 평상시 물만 마셨다는 것은 이 본문에 확실하게 언급되지 않았다. 그는 "절대 금주자"였다. 그에게 포도주를 마시는 습관이 있었다면 바울은 그렇게 권고하지도 않았을 것이다. 디모데로 절대 금주하는 이가 되게 한 요인은 그의 모친 유니스와 조모 로이스의 큰 역할, 또 바울의 가르침과 모본이었을 것이다.

바울이 디모데에게 금주하라고 가르친 사실은 그가 감독들에게 금주(네팔리온)할 뿐만 아니라 음주 장소에 가지도 말고 파티에 참석하지도 말라(메 파로이논-딤전 3:2, 3)고 할 때, 바울이 먼저 디모데에게 그런 원칙들을 가르치지 않고 감독들에게만 할 수 없었을 것이기 때문이다. 디모데가 물만 마신 것은 그가 선생의 충고를 매우 신중하게 따랐다는 것을 암시하여 준다.

기독교 성직자들의 금주 관습은 제사장들이 취하게 하는 음료를 마시지 못하게 금지된 것(레 10:9~10)에 근거를 두고 있다고 추정되었다. 기독교 지도자들은 유대 제사장만큼이나 성결하여야 한다는 것이 대개의 느낌이었을 것이다. 특히 유대법을 제정한 이유가 계속 발효중이였기에 더 더욱 그렇다(레 10:10~11).

바울은 금주 원칙을 어기지 않았다. 그 이유는 위의 쾌락을 위하여 적은 양의 포도 음료를 권한 것이 아니라 위의 병을 치료하는 데 필요하였기 때문이다.

결론 바울이 디모데에게 적은 양의 위의 질병을 위하여 포도 음료를 마시라고 한 권고는 사도 교회 내에서도 주정 음료를 금하는 원칙과 관습이 자리잡고 있었다는 것을 역으로 가장 잘 반증하여 준다. 이 귀절은 바울이 디모데의 금주하는 생활 양식을 좋아했다는 것을 보여 준다. 사도가 사용한 언어에 관하여 신중하게 주의를 기울여 볼 때 매우 중요한 점을 밝혀냈다. "그는 이제부터는 물을 마시지 말고"라고 말하지 않고 "물과 함께 적은 양의 포도 음료를 마셔라"고 말하였다. 그는 "네 배의 신체적인 쾌락을 위하여"라고 말하지 않고 "네 위의 의료적인 필요를 위하여"라고 말하였다. 이 귀절에 나오는 "포도 음료"란 단어가 발효된 포도주였는지 혹 발효되지 않은 포도즙이었는지 이 귀절은 포도 음료를 적당히 마셔도 된다는 입장을 지지하지 않는다.

5. 디모데전서 3:8 집사들도…술에 인박이지 아니하고

이 본문이 중요한 이유 바울은 집사 직무의 자격을 이야기하면서 "이와 같이 집사들도 단정하고 일구 이언을 하지 아니하고 술(오이노스)에 인박이지 아니하고 더러운 이를 탐하지 아니하고"(딤전 3:8)라고 말하였다. 적당론자들은 "술에 인박이지 아니하고"란 문구를 매우 중요하게 여긴다. 왜냐하면, 그들은 성경이 적당한 음주를 승인하는 증거절이라고 믿기 때문이다.

"인박였다(폴로[pollo]: "많은"을 뜻함)"는 문구가 적당론자들에게는 가장 중요한 문구다. 왜냐하면 케네스 젠트리가 말했듯이 "인박였다는 것은 마신 양과 관련 있기 때문이다."[53] 적당론자들은 바울이 "주정 음료를 남용하는 것만을 금하였다… 신약성경의 그 어느 사도도 '술을 아예 마시지 말라'고 명령하지 않았다"는 것만을 말한다고 생각한다.[54]

성경이 적당한 음주를 승인한다는 견해를 가지고 있는 적당론자들에게 이 귀절이 매우 중요하기에 "술에 인박이지 아니하고"란 말을 성경의 본문적, 문화적, 일반적 가르침에 비추어서 검토하여 보아야만 한다.

직접적인 문맥 디모데전서 3장 8절에 나오는 "술에 인박이지 아니하고"란 문구를 해석함에 있어서 그 귀절이 속한 직접적인 문맥은 종종 간과되어 왔다. 감독에 관한 내용이 끝나자마자 집사 자격 요건은 곧바로 "이와 같이(hosautos)"란 부사와 함께 나온다. 이것은 감독의 자격 요건이 크게 집사의 자격 요건에도 적용된다는 것을 뜻한다.

바울은 감독의 직무에 관하여 말하면서 그 직무를 갈망하는 이들은 **네팔리오스**, 즉 금주하고, **메 파로이노스**, 즉 음주 장소나 파티 자리에 끼지 말라고 하였다(딤전 3:2~3). 바울은 6장에서 이미 이 단어를 사용함으로써 기독교 성직자는 금주할 뿐만 아니라 자신이나 또는 그 외의 사람들의 금주가 시험받을 수 있는 장소나 모임에 참석하지도 말아야 한다는 것을 언급하였다.

바울은 감독들에게 훈계하는 문맥에서 "이와 같이 집사들도…술에 인박이지 않아야 한다"고 말하였다. 이 점은 문제를 제기한다. 바울과 감독(장로, 목사)은 금주하고 집사들은 적당히 마실 수 있다는 이중적인 표준을 제시하는가? 대부분의 번역들은 이런 인상을 주고 있다. 즉 감독들은 술에 중독되지 말아야만 하는 반면에 집사들은 적당히 술에 중독될 수 있다는 인상을 주고 있다. 과연 바울이 도덕적 행동에 관하여 이중적인 표준을 제시하고 있는가?

약간 중독되는 것은 괜찮은가? 본질적으로 악한 것에 중독되는 것은 그것이 적당한 선에서든지 아니면 과도하든지 항상 도덕적으로 그르다. "술에 인박이지 말라"는 말이 적당한 선에서 술을 마셔도 된다는 것을 승인한다는 주장은 **많은 양**일 경우 금하여진 것은 자동적으로 **적은 양**일 경우 허용되어질 수 있다는 추정에 근거한다. 이러한 추정은 근본적으로 잘못된 것이다. 크리스챤들이 이교도들처럼 "그런 극한 방탕에 달음질하지 아니하는 것"(벧전 4:4)을 이교도들이 이상히 여기었다는 베드로의 말은 크리스챤들이 적당히 방탕하였다는 말이 아닌 것은 매우 확실한 사실이다. 과도하면 불법이지만 적당하면 자동적으로 적법하다고 추정하지 말아야 한다.

본문의 바로 다음 문구인 "더러운 이(利)를 탐하지 아니하고"는 이 점을 잘 말하여 준다. 바울은 이 문구로 비윤리적인 소득에 대한 적당한 욕망을 승인하고자 하는가? 바울이 술을 과하게 마시는 것과 더러운 이익을 과도하게 탐하는 것을 정죄한 점은 적당하게 마시거나 탐하는 것이 괜찮다고 말하는 것이 아님은 확실하다. 오늘날 우리가 누군가를 보고 "저 사람은 술집에 너무 많이 간단 말이야"라고 말하였을 때에 그것은 술집에 적당하게 가는 것을 승인하는 것이 아니다.

6 장에서 신약성경이 근신하고 절제하라고 훈계한 것에 관한 연구에서 **성경이 모든 좋은 것들은 적당히 사용하라고, 또 모든 해로운 것들을 완전히 금하라고 요구하고 있다는** 것을 보여 주었다. 성경에 나오는 적당함은 정도

의 문제가 아니라 성질의 문제이다. 만일 취하게 하는 술이 본질적으로 악하다면 그것을 적당히 마시는 것이 그것의 성질을 좋게 만들지 못한다는 말이다.

'인박이다'의 의미 지금까지 "술에 인박이지 아니하고"란 말이 그 본문이 속하여 있는 직접적인 문맥에서 바울이 감독들에게 금주하라고 한 명령과 모순되기에 포도주를 적당히 마시는 것을 뜻할 수 없었다는 것을 밝혔다. 그렇다면 이 문구는 무엇을 뜻하는가? 이 문구가 집사 직분을 감당하고자 하는 이들이 충족시켜야 하는 네 가지 선행 조건 중의 하나라는 것이 해결의 실마리이다. 이 말은 "술에 인박이지 말라"는 술을 적당히 마시는 것에 관한 일반적인 원칙을 세우는 것이 아니라 술을 많이 마시는 이들이라고 알려진 이들을 집사 직분에서 배제하고자 하는 것을 뜻한다.[55]

바네쓰는 "이 자격 요건은 어디서든지 성직자의 필요 조건으로 여겨진 것이었다는 점에 주목하여야만 한다. 이교의 제사장들도 신전에 들어갈 때 술을 마시지 않았다(블룸필드). 유대의 모든 계급의 유대 제사장들도 포도주와 모든 종류의 독주들을 마시지 않았다. 그렇다면 기독교 성직자들이 술을 마시는 것이 유대나 이교 제사장들이 술을 마시는 것보다 적절하여야만 하는 이유는 무엇인가? 복음을 전하는 목사들이 그들보다 덜 거룩하여야 하기 때문인가? 소명의 순수성을 가볍게 느끼기 때문인가?"라고 말하였다.[56]

술에 인박이는 것과 소량의 술 "술에 인박이었다"는 의미를 파악하는 데 도움을 주는 또 다른 중요한 점은 디모데전서 5:23에 나오는 "적은 양의 포도주"에 관한 언급이다. 후자는 디모데전서에서 "술"이 나오는 이 절 이 외의 유일한 경우이다. 전기하였다시피 이 귀절은 바울이 디모데에게 쾌락을 위하여서가 아니라 의약적인 목적을 위하여 **적은 양**의 술만을 마시라고 권고하였다는 것과, 마시라고 권고한 것이 역사적 문헌상에 의하면 발효되지 않은 포도즙일 개연성이 농후하다는 것이다.

만일 바울이 디모데의 금주를 의료적인 목적을 위해서 **적은 양**의 술만을 사용하라고 권고함으로 디모데의 금주를 승인하였다면 집사들에게 쾌락을 위해서 술을 적당히 마시라고 권하였을 리가 절대로 없다. 이것은 일관성의 문제이다. 크리스챤이 술을 적당히 마실 수 있다고 바울이 생각하였다면 디모데에게 "적은"이라고 제한할 필요도 없었고, 한정적인 목적을 나타내는 "네 비위를 위하여라"는 말을 덧붙일 필요가 없었다. 이런 점들을 고려하여 볼 때 "술에 인박이지 말고"란 문구는 술을 마시지 말라는 것을 표현하고자 의도 된, 치밀하지 않게 말한 것일 개연성이 높다.

이 문구가 술을 적당히 마시는 것에 찬동하는 것을 암시한다고 해석하는 것은 성경과 바울이 금주에 관하여 말한 가르침과 정면으로 대치된다. 다음과 같이 생생하게 이 모순성을 예증할 수 있다. 만일 당신이 감독이면 금주하여야 하고(**네팔리오스**) 술에 근접하지도 말아야 한다(**메 파로이논**-딤전 3:2, 3). 만일 당신이 남집사라면 적당히 마셔도 된다(**메 오이노 폴로**-8절). 만일 여자라면, 아마도 여집사라면 금주해야 한다(**네팔리우스**-11절). 만일 노인이라면 금주해야 한다(**네팔리우스**-딛 2:2). 만일 늙은 여자라면 적당히 마셔도 된다(**메 오이노 폴로**-딛 2:3). 자 만일 늙은 여집사인 경우는 어떻게 해야 하는가? 하루는 금주하고 그 다음 날은 적당히 마셔도 되는가? 이러한 터무니 없는 모순은 "술에 인박이지 아니하고"란 문구가 적당한 음주가 용납 되는 것을 암시한다면 포도주를 마시는 것을 피하라고 하는 것을 치밀하지 않은 언어 사용법으로 말한 것이다.

다른 이들의 확신을 존중하여 줌 이 결론은 로마서 14:21에 "고기도 먹지 아니하고 포도 음료(**오이노스**)도 마시지 아니하고 무엇이든지 네 형제로 꺼리끼게 하는 일을 아니함이 아름다우니라(**칼론**[kalon] : 도덕적으로 훌륭하고 알맞는)"고 한 일반적인 원칙이 지지하여 준다. 사도는 그 자체상 좋지만 다른 이들로 걸려 넘어지게 할 수 있는 것을 먹거나 마시지도 말라고 훈계한 결론부에서 이 말을 하였다(롬 14:21).

우상 신전에 바쳐진, 그 자체로는 좋은 음식들을 크리스챤들이 먹지 말아야 하니 그것은 그것을 먹음으로 우상 숭배를 지지한다고 보여지기 때문이었다(참조 고전 8:13). 비록 이 귀절이 다른 문맥에 속하여 있지만 다른 이를 시험에 빠뜨려 죄를 짓도록 하는 것이라는 요점은 확실하다.

이 점을 집사들에게 적용하면 그들도 취하게 하는 음료를 마시지 말아야 했다. 그것은 그들이 다른 이들을 시험에 빠뜨릴 가능성이 있기 때문이다. 다른 이들의 확신을 존중하여 주는 것은 좋은 일이고, 어떤 것들은 그 자체상 좋은 것이지만 크리스챤들이 피해야 할 충분한 이유가 있다. 직분상 가정 방문을 해야 하고 가난한 이들을 특히 보살펴야 하는 집사들의 경우, 더 더욱 그러하다. 그들이 가정 방문시 무엇을 마시는가와 얼마나 마시는가는 다른 이들의 확신을 위험에 처할 수 있게 한다.

포도즙에 관한 언급일 수도 있음 로버트 티치아우트는, 감독들은 금주하고 집사들은 "술에 인박이지 말라"고 요구한 것 간에 있는 이 명백한 모순을 다른 방법으로 해결한다. 그의 의견에 따르면 감독에게는 주정음료를 금하였고, 집사들에게는 포도즙을 적당히 마시라고 하였다는 것이다.[57] 즉 다른 사실에 관한 진술이라는 것이다.

티치아우트는 "약간은 억지같이 보이는 이 해결책이 **오이노스**의 정당한 의미와 직접적인 문맥 둘 다를 온전히 이해하는 것이다"라고 주장한다. 성경에서 **오직** 여기서만 한 번(성경 전체에서 한 번 나오는데 이 점은 그러한 견해를 지지하는 대부분의 이들이 간과하는 사실이다) 포도주를 하나님의 승인을 받고 마시는 비결은 마신 양과 관련 있다고 시사하는 내용이 나온다. 만일 그렇다면 구약성경 시대에도 그랬을 것이다. "그러나 하나님께서는 인간에게 주는 자신의 축복의 대요로 **야인**(포도주)을 명확하게 인정하셨고,. 배부르게 마시라고 말하셨다(아 5:1 ; 욜 2:18, 19등). 그렇지만, 디모데전서 3장의 문맥은 자제와 적당함을 매우 강조하기에 하나님께서 주신 좋은 선물인 포도즙을 마심에 적당함이라는 개념이 포함되어 있으리라고 예상된다. 특히 그러한 제한을 두는데 문화적인 이유가 있다면 더 더욱 그렇다."[58]

티치아우트는 자신의 해석을 분명하게 밝히고자 성경이 그 자체상으로는 좋은 것이지만 적당히 사용하라고 훈계하는 두 가지 예를 열거한다.[59] 첫째는 "꿀"이다. 하나님께서 즐기라고 주신 선물인 꿀은 매우 좋다고 권하여 졌지만 "꿀을 많이 먹는 것은 좋지 못하고"(잠언 25:27)란 말과 같이 적당함이 중요하다는 것을 말하고 있다.

두번째는 하나님께서 주신 좋은 선물인 음식이다(시 104:15). 그렇지만, "너무나 많은 음식을 먹는 폭식은 죄다(신 21:20 ; 잠 23:21). 어떤 이들은 술 취함과 폭식을 동일한 **종류**의 죄로 짝지우려고 시도하였지만 성경적으로 이 둘은 별개다. 포도주를 마시는 것은 본질적으로 양에 관계 없이 잘못 된 것이다(잠 20:1 ; 31:4). 포도주를 마시는 것은(얼마의 양이든지) 오히려 사사기 13:4, 7, 14에서 구체적으로 밝혀 놓은 것처럼 부정한 음식을 먹는 것(양에 관계 없이)과 유사하다. 성경에 의하면 이 둘은 본질적으로 죄된 것이다(레 11:44~47을 주목하라). 그러므로 디모데전서 3:8이 집사들에게 술을 적당히 마시라고 허용하고 있다는 추정은 논점을 파악치 못한 것이다. 대신에 하나님께서 지도자들의 자격 요건을 열거한 문맥에 나오는 근신함, 절제, 그리고 자제를 요구하는, 자주 반복하는 단어들은 하나님의 선물인 포도즙을 즐길 때 조차도 적당해야 된다는 주의(注意)가 포함되어 있다."[60]

티치아우트는 그리이스-로마 사회에 널리 퍼졌던 부절제가 이 해석을 문화적으로 지지하여 주고 있다고 본다. 성경(딛 1:12 ; 고전 11:21, 22 ; 6:10~11)과 비종교적인 저술가들은 과음에 대하여 증명하여 준다. 플리니는 가장 많은 양의 포도주를 마신 이에게 상을 주는 "음주 시합"을 불쾌하게 묘사한다.[61] 플리니는 "더 많이 마시게 하기 위하여 그(포도주) 강도를 아마포(린네르) 여과 장치 방법으로 줄인다"고 말한다.[62] 이것은 그들이 알코올 효능 대부분이 포도액을 여과함으로 제거된 포도 음료를 사용하였다는 것을 가리키고 있다(4 장에서 이미 살펴보았다). 사람들은 어떤 경우에 자신들의 위를 순수한 포도즙으로 채우고, 구토제로 토해내고 다시 마신다. 이교도 풍자가였던 사모사타의 루시안(Lucian of Samosata : 주후 115~200 년경)은 이 실태를 이야기하면서 "나는 위가 부르게 되어 구토제를 필요로 하게 되는 포도즙(**글루코스**)을 마시는 이가… 되었다"고 말하였다.[63]

가정 방문 티치아우트의 책에서는 언급되지는 않았지만 전술한 그의 견해를 지지하여 주는 또 다른 문화적인 요인은 집사의 독특한 임무인

가정 방문이다. 필요를 요하는 이와 교회 사이에서 중개자 역할을 하여야 하는 집사들은 빈번한 공적 임무를 띠고 가정 방문을 하였다. 이 가정 방문시 집사들은 바울이 그러한 임무 수행시 필요한 자격 요건이라고 열거한 것에 준하여서 행해야만 하였다(딤전 3:8).

첫째로, 집사 직분의 신성성을 나타내기 위하여 "단정해야" 했고 두번째로, 모든 이들을 즐겁게 하여 주고자 여러 교인들에게 한 가지 사실을 다르게 이야기하지 말아야 하였기에 "일구 이언을 하지 말아야 했다." 세째로, 가정 방문시 발효된 포도즙을 마시라고 권함을 받았기에 "포도주에 인박이지 말아야 했고", 네째로, 가정 방문시 헌금들을 모아 필요한 이들에게 나누어 주는 일을 맡았기에 "더러운 이를 탐하지 말아야 했다." 이러한 자격 요건들은 집사들이 "깨끗한 양심에 믿음을 가진 자가 되야 하기 때문이었다"(9절).

바울로부터 금주하라는 가르침을 받은 크리스챤은 자연히 집사들이 가정 방문을 하였을 때에 발효되지 않은 포도즙을 내어 놓았다. 이 포도즙은 막 짜서 끓여 줄어들어서 물과 섞은 것이었든지, 또는 건포도로 준비된 것들이었을 것이다. 바울은 이러한 교회의 문화 관습을 알고 있었기에 집사들이 가정 방문시 포도즙을 적당히 마시라고 훈계하였다. 그 목적은 집사 자신들의 평판을 보호하여 주고, 교회의 이미지를 좋게 하자는 것이다. 가정 방문시 몇 잔의 포도즙을 마시는 집사의 폭음은 이야기거리가 되기 마련이었다.

이렇게 이해하면 바울의 훈계는 일관되고 긍정적이다. 크리스챤들, 특히 교회 지도자들은 발효된 포도주를 마시지 말아야 했다. 가정 방문을 빈번하게 할 수밖에 없었던 집사들은 발효되지 않은 포도즙을 적당히 마셔야 했었다. 그들 자신들의 평판과 교회의 평판을 위해서 말이다.

요약 디모데전서 3:8에 관한 이와 같은 분석은 "술에 인박이지 아니하고"란 문구가 포도주를 적당히 마시는 것을 승인하는 것이 아님을 가리켜 준다. 이 결론은 다섯 가지의 이유로 인해서이다. 첫째로, 이 해석은 바울이 감독들, 집사들, 노인들에게 금주하라고 명한 것과 모순되고 터무니없는 이중 표준을 세워 놓기 때문이다. 두번째로, 오늘날에 조차도 많은 양의 경우에 금하여진 것은 작은 양의 경우에는 자동적으로 괜찮다는 법이 논리적으로 성립되지 않는다. 세번째로, 이 문구의 주된 기능은 포도주를 적당히 마시는 것을 승인하는 것이 아니라 술을 마시는 사람들을 집사의 직무에서 배제시키기 위함이었다. 네번째로, 바울이 디모데에게 의료적인 목적으로 오직 **작은 양**의 포도주를 마시라고 한 권고는 사도가 집사들에게 쾌락을 위하여 취하게 하는 포도주를 적당히 마시라고 권하였을 것이라는 가능성을 배제하여 버린다. 마지막으로, 이 귀절이 속하여 있는 문맥과 당시의 문화적 배경들은 이 문구가 집사들에게 가정 방문시 그들의 평판과 교회의 위신을 위하여 포도즙을 적당히 마시라고 권하는 것을 나타낼 수 있다는 가능성을 제시하여 주고 있다.

6. 결 론

본 장은 성경이 주정 음료를 적당히 마시는 것을 승인한다는 것을 입증하는 데 종종 사용 되는 포도 음료와 관련된 다섯 귀절들을 검토하여 보았다. 각 본문을 그 본문이 속한 직접적인 문맥과 넓은 문맥에 비추어서, 또 당시의 역사적인 관습과 성경 전체 가르침에 비추어서 연구한 결과 그 어느 귀절도 성경의 금주 명령과 모순되지 않고 모두 다 성경 전체의 가르침과 조화를 이룬다는 것을 발견하였다. 예를 들자면, 잠언 31:6은 아이러니컬한 방법으로 주정 음료가 죽어가는 몇몇 사람들의 참기 어려운 고통을 없애는 데만 적합하다고 말한다. 호세아 4:11도 비슷하게 분별력을 앗아가는 "묵은 포도주와 새 포도주"를 과도하게 마시는 것을 정죄하는 것이 아니라 마시는 그 자체를 정죄한다.

디모데전서 5:23도 다른 방법이지만 설득력 있게 바울이 디모데에게 위의 육체적인 만족을 위하여서가 아니라 병의 치료를 위해 오직 소량의 포도 음료만을 사용하라고 권하였다는 사실로 금주 원칙을 지지하고 있다. 성경이 주정 음료에 관하여 가르치는 바에 관한 본 연구를 요약하자면 건강에 좋은 발효되지 않은 음료를 적당히 마시라고, 그리고 취하게 하는 발효된 음료를 아예 마시지 말라고 일관되게 말하고 있다는 것이다.

주

1. Kenneth L. Gentry, *The Christian and Alcoholic Beverages* (Grand Rapids, 1986), p. 42.
2. 로버트 티치아우트(Robert P. Teachout)는 신명기 29:6과 민수기 28:7에서 쉐카르가 "만족시켜 주는 포도즙"을 뜻할 수 있다고 강력하게 논증을 펼치고 있다. 그의 박사학위 논문을 참조하라: "The Use of 'Wine' in the Old Testament" (Th. D, Dissertation, Dallas Theological Seminary, 1979), pp. 238~240.
3. Kenneth L. Gentry (n. 1), p. 42.
4. Lael Othniel Caesar, "The Meaning of *Yayin* in the Old Testament" (Master of Arts thesis, School of Graduate Studies, Andrews University, 1986), p. 184.
5. Robert P. Teachout (n. 2), pp. 225~240.
6. Robert Teachout, *Wine. The Biblical Imperative : Total Abstinence* (Published by author, 1986), p. 66.
7. Robert P. Teachout (n. 2), pp. 212~214.
8. Robert P. Teachout (n. 7), p. 67.
9. Leon C. Field, *Oinos : A Discussion of the Bible–Wine Question (New York) 1883, p. 44.*
10. *G. R. Driver, Aramaic Documents of the Fifth Century B. C.,* abridged and revised (Oxford, 1965), p. 60.
11. Robert P. Teachout (n. 2), p. 224. 한 예외 경우는 사무엘상 1:15로서 이 귀절은 "취하게 하는 포도주"로 번역되어야 하는 증언법 귀절이다(티이아우트의 책 245쪽을 보라).
12. Stephen M. Reynolds, *Alcohol and the Bible* (Little Rock, Arkansas, 1983), pp. 24, 25.
13. *The International Standard Bible Encyclopedia,* 1939 edition, S. V. "Strong Drink," vol. 2, pp. 879~880.
14. Encyclopedia Biblica, eds. T. K. Cheyne and J. Sutherland Black, 1903 edition, s. v. "Wine and Strong Drink," vol. 4, p. 5310.
15. *Cyclopedia of Biblical Literature,* ed. John Kitto, 1845 edition, s. v. "Wine," vol. 2, p. 953.
16. Jerome, *Letter to Nepotian,* cited in *The International Standard Bible Encyclopedia* (n. 14), p. 879.

17. Robert Young, *Analytical Concordance to the Bible,* 22nd edition, s. v. "Strong Drink," p. 273.
18. Ibid.
19. *The Popular and Critical Bible Encyclopedia and Scriptural Dictionary,* ed. Samuel Fallows, 1909 edition, s. v. "Strong Drink," p. 546.
20. Ibid., p. 547.
21. 이 외의 사전들은 Charles Wesley Ewing, *The Bible and Its Wines* (Denver, 1985), pp. 25~34에 열거되어 있다.
22. *Sanhedrin 43a,* cited in Heinrich Seeseman, "Oinos," *Theological Dictionary of the New Testament,* ed. Gerhard Friedrich (Grand Rapids, 1968), vol. 5, p. 164.
23. Heinrich Seeseman (n. 24).
24. Kenneth L. Gentry (n. 1), p. 38.
25. *New Bible Dictionary,* ed. J. D. Douglas, 1920 editons, s. v. "Wine and Strong Drink."
26. Horace Bumstead. "The Biblical Sanction of Wine," *Bibliotheca Sacra* 38 (January 1881) : 66.
27. Frederic Richard Lees and Dawson Burns, *The Temperance Bible Commentary* (London, 1894), p. x x iv를 보라 ; 또 William Ritchie, *Scriptural Testimony Against Intoxicating Wine* (New York, 1866), p. 35도 보라.
28. Robert P. Teachout (n. 2) p. 180.
29. 신 7:13 ; 11:14 ; 12:17 ; 14:23 ; 18:4 ; 28:51 ; 대하 31:5 ; 32:28 ; 느 5:11 ; 10:39 ; 13:5, 12 ; 렘 31:12 ; 호 2:8, 22 ; 욜 2:19 ; 학 1:11.
30. 창 27:28, 37 ; 신 33:28 ; 왕하 18:32 ; 시 4:7 ; 사 36:17 ; 62:8 ; 호 2:9 ; 7:14 ; 9:1, 2 ; 슥 9:17.
31. 느 10:37 ; 미 6:15.
32. 삿 9:13 ; 잠 3:10 ; 사 24:7 ; 65:8 ; 호 4:11.
33. 이 단어들은 수백번 나온다. Robert P. Teachout (n. 2), p. 195에서 논한 것을 참조하라.
34. *Talmud Babli Yoma* 76b. cited in the compilation produced by Rabbi Isidore Koplowitz, *Midrash Yayin Veshechor. Talmudic and Midrashic Exegesis on Wine and Strong Drink* (Detroit, 1923), p. 41.
35. Marcus Cato, *On Agriculture* 141, 1.
36. Lees and Burns (n. 29), p. 219.
37. Robert P. Teachout (n. 2), pp. 190, 191.
38. Horace Bumstead (n. 28), p. 69.

39. Ibid.
40. Leon C. Field (n. 10), p. 43.
41. Kenneth L. Gentry (n. 1), p. 103.
42. Howard H. Charles, *Alcohol and the Bible* (Scottdale, Pennsylvania, 1981), p. 20.
43. Albert Barnes, *Notes, Explanatory and Practical on the Epistles of Paul to the Thessalonians, to Timothy, to Titus and to Philemon* (New York, 1873), p. 179.
44. Ferrar Fenton, *The Bible and Wine* (London, 1911), p. 93.
45. Ibid.
46. Aristotle, *Meterelogica* 387. b. 9~13.
47. Athenaeus, *Banquet* 2, 24.
48. Pliny, *Natural History* 14, 18.
49. Ibid.
50. Ibid., 23. 22.
51. Ibid., 23, 24.
52. Ibid.
53. Kenneth L. Gentry (n. 1), p. 47.
54. Ibid. : Fred D. Gealey, *The First and Second Epistles to Timothy and the Epistle to Titus, The Interpreter's* Bible (Nashville, 1960), vol. 11, p. 412. Everett Tilson, *Should Christians Drink?* (New York, 1957), p. 23도 같은 견해를 피력하고 있다.
55. Albert Barnes (n. 45), p. 144도 이런 입장을 밝힌다.
56. Ibid.
57. Robert P. Teachout (n. 2), pp. 442, 443.
58. Ibid., pp. 443, 444.
59. Ibid., p. 444.
60. Ibid., p. 445.
61. Pliny, *Natural History* 14, 28.
62. Ibid.
63. Lucian of Samosata, *Philopatris* 39.

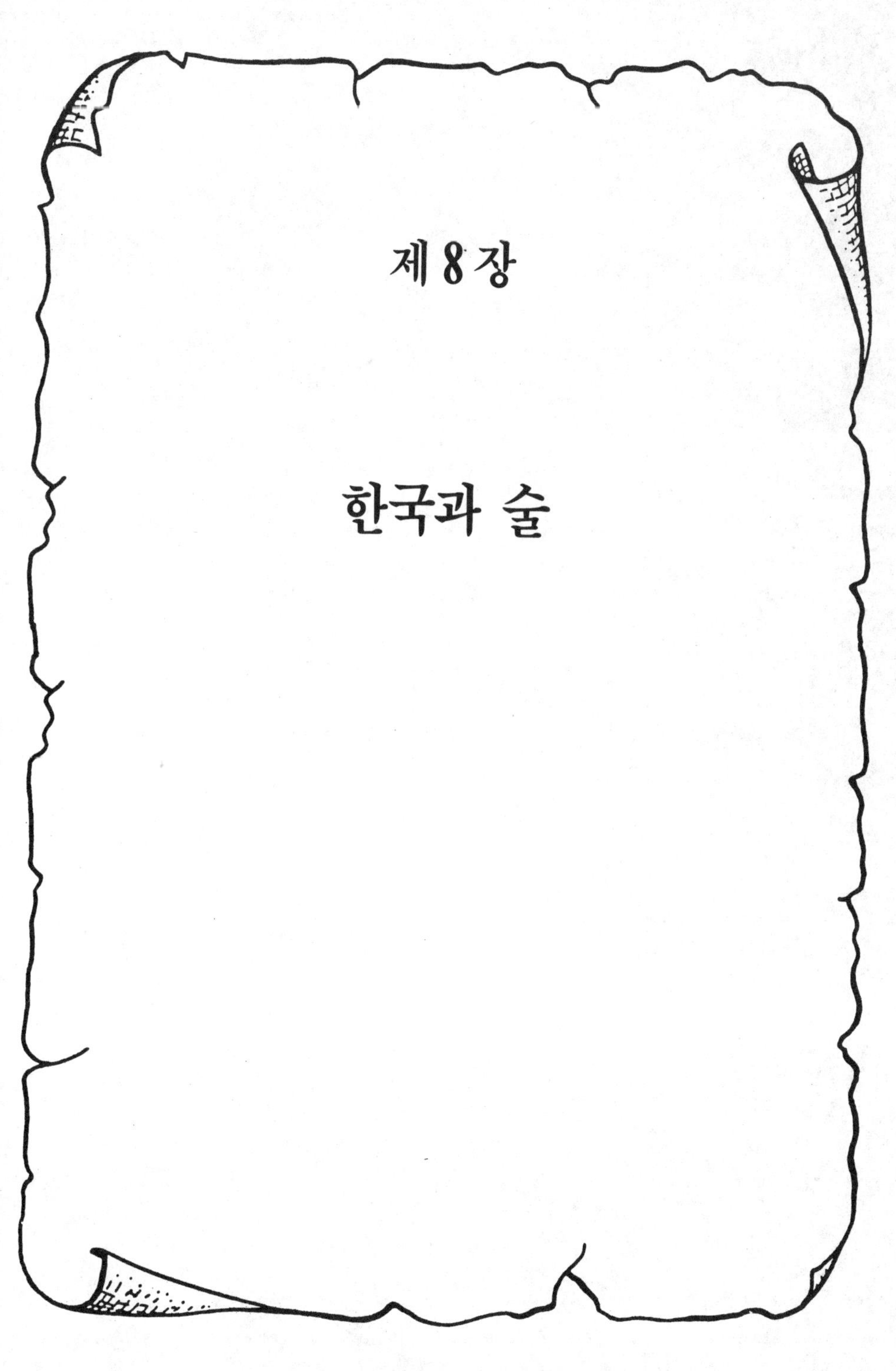

제 8 장

한국과 술

한국과 술

본 장에서는 우리 나라의 술 문제를 통계적인 측면, 사회적인 측면, 그리고 사람에게 끼치는 영향을 살펴보고자 한다. 즉 우리 사회가 음주로 인하여 입는 손실들과 음주에 관한 여러 과학적인 연구 결과들을 종합하여 제시하고자 한다. 그렇기에 본 장의 내용들은 편역자의 연구 결과가 아니고 이미 제시된 여러 정보들을 요약하여 모은 것이다. 성경에 나오는 술을 살펴본 이 책에다가 이 장을 삽입한 이유는 독자들로 하여금 성경이 주정 음료를 절대로 금하라고 명령하는 까닭을 사회적이고 의학적인 입장에서의 이유들을 파악하게 하고자 함이다. 이 장의 내용이 이미 본서가 내린 결론에 타당성을 높여 주는 계기가 되었으면 한다.

1. 통계로 본 술

"한국에는 물보다 술이 많다." 어느 외국인이 한국의 술문화를 보고 표현한 문구이다. 어디서든지 술을 사고 마실 수 있고, 술주정을 대수롭지 않게 애교로 보아주는 나라는 별로 없을 것이다. 또 애주가 치고 악인은 없다는 통념과 술을 마셔야 사업이 제대로 된다는 잘못된 접대 문화로 인하여 술의 소비량은 가히 기하 급수적이다.

1987년 경제 기획원이 발표한 우리 나라 사회 지표에 의하면 전국의 음주 인구는 41.6%(남자 67.8% 여자 17.8%)로 이들 중 51.2%가 과음을 하는 것으로 나타났다. 또 음주 횟수를 보면 전체 인구의 4.8%(남자 9.2%, 여자 0.8%)가 거의 매일 술을 마신다고 응답했고 특히 음주 인구 중 19세 미만 청소년이 10%나 됐다. 그런데 1990년 경제 기획원 조사 통계국이 발효한 사회 지표에 의하면 여성의 0.8%, 남성의 11%가 매일 술을 마신다는 것을 보여 주고, 음주 인구는 전체의 평균 57%에 달했으며, 남성은 85.3%, 여성은 32.1%가 다소간 술을 마시는 것으로 나타난 것에 비교하여 볼 때, 엄청나게 증가하였다.

주류 소비량 가히 기하 급수적이란 표현이 국내의 주류 소비량, 개인당 주류 소비량을 언급하는 데 적합하다. 1985년부터 1990년까지의 통계를 한번 살펴보자.

1985년 국민 1인당 소비량은 약 57.6리터로 도매 물가로 계산하여 약 1조 1천 600억원이 소모되었다. 1986년 국민 1인당 소비량(병)은 맥주 33.1병, 소주 45.8병, 막걸리 11.4병 등으로, 모두 237만여 kl에 달한다. 1인당 총 58.9 리터를 마신 셈이다. 이 양을 전부 5백 ml짜리 맥주병에 담근다면 모두 47억 4천만 병이 되어 한줄로 죽 쌓아 올리면 평균 거리 38만 4천 4백 km로 지구와 달 사이를 한 번 갔다 오고 다시 한 번 가는 길이가 된다.

그런데, 이 양은 우리 나라의 성인 남자가 1주일에 소주 2~3병을 마신 결과가 된다. 1인당 58.9리터 정도 마셨다고 하지만 20세 이상의 남자가 주로 술을 마신다고 볼 때, 1년 동안 성인 남자 한 사람이 235리터의 술을 마신 셈이 되는 것이다. 이것은 20세 이상의 성인 남자들이 소주 2홉들이 1백 43.1병, 맥주 4홉들이 129.1병, 막걸리 72.4병, 위스키 0.54병 마신 셈이다.

1987년 국민 1인당 소비량은 57.8 리터로 맥주 32.5병(3.6홉), 소주 48.2병(2홉), 막걸리 20.1리터 등을 마신 것으로써, 전년도에 비해 3.5% 증가한 것이다. 술값으로 2조 7천 6백원이 소비되었다.

1988년 국민 1인당 소비량(병)은 맥주 39병, 소주 47.3병, 막걸리 10.9되 등 총량 61.3 리터로서 전년도에 비해 전체 술 소비량이 5% 증가하였다.

1989년 국민 1인당 소비량(병)은 맥주 57.6병, 와인 0.22병, 청주 0.93병, 고량주 0.35병, 소주 46.2병, 위스키 0.29병, 진 0.27병, 탁, 약주 22.6병 등이다.

1990년 국민 전체가 쓰는 돈은 도매 가격 기준 2조 4천 448억원으로서, 국민 1인당 5만 6천 850원 꼴이며, 소매 관계에서 붙는 마진을 감안하면 1인당 술값은 더 커지게 된다. 도매 관계의 술값으로 따져도 1년간 술값이 1991년 예산중 고속도로, 국도 등 모든 도로 투자에 들어가는 돈보다도 많고 1백만 kw짜리 원자력 발전소 1기(基)를 지을 수 있는 돈이다.

1991년 국민 1인당 소비량은 64.1 리터로 1990년도에 비해 4.9%가 증가하였다. 맥주는 55(3.6홉)병으로 20.9% 증가하였고 소주는 43(2홉)병으로 3.4%가 감소하였으며 탁주는 11리터로 전년에 비해 20.2%가 감소하였다. 다.

세계보건기구(WHO)가 1985년 한국은 세계 제1의 음주국이라는 보고를 공개하였을 때에 음주 문화에 대한 자성론이 일어났다. 이 보고서에 의하면 지난 1960년대만 해도 세계 최 하위권에 머물던 한국인의 1인당 술 소비량이 지난 20년 간 무려 662%나 늘어나 1981년 현재 연간 9.2 리터로 세계 제1위를 차지했다는 것이다. 물론 이 보고가 발표되자마자 국내 주류업계와 국세청은 세계 보건 기구의 조사 방법에 의문을 제기하였다. 하여튼 우리 나라 국민들이 마시는 술의 양이 전술한 통계에서도 볼 수 있듯이 1인당 약 60 리터이고 이 중 알코올 농도 40% 이상인 화주(火酒) 소비량은 세계 제 4 위에 이른다. 20 년 전까지는 평범한 음주가이었던 한국인들이 술고래가 된 이유는 전통적 가치관과 도덕의 붕괴, 물질적 풍요와 향락 선호 사회 구조, 급격한 사회 발전으로 인한 정신적 위기와 그 스트레스들이 이유일 것이다.

알코올 의존 증후군 사망자 경제 기획원 조사 통계국이 1985 년의 사망 원인 통계 연보에 따르면 알코올 의존 증후군 때문에 사망한 것으로 의사의 진단을 받은 사망자는 한 해 동안 남자 234 명, 여자 18 명, 도합 252 명으로 집계되었고 의사의 진단은 없으나 알코올 의존 증후군으로 죽은 것으로 분류될 수 있는 사망자는 473 명(남자 445 명, 여자 28 명)으로 나타났다. 이들 알코올 의존 증후군 사망자 중 가장 큰 비율을 차지하는 연령층이 45~49세로 40 대 후반이다. 우리 나라 국민이 일생 동안 한번 이상 정신 불건강 상태를 경험하는 비율은 전체의 40% 정도인데 이중 22% 가량은 알코올 남용과 관련되어 있다는 통계다.

범죄 생떽쥐베리의 소설 "어린 왕자"에서 왕자가 술꾼에게 묻는다 "아저씨는 왜 술을 마시나요?" "잊기 위해서란다"고 술꾼이 대답하였다. "뭘 잊어버리겠다는 겁니까?" "부끄러운 걸 잊으려는 것이야." "부끄럽다는 것이 무엇입니까?" "술 마시는 게 부그러운 거야." 그렇다! 브끄러운 것이다. 특히 술을 마시고 생기는 범죄 행위들이 다양하고 엄청나기에 음주자는 창피한 줄을 알아야 한다. 술로 인한 각종 범죄는 엄청나고 그로 인한 재정적 손실도 막대하기에 수치로 계산하는 것은 불가능하다. 아쉬운 점은 아직도 우리 나라는 술을 마시고 일어난 각종 범죄들을 통계적으로 제시하지 못한다는 점이다. 그렇지만 미국의 일례를 들어보면 어느 정도 가늠하여 볼 수 있을 것이다.

성인 남자의 68%가 음주자인 미국 사회에서는 1 년에 10만 명의 목숨이 술로 인하여 희생되는데 이것은 불법적인 모든 약물 사용으로 인한 사망보다 25배나 많은 숫자이다.[1] 1986년 전미 알코올 남용과 알코올 중독 연구소가 발표한 바에 의하면 알코올은 미국 내의 살인, 자살, 사고의 거의 절반의 원인이었다고 한다. 약 3만 명의 미국인들이 경변증(硬變症)이라고 알려진 치명적인 간장 질환으로 사망하고 있는데 술을 마시지 않았다면 이 병에 걸리지 않았을 것이다. 또 한 해 미국에서 일어나는 교통 사고로 인하여 약 1천 500만 명이 해를 입는데, 1987년에는 약 5만 명이 죽고 3백만 명이 신체적인 상해를 입었다. 이 사망자와 부상자의 반 수가 술을 마시고 차를 몰다가 사고를 입거나 사고를 내었다. 술을 마시고 방화, 익사, 실족 등으로 사망한 숫자도 엄청난데 전문가들은 이런 사고의 40%가량인 2천 명이 알코올로 인한 것이라고 계산하여 냈다.[2]

미국에서 1년 간 일어나는 3만 건의 자살 중, 1만 건이 자살할 때에 알코올을 마셨거나 마시고 있는 중에 일어난 사건이다. 알코올과 연관되어서 일어나는 살인 사건은 1년에 1만 건이다. 하여간 알코올과 관련된 사망자는 1년에 약 15만 명 정도이다.[3]

이보다 더 큰 문제는 알코올로 인하여 가정에서 일어나는 일들이다. 1987년 갤럽 조사에 의하면 네 가정 중 한 가정이 알코올로 인하여 고통당하고 있다고 한다.[4] 미 의회에 제출된 한 연구 보고에 의하면 알코올 중독자가 있는 가정의 이혼율은 일반 가정보다 약 7배나 높다고 한다. 또 미국 내의 소송 사건의 40%가 술과 관련 있는 사건들이다.[5] 이 보고서는 또 배우자 학대의 45~60%가 알코올 때문이라고 한다.

범죄에 관련된 통계를 마지막으로 살펴보자. 72%의 절도 사건에 알코올이 연루되어 있고, 성적 공격자의 50%와 강간 피해자의 31%가 알코올에 연루되어 있다. 알코올이 연루된 강간 사건의 63%는 두 쪽(가해자와 피해자)이 모두 술에 취한 상태에서 일어난 일로 밝혀졌다. 폭력 행사자의 72%와 피해자의 79%가 술취한 자들이었다. 살인자의 86%, 그리고 피해자의 40~60%가 술취했었다는 통계 결과로 나왔다.

2. 술과 가정, 그리고 사회

술이 가정과 사회에 미치는 영향은 실로 막대하다. 술로 인하여 야기되는 문제들을 누가 과연 금전적인 면에서 정확히 계산할 수 있을까? 여기서는 가정 불화, 음주 운전, 그리고 보도 매체에서 술 광고를 금지하였을 경우에 관한 연구 결과를 종합하여 보고자 한다.

가정 불화 술꾼 남편으로 인하여 가정의 불화가 생겨 지상의 천국을 지향하여 이룬 가정이 지옥으로 변하는 경우가 무척이나 많다. 한국 가정 법률 상담소에는 하루에 7~8 건씩 술꾼 남편 문제를 상담하고자 하는 부인들이 문의한다. 술로 인한 실직, 또는 실직으로 인한 화풀이 술이든, 술 마시는 일에 빠진 이들 뿐만 아니라 정상적인 직장을 가진 이들도 이에 포함된다.

술로 인하여 가정에 파생 되는 문제들을 살펴보자. 첫째는, 의처증으로서 아내를 구타하고 살림을 때려 부수는 술꾼들도 있다. 문제는 이런 알코올 중독자들의 행태를 애교로 봐주는 사회의 경향이다. 중앙대 의대 이홍길 교수의 논문 "한국인의 습관성 음주에 관한 연구"에 따르면 우리 나라의 음주자 중 80.6%가 습관성 음주자이고 나머지 19.4%가 사교성 음주자로 분류된다고 한다. 그런데 이 습관성 음주자의 28.6%는 정신 의학적인 여러 문제 때문에 술을 마시게 됐고 이들 부모의 결혼 상태는 원만치 못한 경우가 31.6%로 사교성 음주자의 12.7%에 비해 거의 3 배나 가깝다. 뿐만 아니라 습관성 음주자의 경우 가족 중에 습관성 음주자가 있는 경우가 34.8%나 차지하여 사교성 음주자의 19%에 비해 2 배 가까이 되는 것으로 나타나 술꾼이 부전자전임을 입증하고 있다.

우리 나라의 18 세 이상 성인 인구 중 음주 인구가 약 1천 8백만 명으로 추산되고 있고 이들 중 습관적 음주 인구가 얼마나 되는지 계산해 보면 국민 전체가 술로 인해 겪는 가정 문제가 얼마나 심각한 것인지 상상하여 볼 수 있다. 이들은 술을 계속하여 마시기 때문에 자제력을 잃고 자신이나 타인의 건강을 해치거나 정신 장애라는 결정적 손실을 입을 정도의 만성 중독자가 전 인구의 3~6%에 이를 것이라고 보고 있다.

최근 정신과 입원 환자 중 알코올 중독 환자의 비율은 10%선을 넘어 점차 증가하고 있으며 청소년과 여성들의 알코올 중독도 늘어나는 경향을 보이고 있다.

예비 살인 행위인 음주 운전 사람이 술을 마시고 취하면 뇌의 중추신경계를 마비시키기 때문에 기억력 감퇴, 시각 장애, 판단력 둔화, 언어장애, 졸음 등 운전 장애를 일으켜 시속, 감속을 반복하고 차를 지그재그로 몰게 된다. 음주 운전시 사고 발생 확률은 정상적인 상태에 비해 혈중농도가 0.3~0.9 mg일 때는 7 배, 1~1.4 mg일 경우는 31 배, 1.5 mg일 때는 1백 28배나 높다는 연구 결과가 밝혀졌다.

음주 운전에 의한 교통 사고의 특징은 속도 거리 감각이 둔화되어서 과속으로 인한 사고가 날 경우 치사율이 높고, 마주 오는 차의 불빛에 대해 시력 회복 속도가 늦기 때문에 정면 충돌 가능성이 크며, 전신주나 주차 중인 차량 같은 정지 물체에 충돌하기 쉽고 야간 도로에서 이탈할 가능성이 높다. 이런 음주 운전은 대형사고를 일으킬 확률이 높다.

우리 나라에서도 음주 운전이 사회적 문제로 등장했다. 통계적으로 교통사고를 비롯하여 살인 등 각종 사고의 30~50%는 음주와 직접 또는 간접으로 관계가 있는 것으로 알려져 있다.[6] 알코올의 효과와 교통 사고의 관련성에서 중요한 것은 신체의 반응 시간이 길어진다는 것이다. 혈중 알코올 농도가 0.1g%(2 홉 소주 1 병을 마신 정도)일 때 평균 사고율은 술을 마시지 않을 때에 비해 5~7 배가 된다는 통계가 나온다.

경찰청 통계에 의하면 1986년 한 해 동안 전국에서 총 15만 2천 727건의 교통 사고가 발생하였는데 음주 운전에 의한 교통 사고는 3천 581건이 발생, 217명이 사망하고 4천 358명이 부상한 것으로 집계됐다. 이는 전년도에 비해 4.5%가 증가한 것으로 전체 교통 사고 발생 증가율(4%)을 넘어선 수치이다. 1988년에는 300명을 넘어섰고 1990년엔 379명이나 되었고, 1991

년에는 52%가 늘어 전체 교통사고의 10%정도인 16,000 건으로 급증하여 치사율이 6%에 이를 정도였다. 음주 운전자 3명꼴로 1명이 사고를 낸다고 밝혀졌다.

보도 매체를 통한 광고 금지 위의 통계들은 독자들로 '해결책은 무엇인가?'라고 자문하게 된다. 술에 관한한 어느 사회보다 관대한 태도를 가지고 있기에 '애주가들의 천국'이라고 칭하여지기도 한, 우리 나라의 술 문제를 해결하는 한 가지 방법은 보도 매체에서 일정의 술 광고를 불허하는 것이다. 술에 대한 한국인의 태도는 술 광고를 무제한적으로 허용하고 아무나 술을 팔 수 있도록 하는 데에서 잘 드러난다. OPECD소속 17 개국은 텔레비견과 라디오를 통한 광고를 금지시켰으며 스웨덴같이 어떠한 형태의 술 광고를 일절 금지시킨 나라들도 있다.

뉴질랜드의 유해 물질 위원회가 지난 1970년부터 1986년까지 33 개국을 대상으로 광고와 흡연의 관계를 조사한 결과는 이 점에 있어서 자뭇 흥미롭다. 노르웨이처럼 담배 광고를 모든 보도 매체에 금지한 국가에서는 성인의 담배 소비량이 연간 1.6% 감소한 반면, 미국과 영국처럼 TV 광고만 금지한 나라에서는 다만 평균 0.4% 밖에 감소되지 않았다. 또 일본처럼 모든 광고를 허용하는 나라에서는 1.7%가 늘어났다 . 또 뉴저지의 킨 대학은 TV와 라디오에서 술 광고를 금지한 17 개 OPECD 국가들을 조사했다. 1983 년의 경우 이들 국가의 소비량은 1970년 이후 조금씩 늘어났지만 술 광고가 자유화된 나라보다 술 소비량은 반에 불과한 것으로 나타났다. 간경변이나 차량 사고로 인한 사망률도 대략 50%나 낮았다.

이런 조사 결과들은 광고의 전면 금지가 술과 담배의 소비를 줄이는 가장 효과적인 방안임을 가리켜 주고 있다. 이것들은 마약성이기에 가격이나 세금을 올려도 소비는 줄어들지 않는다.

다음의 도표는 술의 사회적인 결과를 간결하지만 강렬하게 보여 주고 있다.

3. 술과 건강

서양 속담에 "주신(酒神)은 군신(軍神)보다 더 많은 사람을 죽인다"라는 말이 있어 음주를 경계하고 있다. 반면 동양에서는 술을 마시는 것을 풍류를 마시는 것으로 여겨 적당한 음주를 백약지장(百藥之長)으로 높이 사고 있다. 세상 인심이 아무리 험하게 되었다 해도 술 인심만큼 넉넉한 것은 없을 것이다. 취하게 하는 효력으로 스트레스를 푼다는 명목으로, 사업상의 명목으로, 인간 관계 형성의 이름으로, 깊은 잠을 자고 식욕을 증진시킨다는 생각 등으로 술을 마신다. 인간의 신체를 취하게 하기 때문에 주정 음료가 악하다는 도덕적 확신, 즉 "음주는 범죄 행위이다"라는 생각이 없기 때문에 대부분 적당한 음주를 권하고 과음만을 삼가라고 계몽하고 교육하고 있다. 크리스찬들도 이러한 사회의 기조를 따라 생각하기 시작한 것 같다.

이 장에서는 알코올의 생리학적인 측면, 신체의 각 기관에 미치는 영향, 정신 질환, 사교적 음주가 또는 적당론을 고수하는 이들이 음주로 인하여 겪는 문제들을 살펴보고자 한다.

알코올 정의 알코올은 술의 대명사로 쓰이는 말로서 탄소, 수소, 수산기로 이루어진 화학 물질이다. 술은 알코올의 한 종류로서 일반적으로 에틸 알코올 또는 에탄올이라고 불리운다. 엄밀히 말하자면 알코올은 열량을 낼 수 있는 물질이므로 식품으로 분류된다. 그러나 알코올에는 영양분이 없다. 또 알코올은 중추 신경계에 큰 영향을 미치기 때문에 약물로 분류되기도 한다. 즉 술은 항 정신성 약물이다. 그 중에서도 마약에 속한다. 마약이 따로 있는 것이 아니다. 어떤 약물이든 상용함으로써 습관성과 중독성이 유발 되고 그로 인하여 그것을 갑작스럽게 끊었을 때에 극심한 고통을 유발하는 금단 증상을 일으키는 약물이라면 그것이 바로 마약인 것이다. 술 역시 중독성과 습관성 둘 다를 가지고 있는 중독시 금단 증산을 일으키므로 마약의 일종이다. 다시 말하자면 맥주, 포도주, 독주 즉 위스키와 같은 주정 음료의 요소로서 들어 있는 인체에 해로운 마약이다. 어떤 이는 알코올을 음식이라고 정의하는 데 나쁜 음식이다. 알코올은 흥분제가 아니라 진정제, 마취제, 마약이다.

알코올의 생리 작용 "흡수, 분해, 제거 과정" 알코올은 다른 음식들과는 달리 소화를 요하지 않는다. 술은 마시자마자 거의 곧바로 입 속의 작은 모세관과 영양 섭취관에서 미세한 양이 흡수되기 시작한다. 마신 술의 20% 정도는 위에서 흡수된다. 나머지 양은 소장에서 대부분 흡수된다. 그러므로 위와 소장이 알코올 성분을 가장 많이 함유하게 되는 기관이다. 알코올은 위장관에 오래 머물지 않는데 그것은 알코올 흡수 비율이 매우 높기 때문이다.

알코올이 혈관에 흡수 되는 것은 몇가지 요인 때문이다. 알코올 농도가 높으면 높을수록 더 빨리 흡수된다. 위에 있는 음식의 양도 알코올이 혈관 속으로 흡수되어가는 속도를 결정하는 주된 요인이다. 샴페인같이 탄산가스가 많은 음료는 흡수 속도가 빠르기 때문에 빨리 취하게 된다. 흡수 속도를 가속시키는 또 다른 요인은 음주 속도이다.

위와 내장의 작은 혈관들의 모세관 벽을 통하여 혈관 속으로 흡수된 알코올은 온 몸을 마음대로 휘젖고 다닌다. 혈중 알코올 농도는 전체 혈액량에 비하여 피 속에 있는 알코올의 비율이다. 알코올이 혈류에 흡수되자마자 알코올의 제거 작업이 시작된다. 약 5%의 소량의 알코올은 땀, 소변, 혹은 호흡을 통하여 제거된다. 나머지는 화학적으로 신진대사가 되며 변한다. 이것을 산화(oxidation)라고 칭하는데, 세 가지 국면이 있다. 첫번째 국면은, 간에서 효소(알코올 탈수효소[ADH])가 알코올을 알코올보다 더 독한 물질인 아세트알데히드로 바꾸는 과정이다. 두번째 국면은, 아세트알데히드가 또 다른 효소인 초산으로 변하는 과정이다. 마지막 국면은 초산이 간으로부터 몸 전체로 퍼져 물과 탄산가스로 바뀌는 과정으로 이것은 알코올 1g 당 7 칼로리의 열량이 생기게 한다.

이 과정에서 간이 가장 중요하다. 그 이유는 첫번째 국면이 일어날 수 있는 유일한 기관이기 때문이다. 알코올을 많이 마셨다해도 간이 이 작용을 빨리 하는 것은 아니다. 간에서 신진 대사되는 알코올의 평균 양은 시간당 0.5 온스 정도로, 대략 12 온스짜리 깡통 맥주 정도이다. 신진 대사화되지 않은 알코올은 혈류를 돌면서 차례를 기다린다. 모든 알코올이 처리될 때까지 이 과정은 계속된다. 피에 알코올이 집중되는 것은, 그리고 그 결과로 뇌에 집중 되는 것은 알코올이 취하게 하는 영향 때문이다.

알코올(술)은 몸 안에서 간장의 알코올 탈수효소(ADH) 작용으로 분해되어 아세트알데히드가 된다. 이후 아세트알데히드 탈수효소(ALDH) 작용으로 초산에서 이산화탄소와 물로 분리된 뒤 소변으로 배출된다.

혈중농도 0.3g%(2홉 소주 3병을 마신 정도)일 때, 이뇨제 복용으로 소변 2천 cc가 나왔다해도(보통 하루 소변량은 1천 cc) 소변으로 배설된 알코올은 불과 3g(맥주 반 잔에 든 알코올 양은 보다 적다)에 불과하며 이것은 간에서 30분도 안 걸리는 대사량이다.

우리 몸에서 흡수된 알코올은 대부분 간에서 대사되면 2%정도(많이 마셨을 때는 10%)만이 소변등으로 배설된다.

음주량에 따른 증상 몸 안에서 처리 되는 시간당 알코올의 양과 음주량에 따르는 증상은 다음과 같다.

알코올 중독 미국 의학 협회(AMA)가 제정한 알코올 중독 기준을 보면 혼자 있을 때, 술생각이 난다거나 혼자 술집에 들어가 술을 마시는 것을 알코올 중독의 초기 증상으로 잡고 있다. 더구나 술을 마시고 기억을 하지 못한 경험이 한번이라도 있으면 중중 중독으로 진단하고 있다. 우리 나라의 술꾼치고 한 번쯤 이런 경험을 했을 것이다. 생리와 문화의 차이를 감안하더라도 문제인 것은 확실하다.

한국인 체질의 알코올 분해 효소 부족 한양대 백용균 교수가 1985년부터 2년간 서울, 대전, 제주 등에 거주하는 남자 420명을 대상으로 아세트알데히드 분해효소 유전인자 보유조사 결과[7] 26.2%인 110명이 이 유전인자를 갖고 있지 않은 것으로 밝혀졌다. 술을 마시게 되면 체내에 흡수되어 1차로 알코올 분해효소(ADH)에 의해 아세트알데히드라는 독성 물질로 바뀌고 이 물질은 간으로 들어가 아세트알데히드 분해 효소에 의해 아세트 즉 초산 성분과 물로 변한다. 초산은 다시 아세틸 조효소와 합치면서 에너지를 발생하게 되는데, 이같은 알코올의 대사 과정 중에서 가장 중요한 것은 아세트알데히드이다. 왜냐하면, 술은 그 자체가 독이 아니라 아세트알데히트 바뀌었을 때 비로소 독성을 발휘하며 이때문에 얼굴이 붉어지고 심장이 심하게 뛰면 근육이 이완 되는 등 술에 취한 현상을 나타낸다. 따라서 아세트알데히드 효소(ALDH)가 없으면 술을 전혀 마시지 못하거나 조금만 마셔도 각종 부작용이 뒤따라 결국 술과는 인연이 멀 수밖에 없다. 이 같은 유전자의 보유 비율은 민족적으로 달라 우리나라 남자들의 ALDH 제조 유존자 비율(73.8%)은 서양인 및 흑인(모두 100%)에 비해서는 훨씬 술이 약한 것으로 분석됐다. 또 ALDH가 있어도 그것을 만드는 ALDH가 기능이 약하거나 변이형인 경우 알코올의 독성 제거를 제대로 할 수 없다. ALDH 제조 유전자를 100% 보유한 구미인들에게서 오히려 알코올 중독자가 많아 ALDH가 많은 것이 반드시 좋은 것만은 아니라는 것이다.

특히 여성의 인체는 알코올에 대해 남성보다 취약하다는 사실이 의학적으로 규명되고 있다. 1990년 1월에 발행된 타임지는 미국과 이탈리아의 의학자들이 공동으로 연구한 결과 위 속에서 알코올을 파괴하는 알코올 제거 효소의 함유량이 여성의 경우 남성에 비해 현격히 적다는 사실을 밝혔다. 즉 여성이 남성과 같은 양의 술을 마셨을 때도 30%정도 더 많은 양의 알코올이 혈관 속으로 흡수된다는 이야기이다. 더욱 놀라운 사실은 알코올 중독 남성은 정상 남자가 같고 있는 이 효소를 절반 가량만 갖고 있는데 반해 알코올 중독 여성은 위 속에 이 효소 활동이 전혀 관찰되지 않는다는 사실이다. 이 연구 결과는 비단 임산부 뿐만 아니라 정상 여자도 알코올이 주는 인체상 위해에 보다 신경을 써야 한다는 것을 말해 주고 있다.[8]

4. 술과 신체, 정신 질환

뇌에 미치는 영향 뇌에 영향을 주는 물질은 무엇이든지 위험하다고 보아야 한다. 술도 예외일 수 없다. 뇌는 알코올에 가장 민감한 기관이다. 술을 마시면 뇌세포가 녹는다. 소주를 하루 3홉씩 20년 동안 매일 마시면 뇌세포가 녹아 부피가 20~30% 줄어들고 뇌기증이 저하되어 알코올성 치매증(癡媒症)을 보이게 된다는 보고도 있다. 또 만성 알코올 중독자의 뇌를 보면 대뇌 또는 소뇌가 줄어든 모습을 볼 수 있다고 한다.

술은 대표적인 중추신경 억제제이다. 그래서 대뇌, 중뇌, 간뇌, 소뇌, 척수, 연수 순으로 중추 신경계의 기능 억제를 일으켜 음주를 할 경우 연수의 호흡 중추와 혈관운동 중추, 그리고 심장 조절 중추가 마비되어 사망하게 된다. 술을 마셨을 때에 오는 평온감과 진정 효과 그리고 수면은 일련의 중추신경 억제 작용에 기인한다. 술을 마셨을 때 나타나는 흥분 효과는 실제의 약리학적 흥분작용에 기인하는 것이 아니고 술이 뇌(중추신경계)의 억제기전을 억제함으로써 비롯된 것이다. 인간의 뇌에는 억제기전이 있어 반사회적, 반도덕적, 반윤리적 행위는 억제하도록 되어 있다. 하지만 술은 그 억제기전을 억제하여 결국 인간의 본능점을 노출시켜 반사회적, 반도덕적, 반윤리적 행위를 자행토록 하여 사회의 지탄을 받게 되는 것이다.

또 술을 많이 마시는 사람은 금주가들 보다 뇌일혈을 일으킬 확률이 4배나 더 높다고 버밍검의 듀들리 로드 병원 연구팀이 뇌일혈 환자 및 일반환자 460명을 대상으로 조사한 결과 밝혀졌다.[9]

간장 질환 술을 마시면 위와 창자에서 곧 흡수되어 혈류를 통해 콩팥에서 소변으로 배설되거나 허파에서 숨쉴 때 배설되는 10%를 빼고 나머지 마신 술의 대부분인 90%는 간에서 처리된다. 즉 섭취된 알코올 90% 정도가 간장에서 아세트알데히드로 산화된 다음 아세티이드로 전환 되어지는데 그 대부분은 간의 말초 조직에서 산화되는 과정을 밟는다. 이 간은 인간의 신체 중 가장 큰 장기로서 성인이면 그 무게가 약 1. 5 kg 정도 된다. 이 간에서 장벽을 통과하여 흡수된 물질을 처리하고, 보관하고 배급하는 곳이다.

인체에서 가장 민감하게 반응을 보이는 것은 간장이다. 술에 의한 간의 파괴작용은 보통 사람의 경우 체내의 알코올 농도가 몸무게 1 kg에 80 mg 이상이면 일어난다. 몸무게 60 kg인 사람이 맥주 큰 것 1병, 소주 3/4 홉, 청주 1 홉, 약주 50 cc를 마셨을 때 인체에 해를 준다고 볼 수 있다. 간에서 술을 소화하는 양은 1 시간당 알코올 15 ml 인데 이 양은 25 도 소주 60 ml에 해당된다. 간세포의 알코올 해독은 알콜 산화효소가 얼마만큼 있느냐에 좌우되는데 효소의 양은 사람마다 다르다. 음주 뒤에는 간에 지방이 끼게 되면 지방은 2~3 일이 지나야 빠져 나간다. 지방이 낀 상태에서 계속 술을 마시면 간의 일부 조직이 지방으로 변하는 것이 되고 지방간이 도로 더 나아가서는 알코올성 간염을 일으키고 심하면 간경변, 간암으로까지 발전한다. 요약하여 말해 보자.

알코올이 간에 미치는 영향은 크게 세 가지로 나눌 수 있다. 첫번째가 가장 가벼운 지방간으로 알코올이 간에서 지방 대사를 방해하기 때문에 생기는 질환이다. 지방간은 술을 끊고 적당한 영양 공급을 해 주면 다행히 원상으로 회복될 수 있다. 심한 사람은 간이 정상보다 크게 만져져 촉진만으로도 쉽게 판별할 수 있으나 가벼운 증세 때는 간의 기능이 나빠져 몸에 이상을 느끼면 정기 건강 검진 등에 우연히 발견 되는 경우가 많다.

두번째는 알코올성 간염이라는 것으로 간염 바이러스가 검출되지 않는다는 점을 제외하면 다른 바이러스성 간염과 잘 구별되지 않는다. 때로는 간세포의 파괴가 진행되면서 심한 증상을 보이기도 한다. 지방간과 마찬가지로 알코올성 간염도 술을 끊고 적절한 치료를 받으면 원상으로 회복되는게 보통이다.

알코올에 의한 간질환증의 세번째인 알코올성 간경화는 앞의 두 가지 질환과는 달리 원상으로 회복되지 않는다. 간경화는 원상 회복이 안 되는 질환이므로 근본 치료법이 없어 장기간 과음을 피하는 길밖에 없다.[10]

지방간은 술을 많이 마시면서 식사나 다른 음식을 적게 섭취해 영양 공

급을 충분히 하지 않는 사람에게서 많이 발생한다.[11]

위장관 질환 위장관 질환에는 크게 나누어서 세 가지가 있다. 첫째는 식도 질환이다. 음주시 우리 신체에서 가장 먼저 알코올과 접촉하는 부위가 구강과 식도이다. 알코올이 직접 식도 점막에 손상을 주거나 간접적으로 방어요소 저하를 가져와서 식도염 또는 식도암을 유발한다고 한다. 또한 음주 후 구역질이나 구토로 인하여 식도와 위접합 부위에 소위 말로리-웨이스 열상을 일으켜 토혈을 하게 된다. 증상은 대부분 경하여 특이한 증세가 없는 경우가 많으나, 명치 부위가 쓰리거나 통증, 구역질, 오심(惡心) 등의 증상이 있으며 심한 경우 연하 곤란이 온다. 특히 식도암인 경우 체중 감소와 더불어 연하 곤란의 증세를 일으킨다.

두번째는 위장 장해이다. 소량의 음주가 식욕, 구미를 돋군다고 여겼지만 그 효과에 관한 확증은 없다. 고농도의 알코올은 위산 분비를 저하시키고 자극적이기에 오심과 구토의 원인이 된다. 알코올을 마시는 것이 위점막의 병변을 일으키는 것은 알코올의 농도와 양과의 상호관계 때문이다. 10~20%의 알코올은 위점막에 경미한 변화를 일으키며, 30% 이상의 고농도는 위점막에 직접적인 화학적인 자극을 일으켜 급성위염, 미란을 발생시키는 주요 원인이 된다. 또한 알코올이 위점막 방어기제를 파괴하여 급성위염, 미란성 위염을 일으키며, 나아가서는 출혈과 궤양을 유발시킨다. 또 알코올로 인하여 소장의 점막이 손상을 입으면 수분 영양분이 섭취되지 않아 비타민이나 단백질, 탄수화물 같은 영양결핍이 생길 수도 있다.

세번째는 췌장질환이다. 급성 췌장염의 원인 중 알코올이 차지하고 있는 비율은 14~49%가 된다고 알려져 있다. 특히 만성 췌장염 원인 중 알코올로 인한 경우가 급성 때보다 더 높은 것으로 알려져 있으며, 만성 췌장염 환자의 24%가 알코올 중독자라는 조사 결과가 발표된 적도 있다.

호흡기 질환 과음을 하는 사람은 목구멍이 자주 붓고 염증이 생기고, 기침이 자주 나오고, 끈끈한 가래가 많아져도 잘 뱉을 수가 없기에 말소리까지 거칠어진다. 심하게 되면 가래가 끓어 숨이 차는 증상이 나타나기도 하는데 폐렴에 걸린 환자들은 특별히 위험하다.

심장 질환 술이 심장에도 해를 끼치게 되는 것은 술 자체가 심장에 독물로 작용할 수 있고 술을 많이 마시다보면 영양상태가 나빠져서 심장에 해를 끼칠 수도 있으며 술에 첨가된 물질이 범인이 되는 경우도 있기 때문이다. 술을 오랫동안 계속 마시면 아무리 안주를 잘 찾아먹더라도 심장 기능이 약화될 수 있다. 소위 말하는 알코올성 심근증(心筋症)은 이렇게 하여 생기는 병이다. 이 병은 35~55세 사이의 남자에게 많이 생기는데 술을 10년 이상 먹은 사람에게서 주로 발생한다.

심장 기능이 떨어져서 숨이 차고 몸이 붓는 등의 증상이 나타나고 심장이 크게 확장되는데 무절제한 생활을 하고 영양 상태가 나쁜 알코올 중독자에서도 나타나 영양상태가 좋은 중상류의 생활을 하는 사람에게도 발생된다. 치료는 술을 끊는 것밖에 없다. 그래도 계속 술을 마시면 환자의 반은 3~6년 이내에 사망하는 것으로 알려져 있다. 두번째로 고려하여야 하는 병은 각기병이다. 백미를 주식으로 하는 우리 나라의 식생활 문화에 술, 특히 맥주를 많이 마시면 비타민 B의 한가지인 티아민이 부족해져서 각기병이 생겨 심장에 문제가 올 수 있다. 일본에서는 최근 10대에서 각기병에 의한 심장병이 많이 발생하고 있는데 이는 음료수를 많이 마시면서 라면, 백미를 편식하기 때문인 것으로 생각되고 있다.

특히 티아민 수요가 증가하는 더운 여름철 또는 운동 후에 발병 가능성이 커지는데 피로, 권태 등의 증상이 나타나면 부종이 심해지면서 호흡곤란 등의 증상을 호소하게 된다. 티아민을 보충하는 것이 가장 좋은 치료법이다.

그러므로 심장병, 고혈압 또는 동맥경화증이 있는 사람은 절대 금주를 해야 한다. 그 이유는 술이 혈관에 직접적인 영향을 끼쳐 병을 악화시킨다.

암의 발병 원인인 술 1989년 12월 2일 국립 환경 연구원에서 열린 한국 독성학회, 한국 환경 돌연변이, 발암성학회에서 미국 식품 의약국(FDA) 분자독성학 연구실의 수석 연구원으로 있는 이인수 박사는 논문 발표를 통하여 술의 주성분인 에탄올이 몸 안에 들어가면 신체내 대사물질들과 결합하여 발암 물질을 만든다는 사실을 밝혔다. 그는 "술의 주성분인 에탄올이 몸 안에 들어가면 발암 물질로 이미 알려져 있는 에틸카바메이트를 생성해 낸다는 사실을 처음으로 알아냈다"고 발표했다. 그런데 이 에틸카바메이트는 폐암, 유방암, 간암 등 각종 암을 일으킬 뿐 아니라 태아의 기형을 유발하며 암과 기형이 후대에까지 유전된다는 사실이 동물 실험을 통해 이미 입증되어 있다. 술을 습관적으로 마시는 사람은 유방암과 상부 위장 간암에 걸릴 가능성이 높다는 사실이 이미 오래 전부터 역학 조사에서 밝혀졌으며 모든 암의 3%는 에탄올 섭취 때문인 것으로 의학계는 추정하고 있다.[12]

커피, 홍차,술을 많이 마시는 사람은 그렇지 않은 사람보다 위암에 걸릴 가능성이 매우 높다는 것이 한국 식품 연구소 문현경 수석 연구원팀이 한국 역학회지 1991년 11월 호에 발표한 "식생활과 위암에 대한 환자군-대조군 연구" 결과에 의하여 밝혀졌다. 1988년 7월 부터 11월 21일 까지 국립의료원에서 위암 확진을 받은 환자 56 명과 서산, 당진, 논산, 부여 지역의 정상인 140명을 대상으로 조사한 결과 환자군은 술을 월 평균 13.7회 마신 반면 정상인 군은 6.3 회 마신 것으로 나타났다.[13]

혀를 비롯해 구강 인후 성대에 생기는 식도암은 정상인보다 알코올 중독자에게서 위험도가 10 배나 높다. 식도암은 알코올과 밀접한 관련이 있다. 과음을 하는 경우 식도암의 발생 가능성은 20 배나 높아지고 식도암의 80%는 알코올과 담배의 과용에 기인한다 알코올은 간암의 원인도 되고 있다. 유럽이나 미국에서는 알코올 중독자들의 간암 발생위험이 정상인보다 4 배나 높다는 통계도 있다.[14]

영양 장애를 야기시킴 간장에서 알코올이 분해될 때·단백질 당분 비타민의 소모가 많아지고 소변의 배설이 촉진된다. 이 소변 속에 무기질과 비타민이 섞여나가 문제가 된다. 술이 건강상 특히 영양장애 측면에서 미치는 영향은 단백질이나 비타민 부족도 있지만, 너무 많이 먹는 데서 생기는 영양 과잉도 있다. 이른바 맥주 배라는 것이 그것이다.

뇌일혈을 유발시킴 술을 많이 마시는 사람은 금주가들 보다 뇌일혈을 일으킬 확률이 4배나 더 높다고 버빙검의 듀들리 로드 병원 연구팀이 뇌일혈 환자 및 일반환자 460명을 대상으로 조사한 결과 밝혀졌다.[15]

유방암의 원인 술을 마시는 여성들을 그렇지 않은 여성들에 비해 유방암에 걸릴 가능성이 크다는 연구 결과가 나왔다. 하버드대의 한 연구보고에서 주 3회 술을 마시면 유방암 발생률이 30%, 9회 이상 마시면 60%가 각각 높아 진다고 발표하였다.

또 미 국립 암연구소(NCI) 보고서는 어떠한 종류의 알코올이라도 마시면 유방암 발생률이 50%, 주 3회 이상 마시면 100% 정도 높아진다고 전하고 있다. 이들 보고서의 음주 수준은 순수 알코올 14g에 해당되는 것으로 독주(80도) 42g, 포도주(12동) 140g, 맥주(4. 5동) 340g, 정도가 된다. 이들 조사 결과는 특히 하버드대가 8만 9천 538명, 암연구소가 7천 188이라는 많은 여성을 대상으로 한 것으로 그 신빙도가 높은 것으로 평가 되고 있다.[16]

담배의 상승작용 음주를 할 때, 담배를 함께 피우면 술과 담배는 암을 일으키는 데 서로 상승 작용을 한다. 즉 더블 펀치를 얻어 맞는 것이다. 담배 속에 들어 있는 여러 발암 물질들은 알코올에 잘 녹으므로 기관지나 위장관 점막에 흡수되고 농축될 가능성이 크기 때문이다.

영국에서 40~64세의 남자를 대상으로 10년 간 관찰한 결과 술도 마시고 담배도 피우는 사람은, 담배는 피우지 않고 술만 마시는 사람에 비하여 조사 기간 중의 사망률이 2배나 되었다고 한다. 폐암 및 소화기 계통 암환자의 60% 이상이 흡연을 하는 대주가라는 보고가 있을 정도로 술과 담배가 겹칠 때, 위험은 훨씬 커진다.[17]

매일 음주하는 중년 여인의 높은 고혈압 발생 매일 보통 이상의 술을 마시는 중년 부인이 전혀 술을 마시지 않는 여인보다 고혈압에 걸릴 확률이 훨씬 높다고 하버드대 헨켄스 박사가 중심이 된 의료 연구팀이 발표하였다. 이 연구팀은 35~59세 여인 5만 8천 218명을 대상으로 4년 이상 해온 연구 결과, 하루 30~34g의 술(3~4잔의 맥주 분량)을 마신 여인은 한 잔도 술을 마시지 않은 여인보다 40% 이상, 하루 35g이상 술을 마신는 여인은 90% 이상 고혈압에 걸린 확률이 높은 것으로 나타났다는 것이다.[18]

적당론자들의 음주는 안전한가? 적당론자들은 적당히 약간 마시면 문제가 없다고 주장한다. 사교적 음주자들도 한 잔 쯤이야 문제삼을 것이 없다고 말한다. 그러면 한 잔을 먼저 정의하여 보자. 대부분 한 잔을 다음과 같이 정의한다.

위스키 1 1/2 온스
강화 포도주 3 1/2 온스 "한 잔"
보통 포도주 5 1/2 온스
맥주 12 온스
* 1온스는 29. 6cc

0.05의 혈중 알코올 농도는 한 시간에 대략 두 잔을 마시는 것이다. 한 잔은 150 파운드의 사람의 혈중 알코올 농도가 0.03이 되게 만든다. 두 잔은 0.06, 세 잔은 0.09, 네 잔은 0.12가 되게 만든다. 다섯 잔을 마셨을 때의 혈중 알코올 농도는 사람으로 신체적, 정신적으로 대단한 비정상의 위험에 처하게 한다. 혈중 알코올 농도가 0.05 정도되면 판단력을 담당한 뇌의 부분이 손상을 입는다. 즉 떠들게 되고, 거친 행동을 하게 되고, 평상시 자기 자신이 질책할 바로 그런 행동을 하게 된다. 또 이해력도 손상을 입는다. 계속 마실 때에 혈중 알코올 농도가 증가되어 판단력 등이 크게 손상을 입는다. 물론 대부분의 사람들이 한 잔을 마심으로 정신적으로 손상을 입는 것 같지는 않지만 주의력, 판단력, 감정의 평형 상태가 손상을 입는다는 연구 결과가 나왔다.

정신질환 술이 인간의 정신적인 삶에 끼치는 영향은 실로 엄청나다.

가장이 술꾼일 경우 아내는 불안증, 우울증에 시달리고 신체적, 정신적 폭력에 시달리는 자녀들은 공포, 증오심, 두려움 등을 가진다. 알코올 중독은 정신 의학적인 문제일 뿐만 아니라 사회적, 경제적, 범죄적 문제인 것이다. 실제로 자살의 30%, 교통 사고의 50%, 아내 폭행의 80%, 자녀 폭행의 60%가 알코올에 원인을 두고 있다는 보고도 있다.[19] 또 알코올로 인한 신체 및 정신 질환 발생률이 전체 유병률(有病率) 중 상당한 비율을 차지하고 있으며 알코올로 인한 사망률도 점증하고 있는 추세이다. 또 모든 범죄의 40% 이상이 음주와 관련이 있고 결핵 요양원이나 정신 병원 환자들의 3분의 1이 습관성 음주로 인하여 고생하고 있다.

알코올 중독 환자의 정신 상태는 첫째로 이들이 구강성 성격을 가지고 있다는 점을 들 수 있다. 이 성격을 가진 사람은 지나치게 낙천적인 사고나 전지전능감을 가지고 있고 타인에 대한 의존심이 크며 주는 것보다 받는 것을 좋아하고 어떤 일을 기다리거나 참지 못하고, 칭얼거리는 어린 아이와 같이 행동한다. 또 선망이 질투로 갑자기 변하고 욕구가 충족되지 않았을 때 발작적 분노나 적개심을 나타내기도 한다. 쉽게 말해 어머니의 젖을 빨던 구강기의 과다 만족이나 결핍으로 인하여 성인이 되었어도 항상 그런 욕구를 만족시키고자 하는 속성으로 입술의 쾌락을 취하려고 알코올 중독자가 된다.

또 한 가지는 알코올 중독자 자신이 겪는 우울증이다. 알코올 중독자 70% 이상이 고도의 우울증을 겪는다. 우울증은 음주자의 가정과 사회에서의 적응력을 감소시킬 뿐만 아니라 잠재적인 불안의 원인이 되어 버리게 한다.

알코올 중독의 초기에는 특징적인 건망증이 나타난다. 취해 있던 때에 관하여 술이 깬 다음에 전혀 기억을 못한다. 이러다가 오랜 과음이 계속되면 기억 상실증이 온다. 의학적으로는 '코프사코프증후군'이라고 부른다. 이 증후군은 술이 직접적인 원인이 된다기 보다는 비타민 그중에서도 B1 결핍증으로 보아야 한다. 술꾼은 보통 사람 이상으로 이 비타민이 필요한데다 술로 인해 상한 위장이 흡수를 제대로 못하고 안주 없이 소위 말하는 깡술을 마실 경우 영양 부족이 되는 등 세 가지 이유로 인하여 비타민 결핍증이 오게 된다. 이 때 상처를 입는 곳이 신경 조직인데 기억을 담당하는 뇌신경 일부가 퇴화하면 기억 상실증이 오고 다리로 내려가는 긴 말초 신경이 퇴화하면 신경염을 일으킨다.

병적 주정이나 의처증이 생기기도 한다. 음주하는 동안이나 그 직후에 평상시에는 전혀 하지 않았던 공격적이고 도발적인 행동(행동장애)을 하게 되고 코르사코프증후군과 마찬가지로 건망증이 따른다. 추리력과 상상력이 비약을 거듭하여 의처증(알코올성 편집증)이 나타나 가정 불화의 원인이 된다.

중독자의 말로는 비참하다. 참을성이 없어지고 남을 원망하고 앙심을 품으며 한편으로 열등 의식과 자책감으로 괴로워하고 도덕 관념도 없어진다. 욕심도 야망도 없고 옷차림에도 무관심하며 세수도 시키지 않으면 안 한다. 기억력이 없어지고 정신 집중도 어렵다. 심한 경우엔 신경 조직에 전반적으로 퇴화 현상이 일어나 대뇌의 전두엽피질이 서서히 쪼그라들어 결국 천치가 된다.

다음의 도표는 지금까지의 내용, 즉 술이 인체에 미치는 영향을 간결하지만 강렬하게 보여 주고 있다.

5. 결 론

우리는 이 장에서 먼저 우리나라에 있어서의 술 문제, 그리고 술이 신체와 정신에 끼치는 영향을 살펴보았다.

대부분의 사람들이 가지고 있는 통념, 즉 "술은 적당히 마시면 된다"고 하는 생각이 야기시킬 수 있는 엄청난 문제들을 알게 되면, 성경이 절대 금주를 명령하는 것에는 영적인 이유 외에도 "하나님의 형상"으로 창조된 "성전"인 인간의 몸을 위한 의학적인 이유도 있음을 알 수 있다. 하나님이 바라시는 것을 행하고자 하는 자세가 필요하다. 성경이 명하는 바를 따르고자 하는 태도가 요구된다. 이 책을 끝까지 읽은 독자들은 이제 무엇이 옳은 것인지를 분명하게 구별할 수 있으리라고 확신한다.

주

1. 이 통계는 알코올 남용과 알코올 중독 연구소(National Institute on Alcohol and Alcoholism)이 1986년 발효한 수치이다. *U.S. News & World Report,* "Coming to grips with Alcoholism"(November 30, 1987), p. 56을 참조하라.
2. Steve Olson and Dean R. Gerstein, *Alcohol in America. Taking Action to Prevent Abuse* (Washington, D. D., National Academy Press, 1985), 14.
3. As quoted in Steve Olson and Dean R. Gerstein(n. 3), pp. 16~17.
4. 위의 Stevenson and Olson 책 57쪽을 참조하라.
5. *Fifth Special Report to the U.S. Congress on Alcohol and Health* from the Secretary of Health and Human Services(Rockvile, Maryland, National Institute on Alcohol Abuse and Alcoholism, December 1983), p. 89.
6. 중앙일보 1986년 10월 25일자.
7. 조선일보 1987년 5월 26일자.
8. 동아일보 1990년 1월 22일자 참조.
9. 경향신문 1986년 10월 23일자.
10. 경향신문 1990년 6월 13일자.
11. 조선일보 1987년 12월 12일자.
12. 한겨레 신문 1989년 12월 5일자.
13. 동아일보 1991년 11월 12일자.
14. 중앙일보 1987년 1월 16일자.
15. 경향신문 1986년 10월 23일자.
16. 한국경제신문 1987년 8월 30일자.
17. 중앙일보 1987년 2월 13일자.
18. 경향신문 1987년 11월 18일자.
19. 연합통신 1987년 1월 15일.

1. [illegible](National Institute on Alcohol and Alcoholism)의 1983년 [illegible] U.S. News & World Report, "Continuing to cope with Alcoholism" (November 30, 1987), p. 56에 [illegible]

2. Steve Olson and Dean R. Gerstein, Alcohol in America: Taking Action to Prevent Abuse (Washington, D.C.: National Academy Press, 1985), [illegible]
3. As quoted in Steve Olson and Dean R. Gerstein, [illegible]
4. [illegible] Stevenson and Olson [illegible]
5. Fifth Special Report to the U.S. Congress on Alcohol and Health from the Secretary of Health and Human Services, Rockville, Maryland: National Institute on Alcohol Abuse and Alcoholism, December 1983, p. 86.
6. [illegible]
7. [illegible]
8. [illegible]
9. [illegible]
10. [illegible]
11. [illegible]
12. [illegible]
13. [illegible]
14. [illegible]
15. [illegible]
16. [illegible]
17. [illegible]
18. [illegible]
19. [illegible]

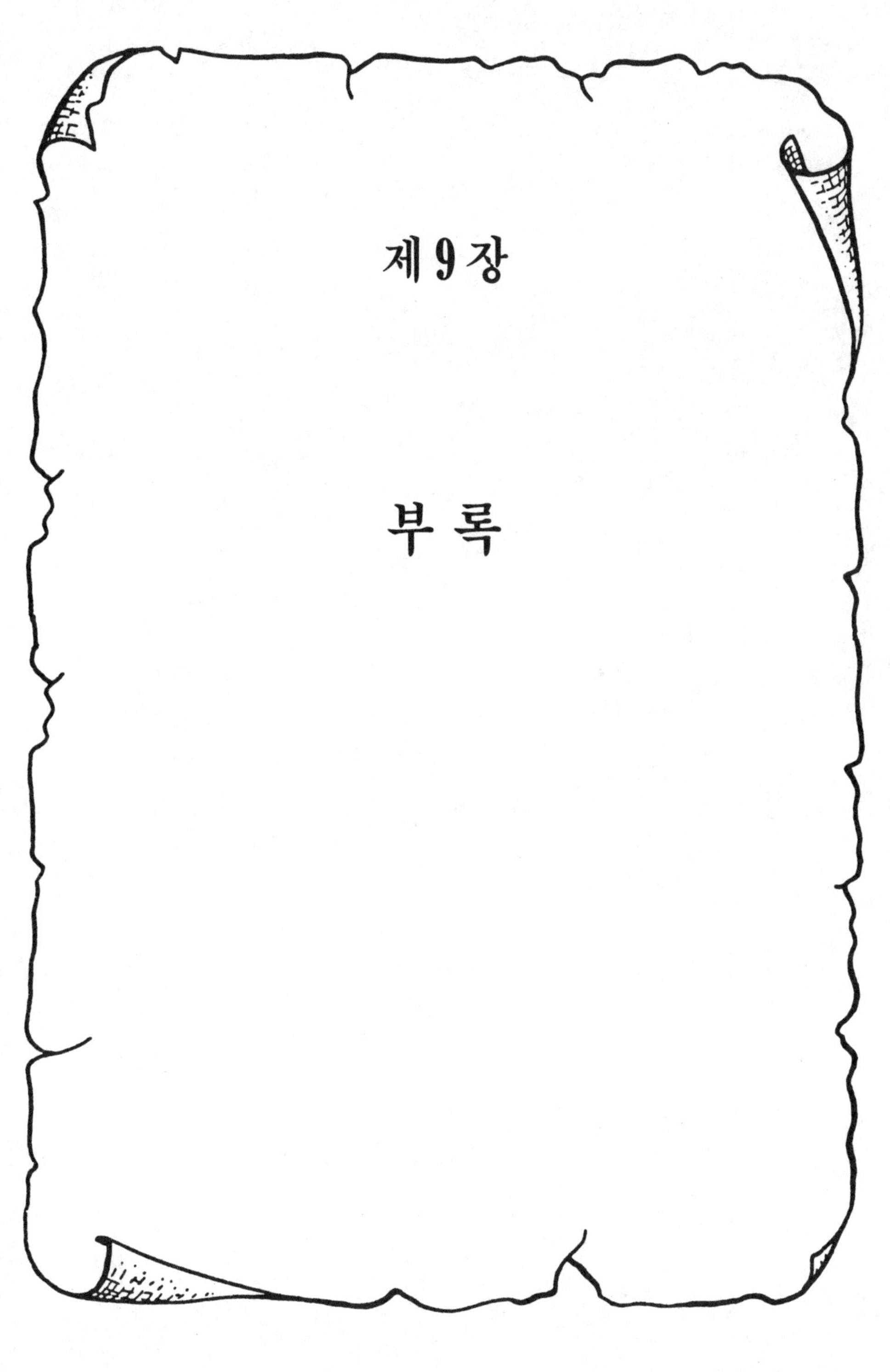

제9장

부 록

구약성경에 나오는 포도 음료 관련 단어 도표

다음 도표는 구약성경에 나오는 포도 음료를 칭하는 단어들을 그 정의와 동사어근, 그리고 빈도수에 따라 그린 도표이다. 이 도표가 티치아우트 박사의 학위논문의 결론이기에 우리 말 성경에는 다르게 번역되었을 수도 있다(이 결론 도출 과정에 관심 있는 사람은 티치아우트 박사의 학위 논문을 참조하거나 그의 책 와인 성경의 명령: 절대 금주 73쪽을 참조하라).

단 어	정 의	동 사 어 근	빈 도
메섹(mesek)	섞인 포도주	섞다	1번 : 시 75:8
밈삭(mimsak)	섞인 포도주	섞다	2번 : 잠 23:30 ; 사 65:1
소베(sobe)	a. 주스 음료	마시다	1번 : 사 1:22
	b. 취하게 하는 음료	(to drink deeply)	2번 : 호 4:18 ; 나 1:10
헤메르(hemer)	신선한 포도즙	거품이 일다	2번 : 신 32:14 ; 사 27:2
하마르(hemar)	a. 포도즙	거품이 일다	2번 : 에 6:9 ; 7:22
	b. 포도주	〃	4번 : 단 5:1, 2, 4, 23
아시스(asis)	새로 짠 즙	밟아 으깨다	5번 : 아 8:2 ; 사 49:26; 엘 1:5 ; 3:18 ; 암 9:13
쉐마림 (shemarim)	a. 보존된 포도즙	?	2번 : 사 25:6(2번 나옴)
	b. 찌꺼, 침전물	?	3번 : 시 75:8 ; 렘 48:11 ; 습 1:12
쉐카르(shekar)	a. 포도즙	매우 많이 마시다	3번 : 민 28:7 ; 신 14:26 ; 29:6
	b. 포도주	〃	24번
티로쉬(tirosh)	수확된 포도즙	?	38번
야인(yayin)	a. 포도즙	압박하다	71번
	b. 포도주		70번

신약성경에 나오는 포도 음료 관련 단어 도표

다음 도표는 신약성경이 각종 포도 음료를 칭하기 위하여 사용한 희랍 어 단어들이다. 역시 전술한 주의 사항을 염두에 두기를 바란다(자세한 연구 내용을 위해서는 역시 전기한 서적을 참조하라).

단 어	정 의	원래의미	빈 도
글류코스 (gleukos)	신선한 포도즙	달음	1번 행 2:13(조롱)
오이노스(oinos)	a. 포도즙 b. 포도주	"압박하다"	24번 : 대부분이 이 경우 10번 : 5번은 문자적 의미 마 27:34 ; 막 15:23 눅 1:15 ; 10:34 ; 엡 5:18 5번은 은유적 의미 계 6:6 ; 14:8, 10 ; 16:19 ; 17:2
오수스(oxos)	초(신 포도 음료)	톡 쏘는(sharp)	6번
시케라(sikera)	포도주 또는 독주(소주)	매우 많이 마시다	1번 : 눅 1:15

구약성경에 나오는 야인의 의미 구별 목록

아래에 나오는 야인의 정확한 의미 구별은 로버트 티치아우트의 박사 학위 논문 (The Use of "Wine" in the Old Testament) 349~358쪽을 옮긴 것이다. 우리 말 "개역 성경"을 사용하였는데 개역 성경에서 "포도주"로 번역을 하였지만 로버트 티치아우트에 의하면 그 뜻이 "포도즙"인 경우「 」표시를 하여 "포도즙"으로 바꾼 것을 표시하였다. 또 바키오키나 티치아우트의 주장대로 "포도주나 독주"를 중언법으로 보아 "취하게 하는 포도 음료"로 바꾸어 옮겨 적었다. 또 신명기 14:26 ; 29:6에 나오는 문구가 유별나기는 하지만 역시 중언법으로 간주하여 "만족케하여 주는 포도즙(satisfying grape juice)"으로 옮기었다. 바키오키의 주장대로 "단 음료"로 옮길 수도 있다.(이 점에 관하여 다룬 이 책 7장을 참조하라). 한가지 유념해야 할 사실은 비록 아래와 같이 구별하려고 시도는 하였지만 문맥이 애매모호하여 확실하게 "포도주"인지 또는 "포도즙"인지를 판별하기 힘든 귀절도 있을 수 있다는 것이다.

A. "포도주"로서

창세기	9:21	포도주를 마시고 취하여 그 장막 안에서 벌거벗은지라
	9:24	노아가 술이 깨어 그 작은 아들이 자기에게 행한 일을 알고
	19:32	우리가 우리 아버지에게 술을 마시우고 동침하여 우리 아버지로 말미암아 인종을 전하자 하고
	19:33	그 밤에 그들이 아비에게 술을 마시우고 큰 딸이 돌아가서 그 아비와 동침하니라 그러나 그 아비는 그 딸의 눕고 일어나는 것을 깨닫지 못하였더라
	19:34	이튿날에 큰 딸이 작은 딸에게 이르되 어제밤에는 내가 우리 아버지와 동침하였으니 오늘 밤에도 우리가 아버지에게 술을 마시우고 네가 들어가 동침하고 우리가 아버지로 말미암아 인종을 전하자 하고
	19:35	이 밤에도 그들이 아비에게 술을 마시우고 작은 딸이 일어나 아비와 동침하니라 그러나 아비는 그 딸의 눕고 일어나는 것을 깨닫지 못하였더라

레위기	10:9	너나 네 자손이 회막에 들어갈 때에는 「취하게 하는 포도 음료」를 마시지 말아서 너희 사망을 면하라 이는 너희 대대로 영영한 규례라
민수기	6:3	「취하게 하는 포도 음료」를 멀리하며 「취하게 하는 포도 음료의 초」를 마시지 말며 포도즙도 마시지 말며 생포도나 건포도도 먹지 말지니
신명기	32:33	그들의 포도주는 뱀의 독이요 독사의 악독이라
	32:38	희생의 고기를 먹던 것들, 전제의 술을 마시던 것들로 일어나서 너희를 돕게 하라 너희의 보장이 되게 하라
여호수아	9:4	꾀를 내어 사신의 모양을 꾸미되 헤어진 전대와 헤어지고 찢어져서 기운 가죽 포도주 부대를 나귀에 싣고
	9:13	또 우리가 포도주를 담은 이 가죽 부대도 새것이더니 찢어지게 되었으며 우리의 이 옷과 신도 여행이 심히 길므로 인하여 낡아졌나이다
사사기	13:4	그러므로 너는 삼가서 「취하게 하는 포도 음료」를 마시지 말지며 무릇 부정한 것을 먹지 말지니라
	13:7	그가 내게 이르기를 보라 네가 잉태하여 아들을 낳으리니 「취하게 하는 포도음료」를 마시지 말며 무릇 부정한 것을 먹지 말라 이 아이는 태에서 나옴으로부터 죽을 날까지 하나님께 바치운 나실인이 됨이라 하더이다
	13:14	포도나무의 소산을 먹지 말며 「취하게 하는 포도 음료」를 마시지 말며 무릇 부정한 것을 먹지 말아서 내가 그에게 명한 것은 다 지킬 것이니라
사무엘상	1:14	엘리가 그에게 이르되 네가 언제까지 취하여 있겠느냐 포도주를 끊으라
	1:15	한나가 대답하여 가로되 나의 주여 그렇지 아니하니이다 나는 마음이 슬픈 여자라 「취하게 하는 포도 음료」를 마신 것이 아니요 여호와 앞에 나의 심정을 통한 것 뿐이오니
	25:37	아침에 나발이 포도주가 깬 후에 그 아내가 그에게 이 일을 고하매 그가 낙담하여 몸이 돌과 같이 되었더니
사무엘하	13:28	압살롬이 이미 그 사환들에게 분부하여 이르기를 너희는 암논의 마음이 술로 즐거워할 때를 자세히 보다가 내가 너희에

게암논을 치라 하거든 저를 죽이라 두려워 말라 내가 너희에게 명한 것이 아니냐 너희는 담대히 용맹을 내라 한지라

느헤미야 2:1 아닥사스다 왕 이십 년 니산 월에 왕의 앞에 술이 있기로 내가 들어 왕에게 드렸는데 이 전에는 재가 왕의 앞에서 수색이 없었더니

에스더 1:7 금잔으로 마시게 하니 잔의 식양이 각기 다르고 왕의 풍부한 대로 어주(御酒)가 한이 없으며

1:10 제 칠 일에 왕이 주홍(酒興)이 일어나서 어전 내시 므후만과 비스다와 하르보나와 빅다와 아박다와 세달과 가르가스 일곱 사람을 명하여

5:6 잔치의 술을 마실 때에 왕이 에스더에게 이르되 그대의 소청이 무엇이뇨 곧 허락하겠노라 그대의 요구가 무엇이뇨 나라의 절반이라 할지라고 시행하겠노라

7:7 왕이 노하여 「술자리에서 일어나서」 잔치 자리를 떠나 왕궁 후원으로 들어가니라 하만이 일어서서 왕후 에스더에게 생명을 구하니 이는 왕이 자기에게 화를 내리기로 결심한 줄 앎이더라

7:8 왕이 후원으로부터 「술」잔치 자리에 돌아오니 하만이 에스더의 앉은 걸상 위에 엎드렸거늘 왕이 가로되 저가 궁중 내 앞에서 왕후를 강간까지 하고자 하는가 이 말이 왕의 입에서 나오매 무리가 하만의 얼굴을 싸더라

욥기 32:19 보라 내 가슴은 봉한 포도주 같고 새 가죽 부대가 터지게 됨 같구나

시편 60:3(5) 주께서 주의 백성에게 어려움을 보이시고 비척거리게 하는 포도주로 우리에게 마시우셨나이다

75:8(9) 여호와의 손에 잔이 있어 술 거품이 일어나는도다 속에 섞은 것이 가득한 그 잔을 하나님이 쏟아 내시나니 실로 그 찌끼까지도 땅의 모든 악인이 기울여 마시리로다

78:65 때에 주께서 자다가 깬 자같이, 포도주로 인하여 외치는 용사같이 일어나사

잠언 4:17 불의의 떡을 먹으며 강포의 술을 마심이니라

20:1 포도주는 거만케 하는 것이요 독주는 떠들게 하는 것이라 무릇 이에 미혹되는 자에게는 지혜가 없느니라

	23:20	술을 즐겨하는 자와 고기를 탐하는 자로 더불어 사귀지 말라
	23:30	술에 잠긴 자에게 있고 혼합한 술을 구하러 다니는 자에게 있느니라
	23:31	포도주는 붉고 잔에서 번쩍이며 순하게 내려가나니 너는 그것을 보지도 말지어다
	31:4, 5	르무엘아 포도주를 마시는 것이 왕에게 마땅치 아니하고 왕에게 마땅치 아니하며 독주를 찾는 것이 주권자에게 마땅치 않도다 술을 마시다가 법을 잊어버리고 모든 간곤한 백성에게 공의를 굽게 할까 두려우니라
	31:6	독주는 죽게 된 자에게, 포도주는 마음에 근심하는 자에게 줄지어다
전도서	2:3	내 마음에 궁구하기를 내가 어떻게 하여야 내 마음에 지혜로 다스림을 받으면서 술로 내 육신을 즐겁게 할까 또 어떻게 하여야 어리석음을 취하여서 천하 인생의 종신토록 생활함에 어떤 것이 쾌락인지 알까 하여
이사야	5:11	아침에 일찌기 일어나 독주를 따라가며 밤이 깊도록 머물러 포두주에 취하는 그들은 화있을진저
	5:12	그들이 연회에는 수금과 비파와 소고와 저와 포도주를 갖추었어도 여호와의 행하심을 관심치 아니하며 그의 손으로 하신 일을 생각지 아니하는도다
	5:22	포도주를 마시기에 용감하며 독주를 빚기에 유력한 그들은 화 있을진저
	22:13	너희는 기뻐하며 즐거워하여 소를 잡고 양을 죽여 고기를 먹고 포도주를 마시면서 내일 죽으리니 먹고 마시자 하도다
	24:9	노래하며 포도주를 마시지 못하고 독주는 그 마시는 자에게 쓰게 될 것이며
	24:11	포도주가 없으므로 거리에서 부르짖으며 모든 즐거움이 암흑하여졌으며 땅의 기쁨이 소멸되었으며
	28:1	취한 자 에브라임의 교만한 면류관이여 화 잇을진저 술에 빠진 자의 성 곧 영화로운 관같이 기름진 골짜기 꼭대기에 세운 성이여 쇠잔해 가는 꽃 같으니 화 있을진저
	28:7	이 유다 사람들도 포도주로 인하여 옆걸음 치며 독주로 인하

여 비틀거리며 제사장들과 선지자도 독주로 인하여 옆걸음 치며 포도주에 빠지며 독주로 인하여 비틀거리며 이상을 그릇풀며 재판할 때에 실수하나니

28:7 이 유다 사람들도 포도주로 인하여 옆걸음 치며 독주로 인하여 비틀거리며 제사장들과 선지자도 독주로 인하여 옆걸음 치며 포도주에 빠지며 독주로 인하여 비틀거리며 이상을 그릇풀며 재판할 때에 실수하나니

29:9 너희는 놀라고 놀라라 너희는 소경이 되고 소경이 되라 그들의 취함이 포도주로 인함이 아니며 그들의 비틀거림이 독주로 인함이 아니라

51:21 그러므로 너 곤고하며 포도주가 아니라도 취한 자여 이 말을 들으라

56:12 피차 이르기를 오라 내가 포도주를 가져 오리라 우리가 독주를 잔뜩 먹자 내일도 오늘같이 또 크게 넘치리라 하느니라

예레미야 13:12 그러므로 너는 이 말로 그들에게 이르기를 이스라엘의 하나님 여호와의 말씀에 모든 병이 포도주로…찰 줄을 우리가 어찌 알지 못하리요 하리니

23:9 선지자들에 대한 말씀이라 내 중심이 상하며 내 모든 뼈가 떨리며 내가 취한 사람 같으며 포도주에 잡힌 사람 같으니 이는 여호와와 그 거룩한 말씀을 인함이라

25:15 이스라엘의 하나님 여호와께서 이같이 내게 이르시되 너는 내 손에서 이 진노의(포도주) 잔을 받아 가지고 내가 너를 보내는 바 그 모든 나라로 마시게 하라

51:7 바벨론은 여호와의 수중의 온 세계로 취케 하는 금잔이라 열방이 그 포도주를 마시고 인하여 미쳤도다

에스겔 44:21 아무 제사장이든지 안뜰에 들어갈 때에는 포도주를 마시지 말 것이며

다니엘 1:5 또 왕이 지정하여 자기의 진미와 자기의 마시는 포도주에서 그들의 날마다 쓸 것을 주어 삼 년을 기르게 하였느니 이는 그 후에 그들로 왕의 앞에 모셔 서게 하려 함이었더라

1:8 다니엘은 뜻을 정하여 왕의 진미와 그의 마시는 포도주로 자기를 더럽히지 아니하리라 하고 자기를 더럽히지 않게 하기를 환관장에게 구하니

	1:16	이러므로 감독하는 자가 그들에게 분정된 진미와 마실 포도주를 제하고 채식을 주니라
호세아	4:11	음행과 묵은 포도주와 새 포도주가 마음을 빼앗느니라
	7:5	우리 왕의 날에 방백들이 술의 뜨거움을 인하여 병이 나며 왕은 오만한 자들로 더불어 악수하는도다
요엘	1:5	무릇 취하는 자들아 너희는 깨어 울지어다 포도주를 마시는 자들아 너희는 곡할지어다 이는 단 포도주가 너희 입에서 끊어졌음이니
	3:3	또 제비 뽑아 내 백성을 취하고 동남으로 기생을 바꾸며 동녀로 술을 바꾸어 마셨음이니라
아모스	2:12	그러나 너희가 나시르 사람으로 포도주를 또 선지자에게 명하여 예언하지 말라 하였느니라
	6:6	대접으로 포도주를 마시며 귀한 기름을 몸에 바르면서 요셉의 환난을 인하여는 근심치 아니하는 자로다
미가	2:11	사람이 만일 허망히 행하며 거짓말로 이르기를 내가 「취하게 하는 포도 음료」에 대하여 네게 예언하리라 할 것 같으면 그 사람이 이 백성의 선지자가 되리로다
하박국	2:5	그는 술을 즐기며 궤휼하며 교만하여 가만히 있지 아니하고 그 욕심을 음부처럼 넓히며 또 그는 사망 같아서 족한 줄을 모르고 자기에게로 만국을 모으며 만민을 모으나니
스가랴	9:15	만군의 여호와께서 그들을 호위하시리니 그들이 원수를 삼키며 물매 돌을 밟을 것이며 그들이 피를 마시고 즐거이 부르기를 술 취한 것같이 할 것인즉 피가 가득한 동이와도 같고 피 묻은 제단 모퉁이와도 같을 것이라.

B. "포도즙으로서"

창세기	14:18	살렘 왕 멜기세덱이 떡과 「포도즙」을 가지고 나왔으니 그는 지극히 높으신 하나님의 제사장이었더라
	27:25	이삭이 가로되 내게로 가져 오라 내 아들의 사냥한 고기를 먹고 내 마음껏 네게 축복하리라 야곱이 그에게로 가져 가매 그가 먹고 또 「포도즙」을 가져 가매 그가 마시고
	49:11	그의 나귀를 포도나무에 매며 그 암나귀 새끼를 아름다운 포

		도나무에 맬 것이며 또 그 옷을 「포도즙」에 빨며 그 복장을 포도즙에 빨리로다
	49:12	그 눈은 「포도즙」으로 인하여 붉겠고 그 이는 우유로 인하여 희리로다
출애굽기	29:40	한 어린 양에 고운 밀가루 에바 십분 일과 찧은 기름 힌의 사분 일을 더하고 또 전제로 「포도즙」 힌의 사분 일을 더할지며
레위기	23:13	그 소제로는 기름 섞은 고운 가루 에바 십분 이를 여호와께 드려 화제를 삼아 향기로운 냄새가 되게 하고 전제로는 「포도즙」 힌 사분 일을 쓸 것이며
민수기	6:4	자기 몸을 구별하는 모든 날 동안에는 포도나무 소산은 씨나 껍질이라도 먹지 말지며
	6:20	여호와 앞에 요제로 흔들 것이며 그것과 흔든 가슴과 든 넓적다리는 성물이라 다 제사장에게 돌릴 것이니라 그 후에는 나실인이 「포도즙」을 마실 수 있느니라
	15:5	번제나 다른 제사로 드리는 제물이 어린 양이면 전제로 「포도즙」 한 힌의 사분 일을 예비할 것이요
	15:7	전제로 「포도즙」 한 힌의 삼분지 일을 드려 여호와 앞에 향기롭게 할 것이요
	15:10	전제로 「포도즙」 반 힌을 드려 여호와 앞에 향기로운 화제를 삼을지니라
	28:14	그 전제는 수송아지 하나에 「포도즙」 반 힌이요…
신명기	14:26	무릇 네 마음에 좋아하는 것을 그 돈으로 사되 우양이나 「만족시켜 주는 포도즙(satisfying grape juice)」등 무릇 네 마음에 원하는 것을 구하고 거기 네 하나님 여호와의 앞에서 너와 네 권속이 함께 먹고 즐거워할 것이며
	28:39	네가 포도원을 심고 다스릴지라도 벌레가 먹으므로 포도를 따지 못하고 「포도즙」을 마시지 못할 것이며
	29:6	너희로 떡도 먹지 못하며 「만족시켜 주는 포도즙」을 마시지 못하게 하셨음은 주는 너희 하나님 여호와이신 줄을 알게 하려 하심이니라

사사기	13:14	포도나무의 소산을 먹지 말며 포도주와 독주를 마시지 말며 무릇 부정한 것을 먹지 말아서 내가 그에게 명한 것은 다 지킬 것이니라
	19:19	우리에게는 나귀들에게 먹일 짚과 보리가 있고 나와 당신의 여종과 당신의 종 우리들과 함께 한 소년의 먹을 양식과「포도즙」이 있어 무엇이든지 부족함이 없나이다
사무엘상	1:24	젖을 뗀 후에 그를 데리고 올라갈새 수소 셋과 가루 한 에바와「포도즙」한 가죽 부대를 가지고 실로 여호와의 집에 나아갔는데 아이가 어리더라
	10:3	네가 거기서 더 나아가서 다볼 상수리나무에 이르면 거기서 하나님께 뵈려고 벧엘로 올라가는 세 사람이 너와 만나리니 하나는 염소 새끼 셋을 이끌었고 하나는 떡 세 덩이를 가졌고 하나는「포도즙」한 가죽 부대를 가진 자라
	16:20	이 새가 떡과 한 가죽 부대의「포도즙」과 염소 새끼를 나귀에 실리고 그 아들 다윗의 손으로 사울에게 보내니
	25:18	아비가일이 급히 떡 이백 덩이와「포도즙」두 가죽 부대와 잡아 준비한 양 다섯과 볶은 곡식 다섯 세아와 건포도 백 송이와 무화과 뭉치 이백을 취하여 나귀들에게 싣고
사무엘하	16:1	다윗이 마루턱을 조금 지나니 므비보셋의 사환 시바가 안장 지운 두 나귀에 떡 이백과 건포도 일백 송이와 여름 실과 일백과「포도즙」한 가죽 부대를 싣고 다윗을 맞는지라
	16:2	왕이 시바에게 이르되 네가 무슨 뜻으로 이것을 가져 왔느뇨 시바가 가로되 나귀는 왕의 권속들로 타게 하고 떡과 실과는 소년들로 먹게 하고「포도즙」은 들에서 곤비한 자들로 마시게 하려 함이니이다
역대상	9:29	또 어떤 자는 성소의 기구와 모든 기명과 고운 가루와「포도즙」과 기름과 유황과 향품을 맡았으며
	12:40	또 근처에 있는 가로부터 잇사갈과 스불론과 납달리까지도 식물을 나귀와 약대와 노새와 소에 무수히 실어 왔으니 곧 과자와 무화과병과 건포도와「포도즙」과 기름이요 소와 양도 많이 가져 왔으니 이스라엘 가운데 희락이 있음이었더라
	27:27	라마 사람 시므이는 포도원을 맡았고 스밤 사람 삽디는 포도원의 소산「포도즙」곳간을 맡았고

역대하	2:10	내가 당신의 벌목하는 종에게 용정한 밀 이만 석과 보리 이만 석과 「포도즙」 이만 말과 기름 이만 말을 주리이다 하였더라
	2:15	내 주의 말씀하신 밀과 보리와 기름과 포도즙은 주의 종들에게 보내소서
	11:11	르호보암이 이 모든 성읍을 더욱 견고케 하고 장관을 그 가운데 두고 양식과 기름과 포도주를 저축하고
느헤미야	5:15	이전 총독들은 백성에게 토색하여 양식과 「포도즙」과 또 은 사십 세겔을 취하였고 그 종자들도 백성을 압제하였으나 나는 하나님을 경외하므로 이같이 행치 아니하고
	5:18	매일 나를 위하여 소 하나와 살진 양 여섯을 준비하며 닭도 많이 준비하고 열흘에 한번씩은 각종 「포도즙」을 갖추었나니 비록 이같이 하였을지라도 내가 총독의 녹을 요구하지 아니하였음은 백성의 부역이 중함이니라
	13:15	그 때에 본즉 유다에서 어떤 사람이 안식일에 술틀을 밟고 곡식단을 나귀에 실어 운반하며 「포도즙」과 포도와 무화과와 여러 가지 짐을 지고 안식일에 예루살렘에 들어와서 식물을 팔기로 그 날에 내가 경계하였고
욥기	1:13	하루는 욥의 자녀들이 그 맏형의 집에서 식물을 먹으며 「포도즙」을 마실 때에
시편	104:15	사람의 마음을 기쁘게 하는 「포도즙」과 사람의 얼굴을 윤택케 하는 기름과 사람의 마음을 힘있게 하는 양식을 주셨도다
잠언	9:2	짐승을 잡으며 「포도즙」을 혼합하여 상을 갖추고
	9:5	너는 와서 내 식물을 먹으며 내 혼합한 「포도즙」을 마시고
	21:17	연락을 좋아하는 자는 가난하게 되고 「포도즙」과 기름을 좋아하는 자는 부하게 되지 못하느니라
전도서	9:7	너는 가서 기쁨으로 네 식물을 먹고 즐거운 마음으로 네 「포도즙」을 마실지어다 이는 하나님이 너의 하는 일을 벌써 기쁘게 받으셨음이니라
	10:19	잔치는 희락을 위하여 베푸는 것이요 「포도즙」은 생명을 기쁘게 하는 것이나 돈은 범사에 응용되느니라
아가	1:2	내게 입맞추기를 원하니 네 사랑이 「포도즙」보다 나음이로구나

1:4 왕이 나를 침궁으로 이끌어 들이시니 너는 나를 인도하라 우리가 너를 따라 달려가리라 우리가 너를 인하여 기뻐하며 즐거워하니 네 사랑이 「포도즙」에서 지남이라 처녀들이 너를 사랑함이 마땅하니라

2:4 그가 나를 인도하여 잔치집(문자적으로는 '포도즙의 집'을 뜻함)에 들어갔으니

1:4 왕이 나를 침궁으로 이끌어 들이시니 너는 나를 인도하라 우리가 너를 따라 달려가리라 우리가 너를 인하여 기뻐하며 즐거워하니 네 사랑이 「포도즙」에서 지남이라 처녀들이 너를 사랑함이 마땅하니라

2:4 그가 나를 인도하여 잔치집(문자적으로는 '포도즙의 집'을 뜻함)에 들어갔으니

4:10 나의 누이 나의 신부야 네 사랑이 어찌 그리 아름다운지 네 사랑은 「포도즙」에 지나고 네 기름의 향기는 각양 향품보다 승하구나

5:1 나의 누이 나의 신부야 내가 내 동산에 들어와서 나의 몰약과 향 재료를 거두고 나의 꿀송이와 꿀을 먹고 내 「포도즙」과 내 젖을 마셨으니 나의 친구들아 먹으라 나의 사랑하는 사람들아 마시고 많이 마시라

7:9 네 입은 좋은 「포도즙」 같을 것이니라 이 「포도즙」은 나의 사랑하는 자를 위하여 미끄럽게 흘러 내려서 자는 자의 입으로 움직이게 하느니라

8:2 내가 너를 이끌어 내 어미 집에 들이고 네게서 교훈을 받았으리라 나는 향기로운 「포도즙」 곧 석류즙으로 네게 마시웠겠고

이사야 16:10 즐거움과 기쁨이 기름진 밭에서 떠났고…틀에는 포도를 밟을(역자주 : 원문상으로는 「포도즙」을 밟아 짜낼) 사람이 없으리니 이는 내가 그 소리를 그치게 하였음이라

55:1 너희 목마른 자들아 물로 나아오라 돈 없는 자도 오라 너희는 와서 사 먹되 돈 없이 값 없이 와서 「포도즙」과 젖을 사라

예레미야 35:2 너는 레갑 족속에게 가서 그들에게 말하고 그들을 여호와의 집 한 방으로 데려다가 「포도즙」을 마시우라

35:5, 6, 8 내가 레갑 족속 사람들 앞에 「포도즙」이 가득한 사발과 잔을 놓고 마시라 권하매 그들이 가로되 우리는 「포도즙」을 마시지 아니하겠노라 레갑의 아들 우리 선조 요나답이 우리에게 명하여 이르기를 너희와 너희 자손은 영영히 「포도즙」을 마시지 말며…우리가 레갑의 아들 우리 선조 요나답의 우리에게 명한 모든 말을 순종하여 우리와 우리 아내와 자녀가 평생에 「포도즙」을 마시지 아니하며

35:14 레갑의 아들 요나답이 그 자손에게 「포도즙」을 마시지 말라 한 그 명령은 실행되도다…

40:10 나는 미스바에 거하여 우리에게로 오는 갈대아인을 섬기리니 너희는 「포도즙」과 여름 실과와 기름을 모아 그릇에 저축하고 너희의 얻은 성읍들에 거하라 하니라

40:12 그 모든 유다인이 쫓겨났던 각처에서 돌아와 유다 땅 미스바 그다랴에게 이르러 「포도즙」과 여름 실과를 심히 많이 모으니라

48:33 기쁨과 즐거움이 옥토와 모압 땅에서 빼앗겼도다 내가(포도주) 틀에 포도즙이 없게 하리니 외치며 밟는 자가 없을 것이라 그 외침은 즐거운 외침이 되지 못하리로다

애레미야애가 2:12 저희가 성읍 길거리에서 상한 자처럼 혼미하여 그 어미의 품에서 혼이 떠날 때에 어미에게 이르기를 곡식과 「포도즙」이 어디 있느뇨 하도다

에스겔 27:18 너의 제조품이 많고 각종 보화가 풍부하므로 다메섹이 너와 통상하였음이여 헬본 「포도즙」과 흰 양털을 가지고 너와 무역하였도다

다니엘 10:3 세 이레가 차기까지 좋은 떡을 먹지 아니하며 고기와 「포도즙」을 입에 넣지 아니하며 또 기름을 바르지 아니하니라

호세아 9:4 저희가 여호와께 전제(역자주 : 원문상 「포도즙」 전제[oblation])를 드리지 못하며 여호와의 기뻐하시는 바도 되지 못할 것이라

14:7 그 그늘 아래 거하는 자가 돌아올지라 저희는 곡식같이 소성할 것이며 포도나무같이 꽃이 필 것이며 그 향기는 레바논의 「포도즙」같이 되리라

아모스	2:8	모든 단 옆에서 전당 잡은 옷 위에 누우며 저희 신의 전에서 벌금으로 얻은 「포도즙」을 마심이니라
	5:11	너희가 가난한 자를 밟고 저에게서 밀의 부당한 세를 취하였은즉 너희가 비록 다듬은 돌로 집을 건축하였으나 거기 거하지 못할 것이요 아름다운 포도원을 심었으나 그 「포도즙」을 마시지 못하리라
	9:14	내가 내 백성 이스라엘의 사로잡힌 것을 돌이키리니 저희가 황무한 성읍을 건축하고 거하며 포도원들을 심고 그 「포도즙」을 마시며 과원들을 만들고 그 과실을 먹으리라
미가	6:15	내가 씨를 뿌리나 추수하지 못할 것이며 감람을 밟으나 기름을 네 몸에 바르지 못할 것이며 포도를 밟으나 「포도즙」을 마시지 못하리라
스바댜	1:13	그들의 재물이 노략되며 그들의 집이 황무할 것이라 그들이 집을 건축하나 거기 거하지 못하며 포도원을 심으나 그 「포도즙」을 마시지 못하리라
학개	2:12	사람이 옷자락에 거룩한 고기를 쌌는데 그 옷자락이 만일 떡에나 국에나 「포도즙」에나 기름에나 다른 식물에 닿았으면 그것이 성물이 되겠느냐 하라 학개가 물으매 제사장들이 대답하여 가로되 아니니라
스가랴	10:7	에브라임이 용사 같아서 「포도즙」을 마심같이 마음이 즐거울 것이요 그 자손은 보고 기뻐하며 여화와를 인하여 마음에 즐거워하리라

신약성경에 나오는 오이노스의 의미 구별 목록

1. "포도주"

5번은 문자적인 의미로 사용됨

마태복음	27:34	쓸개 탄 포도주를 예수께 주어 마시게 하려 하였더니 예수께서 맛보시고 마시고자 아니하시더라
마가복음	15:23	몰약을 탄 포도주를 주었으나 예수께서 받지 아니하시니라
누가복음	1:15	이는 저가 주 앞에 큰 자가 되며 포도주나 소주를 마시지 아니하며 모태로부터 성령의 충만함을 입어
	10:34	가까이 가서 기름과 포도주를 그 상처에 붓고 싸매고 자기 짐승에 태워 주막으로 데리고 가서 돌보아 주고
에베소서	5:18	술 취하지 말라 이는 방탕한 것이니 오직 성령의 충만을 받으라

5번은 은유적인 의미로 사용됨

요한계시록	6:6	내가 네 생물 사이로서 나는 듯하는 음성을 들으니 가로되 한 데나리온에 밀 한 되요 한 데나리온에 보리 석 되로다 또 감람유와 포도주는 해치 말라 하더라
	14:8	또 다른 천사 곧 둘째가 그 뒤를 따라 말하되 무너졌도다 무너졌도다 큰 성 바벨론이여 모든 나라를 그 음행으로 인하여 진노의 포도주로 먹이던 자로다.
	14:10	그도 하나님의 진노의 포도주를 마시리니 그 진노의 잔에 섞인 것이 없이 부은 포도주라 거룩한 천사들 앞과 어린양 앞에서 불과 유황으로 고난을 받으리니
	16:19	큰 성이 세 갈래로 사라지고 만국의 성들도 무너지니 큰 성 바벨론이 하나님 앞에 기억하신 바 되어 그의 맹렬한 진노의 포도주 잔을 받으리니
	17:2	땅의 임금들도 그로 더불어 음행하였고 땅에 거하는 자들도 그 음행의 포도주에 취하였다 하고

2. "포도즙"으로서

마태복음	9:17	새「포도즙」을 낡은 가죽 부대에 넣지 아니하나니 그렇게 하면 부대가 터져「포도즙」도 쏟아지고 부대도 버리게 됨이라 새「포도즙」은 새 부대에 넣어야 둘이 다 보전되느니라
마가복음	2:22	새「포도즙」을 낡은 가죽 부대에 넣는 자가 없나니 만일 그렇게 하면 새「포도즙」이 부대를 터뜨려「포도즙」과 부대를 버리게 되리라 오직 새「포도즙」은 새 부대에 넣느니라 하시니라
누가복음	5:37	새「포도즙」을 낡은 가죽 부대에 넣는 자가 없나니. 만일 그렇게 하면 새「포도즙」이 부대를 터뜨려「포도즙」이 쏟아지고 부대도 버리게 되느니라
	5:38	새「포도즙」은 새 부대에 넣어야 할 것이니라
	5:39	묵은「포도즙」을 마시고 새 것을 원하는 자가 없나니 이는 묵은 것이 좋다 함이니라
	7:33	침례 요한이 와서 떡도 먹지 아니하며「포도즙」도 마시지 아니하매 너희 말이 귀신이 들렸다 하더니
요한복음	2:3	「포도즙」이 모자란지라 예수의 어머니가 예수에게 이르되 저희에게「포도즙」이 없다 하더니
	2:9	연회장은 물론「포도즙」을 맛보고 어디서 났는지 알지 못하되…
	2:10	말하되 사람마다 먼저 좋은「포도즙」을 내고 취한 후에 낮은 것을 내거늘 그대는 지금까지 좋은「포도즙」을 두었도다 하니라
	4:46	예수께서 다시 갈릴리 가나에 이르시니 전에 물로「포도즙」을 만드신 곳이라…
디모데전서	3:8	이와 같이 집사들도 단정하고 일구 이언을 하지 아니하고「포도즙을 많이 마시지」아니하고 더러운 이를 탐하지 아니하고
	5:23	이제부터는 물만 마시지 말고 네 비위와 자주 나는 병을 인하여「포도즙」을 조금씩 쓰라

디도서	2:3	늙은 여자로는 이와 같이 행실이 거룩하며 참소치 말며 많은 「포도즙」의 종이 되지 말며 선한 것을 가르치는 자들이 되고
요한계시록	18:3	그 음행의 진노의 「포도즙」을 인하여 만국이 무너졌으며 또 땅의 왕들이 그로 더불어 음행하였으며 땅의 상고들도 그 사치의 세력을 인하여 치부하였도다 하더라
	18:13	계피와 향료와 향과 향유와 유황과 「포도즙」과 감람유와 고운 밀가루와 밀과 소와 양과 말과 수레와 종들과 사람의 영혼들이라
	19:15	그의 입에서 이한 검이 나오니…친히 하나님 곧 전능하신 이의 맹렬한 진노의 「포도즙」 틀을 밟겠고

참고문헌

Albright, L. Jimmy. "Wine in the Biblical World : Its Economic, Social and Religious Implications for New Testament Interpretation." Doctor of Philosophy dissertation, Southwestem Baptist Theological Seminary, 1980.

Alsdurf, Jim and Phyllis. "The Generic Disease." *Christianity Today* (December 9, 1988) : 30~38.

Barry, Edward. *Observations on the Wines of the Ancients*. London, 1775.

Bumstead, Horace. "The Biblical Sanction for Wine." *Biblio theca Sacra* 38(January 1881) : 47~116.

Burns, Dawson. *The Bases of the Temperance Reform : an Exposition and Appeal*. New York, 1873.

Brown, J. Pairman. "The Mediterranean Vocabulary of the Vine." *Vetus Testamentum* 19(1969) : 146~170.

Button, Lloyd. "Did Jesus Turn Water into Intoxicating Wine?" *Baptist Bulletin* (February 1973) ; 14, 15, 30.

Carrol, R. Charles. *Alcohol : Use, Nonuse and Abuse*. Dubuque, Iowa, 1975.

Caesar, Lael Othniel. "The Meaning of *Yayin* in the Old Testament." M.A. thesis, Andrews University, 1982.

Charles, H. Howard. *Alcohol and the Bible*. Scottdale, Pennsylvania, 1981.

Coffin, James, "Does the Bible Condemn 'Moderate Drinking'?" *Adventist Review* (February 22, 1982) : 4~6.

Cohen, Sidney. *The Alcoholism Problem. Selected Issues*. New York, 1983.

______. *The Substance Abuse Problems. New Issues for the 1980s*. New York, 1983.

Come, B. Arnold. *Drinking : A Christian Position,* Philadelphia, 1964.

Dunn, Jerry. *God is for the Alcoholic.* Chicago : 1986.

Editorial, "Graham on Drink : Don't." *Christianity Today.* (February 4, 1977) : 63.

Ellis, John. *The Wine Question in the Light of the New Dispensation.* New York, 1882.

Ewing, Charles Wesley. *The Bible and Its Wines. Denver, 1985.*

Fenton, Ferrar. *The Bible and Wine.* London, 1911.

Field, C. Leon. *Oinos : A Discussion of the Bible Wine Question.* New York, 1883.

Free, P. Joseph. *Archaeology and Bible History.* Wheaton, Illinois, 1950.

Fingarette, Herbert. *Heavy Drinking. The Myth of Alcoholism as a Disease.* Berkeley, University of California, 1988.

Gilchrist, Paul R., ed. "Study Committee on Beverage Use of Alcohol Report," in *Documents of Synod.* Lookout Mountain, Tn. : *Reformed Presbyterian Church,* 1982.

Graham, Billy. "Disease or Disgrace? *Spirituality* (March~April, 1988) : 14~15. The whole March-April 1988 issue of *Spirtuality is devoted to "Alcoholism and Addiction."*

Hitt, Fred G. The Truth About Wine. March 1936 issue of *The Kingdom Digest,* Dallas.

Geisler, L. N. "A Christian Perspective on Wine-Drinking." *Bibliotheca Sacra.* (January-March 1982) : 46~55.

Gentry, L. Kenneth. *The Christian and Alcoholic Beverages.* Grand Rapids, 1986.

Ginzberg, Louis. "A Response to the Question Whether Unfermented Wine May Be Used in Jewish Ceremonies." *American Jewish Year Book.* 1923, pp. 401~425.

Gomberg, L. Edith, Helene R. White, and John A. Carpenter, eds. *Al-*

cohol, Science and Society Revisited. Ann Arbor, University of Michigan, 1985.

Gordon, Ernest. *Christ, the Apostles and Wine*. Philadelphia, 1944.

Grundman, Walter. "*Enkrateia*." *Theological Dictionary of the New Testament*, ed., Gerhard Kittel, vol. 2, pp. 339~342.

Harris, R. Laird. "Wine and Strong Drink." *The Bible Today*. (March 1944) : 131~139.

King, Albion Roy. *Basic Information on Alcohol*. Washington, D.C., 1964.

Kinney, Jean and G. Leaton. *Loosening the Grip. A Hand book of Alcohol Information*. St. Louis, Missouri, 1983.

Kloss, Walter E. *Addiction, How Christians Can Respond Positively to a Growing Crisis. How Christians Can Respond Positively to a Growing Crisis*. Hagerstown, MD., 1987.

Koplowitz, Isidore. *Midrash Yayin Veshechor. Talmudic and Midrashic Exegetics on Wine and Strong Drink. Detroit* Michigan, 1923.

Jeffers, Adrian. "Wine in the Bible : Weal or Woe?" *The Western Commentator* 5(July-August 1975) ; 5~15.

Lees, Frederic Richard and Dawson Burns. *The Temperance Bible-Commentary*. London, 1894.

Less, Frederic Richard. *Cyclopedia of Temperance and Prohibition*. New York, 1891.

Lindsell, Harold. *The Word, the Flesh and the Devil*. Washington, D.C., 1973, chapter 8.

Lolli, Georgio. *Social Drinking*. New York, 1960.

Lutz, H. F. *Viticulture and Brewing in the Ancient Orient*. New York, 1922.

Lord, J. Lewis and Erica E. Goode. "Coming to Grips With Alcoholism." *U.S. News & World Report*. (November 30, 1987) : 56~61.

McCarthy, Raymond G., ed. *Drinking and Intoxication. Selected Readings in*

Social Attitudes and Controls. Glencoe, Illinois, 1959.

McKim, John Cole. "Prohibition Versus Christianity." *North American Review* 208(Spring 1918) : 125~135.

Merrill, L. John. "The Bible and the American Temperance Movement : Text, Context and Pretext." *Harvard Theological Review* 81, 2(April 1988) : 145~170.

Morris, M. Henry. *The Bible Has the Answer. Nutley, New Jersey,* 1971.

Nott, Eliphalet. *Lectures on Temperance.* New York, 1857.

Olson, Steve and Dean R. Gerstein. *Alcohol in America. Taking Action to Prevent Abuse.* Washington, D.C., National Academy Press, 1985.

Patton, William. *Bible Wines. Laws of Fermentation.* Oklahoma City, n. d.

Pettingill, L. William. *Bible Questions Answered.* Wheaton, Illinois, n. d.

Polich, J. M. and B. R. Orvis. *Alcohol Problems : Patterns and Prevalence in the U. S. Air Force.* Santa Monica, 1979.

Pritchard, B. James. *Gibeon : Where the Sun Stood Still.* Princeton, 1962.

Reynolds, M. Stephen. *Alcohol and the Bible.* Little Rock, Arkansas, 1983.

Ritchie, William. *Scriptural Testimony Against Intoxicating Wine.* New York, 1866.

Samson, G. W. *The Divine Law as to Wines.* New York, 1880.

Seeseman, Heinrich. "*Oinos.*" *Theological Dictionary of the New Testament,* ed. Gerhard Friedrich, vol. 5, Grand Rapids, 1967, pp. 162~166.

Selons, A. Van. "The Etymology of *Yayin,* 'Wine.'" *Journal of Northwest Semitic Languages* 3(1974) : 76~84.

Seltman, Charles. *Wine in the Ancient World.* London, 1957.

Spickard, Anderson and Barbara R. Thompson. *Dying for a Drink. What You Should Know About Alcoholism*··Waco, Texas, 1985.

Steed, Ernest H. J. *Winds of Change. Global Strategies on the Temperance Front.* Boise, Idaho, 1987.

Stein, H. Robert. "Wine-Drinking in New Testament Times." *Christianity Today* (June 20, 1975) : 9~11.

Thomas, Larry M. "Alcoholism Is Not A Disease." *Christianity Today* (October 4, 1985) : 15.

Tilson, Everett. *Should Christians Drink?* New York, 1957.

Teachout, P. Robert. *Wine. The Biblical Imperative : Total Abstinence.* Published by author, 1986.

______. "The Use of '*Wine*' in the Old Testament." Th. D. dissertation, Dallas Theological Seminary, 1979.

Terhune, B. William. *The Safe Way to Drink : How to Prevent Alcohol Problems Before They Start.* New York, 1968.

Tilson, Everett. *Should Christians Drink?* New York, 1957.

Torrey, R. A. *Difficulties in the Bible.* Chicago, 1907.

Tyrrell, Ian R. *Sobering Up : From Temperance to Prohibition in Antebellum America, 1800~1900.* Westport, CT., 1979.

Van Impe, Jack. *Alcohol. The Beloved Enemy.* Royal Oak, Michigan, 1980.

White, Ellen Gould. *Temperance, as Set Forth in the Writings of Ellen G. White.* Mountain View, California, 1949.

Williamson, G. I. *Wine in the Bible and the Church.* Phillipsburg, New Jersey, 1976.

Wilkerson, David. *Sipping Saints.* Old Tappan, New Jersey, 1979.

Woodworth, Raymond Irving. *The Teachin of the Early Church on the Use of Wine and Strong Drink.* New york, 1927.

성경 귀절 색인

구약성경

창세기

1:4, 10, 18, 21, 25 ……134
2:7 ……85
4:34 ……136
9:20, 21 ……44
9:21 ……84, 136
9:24 ……203
14:18~20 ……18
19:32 ……84
19:32, 33 ……44
19:33 ……195
27:28 ……61, 63
41:34 ……153
43:11 ……110, 111
47:24 ……153
49:10, 11 ……64
49:10~12 ……61
49:11 ……48

출애굽기

12:8, 9 ……39, 161
12:15 ……160
12:15, 19 ……160
13:6, 7 ……159, 160
13:7 ……157, 158, 160
23:10 ……153
29:2 ……161
29:38, 40 ……18
29:40 ……73, 235

레위기

2:11 ……73, 161
2:13 ……161
6:17 ……161
10:8 ……84
10:8~11 ……13, 19, 61
10:9 ……82, 83, 236
10:9, 10 ……241, 256
10:9~11 ……83, 86, 234, 237
10:10 ……84
10:10, 11 ……256
11:44~47 ……263
23:13 ……18, 73
24:5~9 ……161

민수기

6:1~4 ……41, 48, 148
6:2~4 ……234
6:15 ……161
15:5, 7, 10 ……73
15:10 ……73
18:12 ……71
18:27 ……72
28:7 ……235
28:14 ……73

신명기

7:9~13 ……65
11:13, 14 ……65
12:17, 18 ……72
14:3~21 ……241
14:22, 23 ……233
14:22, 26 ……233
14:23 ……72, 234
14:24~26 ……233
14:25 ……241
14:26 ……19, 20, 72, 232, 233, 234, 235, 238, 241
21:20 ……263
29:6 ……235
32:14~16 ……250, 251
32:33 ……77, 85
32:38 ……73
33:28 ……63

사사기

9:13 ……70, 152
13:3, 4 ……19, 61
13:3~5 ……234

사무엘상

25:36, 37……44
25:37……203

사무엘하

13:28……45, 70

열왕기상

14:3……111

역대상

9:29……73

느헤미야

10:37……247
13:15……47

에스더

1:10……45, 70

욥기

32:19……39, 139

시편

4:7……70
4:7, 8……51
19:1, 2……136
23:5……184
23:31……79
60:3……85
65:10……185
104:14, 15……20 61, 69, 70, 71
104:15, 16……70
104:15……49, 263
139:13~15……85

잠언

1:7, 10……79
3:10……51
4:17……78
9:7, 8……78
13:1……78
14:6……78
15:12……18, 19, 78
20:1 …13, 19, 20, 45, 49, 61, 68, 78, 83, 134, 234, 236, 239, 263
23:20……78
23:21……263
23:29, 30……76, 83, 194
23:29~35……45, 75
23:31, 32……45, 249
23:31 …19, 61, 76, 162, 190
23:32 19, 20, 49, 84, 68, 77, 78
23:33~35……77
23:33……82
24:9……79
25:27……262
31:4, 5……13, 19, 61, 78
31:4……86, 263
31:5……86
31:6 232, 243, 244, 245, 266
31:4~6……239

전도서

7:7……251

아가서

1:2, 4……49
4:10……49
5:1……68, 235, 262

이사야

5:11……234
5:11, 12……13
5:22……194
16:10……46, 51
19:14……85
24:9……241, 242, 237, 241
25:6……114
28:7……13, 45, 82, 83
49:26……142
55:1……20, 61, 67
56:12……239
61:10……47
65:8……51, 64, 134, 247

예레미야

31:10~12……66
40:10, 11……152
40:10, 12……47
40:12……47
41:8……110
48:33……47
51:39……85

예레미야애가

2:12……48
4:21……84

에스겔

27:17……110, 111
44:21……83
44:23……83, 86

호세아

2:8……65, 249, 250
2:9……65
4:11 232, 246, 248, 249, 250, 251, 266
9:4……73
14:7……73

요엘

10:21 ……161, 162, 185, 187
11:17~34 ……153
11:20, 21 ……181
11:20~23 ……182
11:20 ……182
11:21 ……176, 181, 220
11:21, 22 ……19, 263
11:23 ……183
11:25 ……163
11:33, 34 ……186

고린도후서

1:13 ……207
5:13 ……198

갈라디아서

5:22 ……219
5:23 ……215

에베소서

5:18……50, 80, 81, 175, 176, 187, 188, 189, 191, 193, 194, 211, 220

빌립보서

4:13 ……218

골로세서

1:16 ……134

데살로니가전서

5:6……205, 209
5:6, 8 ……201, 206, 210
5:6~8 ……201, 206

디모데전서

1:7 ……212
2:9, 15 ……198
3:2 ……198, 210, 211, 219
3:2, 3 …19, 61, 86, 200, 256, 258, 261
3:2~7 ……212
3:2, 11 …201, 204, 205, 210
3:3 ……212
3:8…175, 213, 232, 258, 263, 264
5:23…38, 175, 189, 213, 232, 252, 260, 266

디모데후서

3:16 ……234
4:5 ……201

디도서

1:5, 7 ……87
1:6~8 ……200
1:6 ……193
1:7, 8 ……87
1:8 ……198, 215, 219
1:12 ……263
2:2…198, 200, 201, 204, 205, 210, 211, 261
2:2, 4, 5, 6, 12 ……198
2:3 ……175, 213, 261
2:11~14 ……214

히브리서

3:6, 14 ……162, 207
9:14 ……163

베드로전서

1:13 201, 206, 207, 209, 210, 214
1:18, 19……162
1:19 ……163
2:9 ……83
4:3 ……210
4:4……193, 259
4:5 ……209
4:7 …83, 196, 198, 200, 201, 205, 207, 208, 210, 215
4:10 ……209
5:3 ……209
5:8 …201, 207, 208, 210, 215

베드로후서

1:6……215, 219
1:20, 21 ……231, 234

요한계시록

6:6……51, 53
14:10 ……50
16:19 ……50
17:1, 2……50

요한일서

3:3 ……214

1:5 ……203
1:10 ……66
1:10~12 ……51
2:18, 19 ……66, 262
2:23, 24 ……51

아모스

2:12 ……191
9:13 ……61
9:13, 14 ……67
9:14 ……69

미가

6:15 ……63, 247

하박국

2:5 ……13, 20, 61, 79, 83
2:15 ……13

스가랴

9:17 ……63

신약성경

마태복음

5:17 ……160
9:17 ……51, 52, 138, 139
11:19 ……128, 146
16:6 ……160
16:12 ……161
16:6, 12 ……155, 161
16:24 ……137
19:8 ……18
26:29 ……19
26:26~29 ……128
26:27 ……163
26:28 ……151, 162
26:29 ……19, 137, 151

마가복음

2:15~17, 22 ……141
2:22 ……52, 128, 138, 139
5:15 ……198
14:22~25 ……128
14:23 ……163
14:24 ……151
14:25 ……19, 152
15:23 ……245

누가복음

1:15 ……81, 148, 188, 189
5:37 ……139
5:37, 38 ……52, 128
5:37~39 ……138
5:39 ……128, 138, 142, 144
7:33 ……148
7:33~35 ……146
7:34 ……128, 146
8:35 ……150, 198
12:18 ……153
12:41~46 ……209
12:41 ……209
12:42 ……209
12:43~45 ……209
12:45 ……206 ·209
12:46 ……209
22:14~23 ……128
22:17 ……163
22:18 ……19, 152
23:43 ……208

요한복음

2:1~11 ……19, 128
2:9, 10 ……114, 129
2:10 129, 131, 134, 135, 136
2:10, 11 ……61
2:11 ……132, 136, 183
2:13 ……129
4:34 ……148
4:46 ……138
7:20 ……150
8:48 ……150
15:1, 4, 5 ……154
15:5 ……154
19:29, 30 ……245

사도행전

2:13…34, 150, 176, 177, 178, 180, 220
2:15 ……177
2:15, 4 ……188, 189
13:37 ……162
24:25 ……215, 216
26:25 ……198

로마서

1:20 ……136
7:15, 24 ……16
8:3, 4 ……17
12:3 ……198
14:21 ……175, 261

고린도전서

1:8 ……207
3:16, 17 ……85, 213
3:17 ……85
5:7, 8 ……161
5:11 ……87, 185
6:10 ……185
6:10, 11 ……263
6:11 ……186
6:13 ……213
6:19, 20 ……85
7:9 ……217
8:13 ……261
9:25 ……215, 218
9:26, 27 ……218
10:16 ……162, 163
10:20 ……185, 187

원저자와 원서에 관하여

이 책은 사무엘 바키오키(Samuele Bacchiocchi) 박사의 성경에 나오는 와인(Wine in the Bible)과, 로버트 티치아우트(Robert P. Teachout) 박사가 1979년 달라스 신학 대학원에 박사 학위 논문으로 제출한 구약성경에 나오는 "와인(The Use of "Wine" in the Old Testament)"이란 논문, 그리고 그가 이 논문에 근거하여 집필한 와인. 성경의 명령 : 절대 금주(Wine. The Biblical Imperative : Total Abstinence)를 편역한 책이다. 사무엘 바키오키 박사는 로마의 교황청 대학(Pontifical Gregorian University)에서 프로테스탄트로는 처음으로 신학 박사 학위를 취득하였고 현재는 미쉬간주 소재 앤드류스 대학교의 교수이다. 로버트 티치아우트 박사는 달라스 신학 대학원에서 구약학 전공으로 신학 박사 학위를 받고 샌프란시스코 침례교 신학 대학원과 디트로이트 침례교 신학 대학원에서 구약학 담당교수였다.

바키오키 박사는 이 문제에 관하여 먼저 연구한 티치아우트 박사의 비교적 작은 책을 많이 참조하였으며, 주 내용도 비슷하지만, 훨씬 더 자세하고 광범위한 내용을 담고 있어 그의 책을 대본(臺本)으로 삼고 번역하였다. 연구의 기원을 두고 볼 때 티치아우트 박사의 논문과 저서가 바키오키가 저술한 책의 근간을 이루기에, 또 우리 말로 펴내면서 필요한 부분들을 발췌하였기에 크게 두 사람의 이름을 다 표기하였다.

사용된 용어와 관련하여 밝혀둘 점.

용어 정의는 특별히 용어의 의미가 세월이 흐름에 따라 변하였기에 발생된 이 책이 다루고 있는 논제와 같은 경우 매우 중요하다. 2장에서 밝히듯이 개역 성경에 '포도주'로 번역된 원문의 단어가 '발효된 포도 음료'와 '발효되지 않은 포도음료' 둘 다를 칭할 수 있고, 영어로 '포도주'를 뜻하는 와인(Wine)이란 단어가 마찬가지로 둘 다를 칭할 수 있기에, 편역하면서 가능한 한 '포도음료'나 '와인'으로 번역하였다. 그것은 영어의 와인(wine)이란 단어가 둘 다를 의미할 수 있는 반면 우리 말은 포도주(葡桃酒)로서 확실하게 '술'만을 뜻하기 때문이다. 독자들의 오해를 피하고자 그리하였다. 다시 말하자면 개역 성경과 공동 번역을 인용할 경우를 제외하고는 발효된 포도주/술은 '포도주'로, 발효되지 않은 즙은 '포도즙'으로, "포도 음료"나 "와인"은 중립적인 의미로 표기하였다. 단 개역 성경이나, 공동번역을 인용할 때에나 소제목의 경우 독자들의 빠른 이해와 편의를 위하여 처음에는 그대로 옮기었고, 계속하여 나올 경우에 결론을 내리지 않은 상황이면 '포도 음료'로, 또는 저자가 결론을 내린대로 '포도즙, 또는 포도주'로 옮겼다.

또 '음료'는 "마시는 액체 드링크"를 뜻하는 중립적인 입장에서 사용되었고, '포도액'(Must)은 사전의 정의가 "포도나 그 외의 즙에서 짜내어진 즙으로서 발효되기 전 상태"[1]이기에 발효되지 않고 순전한 포도즙을 뜻한다.

주

1. Noah Porter, *Webster's International Dictionary of the English Language,* unabridged. Rev. ed., 1896, p. 957.